Historische Zeitschrift – Sonderheft 16

Historische Zeitschrift – Sonderhefte

Herausgegeben von Lothar Gall

Band 16

Neuerscheinungen zur Geschichte des 20. Jahrhunderts

Herausgegeben von
Lothar Gall

R. Oldenbourg Verlag München 1992

Die Deutsche Bibliothek – CIP-Einheitsaufnahme

Neuerscheinungen zur Geschichte des 20. Jahrhunderts /
Lothar Gall (Hrsg.). – München : Oldenbourg, 1992
(Historische Zeitschrift : Sonderheft ; 16)
ISBN 3-486-64446-7
NE: Gall, Lothar [Hrsg.]; Historische Zeitschrift / Sonderheft

Umschlaggestaltung: Dieter Vollendorf
Gesamtherstellung: R. Oldenbourg Graph. Betriebe GmbH, München

ISBN 3-486-64446-7

INHALTSVERZEICHNIS

Seite

Inszenierungen für die Nachwelt. Editionswissenschaftliche und textkritische Untersuchungen zu Joseph Goebbels' Erinnerungen, diaristischen Notizen und täglichen Diktaten. Von *B. Sösemann* 1

BUCHBESPRECHUNGEN 20. JAHRHUNDERT

Seite

R. Ahmann, Nichtangriffspakte: Entwicklung und operative Nutzung in Europa 1922–1939 (P. Krüger) 115

H. Altrichter/J. Becker (Hrsg.), Kriegsausbruch 1939 (M.-L. Recker) 179

S. Augeneder, Arbeiterinnen im Ersten Weltkrieg. Lebens- und Arbeitsbedingungen proletarischer Frauen in Österreich (U. Daniel) 77

Die Auschwitz-Hefte. Texte der polnischen Zeitschrift „Przeglad Lekarski" über historische, psychische und medizinische Aspekte des Lebens und Sterbens in Auschwitz (D. Blasius) 172

T. Balistier, Gewalt und Ordnung. Kalkül und Fazination der SA (R. Lütgemeier-Davin) 137

W. Bartoszewski, Dni walczącej stolicy: Kronika Pwostania Warszawskiego (E. Schulz) 195

W. G. Beasley, Japanese Imperialism 1894–1945 (B. Martin) 62

W. Becker (Hrsg.), Die Kapitulation von 1945 und der Neubeginn in Deutschland (W. Benz) 226

F. Bédarida (Ed.), La politique nazie d'extermination (E. Kolb) 169

M. Beglinger, „Containment" im Wandel. Die amerikanische Außen- und Sicherheitspolitik im Übergang von Truman zu Eisenhower (G. Mai) 213

F. Benvenuti, The Bolsheviks and the Red Army, 1918–1922 (A. Fischer) .. 87

W. Benz (Hrsg.), Die Juden in Deutschland 1933–1945 (T. Maurer) 165

W. Benz (Hrsg.), Neuanfang in Bayern 1945–1949 (W. Zorn) 249

Berichte der Landes- und Provinzialverwaltungen zur antifaschistisch-demokratischen Umwälzung 1945/46 (A. Fischer) 238

G. Besier/J. Thierfelder/R. Tyra (Hrsg.), Kirche nach der Kapitulation. Bd. 1: Die Allianz zwischen Genf, Stuttgart und Bethel (M. Greschat) 229

K. von Beyme, Der Wiederaufbau. Architektur und Städtebaupolitik in beiden deutschen Staaten (G. Schulz) ... 254

H. Booms (Hrsg.), Die Kabinettsprotokolle der Bundesregierung. Bd. 2: 1950. Bearb. v. *U. Enders* u. *K. Reiser*. – Bd. 3: 1950. Bearb. v. *U. Enders* u. *K. Reiser*. – Bd. 4: 1951. Bearb. v. *U. Hüllbüsch* (H.-P. Schwarz) 265

O. Borst (Hrsg.), Das Dritte Reich in Baden und Württemberg (R. Kroboth) 152

M. Bosch, Der Neubeginn. Aus deutscher Nachkriegszeit. Südbaden 1945–1950 (R. Kroboth) 247

K.-H. Brackmann/R. Birkenhauer, NS-Deutsch (E. Jäckel) 139

P. R. Brass, The Politics of India since Independence (D. Rothermund) 310

D. Buchhaas-Birkholz (Bearb.), „Zum politischen Weg unseres Volkes". Politische Leitbilder und Vorstellungen im deutschen Protestantismus 1945–1952 (M. Greschat) 233

A. Cairncross, The Price of War. British Policy on German Reparations, 1941–1949 (L. Kettenacker) 219

S. Carbone/L. Grimaldi, Il popolo al confine. La persecuzione fascista in Sicilia (J. Petersen) 119

O. Crisp/L. Edmondson (Eds.), Civil Rights in Imperial Russia (C. Schmidt) 58

A. De Grand, The Italian Left in the Twentieth Century (J. Petersen) 57

K. Ditt, Raum und Volkstum. Die Kulturpolitik des Provinzialverbandes Westfalen 1923–1945 (P. Hüttenberger) 99

I Documenti Diplomatici Italiani. Nona ser.: 1939–1943. Vol. IX (21 luglio 1942 – 6 febbraio 1943 (J. Petersen) 197

I Documenti Diplomatici Italiani. Settima ser.: 1922–1935. Vol. XIII (1 gennaio – 15 luglio 1933) (J. Petersen) 117

I Documenti Diplomatici Italiani. Settima ser.: 1922–1935. Vol. XIV (16 luglio 1933–17 marzo 1934) (J. Petersen) 118

Documents Diplomatiques Français.

1955. T. 2 (1er Juillet – 31 Décembre) et Annexes (Juillet – Decembre). – 1956. T. 1 (1er Janvier – 30 Juin) (S. Martens) ... 296
Documents on British Policy Overseas. Ser. 1, Vol. 5: Germany and Western Europe. 11 August – 31 December 1945. Ed. by *M. E. Pelly* and *H. J. Yasamee*. – Ser. 2, Vol. 3: German Rearmament. September – December 1950. Ed. by *R. Bullen* and *M. E. Pelly* (L. Kettenacker) ... 215
H.-J. Döscher, «Reichskristallnacht» (A. Faust) ... 164
W. Eckart, Amerikanische Reformpolitik und deutsche Tradition. Nürnberg 1945–1949 (C. Kleßmann) ... 211
T. Ellwein, Krisen und Reformen. Die Bundesrepublik seit den sechziger Jahren (R. Morsey) ... 278
K. D. Erdmann/H. Booms (Hrsg.), Akten der Reichskanzlei. Weimarer Republik. Die Kabinette Marx III und IV. Bd. 1 u. 2. – Das Kabinett von Papen. Bd. 1 u. 2 (B.-J. Wendt) ... 106
L. Erhard, Gedanken aus fünf Jahrzehnten (H. J. Küsters) ... 279
J.-C. Favez, Das Internationale Rote Kreuz und das Dritte Reich. War der Holocaust aufzuhalten? (P. Stadler) ... 173
F. Fejtö, Die Geschichte der Volksdemokratien. Erw. Neuausg. Bd. 1 u. 2 (A. Fischer) ... 301
K. Fettweis, Zwischen Herr und Herrlichkeit. Zur Mentalitätsfrage im Dritten Reich an Beispielen aus der Rheinprovinz (H. Boberach) ... 143
O. Figes, Peasant Russia, Civil War. The Volga Countryside in Revolution (1917–1921) (H. Altrichter) ... 83
G. Fischer, Enemy Aliens. Internment and the Homefront. Experience in Australia 1914–1920 (I. Veit-Brause) ... 72
W. Fleischmann-Bisten, Der Evangelische Bund in der Weimarer Republik und im sogenannten Dritten Reich (S. Grotefeld) ... 130
W. Först (Hrsg.), Die Länder und der Bund (R. Morsey) ... 255
D. French, British Strategy & War Aims, 1914–1916 (L. Kettenacker) ... 71
Y. Freundlich (Ed.), Documents on the Foreign Policy of Israel. Vol. 5: 1950 (M. Wolffsohn) ... 306
P. Fussell, Wartime. Understanding and Behavior in the Second World War (E. Jäckel) ... 180
W. Gautschi, General Henri Guisan. Die schweizerische Armeeführung im Zweiten Weltkrieg (P. Stadler) ... 188
A. Gella, Development of Class Structure in Eastern Europe. Poland & Her Southern Neighbors (F. Golczewski) ... 61
Geschichte der Deutschen Volkspolizei. Bd. 1: 1945–1961. Bd. 2: 1961–1985 (A. Fischer) ... 291
J. A. Getty, Origins of the Great Purges. The Soviet Communist Party Reconsidered, 1933–1938 (A. Fischer) ... 88
J. T. Gross, Revolution from Abroad. The Soviet Conquest of Poland's Western Ukraine and Western Belorussia (O. N. Haberl) ... 194
K.-D. Grothusen (Hrsg.), Südosteuropa-Handbuch. Bd. 6: Bulgarien (J. K. Hoensch) ... 304
B. Guttmann, Weibliche Heimarmee. Frauen in Deutschland 1914–1918 (R. Lütgemeier-Davin) ... 78
C. Hacke, Weltmacht wider Willen. Die Außenpolitik der Bundesrepublik Deutschland (K. Hildebrand) ... 281
A. Hagemann, Südafrika und das «Dritte Reich» (J. Dülffer) ... 161
F. J. Harbutt, The Iron Curtain. Churchill, America, and the Origins of the Cold War (A. Fischer) ... 221
G.-A. von Harnack (Hrsg.), Ernst von Harnack. Jahre des Widerstands 1932–1945 (P. Hüttenberger) ... 205
G. Hass, Münchner Diktat 1938 – Komplott zum Krieg (J. Dülffer) ... 178
M. A. Hatschijan, Tradition und Neuorientierung in der bulgarischen Außenpolitik 1944–1948 (F.-J. Kos) ... 206
A. Hearnden, Red Robert. A Life of Robert Birley (K. Jürgensen) ... 218
U. Heinemann, Ein konservativer Rebell. Fritz-Dietlof Graf von der Schulenburg und der 20. Juli (G. Schöllgen) ... 204
A. Heinen, Die Legion „Erzengel Michael" in Rumänien (L. Maier) ... 198
G. Heiß/S. Mattl/S. Meissl u. a. (Hrsg.), Willfährige Wissenschaft. Die Universität Wien 1938–1945 (N. Hammerstein) ... 150
H. Heitzer (Hrsg.), DDR-Geschichte in der Übergangsperiode (1945–1961) (A. Fischer) ... 286
H. Heitzer, Die CDU in der britischen Zone 1945–1949 (U. Wengst) ... 252
L. Herbst, Option für den Westen. Vom Marshallplan bis zum deutsch-französischen Vertrag (C. Kleßmann) ... 295
U. Herrmann/V. Emmrich, August Bebel (B. Seebacher-Brandt) ... 50
R. Herz/D. Halfbrodt, Revolution und Fotografie: München 1918/19 (W. Bührer) ... 79
M. Hildermeier, Die Russische Revolution 1905–1921 (H. Altrichter) ... 59
W. Höflechner, Die Baumeister des künftigen Glücks. Fragment einer Geschichte des Hochschulwesens in Österreich vom Ausgang des 19. Jahrhunderts bis in das Jahr 1938 (N. Hammerstein) ... 54
H. Hürten (Bearb.), „Kulturkampf. Berichte aus dem Dritten Reich. Paris" (H. Boberach) ... 145
L. E. Jones, German Liberalism and the Dissolution of the Weimar Party System, 1918–1933 (D. Langewiesche) ... 93

G. Judick/J. Schleifstein/K. Steinhaus (Hrsg.), KPD 1945–1968: Dokumente. Bd. 1: 1945–1952. Bd. 2: 1953–1968 (A. Fischer) ... 240
D. Junker, Kampf um die Weltmacht. Die USA und das Dritte Reich 1933–1945 (M.-L. Recker) ... 177
B. Just-Dahlmann/H. Just, Die Gehilfen. NS-Verbrechen und die Justiz nach 1945 (W. Kohl) ... 223
A. Kappeler/G. Simon/G. Brunner (Hrsg.), Die Muslime in der Sowjetunion und in Jugoslawien (K.-H. Ruffmann) ... 303
M. H. Kater, Doctors under Hitler (D. Blasius) ... 147
M. Kessel, Westeuropa und die deutsche Teilung. Englische und französische Deutschlandpolitik auf den Außenministerkonferenzen von 1945 bis 1947 (P. C. Hartmann) ... 222
L. Kettenacker, Krieg zur Friedenssicherung. Die Deutschlandplanung der britischen Regierung während des Zweiten Weltkrieges (J. Heideking) .. 200
K. G. Kiesinger, Dunkle und helle Jahre. Erinnerungen 1904–1958 (R. Morsey) ... 280
C. P. Kindleberger, The German Economy, 1945–1947 (C. Buchheim) ... 236
M. Kitchen, British Policy towards the Soviet Union during the Second World War (A. Fischer) ... 199
S. Klarsfeld, Vichy – Auschwitz. Die Zusammenarbeit der deutschen und französischen Behörden bei der „Endlösung der Judenfrage" in Frankreich (H.-J. Döscher) ... 171
C. Kleßmann (Hrsg.), September 1939. Krieg, Besatzung, Widerstand in Polen (M.-L. Recker) ... 179
A. Kludas, Die Geschichte der deutschen Passagierschiffahrt. Bd. 4: Vernichtung und Wiedergeburt 1914 bis 1930 (K. H. Kaufhold) ... 90
R. Klump (Hrsg.), 40 Jahre Deutsche Mark. Die politische und ökonomische Bedeutung der westdeutschen Währungsreform von 1948 (R. Kroboth) ... 258
R. Klump, Wirtschaftsgeschichte der Bundesrepublik Deutschland (W. Abelshauser) ... 276
M. Kölling, Führungsmacht in Westeuropa? Großbritanniens Anspruch und Scheitern 1944–1950 (L. Kettenacker) ... 217
D. P. Koenker/W. G. Rosenberg, Strikes and Revolution in Russia, 1917 (H. Altrichter) ... 81
Die Krim (Jalta) Konferenz 1945 (A. Fischer) ... 201
C. Kuhlmann, Erbkrank oder erziehbar? Jugendhilfe als Vorsorge und Aussonderung in der Fürsorgeerziehung in Westfalen von 1933–1945 (M. Gräser) ... 146
A. Kunz, Civil Servants and the Politics of Inflation in Germany, 1914–1924 (G. Hardach) ... 74
K. Kusch, Die Wiedergründung der SPD in Rheinland-Pfalz nach dem Zweiten Weltkrieg (1945–1951) (C. Kleßmann) ... 244
A. Lasserre, La Suisse des années sombres (P. Stadler) ... 187
L. E. Lee, The War Years. A Global History of the Second World War (E. Jäckel) ... 180
M. Liebmann, Theodor Innitzer und der Anschluß (E. Bammel) ... 157
W. Liedtke, Die politischen Parteien in Düsseldorf nach 1945 (W. Först) ... 243
U. Liszkowski, Osteuropaforschung und Politik. Ein Beitrag zum historisch-politischen Denken und Wirken von Otto Hoetzsch (D. Geyer) ... 53
P. Longerich, Die braunen Bataillone. Geschichte der SA (P. Hüttenberger). 135
P. Longerich, Propagandisten im Krieg. Die Presseabteilung des Auswärtigen Amtes unter Ribbentrop (H.-J. Döscher) ... 184
W. Loth, Ost-West-Konflikt und deutsche Frage (R. Kroboth) ... 209
W. Maser, Friedrich Ebert, der erste deutsche Reichspräsident (P.-C. Witt) 94
W. Matschke, Die industrielle Entwicklung in der Sowjetischen Besatzungszone Deutschlands (SBZ) von 1945 bis 1948 (A. Fischer) ... 287
A. McCarthy, Robert Grimm. Der schweizerische Revolutionär (P. Stadler) ... 52
R. H. McNeal, Stalin: Man and Ruler (H. Altrichter) ... 302
J. Meiners, Die doppelte Deutschlandpolitik. Zur nationalen Politik der SED im Spiegel ihres Zentralorgans „Neues Deutschland" 1946 bis 1952 (A. Fischer) ... 285
M. Menger, Deutschland und Finnland im zweiten Weltkrieg (G. R. Ueberschär) ... 186
K.-U. Merz, Kalter Krieg als antikommunistischer Widerstand. Die Kampfgruppe gegen Unmenschlichkeit 1948–1959 (A. Fischer) ... 294
Die Militär- und Sicherheitspolitik der SED 1945 bis 1988 (A. Fischer) ... 289
A. Mohler, Die Konservative Revolution in Deutschland 1918–1932. Ein Handbuch. 3., um einen Ergänzungsband erw. Aufl. (H.-C. Kraus) ... 95
H. Mommsen/S. Willems (Hrsg.), Herrschaftsalltag im Dritten Reich (H. Boberach) ... 139
B. Moore, Refugees from Nazi Germany in the Netherlands 1933–1940 (G. Hirschfeld) ... 162
R. J. Moore, Making the New Commonwealth (B.-J. Wendt) ... 308
K.O. Morgan, The People's Peace. British History 1945–1989 (L. Kettenacker) .. 298

K. O. Morgan, Labour People. Leaders and Lieutenants, Hardie to Kinnock (H.-G. Husung) 300
R. F. Morris, From Weimar Philosemite to Nazi Apologist. The Case of Walter Bloem (W. Volkert) 134
R. Morsey/H.-P. Schwarz (Hrsg.), Adenauer: Rhöndorfer Ausgabe. Teegespräche 1955–1958. Bearb. v. *H. J. Küsters* (A. Doering-Manteuffel) 272
R. Morsey/H.-P. Schwarz (Hrsg.), Adenauer: Rhöndorfer Ausgabe. Briefe 1951–1953. Bearb. v. *H. P. Mensing* (A. Doering-Manteuffel) 275
R. Müller, Stuttgart zur Zeit des Nationalsozialismus (R. Kroboth) 154
M. Nebelin, Deutsche Ungarnpolitik 1939–1941 (E. Klink) 191
K. Niclauß, Kanzlerdemokratie. Bonner Regierungspraxis von Konrad Adenauer bis Helmut Kohl (R. Kroboth). 264
C. Oehler, Hochschulentwicklung in der Bundesrepbulik Deutschland seit 1945 (N. Hammerstein) 235
T. Oertel, Horst Wessel. Untersuchung einer Legende (M. H. Kater) 138
A. Offer, The First World War. An Agrarian Interpretation (W. Plumpe) 69
R. Ovendale, Britain, the United States, and the End of the Palestine Mandate, 1942--1948 (M. Wolffsohn)..... 207
R. A. C. Parker, Struggle for Survival. The History of the Second World War (E. Jäckel) 180
Der Parlamentarische Rat 1948–1949. Akten und Protokolle. Bd. 3: Ausschuß für Zuständigkeitsabgrenzung. Bearb. v. *W. Werner*. Bd. 4: Ausschuß für das Besatzungsstatut. Bearb. v. *W. Werner* (R. Morsey) 256
W. L. Patch Jr., Christian Trade Unions in the Weimar Republic, 1918–1933. The Failure of „Corporate Pluralism" (D. Gessner) 102
B. Pearce, How Haig Saved Lenin (H. Altrichter)........................ 80
M. R. Peattie, Nan'yō. The Rise and Fall of the Japanese in Micronesia, 1885–1945 (H. Hiery) 63
A. L. Phillips, Soviet Policy toward East Germany Reconsidered (A. Fischer) . 214
M. Pikarski/E. Warning (Bearb.), Gestapo-Berichte über den antifaschistischen Widerstandskampf der KPD 1933 bis 1945. Bd. 1: Anfang 1933 bis August 1939. Bd. 2: September 1939 bis August 1943 (H. Boberach) 175
H. Pohl/S. Habeth/B. Brüninghaus, Die Daimler-Benz AG in den Jahren 1933 bis 1945 (W. Abelshauser) 151
Die Potsdamer (Berliner) Konferenz 1945 (A. Fischer) 202
M. Raeff, Russia Abroad. A Cultural History of the Russian Emigration, 1919–1939 (D. Beyrau) 89
C. von Roehl, Große Depression und Stagflation. Eine kritische Analyse der deutschen Wirtschaftspolitik 1927/33 und 1970/86 (F.-W. Henning) 128
N. E. Rosenfeldt, Stalin's Special Departments (J. Baberowski) 123
R. Salzmann (Bearb.), Die CDU/CSU im Frankfurter Wirtschaftsrat (U. Wengst)......................... 250
R. Schiffers, Zwischen Bürgerfreiheit und Staatsschutz. Wiederherstellung und Neufassung des politischen Strafrechts in der Bundesrepublik Deutschland 1949–1951 (D. Blasius) . 224
B. Schrader/J. Schebera, Die «goldenen» zwanziger Jahre (D. Gessner) .. 97
G. Schröder, NS-Pharmazie. Gleichschaltung des deutschen Apothekenwesens im Dritten Reich (M. H. Kater) 149
H.-H. Schröder, Industrialisierung und Parteibürokratie in der Sowjetunion (H. Haumann) 121
A. Schüler, Erfindergeist und Technikkritik. Der Beitrag Amerikas zur Modernisierung und die Technikdebatte seit 1900 (W. Kaiser)............... 46
T. J. Schulte, The German Army and Nazi Policies in Occupied Russia (J. Förster) 193
H.-P. Schwarz/R. Pommerin (Hrsg.), Akten zur Auswärtigen Politik der Bundesrepublik Deutschland. Bd. 1: Adenauer und die Hohen Kommissare, 1949–1951 (H.-J. Rupieper) 269
H.-P. Schwarz/R. Pommerin (Hrsg.), Akten zur Auswärtigen Politik der Bundesrepublik Deutschland. Bd. 2: Adenauer und die Hohen Kommissare 1952 (H.-J. Rupieper).......... 268
H. Shukman (Ed.), The Blackwell Encyclopedia of the Russian Revolution (A. Fischer) 86
B. G. Solověv, Von Plan „Weiß" zu „Barbarossa". Die geheime Vorbereitung des zweiten Weltkrieges (J. Dülffer)......................... 183
G. Spadolini, Il debito con Croce con gli scritti di Croce sulla »Nuova Antologia« (1911–1945) (K.-E. Lönne).. 48
G. Stelzig, Um ein gemeinsames Geschichtsbild? Die Zusammenarbeit der Historiker der DDR mit ihren Fachkollegen aus der UdSSR, aus Polen und der Tschechoslowakei im Rahmen der bilateralen Historikerkommissionen (1955–1984) (A. Fischer)........................... 291
D. Stiefel, Die große Krise in einem kleinen Land. Österreichische Finanz- und Wirtschaftspolitik 1929–1938 (H. James).................. 126
M. Stolleis/D. Simon (Hrsg.), Rechtsgeschichte im Nationalsozialismus (N. Hammerstein) 141
G. Stourzh, Geschichte des Staatsvertrages 1945–1955. Österreichs Weg zur Neutralität. 3., überarb. Aufl. (H.-J. Rupieper) 292

R. Stupperich, Otto Dibelius (D. Altmannsperger) ... 233
K. Tanner, Die fromme Verstaatlichung des Gewissens. Zur Auseinandersetzung um die Legitimität der Weimarer Reichsverfassung in Staatsrechtswissenschaft und Theologie der zwanziger Jahre (G. Hübinger) ... 91
R. H. Taylor, The State in Burma (E. Sarkisyanz) ... 311
Die Teheraner Konferenz 1943 (A. Fischer) ... 201
B. Thoß/H.-E. Volkmann (Hrsg.), Zwischen Kaltem Krieg und Entspannung. Sicherheits- und Deutschlandpolitik im Mächtesystem der Jahre 1953–1956 (A. Hillgruber) ... 262
H. A. Turner, Geschichte der beiden deutschen Staaten seit 1945 (R. Kroboth) ... 263
F. Villacorta Baños, Profesionales y burocratas. Estado y poder corporativo en la España del siglo XX, 1890–1923 (W. L. Bernecker) ... 47
C. Vollnhals, Evangelische Kirche und Entnazifizierung 1945–1949 (A. Doering-Manteuffel) ... 231
C. Vollnhals (Bearb.), Die evangelische Kirche nach dem Zusammenbruch (M. Greschat) ... 230
M. Wala, Winning the Peace. Amerikanische Außenpolitik und der Council on Foreign Relations, 1945–1950 (G. Schöllgen) ... 210
M. Waldmüller, Die Wandlung. Eine Monatsschrift (E.-B. Körber) ... 227
K. Walter, Neubeginn – Nationalsozialismus – Widerstand. Die politisch-theoretische Diskussion der Neuordnung in CDU und SPD 1945–1948 (R. Kroboth) ... 241
H. Wassmund, Die Supermächte und die Weltpolitik. USA und UdSSR seit 1945 (G. Schöllgen) ... 208
H. Weber, Die DDR 1945–1986 (N. Katzer) ... 283
H. Weber/K. Schönhoven/K. Tenfelde (Hrsg.), Quellen zur Geschichte der deutschen Gewerkschaftsbewegung im 20. Jahrhundert. Bd. 1–4 (H. A. Winkler) ... 65
Q. Weber, Korporatismus statt Sozialismus. Die Idee der berufsständischen Ordnung im schweizerischen Katholizismus während der Zwischenkriegszeit (P. Stadler) ... 105
P.-L. Weinacht (Hrsg.), Gelb-rot-gelbe Regierungsjahre. Badische Politik nach 1945 (R. Kroboth) ... 246
K. Weiß, Das Südtirol-Problem in der Ersten Republik (J. Petersen) ... 120
G. Werle, Justiz-Strafrecht und polizeiliche Verbrechensbekämpfung im Dritten Reich (W. Kohl) ... 142
Y. M. Werner, Svensk-tyska förbindelser kring sekelskiftet 1900 (B. Marschall) ... 56
N. Wiggershaus/R. G. Foerster (Hrsg.), Die westliche Sicherheitsgemeinschaft 1948–1950 (A. Hillgruber) ... 260
G. Winkler (Hrsg.), Geschichte der Sozialpolitik der DDR 1945–1985 (A. Fischer) ... 288
H. A. Winkler, Der Weg in die Katastrophe. Arbeiter und Arbeiterbewegung in der Weimarer Republik 1930 bis 1933 (G. D. Feldman) ... 130
T. Wolff, Die Wilhelminische Epoche. Fürst Bülow am Fenster und andere Begegnungen (G. Schöllgen) ... 49
C. A. Wurm (Hrsg.), Internationale Kartelle und Außenpolitik. Beiträge zur Zwischenkriegszeit (H. Schröter) ... 114
Zeittafel zur Militärgeschichte der Deutschen Demokratischen Republik 1949 bis 1988. 2., erw. u. durchges. Aufl. (A. Fischer) ... 289

Zum Geleit

Auf keinem anderen Gebiet der Geschichtswissenschaft erscheint z.Z. eine so große Zahl von Neuerscheinungen wie zu Themen der Geschichte des 20. Jahrhunderts. Dieser Flut von zeitgeschichtlichen Publikationen ist kaum mehr Herr zu werden, so daß gerade hier der Zwang zu immer stärkerer Auswahl ständig wächst. Ungeachtet dessen steigt auch bei einer solchen strengen Auswahl proportional zur Zahl der Neuerscheinungen der Stapel von Besprechungen, die der Veröffentlichung harren, laufend an. Damit verlangsamt sich gleichzeitig die „Umlaufgeschwindigkeit", also die Zeitspanne zwischen der Fertigstellung einer Rezension und ihrer Veröffentlichung. In der Addition all dieser Fakten müssen Autoren wie Rezensenten oft verärgert feststellen, daß die wissenschaftliche Öffentlichkeit mit wachsender zeitlicher Verzögerung über wichtige Neuerscheinungen gerade auf diesem Gebiet informiert wird. Um dieser Entwicklung entgegenzuwirken, haben sich Herausgeber und Verlag entschlossen, einen Sonderband mit Rezensionen zur Geschichte des 20. Jahrhunderts zu veröffentlichen. Er vermittelt zugleich – und das gibt ihm über das bloß Pragmatische hinaus ein eigenes Gewicht – in einer Art Momentaufnahme ein Bild der Schwerpunkte der Zeitgeschichtsforschung unmittelbar vor dem säkularen Umbruch in Mittel- und Osteuropa am Ausgang der achtziger Jahre.

L. G.

INSZENIERUNGEN FÜR DIE NACHWELT

Editionswissenschaftliche und textkritische Untersuchungen zu Joseph Goebbels' Erinnerungen, diaristischen Notizen und täglichen Diktaten

VON

BERND SÖSEMANN

DREI Umstände erschweren bis heute die Edition von Quellen aus der Zeit des Nationalsozialismus: Es sind zunächst die widerstrebenden Interessen zwischen Forschungs- und Wissenschaftsfreiheit einerseits und bestehender Anwendung des Persönlichkeits- und Urheberrechtsschutzes auf diese Quellengruppe andererseits. Zweitens findet der Historiker oft genug eine undurchsichtige Überlieferungssituation vor, die die Erschließung der Quelle erschwert. Zum dritten ist im Laufe der Jahre ein „grauer Markt" des NS-Devotionalienhandels entstanden, der dazu führte, daß in der Vergangenheit gelegentlich die Fragen nach Provenienz und sachgerechter wissenschaftlicher Bearbeitung hinter das Problem der Beschaffung begehrter Materialien zurücktraten. Zusammengenommen dürften die hier angesprochenen Umstände dazu beigetragen haben, daß der qualitative Standard von Quellenveröffentlichungen zur nationalsozialistischen Epoche gegenüber der übrigen NS-Forschungsliteratur mehr oder minder stark abfällt.

Die vorliegende Untersuchung knüpft an Ausführungen in der Zeitschrift „Publizistik" an.[1]) Sie betreffen zum einen die bisher erschienenen, zumeist unzulänglichen Veröffentlichungen von Teilen der Tagesaufzeichnungen des Joseph Goebbels in einem größeren historiographischen Kontext und zum anderen die wichtigsten archivtechnischen und überlieferungsspezifischen Fakten. Zusammen

[1]) *Bernd Sösemann*, Die Tagesaufzeichnungen des Joseph Goebbels und ihre unzulänglichen Veröffentlichungen (im Druck).

mit den folgenden Untersuchungen sollen sie die Grundlagen eines sachgerechten editorischen Konzepts bilden.[2])

Im Fall der sogenannten Goebbels-Tagebücher und der täglichen Diktate des Reichsministers für Volksaufklärung und Propaganda muß ein kritischer Herausgeber oder Editor sogleich nicht nur den hier benannten Hauptproblemen begegnen, sondern sich auch gegen politisch-ideologische Vereinnahmungen wehren. Sachlich wäre zunächst die außerordentlich unübersichtliche und fragmentarische Überlieferungslage so weit zu beschreiben, daß sie durchschaubar wird. Der heterogene Bestand an überliefertem Material – seien es nun Originale, Mikrofilm-, Mikrofiche- oder Xerokopien – verteilt sich bis heute auf diverse Archive der ehemaligen Besatzungsmächte, besonders der UdSSR. Bei einem Teil des in Form von Kopien überlieferten Bestands, der 1987 in einer „Gesamtausgabe" des Münchner Saur-Verlags veröffentlicht wurde[3]), ist die Herkunft bis heute völlig ungewiß bzw. von der Herausgeberin Elke Fröhlich ungenügend aufgeklärt worden.[4]) Des weiteren ist die Fragwürdigkeit eines Verfahrens zu konstatieren, das diese Kopien zur Grundlage einer zwangsläufig unbefriedigenden Transkription macht. Ferner muß bedacht werden, daß die 1972 als Filmkopien in den Westen gelangten Materialien partiell vorsortiert worden waren.

Es geht hier um die privaten handschriftlichen Aufzeichnungen von 1924 bis zum Juli 1941 – einschließlich der partiell überlieferten

[2]) Auch an dieser Stelle habe ich dankbar die Mitarbeit von Frau Annette Weinke M. A. und Herrn Dr. des. Jürgen Michael Schulz zu erwähnen, die engagiert dazu beigetragen haben, das von der Freien Universität Berlin finanzierte Pilotprojekt „Beiträge zur Restituierung der Tagesaufzeichnungen von Joseph Goebbels 1924–1945" in den vergangenen zwei Jahren voranzubringen.

[3]) *Joseph Goebbels,* Die Tagebücher. Sämtliche Fragmente. Hrsg. v. Elke Fröhlich im Auftrag des Instituts für Zeitgeschichte und in Verbindung mit dem Bundesarchiv Koblenz. 2 Teile in 4 Bden. T. 1: Aufzeichnungen 1924–1941 (Bd. 1: 27. VI. 1924–31.XII.1930 [654 S., zzgl. Einltg. 108 S.]. T. 2: 1.I.1931–31.XII.1936 [764 S.]. T. 3: 1.I.1937–31.XII.1939 [682 S.]. T. 4: 1.I.1940–8.VII.1941 [741 S.] und Interimsregister [351 S.]). München 1987; diese Ausgabe wird im folgenden unter der Chiffre GA (= Gesamtausgabe) mit Band- und Seitenzahl (ggf. auch mit dem Datum der jeweiligen Tagesaufzeichnung) zitiert. Außerdem werden für das Institut für Zeitgeschichte und das Bundesarchiv die üblichen Siglen IfZ und BA verwendet.

[4]) Ebd.; unter dem dritten Abschnitt wird in der Einleitung (S. LVII f.) die ungeklärte Herkunft der im BA Koblenz verwahrten Mikrofiches thematisiert (Nachlaß Goebbels [Tagebuch, I 59/80, Nr. 101–105]).

„Nebenaufzeichnungen"[5]) – und um die umfangreichen amtlichen Diktate aus der nachfolgenden Periode. Die Form und der Charakter dieser umfangreichen und zunehmend breiter fließenden Quelle sind uneinheitlich. Als ein in gewisser Weise durchgängiges, im Verlauf der Jahre sich aber erheblich verstärkendes Element muß die in der Frühzeit noch affirmative, später deutlich propagandistische Intention des Verfassers erwähnt werden. Sie dokumentiert sich in einem spezifischen „Veröffentlichungsstil". Die Zweifel an der bisher vorherrschenden Bewertung der Tagesaufzeichnungen als herkömmliche „Tagebuch"-Quelle werden durch weitere Einzelbeobachtungen wie das einheitlich und regelmäßig erscheinende Schriftbild, das keinerlei Rückschlüsse auf die jeweilige Niederschriftssituation (Reise, Wochenendhaus etc.) zuläßt, erhöht. Unabhängig von den Problemen der Erschließung und textkritischen Bearbeitung, sind die quellenkritischen Voraussetzungen für eine umfassende Interpretation der Tagesaufzeichnungen als zeitgeschichtliche Quelle in der jüngsten „Gesamtausgabe" nicht als optimal zu bezeichnen. Nicht einmal die leicht zugängliche archivische Überlieferung zu Joseph Goebbels und seinem Ministerium, die Manuskripte, Korrespondenzen, Prozeßakten, Anweisungen, Erlasse etc., sind vollständig erschlossen; der Versuch einer Gesamtbibliographie wurde bis heute – wohl wegen der unübersichtlichen Fülle des Materials – nicht unternommen.

Das Editionskonzept des seit einiger Zeit vorliegenden ersten Teils der „Sämtlichen Fragmente" zeigt, daß es notwendig ist, den derzeitigen Stand der Goebbels-Forschung zur Diskussion zu stellen; denn obwohl Elke Fröhlich ihre Goebbels-Ausgabe als das „Urmeter" einer Edition präsentiert, fällt die Veröffentlichung, wenigstens konzeptionell, hinter den mit Helmut Heiber erreichten Stand zurück.[6]) Im folgenden soll vor allem das textkritisch unzurei-

[5]) Mit „Nebenaufzeichnungen" werden gesonderte Niederschriften benannt, die von Goebbels in der Regel an unterschiedlichen Aufenthaltsorten geführt wurden. Dazu gehören sämtliche Eintragungen in den Heften „Tagebuch Schwanenwerder für Joseph Goebbels vom 9. April 1936 bis" (zweites Datum hier u. im folgenden von Goebbels offengelassen) und „Tagebuch für Joseph Goebbels vom 29. Oktober 1936 bis (Haus am Bogensee)" sowie diejenigen in einem dritten Heft ohne Deckblatt (im GA-Registerband, 343, bezeichnet als „Tagebuch zu Hause").

[6]) *Helmut Heiber* (Hrsg.), Das Tagebuch des Joseph Goebbels 1925/26. (Schriftenreihe der Vierteljahrshefte für Zeitgeschichte, H. 1.) Stuttgart 1960. Den Begriff „Urmeter" verwendet Elke Fröhlich in GA I, XXI.

chende Verfahren dieser Ausgabe untersucht werden, bevor auf der Grundlage exemplarischer Einzelstudien die herrschende Einschätzung der Quelle in der Zeitgeschichtsforschung geprüft wird.

I. Die textkritische Dimension

Eine zuverlässige Textsubstanz hat mit Recht als unabdingbare Voraussetzung für jegliche interpretatorische Bemühung zu gelten. Neben einer möglichst lückenlosen Aufklärung über alle relevanten Einzelheiten der Überlieferungsgeschichte hat ein angemessen gestalteter textkritischer Apparat sämtliche Besonderheiten der Textsubstanz, paläographische oder formale Eigentümlichkeiten sowie Schwierigkeiten und Unsicherheiten der Transkription nachzuweisen. Unklarheiten der Lesung und charakteristische „Verschreibungen" gehören ebenso dazu wie die selbstverständliche Information des Lesers über alle Details, die den Grad der Fragilität einer Textpassage erkennen lassen. Wer die Handschrift von Joseph Goebbels jemals zu entziffern versucht hat, weiß, wie wichtig der Hinweis auf Unerschlossenes, auf nicht sicher zu lesende Worte oder Satzteile ist. Dies gilt um so mehr, wenn die Transkriptionsarbeiten – wie im Fall der Ausgabe von Elke Fröhlich – an Kopien von mangelhafter Qualität durchgeführt werden mußten.

Ein charakteristisches Merkmal dieser Veröffentlichung ist ihr Verzicht auf einen klassischen textkritischen Apparat zugunsten einer gelegentlichen Beachtung textkritischer Einzelheiten. Der Umgang mit mehreren Eintragungen vom Dezember 1940 und vom April 1941 belegt, daß vereinzelte handschriftliche Zusätze im Text wenigstens in einigen Abschnitten ignoriert wurden, obwohl sie sich auf den bisher zur Verfügung stehenden Mikrofilmen eindeutig erkennen lassen.[7]) Vor diesem Hintergrund wirkt die partielle Hervor-

[7]) So fallen beispielsweise in der Eintragung vom 15. April 1941 die Unterstreichungen folgender Wörter auf: „Edessa", „feindliche" (folgt „Streitkräfte in Jugoslawien"), „Ernüchterung"; außerdem deuten starke Helligkeitsunterschiede einzelner Sätze derselben Eintragung auf Nachträge hin: „Gestern: früh ins Ministerium"; „Eine Reihe neuer Filmstoffe geprüft. Darunter ein sehr guter: Scharnhorst [. . .]"; dagegen muß eine eckige Klammer (vor: „Mit Hippler noch eine Reihe Filmfragen erledigt [. . .]") zunächst als Indiz für eine möglicherweise beabsichtigte Kürzung des Textes bewertet werden. Der – allerdings stillschweigende – Verzicht auf den Abdruck eines auf der Mikrofilmkopie unleserlichen Wortes (s. Abb. 2) in GA IV kann

hebung anderer Auffälligkeiten willkürlich und zeugt gemeinsam mit der Art und Weise der Wiedergabe dieser Einzelfunde für ein zu geringes Maß an textkritischer Sorgfalt. So führen der Verzicht auf einen Apparat im üblichen Sinn und die Ignorierung entsprechender Techniken und Termini zu einem Instrumentarium und einem Begriffsapparat ganz eigener Art, die den prinzipiellen Mangel aber nicht zu verdecken vermögen. Dieses unsystematische „Regelwerk" wird nur teilweise erläutert[8]) und schließt Kuriositäten ein. Es ist nicht ohne innere Widersprüche und teilweise so uneinheitlich ausgefallen, daß bisweilen mehrere Zeichen für dieselbe Information stehen. Ferner zeigt es Merkmale einer Improvisation, ist nicht deutlich genug vom Originaltext abgesetzt und verzichtet auf eine klare Trennung zwischen textkritischen und sachlichen Fußnoten. Konrad Repgen ist Recht zu geben, wenn er nicht nur den Umgang der Herausgeberin mit dem Begriff „Authentizität" kritisiert, sondern auch das Fehlen eines Variantenapparats beklagt.[9]) Denn wie soll sich der Leser bei inkonsequent gesetzten Zeichen folgender Art zurechtfinden: Ein Sternchen steht für Irrtümer in der Namensschreibung und für Versehen in der Datierung, aber auch für Bearbeitungsvermerke bei unbekannten Abkürzungen. Die Funktionsvielfalt wird noch undurchsichtiger, wenn die Herausgeberin das Sternchen auch bei Flüchtigkeitsfehlern einsetzt oder es sogar mit den von ihr eingeführten spitzen Klammern verwechselt.[10])

Für diese und ähnliche Probleme gibt es eindeutige Richtlinien und Empfehlungen, die vielfältig erprobt sind. Eine Kennzeichnung mit Buchstaben und Zahlen hätte Klarheit gebracht. Das wenig hilf-

wohl nur als ein weiterer Beleg dafür gewertet werden, daß für eine gesicherte Transkription die Vorlage von Originalen erforderlich ist. Ähnliche Besonderheiten gab es u.a. in den folgenden Eintragungen: 18. XII. 1940; 19. XII. 1940; 20. XII. 1940; 3. IV. 1941; 27. IV. 1941 (alle Beispiele auf Film 4.1 des Goebbels-Bestandes des ehemaligen Dokumentationszentrums der Staatlichen Archivverwaltung der DDR; jetzt leicht zugänglich im Bundesarchiv, Abteilungen Potsdam, Nachlaß Joseph Goebbels). Dem BA und insbesondere seinem Präsidenten, Herrn Prof. Dr. Friedrich-Peter Kahlenberg, danke ich für die Unterstützung unserer Forschungen.

[8]) Elke Fröhlich zu ihrer textkritischen Verfahrensweise: GA I, LXXXV f. Auf die Unzulänglichkeiten ihrer unkonventionellen „Methodik" ist bereits ein Rezensent kritisch eingegangen: *Peter Bucher,* Die Tagebücher von Joseph Goebbels, in: 1999. Zs. f. Sozialgesch. des 20. u. 21. Jahrhunderts 2, 1988, 89–95, hier 92.

[9]) Rheinischer Merkur, Nr. 12 v. 18. III. 1988, S. 15: „Leserforum".

[10]) GA I, 149 u. 161.

reiche Punkt-Spitzklammer-Verfahren[11]) spart oftmals gerade das Entscheidende aus. So bleibt bei drei gesetzten Punkten ungeklärt, ob das vermißte Wort bereits in dem Goebbels-Text fehlt oder nur in der verwendeten Vorlage, ob bei fünf gesetzten Punkten zwei oder mehr Worte fehlen – eine Kennzeichnung des Ausmaßes der „Leerstelle" wäre aufschlußreicher –, ob bei in Rundklammern gesetzten Punkten die Markierung von Goebbels oder Fröhlich oder ob sie partiell von beiden stammt.[12]) Die bewußte Neugestaltung der Absätze ist mit Blick auf das grundlegende editorische Prinzip der vorlagengetreuen Wiedergabe abzulehnen.[13]) Besonders rächt sich in diesem Zusammenhang die Entscheidung, die 1934 erstmals erschienene Propagandaschrift „Vom Kaiserhof zur Reichskanzlei" als „Parallelüberlieferung" aufzufassen und in der gleichen Weise wie die Tagesaufzeichnungen abzudrucken, denn wegen des literarischen Charakters dieser Schrift kommt den Absätzen gerade hier eine erhöhte Bedeutung zu.[14])

[11]) Fünf Punkte bei Fehlen oder unsicherer Leseart mehrerer Worte, drei Punkte für ein fehlendes oder unleserliches Wort und zwei Punkte bzw. ein Punkt für unleserlichen Wortteil bzw. Buchstaben, alternativ finden sich bei größeren Textlücken in spitze Klammern gesetzte Bearbeitungsvermerke (GA I, LXXXV).

[12]) Die Fülle des Zweifelhaften läßt sich aus Platzmangel nicht dokumentieren. Das letztgenannte Beispiel findet sich in GA I, 4; zusätzliche Miß- und Unverständlichkeiten, die hier als Exempla für andere Bearbeitungsvorgänge stehen, lassen sich unschwer entdecken: GA I, 5, 8, 29, 116, 118; GA II, 537; GA III, 76, 132. – Gänzlich ohne Erklärung bleiben: ein Hakenkreuz mitten im Text (GA I, 66), „Abt. Schachleitner +" (GA III, 181), „Macdonald +" wurde lediglich in „MacDonald" verbessert (ebd. 331); „Kellog +" (ebd. 380); in GA III, 478, findet sich der wenig überzeugende Ansatz zu einem Sachkommentar: Zu „Hochzeit im Paradies" stößt der Leser in der Fußnote auf die Bemerkung: „Identisch mit ‚Eine Nacht im Mai'". Überhaupt konzentrieren sich die wenigen sachlichen Erläuterungen der Herausgeberin in der Mehrzahl auf die Verbesserung von falsch zitierten Filmtiteln: s. GA II, 526, 569, 587, 655; GA III, 14, 31, 99, 343; GA IV, 16, 240, 693. Zu den in der Regel unkommentiert bleibenden sprachlichen Eigenheiten von Joseph Goebbels findet sich u.a. folgende Bemerkung zu der von Goebbels an einer Stelle gewählten Schreibweise „Rrrevolutionäre": hiermit sei eventuell eine Nachahmung von Strassers hartem Tonfall gemeint gewesen (GA I, 594, und entsprechende Anmerkung).

[13]) „Hinsichtlich der Absatztechnik mußte schon aus Platzgründen vom Original abgewichen werden. Die zahlreichen Absätze innerhalb einer Tageseintragung wurden ohne Rücksicht auf inhaltliche Schwerpunkte jeweils zu einem Tagesblock zusammengezogen" (GA I, LXXXVI).

[14]) *Joseph Goebbels*, Vom Kaiserhof zur Reichskanzlei. Historische Darstel-

Das teilweise nur schwer nachvollziehbare methodische Vorgehen, das für die Beschreibung der Besonderheiten im Goebbels-Text ausgewählt wurde, erweckt wiederholt den Eindruck, es sei eine Orientierung an den üblichen textkritischen Kennzeichnungen bewußt vermieden worden.[15]) So spricht die Herausgeberin zwar von „bemerkenswerten" Veränderungen im Schriftbild des Joseph Goebbels, doch weder belegt sie diese pauschale Feststellung, noch nimmt sie ihre Vermutung zum Anlaß für eine systematische Untersuchung.[16])

Zwei im Abstand von mehr als zwei Jahren niedergeschriebene Notizen – sie sind hier als Abbildungen 1 und 2 wiedergegeben – können als typisch gelten für das insgesamt ungewöhnlich einheitlich gehaltene Schriftbild der Aufzeichnungen.[17]) Über Monate und Jahre hinweg zeigt sich ein nahezu gleichmäßiger Schriftzug; es finden sich seitenweise kaum Korrekturen, Streichungen oder etwa Ergänzungen einzelner Worte ober- und unterhalb der Zeile. Die für eine Tagebuchquelle typischen „Tagesringe" – wiederholte Neuansätze des Schreibers im Verlauf eines Tages – fehlen völlig. Dagegen lassen sich als besondere Auffälligkeit freigelassene Stellen vom Umfang einer Viertel- bis einer halben Seite entdecken, die stellvertretend für die Nebenaufzeichnungen in anderen Kladden stehen können, eventuell aber auch für Nachträge reserviert waren. Aufschlußreich ist auch ein Vergleich zwischen den überlieferten Manuskripten von Leitartikeln oder Entwürfen für den wöchentlichen „Angriff"-Beitrag mit den Tagesaufzeichnungen. Diese für die Presse bestimmten Texte können aufgrund ihrer weitestgehenden

lung in Tagebuchblättern. 1. Aufl. München 1934. Zum Quellenwert und zur Rezeption der „Kaiserhof"-Schrift vgl. die Ausführungen im vierten Abschnitt der vorliegenden Untersuchung.

[15]) Vgl. *Johannes Schultze*, Richtlinien für die äußere Textgestaltung bei der Herausgabe von Quellen zur neueren deutschen Geschichte, in: BlldtLG 102, 1966, 3 (Neueste Fassung): „Die abweichenden Lesarten sonstiger Überlieferungsformen sind als Textvarianten (vgl. § 10) zu bringen, jedoch nur so weit, als sie Merkmale einer selbständigen Textgestaltung aufweisen oder sachliche Bedeutung haben." Die neue „Max Weber-Gesamtausgabe" stützt sich aus guten Gründen auf drei Apparate mit einem eigenen Variantenapparat.

[16]) GA I, LXXXIII.

[17]) Die Eintragungen sind den Mikrofilmen 3.1 und 4.1 des ehemaligen Dokumentationszentrums (wie Anm. 7) entnommen.

Abbildung 1:
Ausschnitt aus der Eintragung vom 12. November 1938

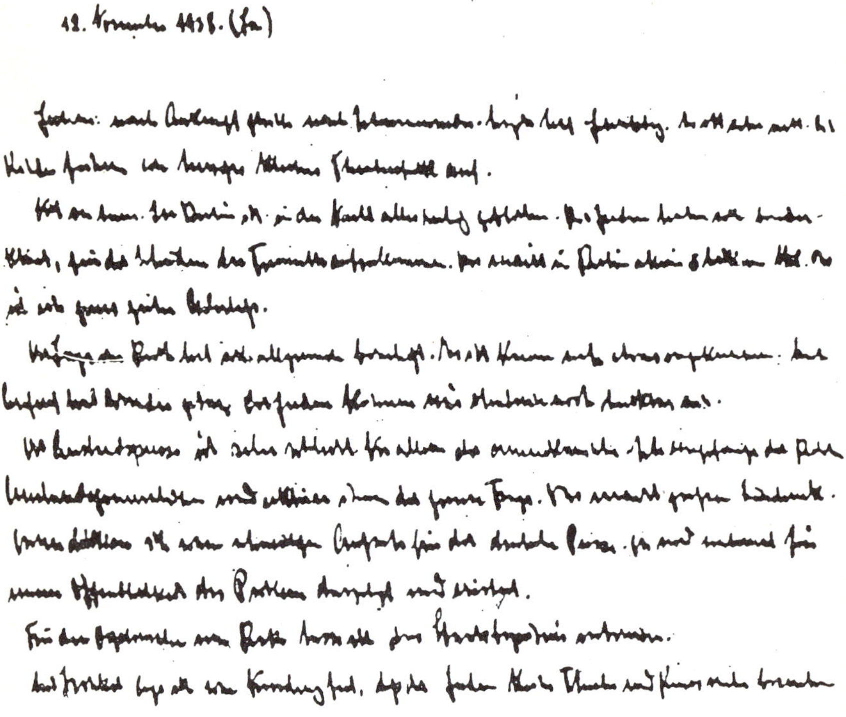

Abbildung 2:
Ausschnitt aus der Eintragung vom 15. April 1941

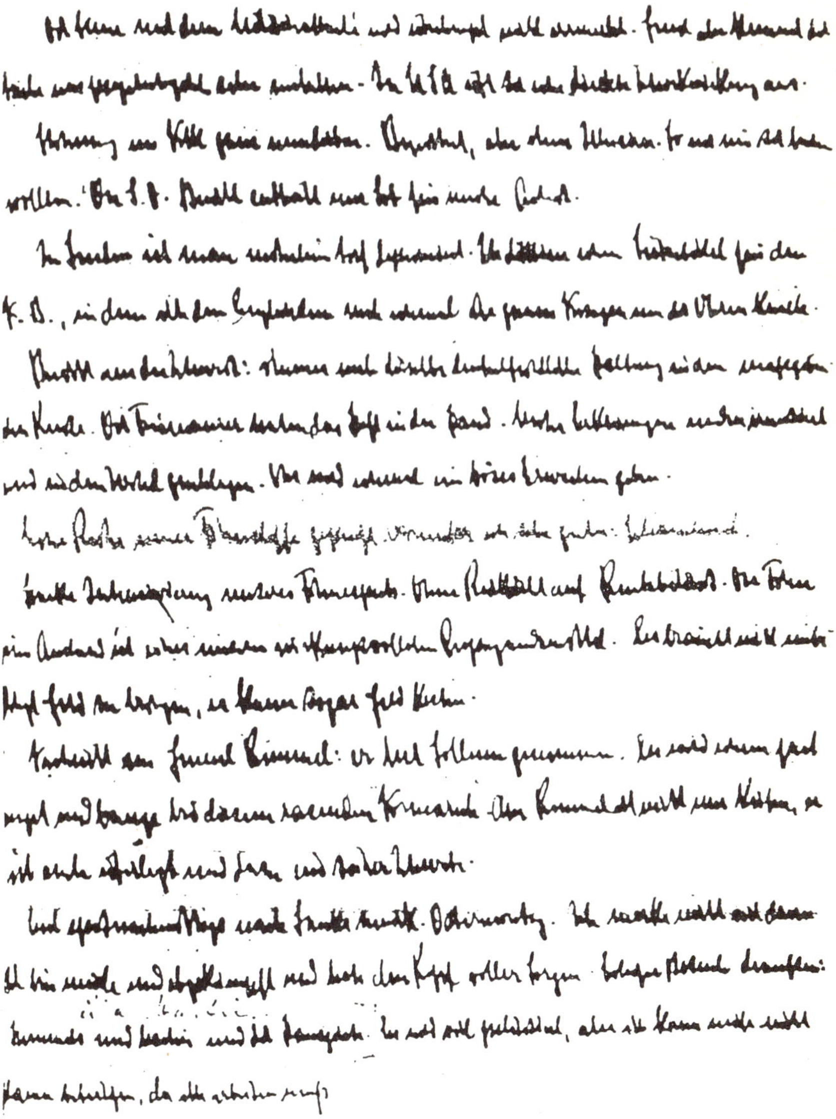

Übereinstimmung mit den späteren Druckfassungen als Reinfassungen angesehen werden.[18])

Diese Reinfassungen und handschriftlichen Notizen weisen zwar ebenso wie die bisher bekannten Tagesaufzeichnungen ein homogenes und gleichmäßiges Schriftbild auf, doch enthalten sie – obwohl mit Bleistift geschrieben – wesentlich häufiger Korrekturen und Einfügungen des Verfassers. Dieser Befund wirft die Frage auf, ob es sich nicht auch bei den überlieferten Tagesaufzeichnungen um einen stilisierten Text handeln könnte, vergleichbar dem für eine spätere Veröffentlichung bestimmten Manuskript. Der für diesen Quellentypus äußerlich ungewöhnlich harmonische Gesamteindruck der Überlieferung mag die Herausgeberin dazu verleitet haben, den Bereich „Textkritik" in ihrer Veröffentlichung weitgehend auszuklammern und nur von Fall zu Fall Details, die ihr noch dazu als geringfügige Ungereimtheiten erschienen sein mögen, am Rande textkritisch zu kommentieren. Derartige Eigenheiten müssen jedoch in einer wissenschaftlichen Edition konsequent beachtet werden, da nicht auszuschließen ist, daß sie vom Verfasser *bewußt* gesetzte Zeichen sind. So könnten sie beispielsweise gewählt worden sein, um nachträgliche Eintragungen unauffällig einzufügen. Am Beispiel einer im Original überlieferten Aufzeichnung soll demonstriert werden, wie eine systematische textkritische Bearbeitung eines handschriftlichen Textes von Goebbels ausfallen sollte.[19]) Es handelt sich um das

Manuskript für die Rubrik **„Politisches Tagebuch"**, im **„Angriff"** Nr. 3 vom 25. Februar 1929 (1. Beilage):

Einzelbl, 23 cm × 16 cm, ungelocht, unpag, einseitig beschr (Bleist), Rostspuren li (Heftklammern)

15. Februar. Der Friedensschluß in Rom zwischen Quirinal und Vatikan beansprucht auch heute noch, und zwar mit vollem Recht, einen großen Teil

[18]) Originale dieser Manuskripte fanden sich u.a. in der achten der neun auf dem Gelände der ehemaligen Reichskanzlei sichergestellten Metallkisten. Die transkribierten Fassungen wurden von uns mit den jeweiligen Druckfassungen verglichen.

[19]) Es werden die nachfolgenden Abkürzungen bzw. Siglen verwendet: beschr = beschriftet; Bl/Bll = Blatt/Blätter; Bleist = Bleistift; Buchst = Buchstabe; gestr = gestrichen; gr = groß; F&S = Feuchtigkeits- und Schmutzspuren; gez = gezählt; hs = handschriftlich; kl = klein; korr = nachgetr.; li = links; Ls fragl = Lesung fraglich; ms = maschinenschriftlich; TVerl = Textverlust; üZ = über der Zeile; unleserl = unleserlich; unpag = unpaginiert.

der öffentlichen Aufmerksamkeit. Die große Weltpresse kann heute nicht mehr drum herumreden, daß damit Mussolini ein Meisterstück gelungen ist, wie es nach einem vor vielen Jahren getanen Ausspruch Crispis nur dem größten staatsmännischen Genie vorbehalten bleibt. Die französische Öffentlichkeit ist leicht bestürzt über die Plötzlichkeit, mit der der römische Vertrag in die Wirklichkeit umgesetzt wurde; sie hat dazu auch wohl allen Grund, denn nun rückt Italien automatisch dem Vatikan gegenüber an die Stelle, die bisher Frankreich einnahm. Es ist heute noch gar nicht zu übersehen, welche großen[a] moralischen Eroberungen Mussolini mit der Bereinigung[b] der römischen Frage für sein System gemacht hat. Wir verkennen dabei durchaus nicht, daß der Vatikan dafür einen Preis verlangte, der sich sehen lassen kann. Aber auf der anderen Seite: was bedeutet es [c]nicht alles[c] für Mussolini und den Faschismus, wenn der Papst in einer Ansprache zu den Professoren und Studenten der Universität wörtlich[d] in aller Öffentlichkeit erklärt: „ "*

„Die Vorurteile der liberalen Schule." Ein hartes Wort für unsere Zentrumspolitiker, die ja in Deutschland immer wieder dem katholischen Volksteil klar machen wollen, daß Nationalismus und[e] Atheismus gleichbedeutend seien, und die seit 1918 und lange vordem immer wieder nur in diesem vom Papst so unverblümt gekennzeichneten liberalen Lager ihre Bundesgenossen am Vernichtungswerk an der deutschen Nation suchten und fanden. Es sei uns freundlich eine Frage gestattet: darf ein Katholik nur in Italien sich zu seinem Volk bekennen und ist das, was der Papst in seiner eigenen Nation für segensreich und Gott wohlgefällig hält, in Deutschland ein Verbrechen und Satanswerk. Ist es konsequent, Mussolini[f] einen „Mann der Vorsehung" zu nennen, und Hitler wie[g] den leibhaftigen Antichrist zu verfolgen? Oder ist Vorsehung wieder[h] gleichbedeutend mit Geschäft?

Anmerkungen:

a folgt gestr „E".
b hs (Bleist) korr aus „Erledigung".
c-c üZ hs (Bleist) nachgetr.
d Ls fragl.
e folgen gestr zwei unleserl Buchst
f folgt gestr „f".
g korr aus „einen".
h Ls fragl
* So in der Vorlage; die folgenden anderthalben Zeilen bleiben frei. – Beim Abdruck im „Angriff" erschien an dieser Stelle das Zitat: „Vielleicht war auch ein Mann dazu nötig, wie derjenige, den uns die *Vorsehung sandte*, ein Mann, der *nicht die Vorurteile der liberalen Schule* hat" (Hervorhebungen – hier kursiv gesetzt – im Original).

Diesem Exemplum lassen sich nicht allein Einzelheiten über die Form der Niederschrift entnehmen, sondern auch etliche über die Vorbereitung und Gestaltung der Zeitungsveröffentlichungen en détail und Allgemeines über die Beziehungen zwischen dem Manuskript und seiner Publikation. Zusammen mit einer entsprechenden sachlichen Kommentierung – sie hätte zwar knapp auszufallen, sollte sich aber nicht nur auf das Ereignis und die Personen richten, sondern auch auf die Verifizierung der Zitate und auf die publizistischen Reaktionen – dürften sich aus diesen Fakten aufschlußreiche Feststellungen über die engen und direkten Zusammenhänge zwischen Tagesaufzeichnungen und den Dienstgeschäften von Goebbels treffen lassen. Sie ließen nicht nur Rückschlüsse auf den Quellenwert der täglichen Niederschriften von Goebbels zu, sondern auch auf Funktion, Art, Umfang und Dichte einer Sachkommentierung.

Während die Herausgeber Helmut Heiber und bislang auch Elke Fröhlich sich in erster Linie mit den Schwierigkeiten bei der Entzifferung der nachlässigen Goebbels'schen Handschrift konfrontiert sahen, standen Louis Lochner und Peter Stadelmayer vor der Entscheidung, wie sie das voluminöse Ausmaß des maschinenschriftlichen Materials in Druckform bewältigen könnten, ohne Lesbarkeit und Textverständnis zu beeinträchtigen.[20]) Die Lösung sah bei beiden unterschiedlich aus. Lochner ließ alle militärischen Angaben aus und kürzte den übrigen Text relativ willkürlich und großzügig. Stadelmayer gab sämtliche ihm zur Verfügung stehenden Aufzeichnungen des Jahres 1945 komplett wieder, ohne sie in einen größeren inhaltlichen Zusammenhang zu stellen. Beide Ausgaben lassen jegliche textkritische Sensibilität und eine entsprechende Kommentierung vermissen. Die einzelnen überlieferten maschinenschriftlichen Orginale und Kopien enthalten aber nicht nur von Hand ausgeführte Zusätze verschiedener Personen aus der Zeit vor und nach Kriegsende, sie weisen auch falsch datierte und nur teilweise korrigierte Kopfzeilen und Fehlpaginierungen auf; vereinzelt finden sich sogar fälschlich zusammengeführte Abschnitte innerhalb einer Tageseintragung.[21]) Auch für diesen Teil der Überliefe-

[20]) The Goebbels Diaries. 1942–1943. Edited, translated, and with an Introduction by *Louis P. Lochner*. New York 1948; Goebbels Tagebücher aus den Jahren 1942–1943. Mit anderen Dokumenten hrsg. v. *Louis P. Lochner*. Zürich 1948; *Joseph Goebbels*, Tagebücher 1945. Die letzten Aufzeichnungen, eingeführt v. Rolf Hochhuth [hrsg. und mit einem Nachwort versehen v. Peter Stadelmayer]. Hamburg 1977.

[21]) Als Beispiele wären hier zu nennen die Eintragung vom 12. Januar 1942, die fälschlich die Datierung „1941" erhalten hat, und diejenige vom 1. Februar 1943, die ebenfalls auf das Vorjahr datiert ist. Außerdem befinden sich auf einzelnen der verfilmten Vorlagen längere handschriftliche Zusätze, die nicht von Goebbels selbst stammen, z. B. in den Eintragungen vom 18. November 1941 und 13. August 1942 (Filme des ehemaligen Dokumentationszentrums [wie Anm. 7]).

rung soll anhand einer textkritischen Bearbeitung die Notwendigkeit eines textkritischen Kommentars veranschaulicht werden.

Nr. 205/44* **23. Juli**

67 gez Bll, li gelocht; Bll 50ff. mit kl TVerl; Bll 59ff. mit großem TVerl und starken F&S.

23. Juli 1944 (Sonntag)

[. . .]**

[S. 47] [. . .] Ich habe dann eine ausführliche Aussprache mit Ribbentrop über meine letzten Artikel im „Reich". Ribbentrop befürchtet, daß diese Artikel vom Feind [a]ls gewisse Schwächezeichen ausgelegt werden, vor [S. 48] allem meine Version, daß eine Niederlage des Reiches dem Bolschewismus gegenüber auch zu einer Niederlage Englands führen werde. Er meint, daß damit in Japan der Verdacht hochgezüchtet würde, daß wir die Absicht hätten, mit den angelsächsischen Mächten einen Sonderfrieden zu schließen; und[a] die Japaner sind in dieser Beziehung nach seiner Darstellung sehr argwöhnisch, und man müßte unter allen Umständen vermeiden, diesen Argwohn zu nähren. Er erzählt mir, wie schwierig es für ihn gewesen ist, in Helsinki die Finnen[b] bei der Stange zu halten, vor allem da während seiner Verhandlungen bei uns die gesamte Mittelfront zusammenbrach. Er hat ein gewisses diploma[ti]sches Geschick dabei bewiesen, [S. 49] trotzdem die Finnen bei der Partie zu halten.

Auch in Rumänien sind die Dinge durchaus nicht klar und eindeutig. Mihai[l] Antonescu würde lieber heute als morgen mit den Engländern gemeinsame Sache machen, und er vor allem vertritt die Tendenz, daß es möglich wäre, mit den angelsächsischen Mäch[ten] einen Sonderfrieden zu schließen. Ob überhaupt etwas mit England zu machen ist, das ist auch Ribbentrop im Augenblick noch nicht klar. Jedenfalls hat er recht mit seiner Meinung, daß man bei der ge[g]enwärtigen Frontlage weder nach der östlichen noch nach der westlichen Seite Fühler ausstrecken kann. Stalin ist ein nüchterner Realist. Wenn es für ihn keine andere Möglichke[i]t gibt, mit den Engländern [S. 50] und Amerikanern fertig zu werden, s[o wird er], darin stimme ich mit Ribbentrop überein, z[weifell]os auch mit uns zusammenzugehen[c] bereit sein. A[ber auc]h diese Entwicklung ist natürlich nur in los[esten] Anfängen vorhanden und überhaupt noch nicht spruchreif. Wichtigstes ist also im Augenblick, daß wir die Fronten stabilisieren. Wenn keine stabilen Fronten vorhanden sind, so kann man keine Außenpolitik betreiben; so behauptet wenigstens Ribbentrop. Das halte ich nicht für richtig; denn Churchill hat sehr wohl Außenpolitik betrieben, als England in der verzweifeltsten Lage war. Da erst wird sich die Kunst eines genialen Außenpolitikers beweisen müssen. Es ist meiner Ansicht nach eine allzu be[que]me Ausrede, wenn [S. 51][d] Ribbentrop erklärt, daß man Außenpolitik nur nach Siegen machen könne. Im Gegenteil, man kann dem entgegenhalten, daß wir bei Siegen keine Außenpolitik nötig haben; dann wird die Aussenpolitik durch das Schwert gemacht. [. . .]

Anmerkungen:

a hs (Blaustift) gestr.

b folgt gestr „wied".
c ms üZ korr aus „zusammengehen".
d Seitenzahl hs (Blaustift) korr aus „50".
* In der Gesamtedition werden die Eintragungen durchgezählt, so daß Zuordnungen, Aufzählungen, Nachweise und Querverweise leicht vorzunehmen und eindeutig sind.
** Die Tageseintragung besteht aus insgesamt 67 einseitig beschriebenen („Führertype") DIN-A4-großen Blättern; der hier vorgelegte Auszug wurde unter dem Gesichtspunkt ausgewählt, daß er thematisch in sich geschlossen und somit verständlich ist.

II. Der heterogene Quellenwert der Tagesaufzeichnungen im Kontext der Gesamtüberlieferung

Elke Fröhlich hält die täglichen Aufzeichnungen des Joseph Goebbels aus den zwanziger Jahren für „eine Art Beichtstuhlersatz". Auch über die späteren Aufzeichnungen meint sie noch sagen zu können: „Die relativ große subjektive Ehrlichkeit und kritische Selbstreflexion, mit der Goebbels anfangs an seine Tagebücher herangegangen war, hatte sich inzwischen aber schon fast ganz aufgebraucht [. . .] Aber in abgewandelter Form blieb [bezogen auf die Jahre 1937/38] etwas von der ursprünglichen Beichtstuhlfunktion erhalten. Goebbels brauchte das Tagebuch weiter, um sich selbst Absolution zu erteilen [. . .]."[22]) Bei dieser Grundüberzeugung überrascht es nicht, daß die Herausgeberin von dem Quellenwert der Tagesaufzeichnungen eine außerordentlich hohe Meinung hat. Für sie stellen die „Tagebücher innerhalb der Kategorie subjektiver Zeugnisse aus dem Führungskreis des Nationalsozialismus die mit Abstand bedeutendste Quelle" dar.[23]) Dieser Auffassung schlossen sich Eckhard Fuhr[24]) und Jost Dülffer an, der als ausgewiesener Kenner der nationalsozialistischen Epoche schreibt, die Eintragungen in den „Tagebüchern" böten, da überwiegend mit einer Verzögerung von nur einem Tag notiert, „ungefilterte" Informationen und lieferten aufgrund Goebbels' relativer Ehrlichkeit sich selbst gegenüber

[22]) GA I, XCIVf.
[23]) Ebd. XVII.
[24]) Als Quintessenz seiner Rezension der vierbändigen Veröffentlichung schätzt Eckhard Fuhr Joseph Goebbels ein als „das erste Opfer seiner Verführungskünste" (*Eckhard Fuhr*, Ein Sprachrohr gefunden. Einblicke in die Innenwelt des Reichspropagandaministers, in: FAZ, Nr. 219 v. 22. IX. 1987).

wertvolles Quellenmaterial.[25]) Eine differenziert-kritische Einschätzung vertritt dagegen Hans-Günther Hockerts. Er siedelt zwar die Quelle zu ihrem überwiegenden Teil nicht in der Reihe der Traditionsquellen, sondern der Überreste an, wendet sich aber dennoch in seiner Einzelstudie gegen eine allzu pauschal vorgenommene Bestimmung des Quellenwertes; diese sei vielmehr – je nach leitender Fragestellung – von Fall zu Fall neu vorzunehmen.[26])

Eine Analyse, die die Quelle in ihren heterogenen Eigenschaften berücksichtigt hätte, lag der vierbändigen Münchner Veröffentlichung offenbar nicht zugrunde. Denn durch die Aufnahme von zusätzlichen, formal, strukturell und intentional völlig andersartigen Materialien bietet die Ausgabe ein „Sammelsurium" von Dokumenten, das unter dem Titel „Die Goebbels-Tagebücher" subsumiert wird. Die bereits an anderer Stelle erwähnte Vermischung und Neuordnung verschiedener Aufzeichnungstypen zu einem „Gesamttagebuch" ist die eine Konsequenz.[27]) Eine weitere besteht darin, daß auch Aufzeichnungen wie die „Erinnerungsblätter" für „Tagebücher" gehalten werden. Diese „Erinnerungsblätter" sind jedoch streng genommen nichts als ein memoirenhafter Rückblick Joseph Goebbels' auf seine Schul- und Studienjahre. Dennoch bezieht die Herausgeberin dieses andersartige Dokument ohne jegliche graphische Hervorhebung in ihre Veröffentlichung ein. Unverständlich bleibt ferner, warum sie in der Einleitung lediglich den inhaltlichen Erkenntniswert der „Erinnerungsblätter" ausführlich untersucht, jedoch eine entsprechende Analyse bei den Tagesaufzeichnungen ausdrücklich ausspart.[28])

Wohl wegen der 1985 mit François Genoud getroffenen Vereinbarungen wurden Goebbels' früheste diaristische Aufzeichnungen nicht in die Ausgabe der „Sämtlichen Fragmente" aufgenommen. Die frühen „Tagebücher" könnten darauf hinweisen, daß Goebbels diesen Aufzeichnungen den Status eines literarischen Vermächtnisses zugemessen hat. So gab er der im Jahr 1919 entstandenen, seiner Geliebten Anka Stahlherm zugeeigneten Sammlung von Gedichten

[25]) *Jost Dülffer*, in: HJb 110, 1990, 273f.

[26]) *Hans-Günther Hockerts*, Die Goebbels-Tagebücher 1932–1941, in: Dieter Albrecht u.a. (Hrsg.), Politik und Konfession. Festschrift für Konrad Repgen. Berlin 1983, 359–392, hier 361–363.

[27]) Vgl. dazu den entsprechenden Abschnitt in dem demnächst in der Zeitschrift „Publizistik" erscheinenden Aufsatz des Vf.s (wie Anm. 1).

[28]) GA I, XXX.

die Überschrift „Aus meinem Tagebuch". Die gleiche Überschrift erhielten auch die 1923 entstandenen, Else Janke gewidmeten diaristischen Aufzeichnungen, von denen nicht zweifelsfrei feststeht, ob sie ein früheres Tagebuch literarisch verarbeiteten oder ob ihre diaristische Form lediglich ein Stilmerkmal darstellt. Die gleiche Frage ist auch an die „Erinnerungsblätter" zu richten, die Goebbels überwiegend im Präsens abfaßte und in denen er durch das Stilmittel der Detailgenauigkeit beim Leser vielleicht den Eindruck der Authentizität erwecken wollte.

In den folgenden Jahren verfolgte Goebbels seine schriftstellerischen Ambitionen weiter, indem er für seine Werke die ihm vorliegenden „rohen" diaristischen Notizen und Memoirenaufzeichnungen über vorangegangene Erlebnisse und Erfahrungen verwertete. In seinen „Erinnerungsblättern" gibt Goebbels für den mißratenden literarischen Versuch (Heiber) „Michael Voormann. Ein Menschenschicksal in Tagebuchblättern" als Entstehungszeitpunkt das Jahr 1919 an.[29]) Elke Fröhlich folgt dem Verfasser in dieser Selbstdarstellung von schriftstellerischer Frühreife, obwohl bereits Helmut Heiber festgestellt hatte, daß das Manuskript in der zweiten Hälfte des Jahres 1923 – also nach dem Tod des Jugendfreunds Richard Flisges – entstanden sein dürfte, dessen Leben und Lebensende Goebbels inspiriert haben.[30])

Mit der zunehmenden politischen Identitätsfindung verlagerte Goebbels den Schwerpunkt seiner schriftstellerischen Tätigkeit vom dilettierenden Literaten zum pedantisch auftretenden Chronisten der nationalsozialistischen Bewegung, der er seinen sozialen Aufstieg zu verdanken hatte. Die Bestellung zum Gauleiter in Berlin gegen Ende des Oktobers 1926 markierte die entscheidende Wende in seiner Laufbahn als NSDAP-Parteifunktionär. In der Mikrofilmüberlieferung finden sich zwei Seiten mit Notizen, die stichwortartig den politischen Werdegang bis zu dem Datum seines Umzugs nach Berlin schildern. In seiner Veröffentlichung „Vom Kaiserhof zur Reichskanzlei" behauptet Goebbels übrigens später wider besseres Wissen, er habe zu diesem Zeitpunkt den NS-Gau Berlin gegrün-

[29]) Unter der Überschrift „Herbstferien 1919" schreibt Goebbels in seiner Rückschau: „Ich schreibe aus dem Herzblut meine eigene Geschichte. ‚Michael Voormann'. Sage unser ganzes Leiden her. Ohne Schminke, so, wie ich es sehe. Drei Hefte. Heft für Heft an Anka" (GA I, 14).

[30]) *Helmut Heiber*, Joseph Goebbels. 3. Aufl. München 1988, 34.

det.[31]) Möglicherweise bildeten diese Notizen die Skizze für eine nicht publizierte „historische Darstellung in Tagebuchblättern". Sie könnten die „Vorstudien" zu der acht Jahre später erschienenen „Kaiserhof"-Schrift sein. Daß Goebbels ein derartiges Vorhaben einige Male aufgegriffen hat, belegen Eintragungen in den später überlieferten Aufzeichnungen; sie sprechen nämlich von dem Konzept eines ihm besonders am Herzen liegenden „Jahrestagebuchs".[32]) Neben den Buchprojekten nutzte Goebbels die diaristische Form auch für seine Tagespublizistik: Er veröffentlichte schon in seiner Zeit als Schriftleiter des Blattes „Völkische Freiheit" die wöchentliche Rubrik „Politisches Tagebuch", in der er politische Tageseindrücke in polemisch-demagogischer Form aufbereitete.[33]) Dieses Konzept übertrug Goebbels später unter dem gleichen Titel auf den „Angriff".

III. Die diaristische Form als publizistisches Stilmittel: Der Wochenbeitrag „Politisches Tagebuch"

Goebbels hat während eines Zeitraums von drei Jahren, vom Juli 1927 bis zum Juli 1930, die Rubrik „Politisches Tagebuch" (PolTgb) in der von ihm in Berlin herausgegebenen Wochen- bzw. späteren Tageszeitung „Der Angriff" verfaßt. In den auf Mikrofilm überlieferten Tagesaufzeichnungen finden sich zahlreiche Passagen, die Goebbels' regelmäßige Arbeit an dieser Rubrik und als Leitartikler widerspiegeln. In seinen Tagesaufzeichnungen heißt es dazu:

[31]) *Goebbels*, Kaiserhof (wie Anm. 14), 204 (15. XI. 1932).

[32]) Hinweise darauf finden sich in GA I, 332 (16. II. 1929): „Zwei neue Buchpläne entworfen. Eine politische Revue und ein Jahrestagebuch", und 380 (1. VI. 1929): „Dann habe ich noch eine kleine Broschüre zu schreiben und hänge noch meinem Lieblingsplan nach, ein „Jahrestagebuch" zu verfassen, bunt, mit Beobachtungen, Sentenzen, Charakteristiken und so." Nach *Ralf Georg Reuth*, Goebbels. München 1990, 146 Anm. 53, handelt es sich bei dem „Jahrestagebuch" um „sporadische Eintragungen", die Goebbels einmal in Buchform veröffentlichen wollte; Teile davon sollen im „Angriff" in der Rubrik „Politisches Tagebuch" erschienen sein.

[33]) In der „Völkischen Freiheit" publizierte Goebbels vom 13. September 1924 bis zum Januar 1925 erstmals in einer als „Politisches Tagebuch" betitelten Rubrik. Über diese journalistische Tätigkeit schreibt er in der Eintragung vom 17. September 1924: „Die Politik macht mir Freude. Besonders das politische Tagebuch. Ich versuche immer, große Linien aufzuweisen und die europäischen Verhältnisse nach großen Gesichtspunkten zu beurteilen" (GA I, 87).

„Im Heidi pol. Tagebuch geschrieben"; „Ich hatte mich etwas verheddert im pol. Tagebuch. Aufreizung und ‹!› Hochverrat."[34]) Und in der Sommerfrische schreibt er: „Den Tag über am Strande gearbeitet. Pol. Tagebuch, Lektüre".[35]) In Elke Fröhlichs Veröffentlichung bleibt diese Rubrik, ebenso wie die übrigen publizistischen Arbeiten von Goebbels, als Quelle für die Entstehungs- und Wirkungsgeschichte der Tagesaufzeichnungen unausgewertet.[36])

Nicht nur die oben zitierten Bemerkungen, sondern auch ein inhaltlicher Vergleich der Rubrik „Politisches Tagebuch" mit den übrigen täglichen Eintragungen stützt die These, Goebbels habe wiederholt seine politischen Tageseindrücke separat von den eigentlichen Tagesaufzeichnungen in besonderer Form, in einem eigenen Aufzeichnungstyp, festgehalten und diese Texte, aufbereitet in der polemischen Form des Zeitungsstils, veröffentlicht.[37]) Zwei Merkmale der im Original überlieferten Entwurfmanuskripte – die textkritische Bearbeitung eines Einzelblattes sollte es veranschaulichen[38]) – sind es wert, im Vergleich mit den parallelen Aufzeichnungen hervorgehoben zu werden: Erstens deuten die zitierten Äußerungen von Goebbels darauf hin, daß diese Aufzeichnungen nicht täglich, sondern wahrscheinlich mit Blick auf den jeweils nächsten

[34]) GA I, 378 (29. V. 1929) u. 424 (13. IX. 1929) (Hervorhebung in der GA-Vorlage). Die Beschlagnahme der letzten „Angriff"-Ausgabe, die der zweiten Eintragung vorausging, erfolgte offensichtlich als Reaktion auf die Eintragung unter dem „4. September 1929" im „Politischen Tagebuch": „Und zu den Bombenanschlägen selbst! Wir haben gar keine Veranlassung, sie als ‚verabscheuungswürdig zu erklären', sondern höchstens als dumm [...]" (Der Angriff [künftig: DA], Nr. 36 v. 9. IX. 1929).

[35]) GA I, 413 (24. VIII. 1929). Während der Ferienzeiten von Goebbels führte ein „Dr. L." – es handelte sich hierbei wohl um Dr. Julius Lippert, „Angriff"-Hauptschriftleiter und seit 1933 Berliner Stadtkommandant – die Rubrik fort.

[36]) Auch Reuth verkennt die Bedeutung der Rubrik, indem er sie lediglich für einen polemischen Kommentar zu aktuellen innen- und außenpolitischen Ereignissen hält. Ihre enge Beziehung zu den Tagesaufzeichnungen übersieht er völlig; s. *Reuth*, Goebbels (wie Anm. 32), 126 Anm. 88.

[37]) Für diese These sprechen die von Elke Fröhlich ebenfalls nicht beachteten Eintragungen vom 16. August 1929: „Gestern: früh morgens schon auf. Gesch.St. gearbeitet. Dann nach Angermünde. (s. 2. Heft.) Abends noch auf der Gesch.St. Archivbesprechung [...]", und die Eintragung am 30. September 1929: „Nachmittags mit Kube nach Spandau gefahren. [...] Abends früh nach Hause. (s. 2. Tagebuch.) Heute beginnt der Reichstag" (GA I, 412 u. 432).

[38]) Vgl. die oben (S. 10f.) wiedergegebene Eintragung vom 15. II. 1929.

Drucklegungstermin am Ende einer Woche rückblickend niedergeschrieben wurden. Zweitens finden wir – wie erwähnt – auch bei diesen, mit Bleistift notierten Entwürfen von Goebbels nur sporadisch vorkommende Streichungen, Verbesserungen und Zusätze; sie treten in den publizistischen Entwürfen jedoch häufiger auf als in den privaten Aufzeichnungen.

Elke Fröhlich stuft die privaten Tagesaufzeichnungen vom 14. April bis zum 20. Juli 1928 und die vom 23. Juli 1928 bis zum 7. August 1929 als das „vielleicht historisch belangloseste der gesamten Überlieferung" ein.[39]) So erklärt sie das Überwiegen privater Inhalte mit einer „politischen Flaute", die in der nationalsozialistischen „Bewegung" nach der Stabilisierung der Republik seit 1924 eingesetzt habe. Die Tatsache, daß zwar parteiinterne Auseinandersetzungen, nicht aber Ereignisse von allgemeiner politischer Bedeutung ihren Niederschlag in den Tagesaufzeichnungen dieses Zeitraums finden, läßt sich jedoch aus der Aufspaltung der Überlieferung in Tagesaufzeichnungen und Zeitungsnotizen erklären. Vor diesem Hintergrund leuchtet es ein, daß Goebbels offensichtlich darauf verzichtete, in seinen Tagesaufzeichnungen während dieser Periode politische Ereignisse und Entwicklungen zu behandeln, auf die er bereits in der „Angriff"-Rubrik „Politisches Tagebuch" kommentierend eingegangen war.

Einige Beispiele sollen zeigen, auf welche Weise Goebbels die Vorgänge unterschiedlicher Thematik behandelte. In der Eintragung für den 4. Mai 1928 im „Politischen Tagebuch" wandte er sich gegen die Reichsgerichtsentscheidung vom 1. Mai 1928 zum Verbot des Rotfrontkämpferbundes, die er in den regulären Aufzeichnungen ignorierte, obwohl er dort öfter die angebliche richterliche Ungleichbehandlung von KPD und NSDAP kritisiert hat.[40]) Als im Juli 1928 Graf Kuno von Westarp den Parteivorsitz der DNVP niederlegte, kommentierte Goebbels am 10. Juli (PolTgb) den sich ab-

[39]) GA I, XXXVII.

[40]) DA, Nr. 20 v. 14. V. 1928, PolTgb (4. V. 1928): „Das Reichsgericht hat dem Innenminister von Keudell eine unverblümte Abfuhr erteilt und dem Einspruch der Länder gegen das vom Reichsinnenministerium verhängte Verbot des RFB [Rotfrontkämpferbundes] stattgegeben. [. . .] Man bedenke: die NSDAP wird in Berlin fast ein Jahr lang verboten, weil in einer ihrer Versammlungen ein betrunkener, amtsentsetzter Pfarrer ein paar unsanfte Liebkosungen auf den Deckel bekommt."

zeichnenden Rechtsruck der Deutschnationalen.[41]) In den privaten Aufzeichnungen, wo Goebbels in dieser Phase ständig gegen eine mögliche Annäherung von DNVP und NSDAP polemisierte, blieb dieses aktuelle Ereignis unerwähnt. Gleiches gilt auch für Ereignisse wie die gemeinsame Kundgebung von Stahlhelm und DNVP am 24. September 1928 in der Berliner „Neuen Welt“ sowie die Berliner Vertretertagung der DNVP, auf der Hugenberg im Oktober 1928 zum neuen Parteivorsitzenden gewählt wurde. Entsprechend findet sich eine Meinungsäußerung von Goebbels zur Unterzeichnung des Young-Plans durch die Sachverständigen in Paris am 8. Juni 1929 nur in der Rubrik „PolTgb“, nicht aber in den privaten Aufzeichnungen.[42])

Auch in der inhaltlichen Einschätzung und quellenkritischen Bewertung der darauffolgenden Aufzeichnungen kann man Elke Fröhlich nur schwer folgen. Sie hält die Aufzeichnungen der Zeit vom 8. August 1929 bis zum Ende des Jahres 1930 im Gegensatz zu denjenigen der vorausgegangenen Monate für eine „besonders inhaltsreiche und historisch bedeutungsvolle Überlieferung“.[43]) Zwar nimmt die Zahl der im „Angriff“ (PolTgb) behandelten und in den Privataufzeichnungen nicht vertretenen Geschehnisse deutlich ab – das erweist ein inhaltlicher Vergleich –, dennoch bleiben auch in diesem Zeitabschnitt wichtige Ergebnisse, die Goebbels für die „Angriff“-Rubrik publizistisch verwertete, in den Privataufzeichnungen unerwähnt. So sticht hervor, daß – im Gegensatz zu der Behauptung der Herausgeberin, das Datum der NSDAP-Beteiligung am Volksbegehren markiere eine qualitative Wende in den Goebbels'schen Tagesaufzeichnungen[44]) – der am 11. August 1929 publizierte Entwurf für das sogenannte „Freiheitsgesetz“ durch den „Reichsausschuß für das Deutsche Volksbegehren gegen den Young-Plan“ nur im „PolTgb“ einen Niederschlag fand[45]), obwohl die Anti-Young-

[41]) DA, Nr. 29 v. 16. VII. 1928, PolTgb (10. VII. 1928): „Westarp und Wallraf gegen Hugenberg und Everling, dazu der katastrophale Verlust der Deutschnationalen bei den letzten Wahlen und der Fall Lambach.“

[42]) DA, Nr. 24 v. 17. VI. 1929, PolTgb (7. VI. 1929): „Heute mittag wird in Paris der Youngplan paraphiert. Damit ist das letzte Siegel unter dieses furchtbare Versklavungsdokument gesetzt.“

[43]) GA I, XXXVIII.

[44]) Ebd.

[45]) DA, Nr. 33 v. 19. VIII. 1929, PolTgb (11. VIII. 1929): „Unterdes rüstet im Lande selbst die nationale Opposition zu einem entscheidenden Schlag gegen die Stresemannsche Versklavungspolitik durch Propagierung eines

plan-Koalition unzweifelhaft zu Goebbels' Hauptthemen dieser Zeit zählte. In den privaten Aufzeichnungen blieb das am 30. August 1929 im Haag ratifizierte Räumungsabkommen ebenfalls unerwähnt; ferner fehlt auch eine Äußerung zu den Gerüchten um die Bildung einer bürgerlichen Rechtskoalition Ende November und zum Rücktritt des Finanzministers Rudolf Hilferding am 21. Dezember 1929.[46])

In Goebbels' journalistischen Notizen (PolTgb) finden sich des öfteren Kommentare und Anmerkungen zu aktuellen Geschehnissen im faschistischen Italien, die man eher in den privaten Aufzeichnungen vermutet hätte. Doch erscheinen Bemerkungen zu Mussolini und Italien gerade dort relativ selten, und wenn sie auftreten, dann sind sie überwiegend allgemeiner Natur.[47]) In Goebbels' Beiträgen für den „Angriff" spiegelt sich trotz ideologischer Differenzen die Vorbildfunktion des italienischen Faschismus für einen Teil der deutschen Nationalsozialisten deutlich wider. Am 24. September 1928 verglich Goebbels die verfassungsmäßige Stellung des faschistischen Großrats in demagogischer Weise mit den deutschen Verhältnissen.[48]) In der Ausgabe vom 22. Oktober 1928 zitierte er aus Mussolinis Rede über das faschistische Presseverständnis: „In einem Regime, das aus der Revolution hervorgegan-

Volksbegehrens gegen den Youngplan in Verbindung mit der Kriegsschuldlüge."

[46]) DA, Nr. 36 v. 9. IX. 1929, PolTgb (31. VIII. 1929); DA, Nr. 57 v. 1. XII. 1929, PolTgb (26. XI.–28. XI. 1929); und DA, Nr. 65 v. 29. XII. 1929, PolTgb (22. XII. 1929).

[47]) S. dazu GA I, 231 (7. VI. 1928): „Mussolini ist bereits gefestigter als Hitler. Das macht, er ist schon Staatsmann, während Hitler noch Revolutionär ist. Mussolini läßt sich nicht gerne lachend photographieren. Warum wohl?"; ebd. 296 (26. XI. 1928): „Der Graf erzählt begeistert von Mussolini und Italien, das er aus Erfahrung kennt. Wie arm sind wir Deutschen demgegenüber dran!"; ebd. 494 (3. II. 1930): „Nachmittags zu Hause Lektüre. Prof. Mehler – wohl mein Lehrer aus Freiburg? – ‚der Staat Mussolinis'. Interessierte mich sehr. Mussolini steht mir näher als unsere Heutigen alle."

[48]) DA, Nr. 40 v. 1. X. 1928, PolTgb (24. IX. 1928): „Der faschistische Großrat hat sich dieser Tage in Rom in einer Nachtsitzung seine eigene Verfassung gegeben. Danach steht er wie bisher unter dem Vorsitz Mussolinis. Er bleibt die oberste Parteiinstanz, die darüber zu wachen hat, daß die Errungenschaften der Revolution erhalten werden. Er hat auch über alle politischen, wirtschaftlichen und sozialen Fragen von nationalem Interesse zu entscheiden. [Goebbels gibt die Zusammensetzung des faschistischen Großrates wieder.] Dem Großrat werden in Zukunft auch die Beziehungen zwischen Staat und Kirche und die internationalen Verträge anvertraut [. . .]."

gen ist, kann die Presse ebenfalls nur einheitlich sein, ja noch mehr, diese Presse darf nicht ein Beruf sein, wie in anderen Ländern, sondern sie muß eine Mission erfüllen. [...] Deshalb soll die faschistische Presse bewußt ihren eigenen Charakter erhalten und immer mehr, wie ein gut abgestimmtes Orchester, den richtigen Ton treffen lernen, der nicht erst von oben angegeben zu werden braucht!"[49]) In seiner Grundsatzrede vom 4. Oktober 1933 zum „Schriftleitergesetz" bediente sich Goebbels später übrigens ebenfalls einer Allegorie aus der Musikwelt, um die Absichten der offiziellen Pressepolitik unmißverständlich zu verdeutlichen.[50])

Das im Februar 1929 abgeschlossene Konkordat zwischen Italien und dem Vatikan bewertete Goebbels als „weltpolitischen Akt", der für beide Seiten einen politischen Vorteil bedeute. Ausschließlich Nachteile sah er dagegen in der auf eine deutsch-französische Verständigung gerichteten Außenpolitik Stresemanns. Seine Position verdeutlichte er, indem er – mit Blick auf die Annäherung Italiens an Großbritannien – einen „enthusiastischen" Bericht des „Observer" hervorhob, der die angeblich anerkennenden Worte Chamberlains zu dem „interessanten faschistischen Experiment" wiedergegeben hatte.[51]) In seinem Kommentar zu den italienischen Plänen eines Flottenprogramms stellte der Journalist Goebbels übrigens seine eigene Meinung ebenfalls nicht unverblümt dar, sondern wählte wiederum den indirekten Weg. Er paraphrasierte die Ausführungen des italienischen Außenministers Grandi, der dargelegt habe, daß man „Verträge nicht für die Ewigkeit" abschließe.[52])

Ein Vergleich der sowohl im „Angriff" (PolTgb) als auch in den Tagesaufzeichnungen angesprochenen Themen ist noch aus einem anderen Grund aufschlußreich: Ihm lassen sich Erkenntnisse über den propagandistischen Stil der Tagesaufzeichnungen entnehmen. Wie stark sich das Propaganda-Instrument „Politisches Tagebuch" im „Angriff" und die Tagesaufzeichnungen wenigstens passagenweise in Wort und Form gleichen, sollen die gegenübergestellten Textzitate zu Goebbels' Besuch beim inhaftierten Mörder Rathenaus und zum Resultat des Volksentscheids gegen den Young-Plan demonstrieren:

[49]) DA, Nr. 43 v. 22. X. 1928, PolTgb (15. X. 1928).
[50]) Rede im Wortlaut ausgeführt in: DA, Nr. 225 v. 5. X. 1933.
[51]) DA, Nr. 7 v. 18. II. 1929, PolTgb (12. II. 1929) u. DA, Nr. 8 v. 25. II. 1929, PolTgb (15. II. 1929), und DA, Nr. 15 v. 15. IV. 1929, PolTgb (11. IV. 1929).
[52]) DA, Nr. 42 v. 25. V. 1930, PolTgb (18. V. 1930).

„Besuch in einem Kerker der Republik. Ich stehe vor einem der Rathenaubeseitiger, der nun schon über 6 Jahre sein qualvolles Dasein unter Mördern, Räubern und Erpressern fristet. Zwei glühende Augen starren mich an und erheben, ohne, daß der Mund sich öffnet, Protest gegen ein Volk, das seine Ehre mit Füssen tritt [. . .].“[53])

„Besuch im Gefängnis bei dem Rathenaubesieger Techow. Ich bewundere den herrlichsten, ungebrochenen Mut dieses Jungen. Etwas aufgedunsen ist er. Aber geistig frisch und merkwürdig regsam. Wir können uns über 2 Stunden unterhalten. Leben Sie wohl, mein Lieber!“[54])

„Das Ergebnis des Volksentscheids ist so ausgefallen, wie es unter vernünftigen Leuten nur erwartet werden konnte.“[55])

„Volksentscheid 6 Millionen Stimmen. Also das, was vernünftige Menschen nach Lage der Dinge füglich erwarten konnten.“[56])

Daß es schließlich auch ergiebig gewesen wäre, zeitgenössische Materialien zur Beantwortung der Frage nach dem Quellenwert heranzuziehen, indem man sie in die ideologischen, parteipolitischen und persönlichen Zusammenhänge einordnete, läßt sich ebenfalls am Beispiel der Rubrik „PolTgb“ andeuten. So wird der am 10. Mai 1928 im „Berliner Tageblatt“ erschienene Leitartikel von Ludwig Haas[57]) – er befaßt sich mit den außenpolitischen Vorstellungen der NSDAP und ihrer Anhänger – von Goebbels in demagogischer Weise abgefertigt (PolTgb), in den Tagesaufzeichnungen beschränkt er sich dagegen auf den Satz: „Die Juden arbeiten intensiv gegen uns.“[58])

Goebbels' in den Tagesaufzeichnungen festgehaltene Reaktion auf die von Hindenburg gegen ihn als den verantwortlichen Herausgeber des „Angriffs“ erhobene Strafanzeige läßt sich mit seiner publizistisch vertretenen offensiven Verteidigungsstrategie (PolTgb) konfrontieren. Er notiert in den Tagesaufzeichnungen: „Kurz vor der Abfahrt erfahre ich noch, daß Hindenburg mich wegen Beleidigung verklagt hat. Das haben mir Schweitzer und Dr. Lippert eingebrockt. Ich habe eine Sauwut auf diese Haudegen, die auf meine Kosten herumschimpfen. Das wird nun auch geändert.“ Dagegen

[53]) DA, Nr. 38 v. 17. IX. 1928, PolTgb (13. IX. 1928).
[54]) GA I, 262f. (9. IX. 1928).
[55]) DA, Nr. 65 v. 29. XII. 1929, PolTgb (24. XII. 1929).
[56]) GA I, 474 (24. XII. 1929).
[57]) Dr. Ludwig Haas, „Erlebnisse im Wahlkampf“, in: Berliner Tageblatt, Nr. 219 v. 10. V. 1928.
[58]) DA, Nr. 21 v. 21. V. 1928, PolTgb (13. V. 1928), und GA I, 222 (12. V. 1928).

schreibt er im „Politischen Tagebuch: „Der Reichspräsident von Hindenburg hat durch sein Büro gegen den ‚Angriff' bezw. seinen Herausgeber wegen des Artikels ‚Lebt Hindenburg noch?' und der darunter befindlichen Zeichnung Strafantrag stellen lassen."[59]) Schließlich gelingt es Goebbels, sich am 4. Januar 1930 (PolTgb) von dem Artikel zu distanzieren, sich aber gleichzeitig mit dessen Verfassern öffentlich zu solidarisieren: „Schreiber dieser Zeilen hätte es auch viel einfacher machen können: er durfte mit Recht erklären, die inkriminierte Zeichnung stamme nicht von ihm und auch den in Frage stehenden Artikel habe er, wie sich jeder Kundige am Stil überzeugen könne, nicht geschrieben."[60]) Indem Goebbels damit den Weg einer publizistischen Vorwärtsverteidigung gegen Hindenburg beschritt, wandte er sich von seiner noch im Oktober 1929 verfolgten und publizistisch beschworenen Strategie ab, gegenüber der Person des Reichspräsidenten eine „weitgehende Reserve" einzuhalten.[61])

IV. Die Tagebuchform im Dienste der NS-Propaganda: Das „Kaiserhof"-Buch

Als ein Dokument besonderer Art ist die Propaganda-Publikation „Vom Kaiserhof zur Reichskanzlei" allein schon wegen ihrer außerordentlichen quellenkritischen Problematik zu behandeln. Auf der Grundlage von Notizen, über deren Charakter als „echte" Tagebucheintragungen sich noch keine abschließenden Aussagen treffen lassen[62]), schrieb Goebbels mit dem Kenntnisstand vom Winter 1933/34 die Geschichte der Zeit zwischen dem 1. Januar 1932 und dem 1. Mai 1933. Dafür wählte er ähnlich wie für seine Rubriken „Politisches Tagebuch" in der „Völkischen Freiheit" und im „Angriff" die Form eines Tagebuchs. Goebbels wollte durch Medium

[59]) GA I, 477 (1. I. 1930), und DA, Nr. 4 v. 12. I. 1930, PolTgb (3. I. 1930).
[60]) DA, Nr. 4 v. 12. I. 1930, PolTgb (4. I. 1930).
[61]) DA, Nr. 49 v. 3. XI. 1929, PolTgb (27. X. 1929).
[62]) Aufklärung auch über diese Thematik erwartet der Vf. (B. S.) deshalb von den weiteren Sichtungs- und Transkriptionsarbeiten an dem Teilnachlaß Joseph Goebbels im Bundesarchiv/Abteilungen Potsdam, weil sowohl unter den „Varia" der „Kiste VIII" als auch zwischen den einzelnen Blättern der Jahrgänge 1944 und 1945 der Tagesaufzeichnungen von Joseph Goebbels wiederholt „Zufallsfunde" auftauchten, die sich als handschriftliche Entwürfe zu Artikeln und Reden oder als Ausfertigungen für andere Publikationen bestimmen ließen.

und Stilmittel einerseits die Wiedergabe des historischen Ablaufs bewußt subjektiv halten und damit die persönliche Einbindung des Verfassers in die Ereignisse hervorheben, andererseits aber auch ein Höchstmaß an Glaubwürdigkeit vermitteln.[63])

Die „Kaiserhof"-Schrift stilisiert die sogenannte nationalsozialistische Revolution als „hart und heroisch, zielbewußt und zäh".[64]) Die „Bewegung", die gemäß der Goebbels'schen literarisch-propagandistischen Inszenierung „in der Stille vorbereitet wurde und organisch" gewachsen sei, sollte in dieser Publikation gefeiert werden, so daß der Eindruck entstand, hier habe sich etwas nach dem „unabänderlichen Gesetz einer höheren geschichtlichen Entwicklung" vollzogen. Diesem Konzept, die Planmäßigkeit und Folgerichtigkeit der Geschichte der NS-Bewegung im allgemeinen und ihrer Propaganda im besonderen in öffentlich überzeugender Form darzustellen, sollten im „Kaiserhof"-Buch die folgenden Äußerungen entsprechen: „Die Krise läuft programmgemäß weiter", „Es fehlt die sicher führende Hand. Höchste Zeit, daß eine neue Regierung ans Ruder kommt" oder „Die Einigkeit in der Partei ist jetzt in jeder Beziehung fest".[65]) Diese Eintragungen fehlen übrigens in der auf Mikrofilm überlieferten Textfassung; sie tauchen dort auch in anderen Formulierungen nicht auf.

Ein genauer Vergleich der Tagesaufzeichnungen mit der „Kaiserhof"-Veröffentlichung enthüllt noch zusätzliche, inhaltlich viel weitergehende Abänderungen. Goebbels' Konzept, die Geschichte der nationalsozialistischen Bewegung bis zur Machtübernahme rückwirkend zu stilisieren, machte es notwendig, ganze Tagesaufzeichnungen neu zu formulieren. In seinen Aufzeichnungen spricht Goebbels unter dem Datum vom 2. August 1932 von der Ermordung zweier Kommunisten in Königsberg; in der „Kaiserhof"-Fassung tritt an deren Stelle die Ermordung eines SA-Mannes. Damit rekonstruierte Goebbels einen Zusammenhang, der nicht nur das erst anschließend dargestellte Attentat auf die beiden KPD-Führer als das „einzige Mittel, um die Roten zur Raison zu bringen" glaubhaft machen, sondern zugleich auch die Abkehr von bürgerlichen

[63]) Vgl. *Goebbels*, Kaiserhof (wie Anm. 14), 11: „Er [der Verfasser] schildert nur, was er gesehen und erlebt hat, und zwar so, daß er mit gutem Gewissen davon sagen kann: *So war es!*" (Hervorhebung im Original, B. S.).

[64]) Hier und im folgenden stammen die Zitate aus Goebbels' Einleitung zur „Kaiserhof"-Schrift, S. 7–14.

[65]) Ebd. 100 (23. V. 1932), 141 (9. VIII. 1932), und 255 (31. I. 1933).

Rechtsvorstellungen und willkürliche Gewaltakte rechtfertigen sollte.[66])

Einen weiteren Einblick in Goebbels' Manipulationstechnik vermittelt seine Eintragung vom 29. Dezember 1932 über die das nationalsozialistische „Ansehen" schwer belastenden Dresdener Fememorde. Er wandelte seine ursprüngliche Notiz vom 30. Dezember 1932 – „Presse hetzt wegen ‚Fememord' in Dresden. Peinliche Sache. Da scheinen die Unsern wieder eine haarige Dummheit gemacht zu haben" – in eine Formulierung um, die sich an dem zeitgenössischen offiziellen nationalsozialistischen Dementi orientierte: „Die Judenpresse hat eine neue Sensation; sie hat einen Fememord in Dresden erfunden. Davon lebt sie nun wieder für einige Wochen".[67]) Selbst einige unter den Korrekturen, die Goebbels' Stellung innerhalb der nationalsozialistischen Bewegung betrafen, also auch die deutliche Zurücksetzung bei der Regierungsbildung am 30. Januar 1933, die Elke Fröhlich aufgefallen war, waren gravierender, als es ihr Begriff „retuschiert" andeutet.[68])

Die Stilisierungen der „Kaiserhof"-Darstellung berücksichtigten auch Notizen privaten Charakters. Das belegt die in der Fröhlich-Veröffentlichung wiedergegebene Eintragung aus dem „Tagebuch für Ferien und Reise" vom 23. Mai 1932. Seine „Ferien vom Ich", die Goebbels dort noch mit Themen seiner sonntäglichen Freizeitgestaltung beschrieb, begründete er in dem „Kaiserhof"-Text auch politisch: „Man muß zu den Dingen Abstand gewinnen, dann kommt man zu klaren Urteilen".[69])

Mit der bereits zitierten Behauptung, Goebbels habe für die Veröffentlichung seines „Tagebuchs" einzelne Passagen mit Blick auf das Publikum „retuschiert", suggeriert Elke Fröhlich, daß die Tageseintragungen im „Kaiserhof"-Text prinzipiell wie „echte" Tagebuchnotizen zu bewerten seien. Diese Einschätzung wider-

[66]) GA II, 212, und *Goebbels*, Kaiserhof (wie Anm. 14), 136. – Entsprechend wäre die nachfolgende Kritik Goebbels' am Unverständnis der „bürgerlichen Angstmeier" gegenüber der Anwendung willkürlicher Gewalt zu bewerten (ebd.).

[67]) GA II, 318, und *Goebbels*, Kaiserhof (wie Anm. 14), 231. In seinem Artikel „Die rote Mörderfaust" (DA, Nr. 2 v. 3. I. 1933) gebrauchte Goebbels die folgende Formulierung: „Eine Woche lang schon leben sie von diesem tragischen Vorkommnis [. . .]". Zum Dementi vgl. auch DA, Nr. 1 v. 2. I. 1933: „Hetzer, Lügner und Mörder".

[68]) GA I, XLI.

[69]) *Goebbels*, Kaiserhof (wie Anm. 14), 99.

spricht völlig den Intentionen des Propagandaministers, der mit dieser Veröffentlichung die Geschichte der NSDAP glorifizieren, die NS-Herrschaft legitimieren und seinen persönlichen Anspruch untermauern wollte, die einmal errungene Macht auch in Zukunft zu behalten. Besonders deutlich wird diese Funktion der „Kaiserhof"-Publikation vor dem Hintergrund der fortwährend vorgenommenen Aktualisierungen des Textes. Die Neuauflagen glich Goebbels mehrfach den aktuellen Bedürfnissen an.[70]) Neben der spektakulären vollständigen Tilgung des Namens „Ernst Röhm" in den Auflagen nach dem Juni 1934 verschwanden auch die Namen weiterer ehemaliger Kampfgefährten des Autors, sobald sie in Ungnade gefallen waren.[71]) Neben stilistischen Veränderungen[72]) und sachlichen Korrekturen[73]) finden sich auch weitreichende inhaltliche Redigierungen[74]), die bis zur Tilgung eines Themas oder zentraler Aus-

[70]) Nach der Durchsicht der „Kaiserhof"-Auflagen sind mindestens vier Überarbeitungsphasen zu erkennen, nämlich im Jahr 1934 sowohl zwischen der 1. und 2. Auflage als auch zwischen der 3. und 4. Auflage, in den Jahren 1934/35 zwischen der 6. und 7. Auflage und im Jahr 1942 zwischen der 34. und 39. Auflage.

[71]) In den Eintragungen vom 9. II., 8. V., 19. VII., 9. VIII., 12. VIII., 13. VIII., 31. VIII., 8. XII. und 12. XII. 1932 sowie vom 30. I. 1933 betraf die Überarbeitung von 1934 Röhm; desgleichen den Namen Edmund Heines (Eintragung vom 26. VI. 1932), die Überarbeitung von 1942 betraf Ernst Hanfstaengl (Eintragungen vom 11. II. 1932, 27. II. 1933), Julius Streicher (Eintragung vom 11. III. 1932, 3. V. 1932) und Hans Grimm (Eintragung vom 31. III. 1932).

[72]) 1935 wurden folgende Veränderungen vorgenommen: Aus „durchgeakkert" wurde „durchgearbeitet" (Eintragung vom 8. V. 1932); die Aussage in der Eintragung vom 21. VII. 1932, der Generalstreik sei „unterbunden" worden, verstärkte der Begriff „verboten"; in der Eintragung vom 4. XI. 1932 änderte sich die Reihenfolge der letzten Sätze. Und noch im Jahr 1942 wurde Goebbels' auf den 23. XII. 1932 datierte Bilanz, das abgelaufene Jahr 1932 sei eine „ewige Pechsträhne" gewesen, abgeschwächt in den Begriff „richtige Pechsträhne".

[73]) Der in der ersten Auflage nach „Alsdorf" verlegte Wahlkampf (17. VI. 1932) erhielt in der zweiten Auflage mit „Alsfeld" seine korrekte Lokalisierung; die in der Eintragung vom 4. IV. 1932 erwähnte Hitlerrede in Sachsen wurde für die siebente Auflage (1935) vom Montag auf den vorangegangenen Sonntag zurückverlegt; für dieselbe Auflage wurde die in einem Bericht über den Wahlkampf in Lauterbach (17. VI. 1932) gewählte Bezeichnung „Ortsgruppenführer" in „Bezirksführer" umgewandelt.

[74]) Die Aussage „Von der Strasserseite wird in Pessimismus gemacht" (Eintragung vom 4. X. 1932) erhielt in der dritten Auflage (1934) eine spürbare Akzentverlagerung: „Von Strasser aus wird in Pessimismus gemacht". Ähn-

sagen führen konnten.[75])

Die politische Zielsetzung, die spezifische literarische Form und der propagandistische Charakter des „Kaiserhof"-Buchs sind ebenso wie der Zeitpunkt seiner Abfassung die wichtigsten Faktoren, die seine Verwendung als diaristische Quelle an sich schon bedenklich erscheinen lassen. Diese Vorbehalte sollten also ein Verfahren ausschließen, mit Hilfe dieser Propagandamaterialien Überlieferungslücken in dem Strang der bislang nur auf Filmen vorliegenden Tagesaufzeichnungen auffüllen zu wollen. Selbst eine partielle inhaltliche Übereinstimmung mit den täglichen Notizen genügte keineswegs als Rechtfertigung, so lange nicht die gesamte Überlieferung uneingeschränkt verfügbar ist. Dieter Rebentisch zieht die „Kaiserhof"-Publikation als Nachweis für die frühzeitige Herausbildung des Führerprinzips im Kabinett heran; dabei belegen die von ihm zitierten Texte lediglich, daß Hitler sich ebenfalls im Kabinett „ganz durchgesetzt" habe.[76]) Hans Mommsen entnimmt dem „Kaiserhof"-Text, daß die Nationalsozialisten gegen die Kommunisten erst vorgehen wollten, sobald der „bolschewistische Revolutionsversuch" aufgeflammt sein würde. Doch diese Bereitschaft zum Handeln fehlt in den Formulierungen der Tagesaufzeichnungen zugunsten der Absichtserklärung, sich zunächst auf den anstehenden Wahlkampf zu konzentrieren.[77]) Rebentisch und

lich wirkt die Abänderung der ursprünglich gewählten Bezeichnung der gegen die Einweihung des Horst-Wessel-Gedenksteins geplanten KPD-Demonstration für die siebente Auflage (1935): die „Riesengegenkundgebung" verwandelte sich in eine „Riesenkundgebung" (22. I. 1933).

[75]) Die nachfolgenden Aussagen strich Goebbels ersatzlos: „Wir haben vorläufig im ‚Deutschen Sender' ein eigenes publizistisches Organ geschaffen" (20. IX. 1932, fehlt bereits in der 2. Aufl. 1934); „Die Frage ihres Sturzes [gemeint ist der Sturz der „Reaktion"] wird dann in einigen Tagen gelöst sein" (28. VIII. 1932, in der Überarbeitung von 1935 gestrichen).

[76]) Vgl. *Dieter Rebentisch,* Führerstaat und Verwaltung im Zweiten Weltkrieg. Verfassungsentwicklung und Verwaltungspolitik 1939–1945. (Frankfurter Historische Abhandlungen, 29.) Stuttgart 1989, 37. Die von Rebentisch als „Tagebuch" herangezogene Passage aus der 12. Auflage des „Kaiserhofs" (1936, S. 302) lautet: „Im Kabinett ist die Autorität des Führers nun ganz durchgesetzt. Abgestimmt wird nicht mehr. Der Führer entscheidet." Diese weitgehende Aussage wird durch die von Elke Fröhlich wiedergegebene entsprechende Tageseintragung vom 23. April 1933 (GA II, 410) jedoch nur bedingt gestützt: „Kabinett: alles wieder zusammen. Hitler hat sich auch dort ganz durchgesetzt."

[77]) *Hans Mommsen,* Van der Lubbes Weg in den Reichstag – der Ablauf der Ereignisse, in: Uwe Backes u.a., Reichstagsbrand – Aufklärung einer histori-

Mommsen stand die vierbändige Veröffentlichung von 1987 noch nicht zur Verfügung. Inzwischen hat sich die Situation geändert; die Skepsis gegenüber dem „Kaiserhof"-Text sollte so weit gewachsen sein, daß er nicht mehr wie ein authentisches Tagebuch verwendet wird. In seiner kürzlich vorgelegten Untersuchung über die NS-Propaganda vor 1933 zieht Gerhard Paul die „Sämtlichen Fragmente" jedoch im Sinne ihrer Herausgeberin heran: Die Lücken der vermeintlichen Originalüberlieferung aus der Zeit vor der sog. Machtergreifung schließt er mit dem „Kaiserhof"-Text.[78])

Ähnlich, wenngleich weniger ausführlich, verfährt Rainer Zitelmann in seiner Hitler-Biographie. Zwar weist er auf die Möglichkeit hin, bisher vorliegende Aufzeichnungstexte mit den „Kaiserhof"-Formulierungen kritisch vergleichen zu können, doch hindert ihn diese Erkenntnis nicht daran, die Rechtfertigungsschrift schon auf der nachfolgenden Seite ohne Einschränkung als Beweismittel einzusetzen.[79]) Auch der Goebbels-Biograph Ralf Georg Reuth erliegt mit seiner einseitigen Verwertung des „Kaiserhof"-Textes letztlich der Absicht des Berliner Gauleiters, seine Stellung im Prozeß der nationalsozialistischen Machtgewinnung rückwirkend in den Mittelpunkt zu stellen.[80])

schen Legende. München 1986, 46; vgl. dazu: *Goebbels*, Kaiserhof (wie Anm. 14), 254, und GA II, 362 (1. II. 1933).

[78]) *Gerhard Paul*, Aufstand der Bilder. Die NS-Propaganda vor 1933. Bonn 1990, 104, 106, 111, 149, 151 f., 183 u. 205.

[79]) *Rainer Zitelmann*, Hitler. Selbstverständnis eines Revolutionärs. 2. Aufl. Stuttgart 1989, 88. Zitelmann vergleicht hier die „Kaiserhof"-Eintragung vom 13. August 1932 mit der von Elke Fröhlich abgedruckten Eintragung vom 15. August 1932. – Weil ein authentischer Text nicht zur Verfügung steht, zitiert Zitelmann einen Auszug aus der „Kaiserhof"-Eintragung vom 28. August 1932 und übersieht, daß Goebbels gerade an dieser Stelle in seine typische Rechtfertigungs-Diktion verfällt: „Wir müssen an die Macht! Wenn die Gegenseite die Verfassung bricht, dann hört auch für uns jeder Zwang zur Gesetzmäßigkeit auf; dann kommt Steuerstreik, Sabotage und Aufstand. Die Frage ihres Sturzes wird dann in einigen Tagen gelöst sein" (vgl. Kaiserhof [wie Anm. 14], 152).

[80]) Vgl. den entsprechenden Abschnitt bei *Reuth*, Goebbels (wie Anm. 32), 212–267; *Heiber*, Goebbels (wie Anm. 30), 100, weist darauf hin, daß es anhand des „Kaiserhof"-Buchs kaum feststellbar sei, „welchen Anteil denn nun eigentlich der Berliner Gauleiter und Reichspropagandaleiter an der ‚Machtergreifung' gehabt" habe. So fehlt zur Einordnung der Tätigkeit von Goebbels in diesem Zeitraum besonders die Einschätzung der Rolle, die Hermann Göring in der Phase vor 1933 gespielt hatte. Nach der neueren Einschätzung der Wirksamkeit der von Goebbels geleiteten nationalsoziali-

Das Buch „Vom Kaiserhof zur Reichskanzlei" ist als eine Propagandaschrift ersten Ranges einzustufen. Es steht qualitativ der Rubrik „Politisches Tagebuch" des „Angriffs" näher als den jüngst veröffentlichten Tagesaufzeichnungen. Bereits Helmut Heiber hatte in seiner Biographie wiederholt auf den bisweilen widersprüchlichen und quellenkritisch schillernden Charakter der Goebbels'schen Rechtfertigungsschrift hingewiesen.[81]) Diesen spezifischen Quellenwert der Goebbels-Schrift und seine hohe Problematik ignoriert das von Elke Fröhlich praktizierte Verfahren, die besonders lückenhafte Überlieferung aus der Zeit zwischen dem 1. Januar 1932 und dem 1. Mai 1933 durch den „Kaiserhof"-Text zu ergänzen[82]) – das Verhältnis zwischen den auf der Grundlage von Kopien erschlossenen Tagesaufzeichnungen und den „Kaiserhof"-Eintragungen veranschaulicht die Abbildung 3.[83]) Nur so ist auch zu verstehen, daß die Herausgeberin für die Propaganda-Texte keine graphische Abhebung wählt, für sie den Begriff „Parallelüberlieferung" verwendet und die publizierte Fassung für ein authentisches Tagebuch hält, dessen Wert durch einzelne Retuschen lediglich eingeschränkt sei.[84]) Dabei bleiben die Veränderungen in den Auflagen

stischen Kampfpropaganda in der Zeit vor 1933, die *Paul*, Aufstand (wie Anm. 78), 126 f., 141 f., 181–186, 262 f., vornimmt, scheint die Leistungsfähigkeit des Goebbels'schen Propagandaapparates wesentlich geringer gewesen zu sein, als es von der früheren, von der Selbstdarstellung des späteren Propagandaministers beeinflußten Forschung gesehen wurde.

[81]) *Heiber*, Goebbels (wie Anm. 30), 99 f., 109, 115 f.

[82]) „Auch die Tagebuchüberlieferung bis Dezember 1932 ist teilweise stark gestört. Einen Ersatz bietet für den Zeitabschnitt vom 1. Januar 1932 bis zum 1. Mai 1933 das Teilstück des Tagebuchs, das Goebbels 1934 als Dokument des nationalsozialistischen Machtkampfs unter dem Titel ‚Vom Kaiserhof zur Reichskanzlei' selbst veröffentlichte"; s. *Elke Fröhlich*, Joseph Goebbels und sein Tagebuch, in: VfZG 35, 1987, 513; übrigens ebenso in: GA I, XL.

[83]) Hierbei mußte berücksichtigt werden, daß die „Kaiserhof"-Eintragungen – sofern sie Inhalte aus den Tagesaufzeichnungen aufgriffen – in der Regel um einen Tag vordatiert waren. Abweichungen in der Zuordnung des Materials konnten sich daher bei den jeweils letzten bzw. ersten Monatstagen ergeben. Die zwei auf den 18. V. 1932 datierten „Kaiserhof"-Eintragungen wurden als *eine* Notiz gezählt.

[84]) *Fröhlich*, Goebbels und sein Tagebuch (wie Anm. 82), 513, und GA I, XL f., LXXIX.

Abbildung 3:
Goebbels-Aufzeichnungen 1932/33 (GA-Bestand/„Kaiserhof")

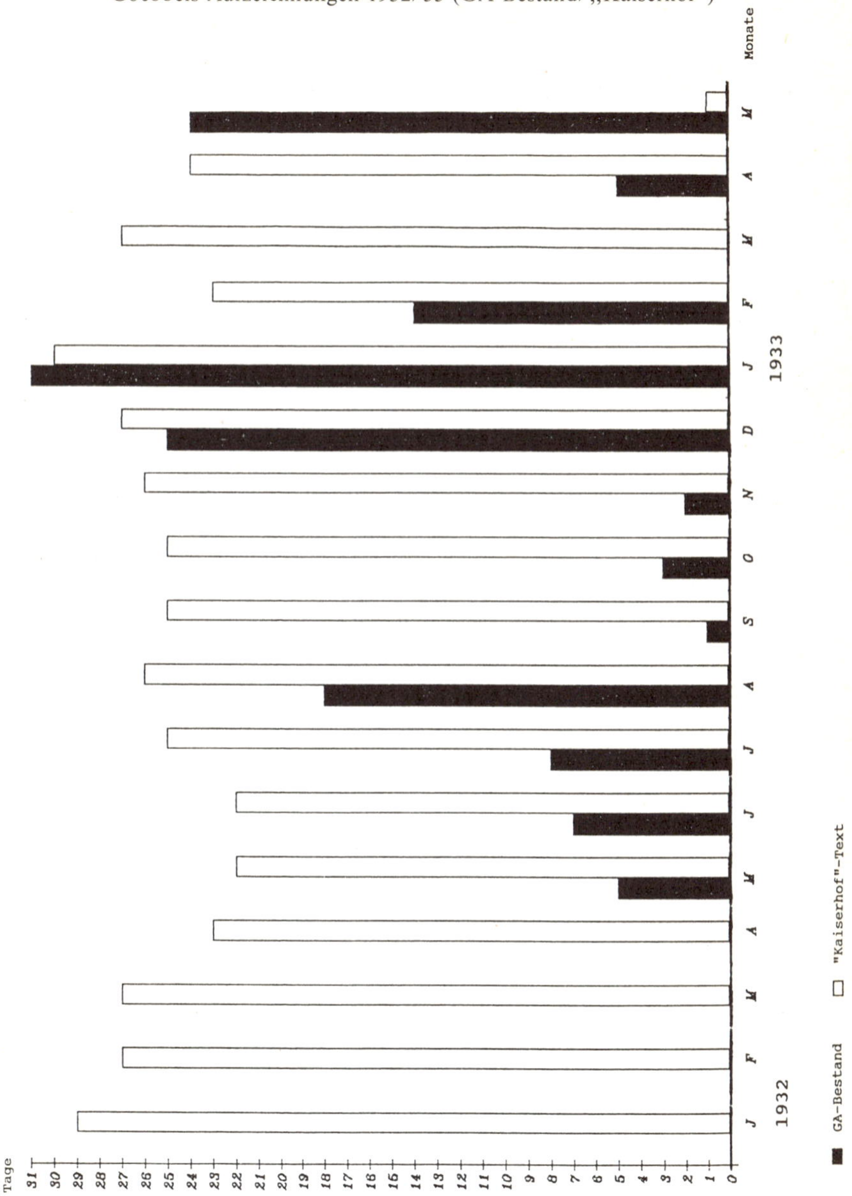

von 1934 bis 1944 unberücksichtigt.[85]) In einem nicht unwichtigen Detail fällt Elke Fröhlichs Ausgabe sogar hinter den im übrigen ungenügenden Abdruck des Londoner „Hurst & Blackett"-Verlags von 1935 zurück, der seine englische Fassung des „Kaiserhof"-Textes mit vereinzelten Erklärungen versehen und die originale Absatzgliederung beibehalten hatte.[86])

V. Zur Rezeption der Goebbelsaufzeichnungen in der Forschung und der Goebbels-Literatur

Heterogenität ist das bestimmende Merkmal für die Tagesaufzeichnungen von Joseph Goebbels. Die zwischen 1924 und 1945 unter der Bezeichnung „Tagebuch" verfaßten Texte stellen sich bei näherer Prüfung als ein Konglomerat unterschiedlicher persönlicher, literarischer und politischer Schriftformen mit entsprechend variierender Interessenlage heraus. In dem Zeitraum zwischen 1924 und 1941 formulierte Joseph Goebbels Tageseintragungen sowohl für das „Politische Tagebuch" in zwei Zeitungen als auch für ein „Tagebuch für Ferien und Reise" sowie, literarisch aufbereitet, in seiner Propagandaschrift „Vom Kaiserhof zur Reichskanzlei". Alle seit dem 9. Juli 1941 zusammengestellten Tagesaufzeichnungen sind dagegen zum überwiegenden Teil täglich diktierte persönliche Dienstberichte. Dieser Quelle ist also nur noch in einem weiteren Verständnis ein Tagebuchcharakter zuzubilligen.

Vor einer Auswertung der heterogenen Goebbels-Aufzeichnungen aus mehr als zwei Jahrzehnten ist es unumgänglich, sich entschiedener als bisher quellenkritisch mit deren Qualität im allgemeinen und mit den Charaktermerkmalen der jeweils vorliegenden Eintragung im besonderen auseinanderzusetzen. Dagegen präsentiert Elke Fröhlich das neue und das wiedergedruckte Material als chronologisch strukturierte Einheit und als Gesamtquelle, von der sie behauptet, sie könne zu neuen Erkenntnissen über Joseph Goebbels und die Geschichte des nationalsozialistischen Herrschaftssystems

[85]) So werden zwei aufeinanderfolgende, unter dem Datum vom 18. V. 1932 verzeichnete Eintragungen unkritisch von Elke Fröhlich wiedergegeben (vgl. *Goebbels*, Kaiserhof [wie Anm. 14], 98); hierzu gehört auch der fehlende Hinweis auf bedeutsame inhaltliche Korrekturen, die Goebbels in späteren Auflagen vorgenommen hat.

[86]) Dr. *Joseph Goebbels*, My Part in Germany's Fight. Translated by Dr. Kurt Fiedler. London 1935.

führen, da in den Tagesaufzeichnungen „bis zuletzt ein Grundbestand ernst und gewissenhaft genommener chronistischer Berichterstattung bewahrt“ worden sei.[87])

Dieser Prämisse folgt Elke Fröhlich auch in ihren Einzelbewertungen. Zu den „Enthüllungen, die geeignet sind, wichtige Zweifelsfragen der Geschichte des Nationalsozialismus zu klären“, zählt sie die von Goebbels in die Eintragung vom 9. April 1941 aufgenommene Notiz über eine Unterredung mit Hitler. In dieser geht es unter anderem um die Frage nach der Täterschaft des Reichstagsbrandes von 1933. Die in der Notiz wiedergegebenen Mutmaßungen Hitlers über eine mögliche Beteiligung des damaligen kommunistischen Reichstagsabgeordneten und Fraktionsvorsitzenden Ernst Torgler bewerten Elke Fröhlich und auch ihr Rezensent Eberhard Jäckel als Beleg gegen den Verdacht einer Verwicklung der nationalsozialistischen Führung in den Vorgang der Brandstiftung und damit als Schlußpunkt der langen, bisweilen heftig ausgetragenen Kontroverse.[88]) Aus dem Februar 1933 ist jedoch keine entsprechende Tagesnotiz von Joseph Goebbels überliefert, und im übrigen überrascht das Vertrauen in den Wortlaut der Tageseintragungen des Propagandaministers. Dem intentionalen Charakter des Zitierten hätte ebenso kritisch nachgegangen werden müssen wie der Frage, welche Bedeutung die Wiedergabe von Unterredungen für den Propagandaminister grundsätzlich besaß. Schließlich ist noch zu bedenken, daß Goebbels die personelle Zusammensetzung der Gesprächsrunden in der Regel nicht vollständig notierte, so daß sich allein aus dieser Quelle schwerlich Erkenntnisse über Stilisierung, Auswahl und Behandlung der Besprechungsinhalte werden gewinnen lassen. So rechtfertigt auch der vor dem Hintergrund des

[87]) GA I, XVII f. u. XCVIII.

[88]) Ebd. XVIII f. u. XIX; *Eberhard Jäckel*, Die Tagebücher von Joseph Goebbels, in: HZ 248, 1989, 644: „Daß der Brand im Reichstagsgebäude nicht von den Nationalsozialisten gelegt wurde, darf seit den Forschungen von Fritz Tobias und Hans Mommsen als gesichert gelten. Letzte Zweifel aber werden ausgeräumt, wenn man liest, wie Hitler und Goebbels am 8. April 1941 über Hintermänner plauderten [...]“. Zu den kontroversen Positionen innerhalb der bisherigen Diskussion über die Täterschaft des Reichstagsbrandes s. *Walter Hofer* u.a. (Hrsg.), Der Reichstagsbrand. Eine wissenschaftliche Dokumentation. Bd. 1. Berlin 1972, Bd. 2. München 1978; *Backes* u.a., Reichstagsbrand (wie Anm. 77); zusammenfassend *Ulrich von Hehl*, Die Kontroverse um den Reichstagsbrand, in: VfZG 36, 1988, 259–280.

gescheiterten Attentats vom 20. Juli 1944 in einem Gespräch gezogene Vergleich der Situation mit derjenigen des „Röhm-Putsches" selbstverständlich nicht den Schluß, Hitler oder Goebbels hätten die Mordaktionen im Juni/Juli 1934 tatsächlich in dem Bewußtsein begangen bzw. unterstützt, eine echte Revolte abwehren zu müssen.[89]) Eine solche Notiz legt vielmehr die Schlußfolgerung nahe, daß es in der Umgebung Hitlers üblich war, einmal getroffene Sprachregelungen auch bei mehrjähriger Distanz zu den behandelten Vorgängen weiter zu beachten.

Elke Fröhlich verzichtet weitgehend darauf, ihre Aussagen über den angeblich hohen Quellenwert der Tagesaufzeichnungen an den bereits publizierten persönlichen und amtlichen Dokumenten sowie anhand der Forschungen zum Nationalsozialismus zu überprüfen. Sie findet das „Neue" auch dort, wo das von ihr vorgelegte Material vorwiegend bekannte Zusammenhänge bestätigt oder aber für eine Neubewertung unzureichend ist. So ist seit mindestens zwei Jahrzehnten bekannt, daß Goebbels in die Mordaktionen vom Frühsommer 1934 eingeweiht war. Jedoch kann die von Elke Fröhlich zitierte Eintragung vom 29. Juni 1934, die nicht nur diesen Tatbestand, sondern auch die weitergehende Aussage belegen soll, daß Goebbels die Mordaktionen auch gebilligt und aktiv unterstützt habe[90]), strenggenommen nicht über die schon 1953 getroffene Fest-

[89]) Die entsprechende Passage lautet: „Ich mache den Führer darauf aufmerksam, daß sowohl die verschiedenen Strasser- und Stennes-Krisen als auch der Röhm-Putsch am Ende zu einer ungeheueren Stärkung des nationalsozialistischen Regimes geführt haben" (Eintragung vom 23. VII. 1944, Bestand Goebbels des ehemaligen Dokumentationszentrums der Staatlichen Archivverwaltung der DDR).

[90]) „Heute morgen Anruf vom Führer gleich nach Godesberg fliegen [sic]. Es geht also los. In Gottesnamen. Alles ist besser als dieses furchtbare Warten. Ich bin bereit" (GA I, XLIII). – Auf die eher periphere Rolle von Goebbels ist bereits in der älteren Literatur häufiger verwiesen worden; s. *Stefan Martens,* Hermann Göring. „Erster Paladin des Führers" und „Zweiter Mann im Reich". Paderborn 1985, 27; *Heinz Höhne,* Der Orden unter dem Totenkopf. Die Geschichte der SS. Hamburg 1966, 106 u. 110. Ferner berichtete der damalige Führer des Reichs-SA-Hochschulamtes Heinrich Bennecke in einer persönlichen Erinnerung an die Vorgänge von der aktiven Teilnahme des persönlichen Referenten des Propagandaministers Karl Hanke an den Maßnahmen zur Überwachung der SA am 29. Juni 1934 in München: *Heinrich Bennecke,* Die Reichswehr und der „Röhm-Putsch". (Zweimonatsschrift Politische Studien, Beih. 2.) München 1964, 56f.

stellung von Hermann Mau hinausführen, daß der Anteil von Goebbels und Heß vorläufig im Dunkeln bleiben müsse.[91])

Zu weitreichend interpretiert Elke Fröhlich auch den in der Eintragung vom 16. Juni 1941 angebotenen „Einblick sowohl in das Goebbelssche wie das Hitlerische Denken am Vorabend des Krieges gegen die Sowjetunion".[92]) Denn die Schlußfolgerungen, die Elke Fröhlich aus dieser und anderen Textpassagen zieht, sind nicht zwingend. Keines ihrer Zitate liefert nämlich konkrete Anhaltspunkte für die Feststellung, tiefgreifende Ängste „und durch sie begründete Rachegefühle wegen der entgangenen Möglichkeit des schnellen Sieges (gegen England)" hätten zu einer neuen Stufe des „heroischen Fanatismus, die mit dem Rußlandfeldzug begann", geführt.[93]) Spätestens seit den grundlegenden Untersuchungen von Hugh Trevor-Roper und Andreas Hillgruber kann als gesichert angenommen werden, daß Hitlers Entscheidung zum Krieg mit der Sowjetunion erstens nicht wegen, sondern trotz des gescheiterten Krieges gegen England gefällt wurde, daß sie zweitens in gleicher Weise programmatischen wie strategischen Überlegungen entsprach und daß sie drittens vor dem Hintergrund relativ großer Stabilität der Herrschaft Adolf Hitlers in den Jahren 1940 und 1941 mit der Zielstrebigkeit des Programmatikers Hitlers und wohl nicht als Reflex auf innen- und außenpolitische Veränderungen getroffen wurde.[94]) Mit ihren Schlußfolgerungen aus den Goebbels-Aufzeich-

[91]) *Hermann Mau,* Die Zweite Revolution. Der 30. Juni 1934, in: VfZG 1, 1953, 134 Anm. 20.

[92]) GA I, LVI f.: „Der Führer sagt, ob recht oder unrecht, wir müssen siegen. Das ist der einzige Weg. Und er ist recht, moralisch und notwendig. Und haben wir gesiegt, wer fragt uns nach der Methode. Wir haben sowieso soviel auf dem Kerbholz, daß wir siegen müssen, weil sonst unser ganzes Volk, wir an der Spitze mit allem, was uns lieb ist, ausradiert werden (Tgb. v. 16. 6. 1941)" (ebd. LVII). Der an gleicher Stelle von Elke Fröhlich empfohlene Gebrauch der Tagesaufzeichnungen als „ein Fenster" in das Denken von Hitler und Goebbels wird vor dem Hintergrund von Goebbels' vermeintlichem Informationsstand in den Jahren 1940/41 von Eberhard Jäckel durch den Hinweis auf die Unkenntnis des Propagandaministers über wichtige Entscheidungsprozesse in der Führungsspitze relativiert (*Jäckel,* Tagebücher [wie Anm. 88], 645 f.).

[93]) GA I, LVII; eine ähnliche Aussage findet sich ebd. LVI.

[94]) Vgl. hierzu *Hugh R. Trevor-Roper,* Hitlers Kriegsziele, in: VfZG 8, 1960, 121–133; *Andreas Hillgruber,* Hitlers Strategie. Politik und Kriegführung 1940–1941. Frankfurt am Main 1965. Zur grundsätzlichen Bestätigung der Ergebnisse in der neueren Forschung s. *ders.,* Noch einmal: Hitlers Wen-

nungen, die in der Tendenz der Bewertung des Krieges als Prozeß unvorhergesehener und ungeplanter Radikalisierung und damit einer unkontrollierten Eigendynamisierung nahekommen, unterschätzt Elke Fröhlich also nicht nur Hitlers machtpolitisches Interesse, durch einen Angriff auf die Sowjetunion zu einem günstigen Zeitpunkt den Gesamtkrieg erfolgreich zu bestehen, sondern sie übersieht auch den hohen Stellenwert, den die Lebensraumpolitik in der Politik Hitlers zu jenem Zeitpunkt einnahm.[95])

An dem interpretatorischen Ansatz, aus dem Inhalt der Goebbels'schen Tagesaufzeichnungen weitreichende Schlußfolgerungen über das Denken Adolf Hitlers abzuleiten, hält Elke Fröhlich auch in ihrer jüngsten Veröffentlichung fest.[96]) In dem 1990 erschienenen Aufsatz „Hitler und Goebbels im Krisenjahr 1944" verwertet sie die Quelle – erneut handelt es sich dabei lediglich um die Kopie eines ihr zugespielten Mikrofilms – wiederum selektiv, indem sie sich in ihrer inhaltlichen Analyse fast ausschließlich auf diejenigen Aufzeichnungen konzentriert, in denen Goebbels seine Besprechungen mit Hitler wiedergibt. Auch in dieser Untersuchung vermißt man quellenkritische Überlegungen, statt dessen finden sich Widersprüchlichkeiten. So bezeichnet die Verfasserin die Quelle zwar einerseits als „Schlüsseldokument", andererseits muß sie aber feststellen, daß sich das dramatische Geschehen der Zeit keineswegs in entsprechender Intensität widerspiegele.[97]) Die propagandistische und selbstdarstellerische Dimension der Goebbels'schen Notizen wird völlig ausgeblendet, obwohl die Verfasserin den formal und inhaltlich verschiedenen Charakter der Überlieferungen vor und nach dem Juli 1941 in der Einleitung der 1987 erschienenen Goebbels-Ausgabe doch selbst betont hatte.[98]) So fällt es schwer, der Aussage zu folgen, es sei im Jahr 1944 zu einer „allmählichen Gewichtsverlagerung im Verhältnis Hitler-Goebbels" gekommen, wenn wenige

dung gegen die Sowjetunion. Nicht (Militär-) „Strategie oder Ideologie", sondern „Programm" und „Weltkriegsstrategie", in: GWU 33, 1982, 214–226; *Jürgen Förster,* Der historische Ort des Unternehmens „Barbarossa", in: Wolfgang Michalka (Hrsg.), Der Zweite Weltkrieg. Analysen, Grundzüge, Forschungsbilanz. München 1989, 626–640.

[95]) So in Übereinstimmung mit der aktuellen Forschung auch *Förster,* Der historische Ort (wie Anm. 94), 629 f.

[96]) *Elke Fröhlich,* Hitler und Goebbels im Krisenjahr 1944. Aus den Tagebüchern des Reichspropagandaministers, in: VfZG 38, 1990, 195–224.

[97]) Ebd. 197 u. 196.

[98]) GA I, IX.

Seiten weiter behauptet wird, die angeblich zwischenzeitlich nachlassende „Hitler-Adoration“ sei bei Goebbels nach dem Juli-Attentat wiederaufgelebt.[99]) Die Behauptung, nach der militärischen Katastrophe in Stalingrad sei Goebbels' Ansehen in Hitlers Gunst stetig angestiegen, so daß schließlich im Jahr 1944 „sein Stern alle die seiner Konkurrenten überstrahlt“ habe, dürfte ebenfalls kaum eindeutig zu belegen sein.[100]) Daß die Verfasserin mit dieser Aussage weithin den eitlen Selbstbespiegelungstiraden des Propagandaministers in seinen täglichen Dikaten gefolgt ist, wird deutlich, wenn sie an anderer Stelle feststellen muß, daß beispielsweise der nach Goebbels' Aussage angeblich völlig diskreditierte Reichsmarschall Göring noch zur Jahreswende 1944/45 in mindestens vergleichbar engem Vertrauensverhältnis zu seinem „Führer“ stand.[101])

Derartig einseitige Schlußfolgerungen können sich aus einem historiographischen Ansatz ergeben, der sich auf eine Quelle konzentriert und die einschlägige Forschungsliteratur – insbesondere die wichtigen Beiträge zur Polykratiediskussion – vernachlässigt. Dieter Rebentisch hat in seiner Monographie über die deutsche Verwaltung der Kriegsperiode die von Goebbels geprägte Legendenbildung als unumschränkt agierender „Reichsbevollmächtigter für den totalen Kriegseinsatz“ erfolgreich widerlegt.[102]) Abgesehen davon, daß das Amt formell dem Vorsitzenden des Ministerrats für Reichsverteidigung Göring unterstellt war, besaß Goebbels auch lediglich Weisungsbefugnis; weitergehende Anordnungen blieben an die Zustimmungen der Leiter von Partei- und Reichskanzlei und des Generalbevollmächtigten für die Reichsverwaltung gebunden. Grundsätzlich behielt sich Hitler die oberste Entscheidung vor, wie sein Verhalten in den Fällen widersprüchlicher Weisungen der beiden Hauptverantwortlichen für die Rüstungsproduktion, Goebbels und Speer, zeigte. Trotz eines hektischen Aktivismus gelangte Goebbels nicht zur Umsetzung von Plänen, die ihm zur Erreichung seines Ziels – der Durchkämmung der öffentlichen Verwaltung nach Fronttauglichen und Arbeitskräften – wichtig erschienen, wie beispielsweise die angestrebte Auflösung des preußischen Ministerpräsidentenamts oder die geplanten Stillegungsaktionen bei der Reichspost. Eine weitere, bei Rebentisch nicht erwähnte Forderung von

[99]) *Fröhlich*, Hitler und Goebbels (wie Anm. 96), 197 u. 209.
[100]) Ebd. 200.
[101]) Ebd. 222.
[102]) *Rebentisch*, Führerstaat und Verwaltung (wie Anm. 76), 512ff.

Goebbels stellte der – auch in den täglichen Aufzeichnungen des öfteren geäußerte – staatlich verordnete Arbeitseinsatz deutscher Frauen in der Kriegswirtschaft dar. Mit diesem Wunsch drang der Minister erst in letzter Minute und in abgeschwächter Form bei Hitler durch. Rebentisch schreibt es der geschickt eingesetzten und subtilen Goebbels'schen Propaganda zu, daß in der Historiographie das Bild eines Reichsbevollmächtigten mit „praktisch diktatorischen Vollmachten im Innern" Bestand gehabt habe.[103])

Auch die militärische Entwicklung der letzten Kriegsmonate schildert Elke Fröhlich fast ausschließlich aus der Perspektive von Goebbels. Folglich ergibt sich aus ihrem Ansatz eine Konstellation, in der Goebbels und Hitler zwar einerseits als die beiden omnipotenten Protagonisten des Dritten Reiches erscheinen, aber andererseits behauptet wird, beide hätten die Kriegslage als das Ergebnis ihrer Selbsttäuschung – die Verfasserin spricht in diesem Zusammenhang unzutreffenderweise von „Illusionismus" – falsch eingeschätzt. Dabei kommt sie zu Formulierungen wie „Goebbels machte sich vor, daß das Invasionsgerede [...] täglich hysterischer würde", oder er habe aus „verfehlter Selbstbeschwichtigung" notiert, die Amerikaner seien sehr ungehalten über die in Aachen vorgefundenen Zustände.[104])

Die Übernahme Goebbels'scher Selbstdarstellung geht so weit, daß sich dieser unwidersprochen als Opfer militärischer Nachrichtenpolitik präsentieren darf. Anläßlich des geglückten Invasionsunternehmens in der Normandie schreibt Goebbels in bewährter Manier und in Übernahme der Hitlerschen Rhetorik die Schuld für diesen militärischen Rückschlag ein weiteres Mal den Generälen des OKW zu, statt sie bei dem Oberbefehlshaber der Wehrmacht zu suchen. Goebbels' in diesem Zusammenhang geradezu grotesk wirkende Bemerkung, jede unangenehme Nachricht von der Front werde mit einer Sauce von Beschönigung übergossen, er werde sich daher vom OKW keine Kommentare zur Lage mehr vortragen lassen, wird von Elke Fröhlich mit den Worten kommentiert: „Goebbels war es leid, sich für dumm verkaufen zu lassen."[105]) Man muß nicht uneingeschränkt die Einschätzung Martin Broszats teilen, der die militärische Lageberichterstattung in den Aufzeichnungen und die täglich publizierten, propagandistischen Wehrmachtberichte für

[103]) Ebd. 516.
[104]) *Fröhlich*, Hitler und Goebbels (wie Anm. 96), 214 u. 220.
[105]) Ebd. 219.

inhaltlich nahezu identisch hält, um die Goebbels'sche Version eines von den Militärs hintergangenen Propagandaministers in Zweifel zu ziehen.[106]) Vorläufig bleibt festzuhalten, daß überwiegend und nicht nur in Krisenzeiten die Angaben zur militärischen Lage in den Goebbels-Aufzeichnungen bewußt und unabhängig von Militärzensur und verzögertem Informationsfluß zum Positiven hin entstellt sind und keinesfalls von dem tatsächlichen Informationsstand des Ministers zeugen müssen. So findet sich auch in den Aufzeichnungen des Jahres 1944 nur ausnahmsweise das Eingeständnis einer klaren militärischen Niederlage der deutschen Truppen. Ansonsten zog es Goebbels im Fall einer allzu offensichtlichen Entwicklung – wie ihn beispielsweise der gelungene sowjetische Einbruch in die Heeresgruppe Mitte im Sommer 1944 darstellte – vor, auf die verfehlten Prognosen von der Front hinzuweisen, auf die sich der „Führer" verlassen habe.

Das Ereignis der „Ardennenoffensive" vom Dezember 1944 wird von Elke Fröhlich lediglich zur Illustrierung des Verhältnisses Hitler–Goebbels, nicht dagegen zu einer quellenkritischen Detailstudie herangezogen. So schreibt sie, trotz Goebbels' zunächst enthusiastischer Reaktion auf die Anfangserfolge des militärischen Unternehmens sei innerhalb weniger Tage dessen Scheitern offenbar geworden. Die Tatsache, daß dieser Mißerfolg wiederum in den Aufzeichnungen in einen Erfolg umgemünzt wird – wie in der Eintragung vom 19. Dezember 1944[107]) – bleibt unerwähnt. Eine Fehlbewertung stellt ebenfalls die folgende Darstellung dar: Der Propagandaminister habe im Februar 1944 „unbesehen" die Berichte der Generäle übernommen, nach denen die Absetzung der eingeschlossenen Truppen aus dem Kessel von „Tscherkassy" zu neunzig Prozent gelungen sei. Goebbels waren jedoch die Fakten und Zahlen bekannt[108]), nur verkennt Elke Fröhlich seine Intentionen, wenn sie

[106]) Ein vorläufig und punktuell durchgeführter Vergleich von publiziertem Wehrmachtbericht und den Berichten zur militärischen Lage in den Goebbels-Aufzeichnungen ergab, daß der Inhalt beider Berichte trotz weitgehender Übereinstimmung nicht durchgehend identisch ist. Eine Untersuchung zum Quellenwert der „Lageberichte" und ihrer Einordnung in ein editorisches Gesamtkonzept soll demnächst erscheinen.

[107]) In dieser Eintragung heißt es u.a. auf S. 10: „Um die Mittagsstunde steht es im Westen unverhältnismäßig gut. Wir haben bedeutende Erfolge errungen, insbesondere die Division, die Generalmajor Engel führt."

[108]) Die entsprechende Eintragung vom 20. II. 1944 (S. 19f.) lautet: „Die Be-

glaubt, die regelmäßigen Diktate hätten einer persönlichen Wahrheitsfindung gedient. Fraglich ist auch, welcher Erkenntnisgewinn sich aus denjenigen Passagen ziehen läßt, mit denen die Verfasserin die in der Forschung vielfach dokumentierte, radikale Politik gegenüber den abfallenden Verbündeten („Beutementalität kleiner Gangster") respektive gegenüber den Juden („Wie er [Goebbels] aus seinem Gespräch mit Hitler die feste Überzeugung gewann, dessen Judenhaß habe eher zugenommen als abgenommen [. . .]") belegen will.[109])

Aus den Goebbels-Aufzeichnungen lassen sich „wichtige Informationen über Reaktionen und Entscheidungen Hitlers" sowie über das Verhältnis zwischen dem Diktator und seinem Propagandaminister schwerlich gewinnen.[110]) Dennoch erweitert Rainer Zitelmann in seiner Rezension der Veröffentlichung der Goebbels-Aufzeichnungen Elke Fröhlichs Zitatenauswahl und betont dabei ebenfalls den vermeintlich großen Erkenntniswert, der von den Notizen über die Unterredungen des Propagandaministers mit Hitler ausgehe.[111]) Das Argument, Goebbels „habe in seinen Aufzeichnungen Sachverhalte geschönt für die ‚Nachwelt' dargestellt", sieht Zitelmann schon durch den Umstand widerlegt, daß Goebbels seine täglichen Aufzeichnungen aus den Jahren 1932/33 für deren Veröffentlichung in seiner „Kaiserhof"-Schrift noch habe überarbeiten müssen.[112]) Entkräftet Zitelmann seine These schon selbst mit der Behauptung, „daß die ‚Überarbeitungen' von Goebbels geringer sind, als man vielleicht hätte erwarten können", so kann er mit seinen Vermutungen nicht die Möglichkeit ausschließen, daß es auf dem Weg zur „Kaiserhof"-Schrift und erst recht nach Goebbels' Vertragsabschluß mit dem Eher-Verlag über die Publikation aller folgenden Tagesaufzeichnungen mehrere, wenigstens aber zwei Bearbeitungsstufen gegeben haben könnte: nämlich erstens eine partielle Selektion und Stilisierung von Informationen zum Zeitpunkt der Niederschrift in die Kladden und zweitens die umfassende Nachbereitung des Materials sowie dessen Einbeziehung in die ak-

reinigung des Kessels von Belaja-Zerkow ist fast abgeschlossen. Wir haben im ganzen 33000 Mann [. . .] herausgebracht."

[109]) *Fröhlich,* Hitler und Goebbels (wie Anm. 96), 212 f.

[110]) Ebd. 197.

[111]) Zum folgenden *Rainer Zitelmann,* Die Tagebücher von Joseph Goebbels, in: PVS 30, 1989, 328–336.

[112]) Ebd. 331.

tuellen Erfordernisse der Propaganda zum Zeitpunkt der Publikation, wie es die bisher bekannte Genesis der „Kaiserhof"-Schrift verdeutlicht.

Der Wunsch, aus den Goebbels-Aufzeichnungen fehlende Informationen zur Führungsspitze des NS-Regimes zu gewinnen, führt auch bei Zitelmann dazu, sich besonders auf die von Goebbels kolportierten, angeblichen Aussagen Hitlers zu konzentrieren. Im Falle der allgemein als „Blomberg-/Fritschkrise" umschriebenen Vorgänge meint er, bisherige Forschungsergebnisse anhand der Goebbels-Aufzeichnungen revidieren zu dürfen.[113]) So sollen die von Zitelmann zitierten Passagen, die in Goebbels' Worten die menschliche Enttäuschung Hitlers gegenüber seinem Kriegsminister Werner von Blomberg und dem Oberbefehlshaber des Heeres Werner Freiherr von Fritsch beschreiben, belegen, daß es sich bei den Vorfällen nicht um ein Komplott im Sinne der Analyse von Harold C. Deutsch, sondern um ein das Regime ernsthaft belastendes und daher von Hitler nicht gewünschtes Ereignis („ernste Krise") gehandelt habe.[114]) Abgesehen von der Frage nach der bewußten Stilisierung dieser Aussagen durch den Propagandaminister, unterstreichen die von Zitelmann ausgewählten Notate den oben bereits angesprochenen Hinweis auf sprachliche Verhaltensregeln in Unterredungen mit Hitler. Die Nähe einzelner Formulierungen und Aussagen in den Goebbels-Aufzeichnungen zu offiziellen sprachlichen bzw. begrifflichen Konventionen und die sich daraus ergebende Unbrauchbarkeit für den unmittelbaren Nachweis konkreter historischer Abläufe und Entscheidungen wird am deutlichsten, wenn die Notate auf Inhalte eingehen, über die historische Erkenntisse gesichert sind. So bemerkt Zitelmann selbst, auf welches Gleis man geriete, wenn man, der Eintragung vom 16. Juni 1941 folgend, die abwegige Schlußfolgerung zöge, Hitler habe den deutschen Überfall auf die UdSSR als Präventivaktion gesehen.[115])

Gemeinsam mit einer Fülle weiterer Quellen verwertet Manfred Funke die Goebbels-Aufzeichnungen in seinem ausführlichen

[113]) Ebd. 332f.
[114]) Ebd.
[115]) Ebd. 334. Das auch von Zitelmann angeführte Zitat lautet: „Aber Rußland würde uns angreifen, wenn wir schwach werden, und dann hätten wir den Zweifrontenkrieg, den wir durch diese Präventivaktion verhindern" (GA IV, 695).

Hitler-Essay.[116]) Obwohl er vorsichtig Zweifel am zu erwartenden Informationswert der Aufzeichnungen äußert[117]), zieht er aber doch mehrere Zitate heran, welche die vermeintlich „wirklichen" Absichten Hitlers und dessen Aktivitäten zur Befestigung seiner uneingeschränkten Vormachtstellung in möglichst authentischer Weise unterstreichen sollen.[118]) Im Sinne der Formulierung „Hitler sagte laut Goebbels" neigt Funke dazu, die Tagesnotizen wie die Aufzeichnungen von Rosenberg und Halder und die Publikationen von Henry Picker, Max Domarus und Eberhard Jäckel/Axel Kuhn zu verwenden.[119]) Obwohl Funke nicht ausschließen möchte, daß das Aufzeichnungsmaterial noch nachträglich stilisiert oder ergänzt sein könnte[120]), benutzt er panegyrisch anmutende Ergebenheitsbeteuerungen wie „Der Führer ist ein Genie. Er wird das erste germanische Volkreich schaffen" und „Eine Ehre, ihm dienen zu dürfen", um seine Ansicht zu begründen, daß Goebbels im Gegensatz zum Außenminister von Ribbentrop und zu dessen Staatssekretär und späteren Botschafter von Weizsäcker keine eigenständigen Konzeptionen vertreten habe; Goebbels sei vielmehr „bei zeitweilig rein intellektueller Reservation der wohl getreueste Anhänger des Führers" gewesen.[121])

Weit entfernt von einer quellenkritischen Auseinandersetzung behandelt Ralf Georg Reuth die Goebbels-Texte. Die „Sämtlichen

[116]) Die nachfolgenden Ausführungen nach *Manfred Funke*, Starker oder schwacher Diktator? Hitlers Herrschaft und die Deutschen. Ein Essay. Düsseldorf 1989.
[117]) So bemerkt Funke, Hitler habe in der Regel nur das an seinen Entscheidungen beteiligte Ressort eingeweiht (S. 74), und hebt am Beispiel des Angriffs auf Dänemark hervor, daß im Zuge der „Taktik der Überraschungscoups" auch Heß und Goebbels uninformiert geblieben seien (S. 96f.).
[118]) So besonders S. 49f. (zu den Vollmachten Hitlers als oberster Gerichtsherr), S. 83 (über die Distanz Hitlers gegenüber den „höheren Kreisen"), S. 84 (über die Kritik an der Justiz und Hitlers Reichsreformplänen), S. 91 (über Hitlers Haltung gegenüber der Kirche), S. 104 u. 106 (über die geplante Vormachtstellung Deutschlands nach dem Krieg), S. 126 (Hitlers Bewertung der vermeintlich antijüdischen Grundhaltung Stalins).
[119]) Das Zitat so auf S. 84. Zur Verwendung anderer Quellen s. u.a. folgende Stellen: S. 66 (Rosenberg), S. 87 f. u. 113 (Halder), S. 98, 110 u. 112 (Picker), S. 107 u. 112 (Domarus), S. 118 (Jäckel/Kuhn).
[120]) So bemerkt *Funke*, Starker oder schwacher Diktator (wie Anm. 116), 60: „Es läßt sich bei solchen Eintragungen, wenn man sie mit dem übrigen bekannten Schrifttum genau vergleicht, immer noch nicht der allerletzte Rest eines Auffüllungsverdachts gegenüber gewissen Text-Partien ausräumen."
[121]) Vgl. S. 59–62, das Zitat findet sich auf S. 59.

Fragmente", die „Kaiserhof"-Propagandaschrift und die propagandistisch konzipierten Dienstberichte der Kriegszeit referiert er nahezu undifferenziert als homogene Hauptquelle. Dabei verfällt er gelegentlich sogar in die Sprache seines Protagonisten, wenn er berichtet, ohne jedoch zu zitieren, Goebbels habe sich vorgenommen, den Reichsmarschall zu „eliminieren". Er übernimmt seine politischen Hysterien und administrativen Hypertrophien und geht dabei bis an den Rand zur Kontradiktion.[122]) Nur eine Buchseite liegt zwischen dem aus der Forschungsliteratur übernommenen Urteil, daß Goebbels nicht einmal „eine Entscheidung in Politik und Kriegführung beeinflußt" habe, und der Behauptung, jener sei „in seinem Verantwortungsbereich bei der ‚Entjudung' Vorreiter gewesen". Im Fall des von Goebbels gegen sich in praxi et verbo (!) inszenierten Brief-Bomben-Attentats nimmt Reuth das bis in die Tagesaufzeichnungen weitergeführte Schauspiel ernst, indem es bei ihm rechtfertigend heißt: „Der Gauleiter [Goebbels] täuschte sich selbst mit der Mär vom Attentat".[123])

Den dargestellten Interpretationsversuchen ist gemeinsam, daß sie zwei zentralen Fragestellungen ausweichen. Zum einen lassen sie die Frage nach dem tatsächlichen Kenntnisstand des Propagandaministers und dessen Funktion innerhalb der Machtstruktur des nationalsozialistischen Regimes unberücksichtigt. Hier hätten eigentlich die von Eberhard Jäckel erhobenen Bedenken über die Unkenntnis des Propagandaministers im Hinblick auf wichtige Entscheidungsprozesse in der Führungsspitze berücksichtigt werden müssen. Jedoch übernimmt auch Jäckel fast wörtlich die Interpretation Elke Fröhlichs, die Goebbels-Aufzeichnungen seien „ein Fenster" zum Denken von Hitler und Goebbels.[124]) Die weitergehende Frage nach der propagandistischen Dimension der Tagesaufzeichnungen ist bislang unbefriedigend untersucht. Es überrascht, daß sich die Herausgeberin der Goebbels-Aufzeichnungen an keiner Stelle ihrer Einführung intensiver mit der Funktionsweise nationalsozialistischer Propaganda- und Medienpolitik und mit der politi-

[122]) *Reuth*, Goebbels (wie Anm. 32), 611 u. 612f. sowie 190; vgl. im übrigen die Rezensionen von *Martin Moll*, in: Publizistik 36, 1991, 272f., und *Bernd Sösemann*, in: HPB 39, 1991, 114f.

[123]) *Reuth*, Goebbels (wie Anm. 32), 190.

[124]) *Jäckel*, Tagebücher (wie Anm. 88), 645–647. – Jäckel bezeichnet die Aufzeichnungen „gleichsam als ein Fenster in das Führungszentrum des Hitlerstaates" (Zitate S. 648). Zum entsprechenden Zitat von Fröhlich vgl. GA I, LVIf.

schen Arbeit von Joseph Goebbels auseinandersetzt. Sie erklärt den Umstand, daß Joseph Goebbels seine Propagandaaktivitäten im Laufe der Jahre mit unterschiedlicher Ausführlichkeit in seinen Tagesaufzeichnungen berücksichtigt hat, lediglich mit den folgenden Feststellungen: Goebbels habe an der Propagandaaktivität nach der Machtergreifung „nicht mehr den gleichen Spaß wie früher" gehabt; seine „Kampfkraft" sei während der nationalsozialistischen Konsolidierungsphase „mangels wirklicher Gegner zusehends erlahmt", da die „Ware, die er anzubieten hatte, eigentlich schon verkauft" gewesen sei.[125])

Der Quellenwert der Tagesaufzeichnungen von Joseph Goebbels könnte durch weiterführende Forschungen noch genauer erfaßt werden. Um die propagandistische und selbststilisierende Dimension dieser Quelle bestimmen zu können, bedarf es nicht nur einer „ausgefeilten und komplizierten Kontrollmethode", wie sie zu Recht Martin Moll fordert[126]), sondern einer eingehenden Beschäftigung mit der übrigen relevanten archivalischen Überlieferung zu Joseph Goebbels und seinem Ministerium. Es wäre lohnend, die unterschiedlichen Komponenten einer Tagesaufzeichnung – bestehend aus morgendlichem militärischen Lagebericht, Kommentierung der außen- und innenpolitischen Situation, „Hausklatsch" und Persönlichem sowie Abendlage – zu analysieren. Die in ihr enthaltenen Informationen sollten dabei auf ihre Herkunft und Verwertung hin untersucht werden: Zu den regelmäßig rezipierten Informationen zählen die Vorträge des zum Propagandaministerium abgestellten Verbindungsoffiziers der Abteilung Wehrmachtpropaganda im OKW, die Berichte des Sicherheitsdienstes des Reichssicherheitshauptamtes, die Stimmungsberichte der Reichspropagandaämter, die tägliche in- und ausländische Presseschau, die Berichte der Forschungsämter und andere Tätigkeitsberichte verschiedener Dienststellen von Partei und Staat. Für eine Analyse nationalsozialistischer Propagandapolitik stellen die Aufzeichnungen von Joseph Goebbels ein umfang- und aufschlußreiches, aber auch ein durch-

[125]) GA I, XLV; und *Elke Fröhlich*, Joseph Goebbels – Der Propagandist, in: Ronald Smelser/Rainer Zitelmann (Hrsg.), Die braune Elite. 22 biographische Skizzen. (WB-Forum, 37.) Darmstadt 1989, 66; sowie GA I, XLV. – Die hier angeführte Charakterisierung steht in deutlichem Widerspruch zu der von Elke Fröhlich an anderer Stelle besonders hervorgehobenen Rolle des Propagandaministers als erfolgreichster Protagonist des Hitler-Mythos.
[126]) *Moll* (wie Anm. 122), 272.

aus selektiv und präsumtiv wirkendes Bindeglied zwischen den Instrumenten totalitärer Meinungserforschung und deren Umsetzung in konkrete politische Maßnahmen dar. Auch auf diesem Gebiet sind die Quellen erst zum Teil erschlossen; man denke an die umfangreichen Aktenbestände des Propagandaministeriums, die Presseanweisungen aus der Kriegszeit, die Protokolle der Ministerkonferenzen sowie die Fülle an publizistischen Materialien. Sichere Erkenntnisse zu dem Quellenwert der Tagesaufzeichnungen werden sich erst treffen lassen, wenn auch diese Dokumente herangezogen und ausgewertet worden sind. Auf jeden Fall sind sie für eine kritisch kommentierte, vollständige Edition der Goebbels-Aufzeichnungen in angemessenem Umfang zu berücksichtigen.

ANDREAS SCHÜLER, Erfindergeist und Technikkritik. Der Beitrag Amerikas zur Modernisierung und die Technikdebatte seit 1900. Mit ein. Vorw. v. *Karl Dietrich Bracher.* Stuttgart, Steiner 1990. 299 S., 78,– DM.

Andreas Schüler unternahm es in seinem offenbar auf einer historischen Dissertation beruhenden Buch „Erfindergeist und Technikkritik", die Geschichte der Technik in der zweiten Hälfte des 19. Jahrhunderts und im 20. Jahrhundert darzustellen und diese Darstellung zu verknüpfen mit einer Schilderung der technikkritischen Strömungen dieser Zeitspanne, einschließlich der aktuellen und ökologisch geprägten Debatten über Technik.

In seinem technikhistorischen Teil konzentrierte sich Schüler vor allem auf die Entwicklung der modernen amerikanischen Technik, mit ihrer tiefgehenden Industrialisierung und mit ihrer Ausstrahlung in den europäischen Bereich. Wichtige Aspekte sind dabei die Massenfabrikation (etwa im Automobilbau) und der entsprechende Massenkonsum, die Entwicklung großer technischer Systeme, wie der der Energieversorgung, der Großchemie oder der des Luftverkehrs. Bedeutend ist hier auch das durch zwei Weltkriege beförderte Entstehen des vielzitierten militärisch-industriellen Komplexes, mit seinen herausragenden Manifestationen im Radar- und im Atombomben-Projekt der USA im Zweiten Weltkrieg. Hierher gehört aber vor allem auch die anhaltend enge Verknüpfung dieses militärisch-industriellen Komplexes mit der wissenschaftlich-industriellen Forschung und Entwicklung in der von der Konfrontation der politischen Systeme gekennzeichneten Nachkriegswelt.

Wohl entgegen der eigentlichen Absicht relativ unverbunden mit diesem Abriß der Technikgeschichte, folgt eine nahezu lexikalische, aber doch auch wieder informative und anregende Auflistung technikkritischer Ansätze, von Nietzsche bis Marcuse, von Spengler bis Adorno. Ergänzt wird die Darstellung dieser eher historischen Strömungen durch die Diskussion der heute vor allem mit technikimmanenten Argumenten und mit Expertenwissen operierenden technikkritischen Bewegungen.

Aber die schwache innere Bindung von Geschichte der Technik und Geschichte der Technikkritik ist nicht das eigentliche Problem des Buches. Keinesfalls akzeptabel erscheint die Wiedergabe technikhistorischer Daten und die Auswertung technikhistorischer Literatur im ersten Teil des Buches. Viele Namen, Abkürzungen, Übersetzungen englischer Fachausdrücke (sofern überhaupt übersetzt wurde!), technische Schilderungen (trotz der Vorbehalte!) und Interpretationen von Sekundärliteratur sind unzuverlässig und irreführend und entwerten das Buch leider auf bedenkliche Weise.

Aachen *Walter Kaiser*

FRANCISCO VILLACORTA BAÑOS, Profesionales y Burócratas. Estado y poder corporativo en la España del siglo XX, 1890–1923. Madrid, Siglo XXI de España Editores 1989. X, 537 S.

Die Studie versteht sich als Sozialgeschichte korporatistischer Organisationen im ausgehenden 19. Jh. bis zur Diktatur Primo de Riveras in Spanien. Es geht darum, das korporative Verhalten beruflicher Organisationen und Laufbahnen in der zivilen Gesellschaft und im staatlichen Bereich zu untersuchen. Einleitend wird auf die Durchsetzung freier Berufsausübung im Übergang vom Ancien Régime zur bürgerlich-liberalen Gesellschaft des 19. Jahrhunderts verwiesen, zugleich aber der baldige Zusammenschluß „freier" Berufe (etwa der Anwälte) zu Interessenverbänden hervorgehoben. Dabei betont der Autor den engen Zusammenhang zwischen wirtschaftlicher Entwicklung, die im wesentlichen auf die liberalen Kräfte des 19. Jahrhunderts zurückzuführen war, und Formen beruflicher Arbeitsorganisation sowie professioneller Repräsentation und korporativer Kontrolle. Letztere Formen entwickelten sich vor allem zu Beginn des 20. Jahrhunderts.

Der Korporativismus setzte sich im Spanien des ausgehenden 19. Jahrhunderts durch, als die überkommene Form der freien Berufe im Zuge des Rationalisierungsprozesses bürokratischer Funktionen in eine Krise geriet und jede Berufsgruppe den Schutz ihrer Identität, ihrer Funktionen und ihrer öffentlichen Wertschätzung in der Gesellschaft und im Staatswesen betrieb.

Villacorta untersucht zahlreiche Fälle von Standesorganisationen: Justizangestellte und Staatsbürokraten, Lehrer und Anwälte, Soldaten und Polizisten, Ärzte und Pharmazeuten sowie viele andere. Deren Organisationsverhalten, ihre Funktion als pressure-group in der ökonomisch und politisch besonders bewegten Schlußphase der Restaurationsära werden minutiös nachgezeichnet; Hauptquelle für diese Darstellung sind – neben zahlreichen Statistiken und staatlichen Akten – die überaus reichlich vorhandenen Standeszeitschriften; der Autor spricht davon, daß die „korporatistische Bewegung ein Zeitschriftenphänomen par exellence" (S. X) war.

Von besonderem Interesse ist die Selbsteinschätzung der untersuchten Berufsorganisationen, die in einer Zeit zunehmender sozialer Auseinandersetzungen zwischen Kapital und Arbeit – die ab 1917 auch in Spanien revolutionären Charakter annahm – sich wegen ihrer materiellen und ideologischen Position stets als „Mittelschichten" (*clase media*) bezeichneten, einen Anpassungsprozeß an die herrschenden Kräfte durchliefen und schließlich „zu Werkzeugen einer korporativistischen Staats- und Gesellschaftsorganisation" (S. 505) wurden.

Villacortas Untersuchung ist weit mehr als eine Organisationsgeschichte; sie diskutiert Standesverhalten im liberalen Staat, der in Spanien schließlich 1923 scheiterte, und analysiert das politische und ideologische Verhalten zahlreicher Mittelschicht-Organisationen angesichts sozialer Auseinandersetzungen, die die Gesellschaft immer deutlicher polarisierten.

Bern *Walther L. Bernecker*

GIOVANNI SPADOLINI, Il debito con Croce con gli scritti di Croce sulla ≪Nuova Antologia≫ (1911–1945). (Quaderni della Nuova Antologia, 41.) Firenze, Le Monnier 1990. 184 S., 25 000 Lit.

Der Historiker und Journalist Giovanni Spadolini, lange politischer Repräsentant der Republikanischen Partei, die trotz ihrer zahlenmäßigen Schwäche einen wichtigen Faktor für die Gestaltung der Nachkriegspolitik Italiens darstellte, legt in dem vorliegenden Band Beiträge über Benedetto Croce gesammelt vor und ergänzt sie durch eine kleine Auswahl von Arbeiten Croces zu literarischen und politischen Themen. Spadolinis Aufsätze, seit 1952 für verschiedene Zeitungen und Zeitschriften geschrieben, sind Ausdruck einer Beschäftigung mit Croce, die auch noch die politische Karriere ihres Autors bis hin zur Ministerpräsidentschaft in den achtziger Jahren begleitet hat. Mit Recht bemerkt der Autor, daß seine Beiträge von einer Dankesschuld gegenüber Croce geprägt seien, die er mit seiner ganzen Generation teile. Meist an konkrete Anlässe wie Publikationen, Editionen oder Gedenktage anknüpfend, stellen die kurzen aber inhaltsreichen Aufsätze Spadolinis vielfache Beziehungen zu einzelnen Aktivitäten Croces und zu Persönlichkeiten seiner Schaffenskreise her und bieten damit fast spielerischen Zugang zu Leben und Denken des neapolitanischen Philosophen und Historikers, die sonst durch ihre Vielfalt und den Reichtum ihrer gedruckt vorliegenden Zeugnisse so leicht abschrecken.

Düsseldorf *Karl-Egon Lönne*

THEODOR WOLFF, Die Wilhelminische Epoche. Fürst Bülow am Fenster und andere Begegnungen. Hrsg. u. eingel. v. BERND SÖSEMANN. Frankfurt am Main, Athenäum 1989. L, 435 S., 68,– DM.

Dieser Erinnerungsband, der letzte von insgesamt dreien des Literaten und Publizisten Theodor Wolff, ist ein Neudruck des erstmals 1936 publizierten Buches „Der Marsch durch zwei Jahrzehnte". Bernd Sösemann, Hrsg. u. a. auch der wichtigen Tagebücher Wolffs aus der Zeit des Ersten Weltkriegs, hat den Text mit einer Einleitung sowie mit einem historischen Kommentar und einigen ergänzenden Materialien, wie Auszügen aus den Tagebüchern und Leitartikeln des „Berliner Tageblatts", versehen, dessen Chefredakteur Wolff bekanntlich von 1906 bis zu seiner Emigration im Jahre 1933 gewesen ist. Ein Verzeichnis seiner Schriften, Literaturhinweise sowie ein Personenregister runden die Neuausgabe ab. Thema der Aufzeichnungen sind vor allem die beiden letzten Jahrzehnte des Kaiserreichs. In gefälligem, fast romanhaftem Stil, aber mit dem geschulten Auge des Kritikers läßt Wolff die „Wilhelminische Epoche" Revue passieren. Die Erzählung lebt von der anschaulichen Darstellung seiner Begegnungen mit den Reichskanzlern von Bülow bis hin zum Prinzen Max von Baden, aber auch mit anderen herausragenden Persönlichkeiten dieser Zeit wie Anton Graf Monts, Albert Ballin oder Ulrich Graf von Brockdorff-Rantzau. Dieses Charakterbild des „romantischen Ritters", das ausführlichste des gesamten Buches, ist zugleich eine eindrucksvolle Schilderung der Umbruchphase deutscher Geschichte sowie der schwierigen und als demütigend empfundenen Lage, in der sich das Reich im Umkreis der Unterzeichnung des Versailler Vertrages befand. Wie seine Tagebücher, auf denen diese Erinnerungen offenbar mit basieren, enthalten auch die Aufzeichnungen Wolffs über seine Begegnungen mit prominenten Zeitgenossen manche interessante, die offiziellen Dokumentationen ergänzende Informationen und Kommentare zur deutschen Politik beim Ausbruch des Ersten Weltkrieges und während seines Verlaufs. Daß der Krieg „unvermeidlich" gewesen sei, wie Bethman Hollweg ihm wiederholt versicherte, mochte Wolff nie einleuchten: „... wozu brauchte man dann eigentlich Staatsmänner, und weshalb besoldete man ein diplomatisches Korps, wenn es so feststand, daß die Dinge dieser Welt gar nicht von ihnen gelenkt und bestimmt werden, sondern einzig und allein von der Fatalität?" Es ist zu begrüßen, daß diese lesenswerten Einsichten und Erinnerungen des scharfsinnigen Beobachters Theodor Wolff jetzt in einer ausgezeichneten Edition wieder verfügbar sind.

Erlangen *Gregor Schöllgen*

URSULA HERRMANN/VOLKER EMMRICH, August Bebel. Eine Biographie. Berlin, Dietz 1989. 763 S., 37,20 DM.

Das Unternehmen war von langer Hand geplant und mit großem materiellen wie personellen Aufwand ins Werk gesetzt worden. Zum 150. Geburtstag August Bebels am 22. Februar 1990 hatte eine umfängliche Lebensbeschreibung – die erste auf DDR-Boden – vorliegen sollen, und so war das Manuskript bereits im Sommer 1989 fertiggestellt. Doch als die Biographie vorlag, hatte ihr Auftraggeber seine Existenzgrundlage eingebüßt; die Insignien des Instituts für Marxismus-Leninismus waren noch getilgt worden, aber die Legitimationsbedürfnisse, die die Autoren zu erfüllen hatten, damit noch nicht kaschiert. Daß gerade mit einer Bebel-Biographie jene Geschichtsschreibung beerdigt wurde, deren Ergebnisse im vorhinein feststanden, ist Zufall und doch nicht ohne Sinn. Die SED war 1946 im Zeichen Bebels gegründet worden, jenes sozialistischen Ahnherrn, der wie keiner sonst die eine und einheitliche Arbeiterbewegung verkörperte.

Bebel war 1913 gestorben, also bevor der Weltkrieg auch ihm Entscheidungen – für oder gegen Kredite – abgenötigt hätte und bevor in der Arbeiterbewegung die Gegensätze unüberbrückbar geworden wären. Die Frage, ob Gewalt das Mittel zum Zweck des Sozialismus sei, war Bebel noch erspart geblieben. Er hatte geschworen, der Todfeind der bürgerlichen Gesellschaft bleiben zu wollen, doch an der Wirklichkeit seine Worte nicht mehr messen müssen. Bebels Bild war, als er starb, unbefleckt, und darin lag der äußere Grund, daß sich stets beide auf ihn beriefen, Sozialdemokraten wie Kommunisten. Die Suche nach dem inneren Grund führt mitten hinein in jene Doppelbödigkeit, die Bebels politisches Wirken ausgemacht hat und die in dieser Biographie nicht einmal angedeutet wird. Bei seinem Tode hatte ihn die Frankfurter Zeitung als „ein eigentümliches Gemisch von Praktiker und Prophet" charakterisiert und ergänzt, daß er Politiker nie gewesen sei. Tatsächlich wußte Bebel von der Kunst des Möglichen nicht viel und vom Spiel um die Macht auch nicht. Er lebte im Übermorgen und war im Heute verfangen – Revolutionär und Repräsentant. Er machte es gerade deshalb jenen „herrschenden Klassen" leicht, von denen in der vorliegenden Biographie die Rede ist, als hätten sie auf einem anderen Stern agiert. Bebels Kandidatur zum Präsidenten des Reichstags 1912 – er scheiterte nur knapp – und das Hin und Her um Scheidemanns Wahl zum Vizepräsidenten, das die Ratlosigkeit der Partei und ihres Mannes widerspiegelte wie kein anderes Ereignis, werden nicht einmal erwähnt.

Die Autoren brauchten Bebel Gewalt nicht anzutun, um ihn „als revolutionären Sozialdemokraten, als proletarischen Internationalisten, als Marxisten" zu stilisieren; Belege lassen sich finden in Hülle und Fülle. Die Autoren brauchten eben nur wegzulassen, was nicht ins Bild paßte – die Integration in Staat und Gesellschaft, die sich in der Aneignung geltender Maßstäbe und Mentalitäten ebenso niederschlug wie in der Sorge um des Reiches äußeres Schicksal. Bebel hatte schon 1891 im „Vorwärts" angekündigt, daß die Sozialdemokraten „Seite an Seite" mit ihren heutigen Gegnern kämpfen würden, wenn Rußland angreife, und sich 1898, in einer Leipziger Wahlversammlung, sogar auf Bismarck berufen, als er gegen die Kolonialpolitik zu Felde zog: „Deutschland hat alle Ursachen, den letzten Mann und Pfennig aufzuheben, wenn die Abrechnung mit Frankreich und Rußland kommt." Von alledem ist in dieser Biographie nicht die Rede. Wenn es gar nicht anders ging, wie im Fall des Ja zur Militärvorlage 1913, tat man die Sache als zufällige „Fehlentscheidung" ab, oder, wie im Fall des Gothaer Programms 1875, mit mangelnder Verarbeitung „der theoretischen Überlegungen von Engels".

Unter den Historikern nicht nur der DDR war stets nur dieses einseitige Bebel-Bild verbreitet. Die Folge: Interesse an jenem Mann, der die deutsche Arbeiterbewegung großgemacht und über Jahrzehnte hin geführt hat, ist kaum noch vorhanden. Es wird wieder lebendig werden, wenn Bebel nicht mehr losgelöst aus Raum und Zeit betrachtet, sondern hineingestellt wird in jenes Kaiserreich, dem die Drohung mit dem Staatsstreich und das Rasseln mit der Revolution gleichermaßen innewohnten.

Unkel *Brigitte Seebacher-Brandt*

ADOLF MCCARTHY, Robert Grimm. Der schweizerische Revolutionär. Bern/Stuttgart, Francke 1989. 351 S., 58,– sfr.

Nachdem vor einem Jahrzehnt die Biographie Voigts über den prominenten Schweizer Sozialdemokraten erschien (vgl. HZ 235, 1982, 733), mag auf den ersten Blick eine neuerliche Beschäftigung mit diesem Thema nicht als vordringlich erscheinen. Indessen hat der Vf., ein im diplomatisch-konsularischen Dienst tätig gewesener Engländer und Schwiegersohn Robert Grimms, jenem Dissertanden die Vertrautheit mit der Persönlichkeit und ihres Umkreises voraus. Sein von Lukas Burckhardt, ehemaligem schweizerischem Kulturattaché in Washington, flüssig übersetztes Buch hat die typisch englischen Qualitäten der lebendigen Geschichtserzählung. Der ärmlichen Verhältnissen des Zürcher Oberlandes entstiegene, dank der Druckerausbildung und späterer gelegentlicher Universitätsbesuche zu autodidaktischer Bildung gelangte junge Mann – er zählt auch als Autor einer originellen „Geschichte der Schweiz in ihren Klassenkämpfen" und weiterer Veröffentlichungen – profilierte sich schon vor dem Ersten Weltkrieg als Vertreter der Parteilinken und Befürworter des Generalstreiks als des wirksamsten Kampfmittels der Arbeiterschaft; dadurch stand er in spannungsvollem Widerspruch zum ‚grand old man' des Schweizer Sozialismus, Hermann Greulich. Im Gegensatz aber auch zu Lenin, den er, selber Organisator der Konferenzen von Zimmerwald und Kiental – in diesem Buch sehr anschaulich beschrieben – und Protagonist des schweizerischen Internationalismus seines Landes (als solcher hatte er z. B. noch an der Brüsseler Konferenz vom 29. Juli 1914 teilgenommen), als Emigranten kennenlernte und mit dem er bald in Zwiespalt geriet. Lenin hat es nie verziehen, daß Grimm ihm die Einflußnahme auf die Schweizer Sozialdemokratie verwehrte und hat ihn als ‚Schuft' und ‚Schurken' apostrophiert. Einen ersten Höhepunkt der Berühmtheit brachte die Petrograder Mission von 1917, die zu seiner Ausweisung und zum Sturz des deutschfreundlichen Bundesrates Hoffmann führte, den zweiten die Rolle im Generalstreik vom November 1918, der ihn zeitlebens zum Bürgerschreck machte, obwohl er radikalen Linksaußenelementen zu widerstehen suchte. Daß diese politische Krise mit einer Ehekrise zusammenfiel (er war in erster Ehe mit einer revolutionär gesinnten Russin verheiratet), daß die zweite Ehe mit einer schweizerischen Arzttochter ihn dann in politisch moderatere Bahnen führte, wird dank dieser Biographie wohl erstmals deutlich. So rückte Grimm von der bernischen Politik aus bei allem entschiedenen Linksengagement doch mehr und mehr ins ‚Establishment' ein, ins stadtbernische zunächst, ins eidgenössische sodann. Der Vf. verschweigt auch gewisse negative Züge der Freude an der Macht nicht, etwa gelegentliche Rücksichtslosigkeiten und Härten oder die typische Arriviertenfreude am Autofahren, die ihn zweimal in Unfälle verwickelte. Eine Reihe guter Illustrationen rundet das plastische Buch ab, in welchem man lediglich Anmerkungshinweise vermißt.

Zürich *Peter Stadler*

UWE LISZKOWSKI, Osteuropaforschung und Politik. Ein Beitrag zum historisch-politischen Denken und Wirken von Otto Hoetzsch. 2 Bde. (Osteuropaforschung, Bd. 19.) Berlin, Spitz 1988. 632 S., 125,– DM.

Zehn Jahre nach der Hallenser Dissertation von Gerd Voigt (vgl. HZ 230, 1980, 637 ff.) ist mit der Kieler Habilitationsschrift Liszkowskis eine zweite, nicht weniger umfangreiche Monographie über Otto Hoetzsch erschienen. Beide Arbeiten sind eigenständige Forschungsleistungen, die sich ergänzen und in produktiver Spannung zueinander stehen. Anders als Voigt, der den Osthistoriker und Ostpolitiker Hoetzsch in marxistisch-leninistischer Perspektive sah, ist Liszkowski von ideologischen Vorbelastungen frei. Ihm geht es um eine kritisch abwägende Einordnung Hoetzschs in die Politik und die Wissenschaftsgeschichte der Wilhelminischen und der Weimarer Zeit. Am Beispiel der Osteuropäischen Geschichte kommen dabei manche Absonderlichkeiten preußischer Hochschulpolitik und Berliner Fakultätsintrigen zur Sprache.

Liszkowski hat die Tätigkeit des nationalkonservativen Publizisten und seine gelehrten und organisatorischen Leistungen für die deutsche Osteuropaforschung in gesonderten Großkapiteln dargestellt. Die eigentümliche Verflechtung beider Bereiche wird nicht verwischt. So tritt die geistige Prägung Hoetzschs, der nicht nur von Treitschke, sondern auch von Lamprecht, Hintze und Schmoller starke Impulse empfing, deutlich hervor. Auch die Bedeutung der vergleichenden verfassungsgeschichtlichen Studien und die Bemühungen um eine wissenschaftliche Begründung des Begriffs der Osteuropäischen Geschichte sind angemessen gewürdigt worden. Gleiches gilt für den Beitrag, den Hoetzsch an der „Deutschen Hochschule für Politik" zum konzeptionellen und institutionellen Aufbau der „Lehre von den internationalen Beziehungen" geleistet hat. Liszkowski zählt ihn zu den Begründern der Politischen Wissenschaft in Deutschland.

Hoetzschs Denken blieb von der Machtstaatsidee des Wilhelminischen Imperialismus geprägt, sein Verhältnis zu Rußland, auch zum bolschewistischen, von der Überzeugung, daß am Primat der Außenpolitik nicht zu rütteln sei. Wie den meisten seiner Kollegen war ihm der Kampf gegen die „Kriegsschuldlüge" eine „nationale Pflicht ersten Ranges". Daß ihn die nationalsozialistischen Machthaber als Förderer „jüdisch-freimaurerisch-liberalistischer Sowjetfreunde und Salonbolschewisten" aus dem Lehramt drängten, traf ihn tief. Sein letztes Lebensjahr im zerstörten Berlin war von Krankheit und seelischer Not bestimmt und von eindringlichen Versuchen, sich geistig und politisch neu zu orientieren. Auch die tragischen Seiten dieses ruhelosen Lebens hat der Verfasser einfühlsam beschrieben.

Tübingen *Dietrich Geyer*

WALTER HÖFLECHNER, Die Baumeister des künftigen Glücks. Fragment einer Geschichte des Hochschulwesens in Österreich vom Ausgang des 19. Jahrhunderts bis in das Jahr 1938. (Publikationen aus dem Archiv der Universität Graz, Bd. 23.) Graz, Akademische Druck- und Verlagsanstalt 1988. XXX, 901 S., 98,– DM.

Ein wenig kraus wie der Titel erscheint die umfangreiche Darstellung selbst. Es wird nie recht klar, was eigentlich die Hauptabsicht, das Problem der Untersuchung sind, weshalb wohl auch im Untertitel das fragmentarische hervorgehoben wird. Andererseits ist nicht zu bestreiten, daß H. sich als einer der ersten der österreichischen Universitätsgeschichte des 20. Jahrhunderts zuwendet, ein Desiderat, wie er zutreffend bemerkt. Darum ist die Arbeit wohl auch so vollgestopft worden, kommt ständig auf neue, „noch erwähnenswerte", bisher unbekannte, aber dem Gedankengang gerade fernere Mitteilungen und Beobachtungen zu sprechen.

Andererseits: Wer sich der Mühe des Lesens unterzieht – bei oft halb- und dreiviertelseitigen Anmerkungen – wird reich belohnt. H. breitet einen großen Kosmos österreichischer Universitätsgeschichte vom späten 19. Jahrhundert bis in die Jahre 1936/38 aus. Gestützt auf das reiche Grazer Universitätsarchiv, schildert er etwa nicht nur die Entstehung und die Verhandlungen der österreichischen Rektorenkonferenz, sondern auch die Universitätsgeschichte Wiens, Graz, z.T. die Innsbrucks und fügt viele Nachrichten über weitere Hochschulen hinzu. Häufige Zitate veranschaulichen die Argumentation.

Das Phänomen, daß die – im Anspruch – universalistischen Wissenschaften und Universitäten zunehmend Mittel nationalistischer Politik wurden – Ergebnis der Zeit nach 1918, sich aber zuvor bereits deutlich abzeichnend –, klingt wie ein cantus firmus bei allen materialreichen Abschweifungen durch. Mindestens ebenso entschieden wie in Deutschland, in manchem gar vehementer und gewaltsamer, gerierte sich die tonangebende österreichische Universitätsgesellschaft – Studenten und große Teile der Professoren – nationalistisch, antisemitisch, häufig auch antiklerikal, ja „anschlußbesessen". Und ebensowenig wie in Deutschland wußten und wollten Einsichtigere diesen gewalttätigen, freiheits- und geistfeindlichen Tendenzen entgegenwirken. Nach der Machtergreifung 1933 – nachdem zuvor die deutschnationalen Umtriebe die österreichischen Universitäten vielfach nahe an chaotische Verhältnisse gebracht hatten, sie zu häufigen Schließungen veranlaßten – erscheinen die nunmehr von Schuschnigg eingeleiteten Maßnahmen, diesem Unwesen zu steuern und zugleich ein österreichisches Nationalbewußtsein fest vorzuschreiben, vielfach analog zu vergleichbaren Unternehmungen der Nationalsozialisten. Autoritäre Erlasse, „weltanschauliche" Indoktrination der Vaterländischen Front, Ausländer-Abwehr, Gemeinschafts-Euphorie, „Österreichisierung" bestimmter Wissenschaften verrieten im besten Falle Hilflosigkeit. Letztlich bewirkten sie auch nichts.

All dies und vieles mehr ist diesem Buch zu entnehmen. Hätte H. drei Abhandlungen daraus gemacht und sie schärfer konturiert, hätte er sich und dem Leser einen großen Dienst erwiesen, hätte vielleicht auch öfters klarer und der deutschen Sprache gemäßer formuliert.

Ein umfänglicher Anhang teilt viele bislang unbekannte Dokumente mit. Sie sind zumeist original abgelichtet und insoweit viel besser zu lesen als der schlimme Drucksatz.

Frankfurt am Main *Notker Hammerstein*

YVONNE MARIA WERNER, Svensk-tyska förbindelser kring sekelskiftet 1900. Politik och ekonomi vid tillkomsten av 1906 års svensk-tyska handels- och sjöfartstraktat. (Bibliotheca historica Lundensis, Bd. 65.) Lund, Lund University Press 1989. 352 S.

In zweierlei Hinsicht ist der 1906 zwischen dem Deutschen Reich und Schweden geschlossene Handels- und Schiffahrtsvertrag von Bedeutung, wenngleich er als Provisorium lediglich eine Gültigkeit von viereinhalb Jahren besaß: zum einen dadurch, daß Schweden, dessen Handelsbeziehungen zu Deutschland zuvor durch das Prinzip der gegenseitigen Meistbegünstigung geregelt wurden, mit dem kontinentalen Handelsvertragssystem verbunden wurde, zum anderen dadurch, daß Deutschland die Konzession der Exportzollfreiheit für schwedisches Eisenerz erhielt. Zugleich ist er Ausdruck der 1871 eingeleiteten Neuorientierung der schwedischen Außenpolitik zugunsten Deutschlands und zum Nachteil Frankreichs.

Ziel der Lunder Dissertation ist es, die Interdependenz von Politik und Wirtschaft beim Zustandekommen des Traktates nachzuweisen. Die Studie, die sich primär auf Archivalien und Protokolle der Reichstagsdebatten stützt – das Politische Archiv des Auswärtigen Amtes wird hierbei fälschlicherweise als Bundesarchiv Bonn bezeichnet –, ist auf den Zeitraum um die Jahrhundertwende begrenzt. Sie behandelt vor allem die Konfliktstoffe des Handels zwischen den ökonomisch ungleich gewichteten Staaten: einerseits die deutsche Zolltariferhöhung 1902, die das schwedische Holz ebenso betraf wie die Pflastersteine – wichtig für die zunehmende Verstädterung –, andererseits die Androhung einer Ausfuhrzollerhebung auf schwedisches Eisenerz, das nicht nur für den deutschen Schlachtflottenbau, sondern auch für die Zivilschiffahrt und das Baugewerbe unabdingbar war. Obgleich die faktenreiche Darstellung durch einen Vergleich des provisorischen Abkommens mit dem endgültigen von 1911 abgerundet wird, ist nicht recht einsichtig, weshalb die Vf.in darauf verzichtete, ihre Untersuchung bis 1911 weiterzuführen, zumal gerade eine Analyse des Quintenniums 1906–

1911 für die Haltung der mit der Bülowschen Handelspolitik unzufriedenen Interessenverbände aufschlußreich hätte sein können.

Leider beschränkt sich die Vf.in weitestgehend auf die im Vertragstext verankerten Zolltarife (Art. 8) und verschließt sich dadurch den Blick auf weitere Vereinbarungen: weder werden die Regelungen für die Binnen- und Küstenschiffahrt (Art. 13–19) noch für den Gütertransport durch deutsche und schwedische Bahnen (Art. 12) erwähnt.

Den Abschluß bildet eine „Zusammenfassung" in deutscher Sprache. Etwas beeinträchtigt wird die Lesbarkeit der flüssig geschriebenen Studie durch zahlreiche Druckfehler.

Frankfurt am Main *Birgit Marschall*

ALEXANDER DE GRAND, The Italian Left in the Twentieth Century. A History of the Socialist and Communist Parties, Bloomington/Indianapolis, Indiana University Press 1989. XVI, 182 S., $ 25,–.

Auf 170 Seiten eine doppelte, über fast ein Jahrhundert reichende Geschichte der sozialistischen und der kommunistischen Partei Italiens zu entwerfen, erscheint als ein schwieriges Unterfangen. Die italienische Linke bildet im europäischen Vergleich die große Ausnahme. Sie war die einzige, die sich nach 1914 an die Kriegskonzeption der Zweiten Internationale zu halten suchte, sie war die einzige, in der sich nach 1945 ein starker kommunistischer und ein schwacher sozialistischer Flügel entwickelte. Sie war auch die einzige, die im 20. Jahrhundert niemals an die Macht kam. Die Frage ist legitim, ob zwischen diesen drei Daten ein kausaler Zusammenhang besteht und ob der „Faktor K" (Kommunismus) (A. Ronchey) die volle Legitimierung und Systemintegration der Linksparteien verhindert hat. Der Autor, der als Italienspezialist schon durch Biographien über G. Bottai und A. Tasca hervorgetreten ist, gibt einen knappen Abriß der seit der Gründung des PCI 1921 mehr durch Konflikt als durch Kooperation gekennzeichneten Entwicklung der italienischen Linken. Gemessen an den eigenen Zielen handelt es sich um die Geschichte eines großen Scheiterns. Weder die Revolution noch die Machtergreifung gelangen. Unter anderen Gesichtspunkten läßt sich von einer erstaunlichen Erfolgsgeschichte sprechen. Der Autor spricht von „the long struggle of the Italian working class to obtain a substantial degree of citizenship within the state. That this came about in ways quite unexpected should not in any sense diminish the achievement of the left in helping to create this new society" (S. XIII).

Rom *Jens Petersen*

OLGA CRISP/LINDA EDMONDSON (Eds.), Civil Rights in Imperial Russia. Oxford, Clarendon Press 1989. XVI, 321 S., £ 89,–.

Rechtsgeschichte des Zarenstaats wird seit 1917 kaum noch betrieben. Damit bietet sich jeder Neuerscheinung die Möglichkeit einer Neuentdeckung. Die vorliegende Sammlung von 14 Aufsätzen, die allesamt auf eine 1985 in London abgehaltene Konferenz zurückgehen, hat diese Möglichkeit leider nur wenig genutzt. Der wesentliche Mangel des Sammelbands liegt meiner Ansicht nach darin, zu schnell zur praktischen Seite überzugehen, ohne die Ausgangsbedingungen geklärt zu haben. Die ganz überwiegende Mehrheit der Referate behandelt die Verwirklichung der Bürgerrechte in Rußland unter dem Gesichtspunkt einzelner sozialer Gruppen (Bauern, Frauen, Nationalitäten, Juden, Arbeiter) bzw. einzelner Institutionen (Kirche, Gewerkschaft, Presse, Geheimpolizei). Damit geraten die zugrundeliegenden, allen gemeinsamen Fragen jedoch weitgehend außer Blick. In diesem Sinne hätte man sich zunächst eine historische Skizze der Idee der Menschenrechte in Rußland (oder der Gründe des Fehlens dieser Idee) gewünscht. Ebenso zentral wäre eine Antwort auf die Frage gewesen, ob bzw. inwieweit man Rußland (auch nach 1905) überhaupt als Rechtsstaat bezeichnen darf. Schon über dessen Wünschbarkeit wurde ja leidenschaftlich gestritten. Eingehende Behandlung hätte auch der Aspekt verdient, daß die Fortexistenz der Stände (bis 1917) die bürgerliche Ungleichheit vor dem Gesetz geradezu zwangsläufig nach sich zog. Abgesehen von dieser Konzeptionslücke besteht die Bedeutung des vorliegenden Sammelbands darin, daß jedem Interessenten in Zukunft die Mühe erspart bleibt, sich über die Verwirklichung der Bürgerrechte im vorrevolutionären Rußland aus der umfassenden Spezialliteratur zur russischen Sozialgeschichte zu informieren. Wer sich ausschließlich darüber Aufklärung wünscht, der wird mit dem vorliegenden Sammelband sehr zufrieden sein.

Köln *Christoph Schmidt*

MANFRED HILDERMEIER, Die Russische Revolution 1905–1921. Frankfurt am Main, Suhrkamp 1989. 351 S., 18,– DM.

Wie entwicklungsfähig war das alte zarische Regime noch, als es im Februar 1917 gestürzt wurde? Warum scheiterte der nachfolgende Versuch, in Rußland eine parlamentarische Republik westlichen Zuschnitts aufzubauen? Und wie gelang es den Bolschewiki, die Macht, die sie im Oktober 1917 an sich gerissen hatten, zu behaupten, zumal in Rußland für eine marxistische Revolution offenkundig alle Voraussetzungen fehlten? Diese Fragen sind fast so alt wie die Entwicklungen, auf die sie sich beziehen. Ihre kontroverse Diskussion enthüllte Schritt für Schritt die Komplexität des Geschehens, das durch einfache Deutungsmuster nicht zu begreifen ist, und sie erweiterte das Spektrum der Fragen und Problemstellungen beträchtlich. Sie lenkte den Blick von den Bolschewiki auf ihre Gegner, vom hauptstädtischen Geschehen auf das Geschehen in den Provinzen und Randregionen, von den politischen auf die nationalen, wirtschaftlichen und sozialen Fragen. Die Debatte dauert unvermindert an, und ein Ende ist nicht in Sicht.

So versteht auch Manfred Hildermeier seine Darstellung der Russischen Revolution nicht als Resümee, sondern als „Synthese“: als Zusammenstellung dessen, was inzwischen als gesicherte Erkenntnis und was als überholt gelten darf, was weiterhin im dunkeln liegt und was wie eh und je umstritten ist. Er beschreibt das Geschehen – wohl überlegt – in sechs Kapiteln. Das *erste* (S. 14ff.) stellt dabei jene Problemkomplexe vor, die als „Voraussetzungen“ der Revolution angesehen werden dürfen: die brennende Agrarfrage und den Protest der Bauern, die Anfänge der Industrialisierung und die Bildung eines Fabrikproletariats, die Entstehung einer revolutionären Intelligenz und die Unfähigkeit des Regimes, sich den wachsenden Herausforderungen zu stellen. So geriet die Autokratie (1905–1907) in die „Krise“ der ersten Revolution, deren Grundzüge das *zweite* Kapitel (S. 51ff.) erörtert: die Bedeutung des ‚Blutsonntags‘ und seiner Folgen, die Umstände des Oktoberstreiks, die Bauernaufstände, die im Süden des Landes wie Steppenbrände um sich griffen, und die gescheiterten Versuche einer Kanalisierung des Konflikts in der neugeschaffenen Reichsduma. Daß die Reformen halbherzig blieben, daß die Konstitutionalisierung der Autokratie die anstehenden Probleme nicht lösen konnte und der Weltkrieg den Spannungen eine neue, revolutionäre „Qualität“ gab, ist Gegenstand des knappen *dritten* Kapitels (S. 104ff.); es berichtet über die Entwicklungen zwischen 1907 und 1917. Ihm folgt im *vierten* Kapitel (S. 133ff.) eine ausführliche Darstellung der „Demokratischen Revolution“, des Geschehens zwischen Februar und Oktober 1917, beginnend mit dem Februaraufstand und der Doppelherrschaft, die er schuf; Hildermeier beschreibt, wie die neugebildete Provisorische Regierung seit dem Frühsommer unter wachsenden Druck geriet, von innen und von außen, die „soziale Revolution“ eine kaum mehr beherrschbare Eigendynamik gewann, die „nationale Revolution“ den Vielvölkerstaat in Frage zu stellen begann und der Putschversuch von rechts den Linkstrend der Revolution im Herbst 1917 vorantrieb. Wie die Bolschewiki im Oktober 1917 im Namen der Räte die Macht ergriffen, sie in einer zweiten sozialistischen Revolution behaupteten und über den Bürgerkrieg hinweg verteidigten, wird im *fünften* Kapitel (S. 229ff.) verhandelt. Ein abschließendes *sechstes* Kapitel (S. 294ff.) faßt dann das Geschehen unter den Stichworten „Revolution und Rückständigkeit“ noch einmal zusammen.

Selbst wenn Hildermeier hier wie auch sonst auf das Spannungsverhältnis von „Modernisierung“ und „Rückständigkeit“ rekurriert, auf das Vorbild des „Westens“ verweist, ohne das die russische Entwicklung, die Revolution nicht zu verstehen ist („Revolution von außen“), vermeidet er es, daraus ein geschlossenes, scheinbar alles erklärendes Deutungsmuster abzuleiten. Ein solcher Versuch, so weiß er nur zu gut, scheitert an der Komplexität und Widersprüchlichkeit des Gesamtgeschehens. Die Revolution war ein russisches und ein europäisches Ereignis, und sieht man genauer hin, so verschwimmen die Begriffe, werden neben den „modernisierenden“ die „restaurativen“ Züge der Revolution sichtbar, hinter den revolutionären Umbrüchen die Kontinuitäten.

Die Debatte über die russische Revolution ist somit der über die Französische Revolution durchaus vergleichbar. Man darf gespannt sein, wie sie weitergeht, wenn – was lange unvorstellbar schien – endlich Wirklichkeit wird: die vollständige Öffnung der sowjetischen Archive; ein Anfang ist gemacht. Wer sich verläßlich über den Zwischenstand der Diskussion informieren will, greife zu Hildermeiers Buch.

Erlangen-Nürnberg *Helmut Altrichter*

ALEKSANDER GELLA, Development of Class Structure in Eastern Europe. Poland & Her Southern Neighbors. Albany, N.Y., State University of New York Press 1989. XVIII, 326 S., $ 16,95.

In Anbetracht der Tatsache, daß es in der Soziologie einen Richtungsstreit zwischen Anhängern der rein deskriptiven gegenwartsbezogenen und der historisch argumentierenden Darstellung gibt, wäre das vorliegende Buch des polnischen Soziologen, der Anfang der 1970er Jahre sein Land verließt, zu begrüßen. Gella ergreift Partei dafür, daß es die Geschichte sei, die für die grundlegenden Merkmale der sozialen Stratifikationen verantwortlich ist und unternimmt eine historische Überblicksdarstellung Polens, der Tschechoslowakei, Ungarns und Rumäniens vom mittelalterlichen Feudalismus bis in die moderne Zeit hinein.

Für derartige Gesamtdarstellungen benötigt man ein enormes historisches Wissen und Koordinationsvermögen. Daß der Vf. über beides nicht verfügt, wird eindrucksvoll demonstriert. Nur ärgerlich sind banale faktische Fehler, wie etwa der, daß die Münchener Konferenz „Österreich und die Tschechoslowakei Hitler übergeben habe". Die Gründe für die Unterentwicklung des Kapitalismus in den nicht protestantischen Gebieten (und wie war das etwa in der Lombardei?) stellen mit ihrem Verweis auf Max Weber auch nicht gerade den neuesten Forschungsstand dar. Auch Warschau wurde nicht etwa *im*, sondern *nach* dem Warschauer Aufstand 1944 durch die Deutschen planmäßig niedergerissen, und daß Pilsudskis Regierung von den Sozialisten dominiert wurde und gar den Ukrainern helfen wollte, einen unabhängigen Staat zu errichten, könnte man fast als Satire werten. Schlimm ist jedoch, daß von dem hehren Anspruch, die Geschichte Osteuropas zu umreißen, letztlich nur eine unzureichende, ausgesprochen polonozentrische Schrift übrigbleibt. Die zugegebenermaßen interessante und vielschichtige polnische Situation nimmt etwa 80% der Darstellung ein. Je weiter das Buch in die neueren Zeiten vorstößt, desto mehr werden die anderen Staaten zu bloßen Anhängseln einer Darstellung der polnischen Situation.

Einen Lichtblick stellt die Darstellung der polnischen *Inteligencja* dar, über die der Vf. auch schon früher häufiger publiziert hat. Dann aber wird es wirklich schlimm: Für den Zweiten Weltkrieg unterstreicht Gella parteilich vor allem die altbekannte These, daß Polen Juden nicht etwa an die Nationalsozialisten verraten, sondern ihnen geholfen hätten (wo doch bei den Forschern der jüngeren Generation längst der Wissensstand herrscht, daß beides vorgekommen ist und es die Komplexität der Situation erfordert, dies auch ohne verfälschende Simplifizierungen darzustellen). Zur Nachkriegszeit wiederum, die nun wirklich sozialhistorische Probleme in großer Zahl aufwirft, ergeht er sich nur in einer platten, nichtssagenden antisowjetischen Polemik.

Dies mag in Buffalo, einem der Zentren der polnischen Emigration in die USA, wo der Vf. lehrt, ankommen; wenn aber Gella „im Westen einen Mangel an historischer Kenntnis über osteuropäische Länder" (S. XIV) feststellt, dann bestätigt er diesen Satz mit seinem Werk, und man kann nur hoffen, daß es niemandem einfallen wird, diesen Mangel mit dem vorliegenden Buch zu beheben.

Hamburg *Frank Golczewski*

W. G. BEASLEY, Japanese Imperialism 1894–1945. Oxford, Clarendon Press 1987. VIII, 279 S., £ 29,50.

Die Frage nach den Kontinuitäten in der expansionistischen Politik des 1868 begründeten und 1945 militärisch besiegten Kaiserlichen Japan wird in der japanischen und westlichen Forschung weitaus kontroverser diskutiert als der entsprechende Zusammenhang in der deutschen Großmachtpolitik vom Wilhelminischen zu Hitlers Drittem Reich. Die Verantwortung für Japans Weg in den Pazifischen Krieg wird gern den durch die Weltwirtschaftskrise radikalisierten japanischen Militärs angelastet und auch teilweise der egoistischen Vorherrschaft der Westmächte in Ostasien zugeschrieben. Besonders in der Taisho-Zeit (1912–1926), häufig sogar als „Taisho-Demokratie" apostrophiert, habe sich Japan außenpolitisch und im Inneren dem parlamentarisch-westlichen System angenähert, bis dann die Armee durch ihr selbstherrliches Vorgehen in der Mandschurei 1931 alles zunichte gemacht habe.

Dieses in Japan selbst weit verbreitete und von der revisionistischen amerikanischen Japanwissenschaft lang gehegte idealisierte Geschichtsbild hat der britische Japanexperte Beasley in der vorgelegten Studie äußerst sachlich, aber auch gründlich erschüttert. Durch seine grundlegenden Forschungen über die Entstehung des modernen Japan („The Meiji Restoration") war der Vf. bestens ausgewiesen, um die Anfänge des japanischen Imperialismus bereits in der Gründungsphase des neuen Staatswesens festzumachen. Im Krieg mit China, über den Streitfall Korea von japanischer Hand lange vorbereitet, offenbarte sich der Expansionsdrang des jungen Tenno-Reiches 1894/95 nur erstmals in militärischer Form. Fünfzig Jahre später ging die im wesentlichen auf brutale militärische Gewalt gegründete und primär der wirtschaftlichen Ausbeutung dienende „Großostasiatische Wohlstandssphäre“, die in ihren Ausmaßen von den Grenzen Indiens bis an die Küsten Australiens wohl größte zusammenhängende Herrschaftssphäre dieses Jahrhunderts, in den Trümmern der japanischen Niederlage unter.

Wiewohl sich Beasley hütet, westliche Imperialismus-Modelle einfach auf Japan zu übertragen, neigt er doch den Theorien Schumpeters über den atavistischen Imperialismus des Militärs zu, ohne indes den innenpolitisch-sozialen Verwurzelungen der Vorherrschaft der Streitkräfte nachzugehen. Der Vf. beschreibt, erklärt jedoch den Imperialismus bestenfalls aus sich selbst heraus. Der Druck der verelendeten ländlichen Bevölkerung auf die Regierenden, greifbar in den vielfachen Offiziersrevolten gegen die kapitalistische Ordnung, wird leider nicht thematisiert. Doch die solide Auflistung von Fakten macht das Buch auch ohne den sozialhistorischen Ansatz zu einem lesenswerten Abriß über manifeste Kontinuitäten in der Geschichte Japans, von denen einige bis in unsere Tage anhalten.

Freiburg im Breisgau *Bernd Martin*

MARK R. PEATTIE, Nan'yō. The Rise and Fall of the Japanese in Micronesia, 1885–1945. (Pacific Islands Monograph Series, No. 4.) Honolulu, University of Hawaii Press 1988. XXII, 382 S., 43 Abb., 31 Karten u. Schaubilder, $ 30,–.

Ende September/Anfang Oktober 1914 bot die günstige pazifische Konstellation des Ersten Weltkrieges Japan die Gelegenheit, die unter deutscher Kolonialverwaltung stehenden mikronesischen Inseln nördlich des Äquators militärisch zu besetzen; ein Faktum, das 1919 durch den Versailler Vertrag in Form eines C-Mandates bestätigt wurde. Mit der Kolonisationspolitik der Japaner in diesem tropischen Inselgebiet, dem „Nan'yō“, beschäftigt sich der Vf. in der vorliegenden Arbeit. Dabei werden Unterschiede in Zielsetzung und Ausübung japanischer Kolonialherrschaft gegenüber vergleichbaren europäischen Modellen deutlich. Eine schnelle, systematische und totale Assimilation der Mikronesier war von Anfang an intendiert; als Mechanismen hierzu dienten vor allem die frühe (1915) Einführung eines – de facto – obligatorischen japanischen Schulunterrichts und die Propagierung des Schintoismus als Nationalideologie unter der einheimischen Bevölkerung, die sich zunehmend japanischer Lebensweise anpaßte und deren Lebensstil kopierte und adaptierte. In Gegensatz zu allen anderen Völkerbundsmandaten stand eine nicht restringierte, massenhafte Einwanderung aus Japan, Okinawa und Korea, die dazu führte, daß sich noch vor Ausbruch des pazifischen Krieges die Relation Einwanderer / Einheimische weit zu Ungunsten der Mikronesier verschoben hatte. Mit dieser demographischen Umwälzung einher ging eine von den Japanern praktizierte Drei-Klassen-Rassengesellschaft; die Einheimischen waren dabei am Boden der Pyramide angesiedelt.

Auf ökonomischem Sektor gelang dem japanischen Kolonialismus durch erfolgreiche Ergänzungen zur bisherigen Monokultur Kopra jene Profitwirtschaft, die die meisten Europäer in ihren Südseekolonien zwar stets proklamierten, aber selten erreichten. An der wirtschaftlichen Prosperität – der Beginn der Industrialisierung fällt in Mikronesien zusammen mit der japanischen Kolonialzeit – konnten auch die Mikronesier teilnehmen, ein Faktum, dessen sich viele der Älteren trotz der nachfolgenden Grauen des Krieges immer noch erinnern. Die Periode kolonialer Aktivitäten Japans in Mikronesien endete genauso abrupt und militärisch, wie sie begonnen hatte. Doch während der Erste Weltkrieg in jener Region keine bleibenden Spuren hinterließ (wenn man den Wechsel in der Kolonialverwaltung einmal ausnimmt), sind die Relikte der blutigen Kämpfe des pazifischen Krieges noch für jeden Besucher sichtbar, die Narben bei vielen Mikronesiern bis heute nicht verheilt.

Mit „Nan'yō" legt der Vf. eine imponierende Studie über den japanischen Kolonialismus in der Südsee vor, eine Pionierleistung, die man mit Fug und Recht schon jetzt als Standardwerk bezeichnen kann. Auf andere Arbeiten über nicht-europäische Kolonialaktivitäten kann „der Peattie" in Zukunft nur befruchtend wirken.

Ensdorf/Saar *Hermann Hiery*

Quellen zur Geschichte der deutschen Gewerkschaftsbewegung im 20. Jahrhundert. Begründet v. ERICH MATTHIAS. Hrsg. v. HERMANN WEBER, KLAUS SCHÖNHOVEN u. KLAUS TENFELDE. Bd. 1: Die Gewerkschaften in Weltkrieg und Revolution 1914–1919. Bearb. v. KLAUS SCHÖNHOVEN. Bd. 2: Die Gewerkschaften in den Anfangsjahren der Weimarer Republik 1919–1923. Bearb. v. MICHAEL RUCK. Bd. 3: Die Gewerkschaften von der Stabilisierung bis zur Weltwirtschaftskrise 1924–1930. Bearb. v. HORST-A. KUKUCK u. DIETER SCHIFFMANN. 2 Halbbde. Bd. 4: Die Gewerkschaften in der Endphase der Republik 1930–1933. Bearb. v. PETER JAHN unt. Mitarb. v. DETLEV BRUNNER. Köln, Bund 1985/1985/1986/1988. 825, 1098, 1586 u. 1023 S., je Bd. bzw. Halbbd. 98,– DM.

Die Geschichte der deutschen Gewerkschaften ist seit geraumer Zeit kein Stiefkind der Forschung mehr. Zahlreiche Monographien und umfassendere Darstellungen sind diesem Themenbereich gewidmet, und die wichtigeren unter ihnen fußen auf dem Quellenfundus, der in der hier anzuzeigenden Edition nunmehr gedruckt vorliegt. Der Kernbestand sind die erhaltenen Protokolle der Vorständekonferenzen der Freien Gewerkschaften aus den Jahren 1914 bis 1919 und, für die Zeit von 1919 bis 1933, die Protokolle des Bundesausschusses des Allgemeinen Deutschen Gewerkschaftsausschusses (ADGB). Dazu kommen, soweit überliefert, die wichtigeren Aufrufe, Rundschreiben und Erklärungen der Generalkommission (GK), bzw., nach 1919, des Bundesvorstandes des ADGB, für die Jahre 1931/32 auch die Protokolle dieses Gremiums, sowie Teile der Korrespondenz der Leitungsorgane. Die gesondert zu besprechenden Bände 5 bis 7 befassen sich mit den Jahren 1945 bis 1949.

Da die Dokumente, die zum größten Teil den „ADGB-Restakten“ bei der Historischen Kommission zu Berlin und dem Archiv des Deutschen Gewerkschaftsbundes in Düsseldorf entstammen, der Forschung auch schon bisher zugänglich waren, hat die Publikation nirgendwo sensationellen Charakter. Aber das macht sie mitnichten überflüssig. Die durchweg sorgfältig kommentierte, mit umfassenden Literaturhinweisen ausgestattete Edition öffnet den Zugang zu einem der wichtigsten Quellenbestände zur politischen Sozialgeschichte Deutschlands im 20. Jahrhundert weit über den Kreis von Spezialisten hinaus für die allgemeine Forschung und die akademische Lehre. Aber auch die Experten auf dem Gebiet der

Geschichte der Arbeiterbewegung werden aus diesen Bänden reichen Nutzen ziehen.

Der erste Band, der die Zeit vom Juni 1914 bis zum Jahr 1919 behandelt, belegt eindrucksvoll, daß die Freien Gewerkschaften während der Gesamtdauer des Ersten Weltkrieges die SPD an „nationaler" Gesinnung noch weit übertrafen. Bereits am 2. August 1914, einen Tag bevor die sozialdemokratische Reichstagsfraktion die Zustimmung zu den Kriegskrediten beschloß, einigten sich die gewerkschaftlichen Verbandsvorstände darauf, die Regierungsstellen bei der Vermittlung von Arbeitslosen zu Erntearbeiten zu unterstützen. Die Gegner der Kriegskredite innerhalb der SPD wurden von der Generalkommission (GK) der Freien Gewerkschaften erbittert bekämpft; für den Fall, daß die Sozialdemokratie die „Politik des 4. August" aufkündigen sollte, drohte die GK im August 1915 mit der Bildung einer eigenen Partei. Gegen eine starke Minderheit „linker" Verbände hielt die Generalkommission 1917/18 daran fest, sich von politischen Streiks zu distanzieren.

Die Haltung der Mehrheit der Gewerkschaftsführer gegenüber der Revolution und der Sozialisierungsbewegung im Spätjahr 1919 spiegelt sich in den Worten des Vorsitzenden des Bauarbeiterverbandes, Fritz Paeplow, in der Konferenz der Verbandsvorstände vom 3. Dezember 1918 wider: „Ich bin durchaus kein Freund dieser Vergesellschaftungsbewegungen, die heute im Gange sind. Es ist mir geradezu ein Greuel, und so lebhaft ich auch immer für den Sozialismus eingetreten bin, heute bangt mir vor einem solchen Sozialismus; ich möchte ihn lieber nicht sehen, ich möchte lieber gewünscht haben, daß wir von dieser ganzen Revolution vorläufig noch verschont geblieben wären."

Die Zeit vom ersten Nachkriegskongreß der Freien Gewerkschaften im Juli 1919 bis zum November 1923 ist Gegenstand des zweiten Bandes. Bis zur Wiedervereinigung der beiden sozialdemokratischen Parteien im September 1922 war die Politik des neugegründeten ADGB sehr viel „zentristischer" als in der Zeit zuvor; das Erstarken des linken Flügels in den eigenen Reihen zwang die Gewerkschaften sogar, sich gegenüber MSPD und USPD für neutral zu erklären. Der Generalstreik, mit dem die Freien Gewerkschaften im März 1920 auf den Kapp-Lüttwitz-Putsch antworteten, war auch ein Stück innergewerkschaftlicher Integrationspolitik. Als der Generalstreik dann aber an der Ruhr in einen, wenn auch regional begrenzten Bürgerkrieg umschlug, änderte sich die gewerkschaftliche Haltung gegenüber diesem Kampfinstrument: Was der „Ruhrkrieg" zurückließ, war, wie Michael Ruck in seiner Einleitung zu Recht bemerkt, „eine tiefverwurzelte Abneigung gegen jegliche Form politischer Massenstreiks, selbst gegen kurze Proteststreiks".

Im Krisenjahr 1923, dem Jahr der französisch-belgischen Ruhrbesetzung, bildeten die Freien Gewerkschaften eine zuverlässige Säule des neuerlichen „Burgfriedens". Frühzeitig aber erkannten der ADGB-Vorsitzende Theodor Leipart und einige Verbandsvorsitzende wie Fritz Tarnow, daß die Minderheitsregierung unter Wilhelm Cuno keinerlei Konzept besaß, um den Konflikt zu beenden. Seit Mitte April 1923 drängte Leipart daher auf einen Kabinettswechsel, und zwar zugunsten einer Großen Koalition unter dem Vorsitzenden der Deutschen Volkspartei, Gustav Stresemann. Nachdem diese Lösung schließlich im August 1923 zustande gekommen war, währte die Befriedigung des ADGB allerdings nicht lange. Als das Kabinett Stresemann sich anschickte, den Achtstundentag, eine der wichtigsten sozialen Errungenschaften des November 1918, anzutasten, gingen die Gewerkschaften auf Gegenkurs. Auf die entsprechende Intervention Leiparts bei Stresemann und den Druck, den der ADGB auf die SPD ausübte, geht die Einleitung allerdings erstaunlicherweise mit keinem Wort ein. (Vgl. H. A. Winkler, Von der Revolution zur Stabilisierung. Arbeiter und Arbeiterbewegung in der Weimarer Republik 1918–1924. Berlin [2]1985, 631 f.)

Ob die Gewerkschaften das organisatorische und politische Tief, in das sie während des Jahres 1923 immer mehr gerieten, jemals wieder ganz überwinden konnten, scheint zwischen den Bearbeitern der Edition strittig. Während Ruck zu einer negativen Antwort neigt, registrieren die Bearbeiter der folgenden beiden Halbbände, Horst A. Kukuck und Dieter Schiffmann, einen Wiederaufstieg in der „Boomperiode" von 1926 bis 1928. Für die zweite Hälfte der zwanziger Jahre sprechen sie sogar von der Wiederherstellung eines annähernden Machtgleichgewichts zwischen Arbeitnehmern und Arbeitgebern. Die Einführung der gesetzlichen Arbeitslosenversicherung im Jahre 1927 ist das wichtigste Argument zugunsten dieser These. Aber auch die Erfolge beim Kampf um die Verkürzung der Arbeitszeit sprechen dafür, den Rückschlag von 1923 nicht schon als „Anfang vom Ende" zu deuten.

Die beiden Halbbände über die Jahre 1924 bis 1930 enthalten umfangreiches Material zum Streit um die staatliche Zwangsschlichtung und die bis heute fortwirkende Kontroverse über die gesamtwirtschaftliche Angemessenheit des damals erreichten Lohnniveaus. Aufschlußreich ist auch die ambivalente Beurteilung der Großen Koalition unter Hermann Müller (1928–1930) durch den ADGB. Die Parallelen zu 1923 sind bemerkenswert: Zunächst wurde die Regierungsbeteiligung der SPD gefordert, aber die ersten sozialpolitischen Enttäuschungen reichten aus, die Gewerkschaften auf Distanz zur „Koalitionspolitik" gehen zu lassen. Am 8. April 1929, wenige Tage bevor Müllers „Kabinett der Persönlichkeiten" sich formell in eine Regierung der Großen Koalition umbildete, teilte der Bundesvorstand des ADGB der sozialdemokratischen Reichstagsfraktion mit, er könne unter keinen Umständen damit einverstanden sein, „daß die Große Koalition auf Kosten der Sozialgesetzgebung zustande kommt". Am 31. Juli 1929 stellte der Vorsitzende des Dachdeckerverbandes, Theodor Thomas, im Bundesausschuß fest, „daß wir die Folgen einer Kabinettskrise und einer Reichstagsauflösung unter dem Feldgeschrei der Sozialpolitik nicht zu fürchten brauchen". Der Kommentar des Bundesvorstandes zu dem – von ihm mit herbeigeführten – Bruch der Großen Koalition am 27. März 1930 zeugte von großer Gelassenheit gegenüber den durchaus absehbaren Folgen dieses Ereignisses: „Staatsmännische Überlegungen in allen Ehren, aber wir dürfen darüber nicht vergessen, wodurch wir wurden, was wir sind."

Die Rolle der Freien Gewerkschaften in der Endphase der Weimarer Republik und in den ersten Monaten des „Dritten Reiches" dokumentiert der von Peter Jahn bearbeitete vierte Band. Die Jahre 1930 bis 1933 waren eine Periode wachsender Entfremdung zwischen ADGB und SPD. Bereits im Oktober 1930 bezogen die Freien Gewerkschaften, entgegen dem dringenden Rat des SPD-Vorsitzenden Otto Wels, eine betont „nationale" Position in der Reparationsfrage. Im Herbst 1932 nahmen die Absatzbewegungen des ADGB-Vorsitzenden geradezu demonstrative Züge an. Umgekehrt brachte die SPD aus doktrinären Bedenken den (nach den Anfangsbuchstaben seiner Autoren Woytinski, Tarnow und Baade sobenannten WTB-Plan) zu Fall, der eine teilweise kreditfinanzierte Arbeitsbeschaffung vorsah. Strittig war zwischen SPD und ADGB auch das Verhältnis zur letzten Weimarer Regierung, dem Kabinett von Schleicher. Die in der Literatur häufig kolportierte Behauptung, die SPD bzw. der Vorsitzende der sozialdemokratischen Reichstagsfraktion, Rudolf Breitscheid, habe Leipart die Zusammenarbeit mit

Schleicher untersagt, wird aber durch den vorliegenden Band widerlegt: Die Gesprächsbeziehung zwischen den Gewerkschaften und dem „sozialen General" bestand bis zuletzt.

Die Anpassung der Freien Gewerkschaften an das Regime, das mit dem 30. Januar 1933 begann, ist oft dargestellt worden. In dem Glauben, er könne durch ideologische Zugeständnisse seine Organisation als solche in den nationalsozialistischen Staat hinüberretten, gab der ADGB seine Bindung an die SPD und sein sozialdemokratisches Selbstverständnis preis. Der gewerkschaftliche Pragmatismus, der sich zuletzt im Konflikt um die Krisenbekämpfung bewährt hatte, enthüllte nun seine Kehrseite: die Neigung zum Opportunismus. Die vorliegende Edition erlaubt es, die Vorgänge vom Frühjahr 1933 mitsamt ihrer Vorgeschichte genauestens zu rekonstruieren.

Freiburg i. Br. *Heinrich August Winkler*

AVNER OFFER, The First World War: An Agrarian Interpretation. Oxford, Clarendon Press 1989. XIX, 449 S., £ 25,–.

Spätestens seit Kennedys breitangelegter Arbeit über „Aufstieg und Fall der Großen Mächte" haben Studien Konjunktur, die die Geschichte von Außenpolitik, Diplomatie und Krieg auf die dahinter stehenden ökonomischen und sozialen Potentiale der beteiligten Akteure und ihre hiermit zusammenhängenden Handlungsmöglichkeiten und Strategiebildungen beziehen. Offers Buch ist in diesem Rahmen zu sehen. Wenngleich auch umfangreiche englische, amerikanische, australische und kanadische Quellenbestände einbeziehend, stellt es vor allem eine (agrarische) Neuinterpretation der Geschichte des Ersten Weltkrieges auf der Basis des – im deutschen Falle zum Teil älteren – Forschungsstandes dar.

Ausgehend von der These, daß das Deutsche Reich im Oktober/November 1918 nicht militärisch geschlagen war, sondern vor allem wegen des Zusammenbruchs der Heimatfront nicht mehr zur Fortsetzung des Krieges in der Lage war, ergibt sich für Offer die zentrale militärische Bedeutung der britischen Seeblockade. Offer geht es indes nicht um eine Ehrenrettung der Dolchstoßlegende. Er will vielmehr zeigen, daß Deutschland wegen seiner Abhängigkeit von Agrarimporten, seiner Außenhandelsverflechtung überhaupt in der Kriegführung von Anfang an erhebliche Nachteile hatte im Gegensatz zu England, das aus der internationalen Arbeitsteilung im

Bereich der Landwirtschaft einerseits Spezialisierungsgewinne zog, andererseits hierüber die überseeischen Teile seines Kolonialreiches und deren militärisches Potential, vor allem die Weizenstaaten Kanada und Australien, partiell aber auch die USA dauerhaft an sich binden und damit auch ökonomisch die ohnehin bestehenden ethnischen und „rassischen" Verbindungen festigen konnte. So gesehen waren Wirtschaftsstruktur und internationale Arbeitsteilung für England ein „enabling factor", für Deutschland hingegen ein „disabling factor" in der Kriegsführung.

Offer führt diese These (und zahlreiche damit verbundene Nebenthesen, die jede für sich eine gesonderte Würdigung verlangte) in vier Schritten aus. Zunächst untersucht er die Struktur und Entwicklung von Landwirtschaft und Ernährungssystem in Deutschland von der Vorkriegszeit bis zum Ende des Krieges, danach beschreibt er die agrarischen Strukturen im britischen Empire und den USA und die sich herausbildenden gegenseitigen ökonomischen und politisch-mentalen Verflechtungen. In zwei weiteren Schritten analysiert er vor diesem Hintergrund Strategiebildung und Kriegsführung von Großbritannien und Deutschland aus der Vorkriegszeit bis zum Ende des Krieges, wobei er der deutschen Seite letztlich Kurzsichtigkeit („intuitive reasoning") vorwirft, da sie nicht in der Lage gewesen sei, der eigenen Lage adäquate politische und militärische Strategien zu entwickeln (Schlieffen-Plan und unkalkulierbares Kriegsrisiko, unbeschränkter U-Boot-Krieg und unkalkulierbare Eskalation). Eine rationale deutsche Strategie in der internationalen Mächtekonkurrenz nach der Jahrhundertwende hätte nach Offer darin bestanden, nichts zu tun und die Wirkung der für Deutschland zu Beginn des Jahrhunderts günstigen wirtschaftlichen Trends abzuwarten.

Die englische Strategie – trotz aller Auseinandersetzungen um Schutzzölle und Reaktionen auf die deutsche Flottenrüstung –, die Stärke der Royal Navy zur Sicherung der Seewege und zur möglichen Blockade Deutschlands zu garantieren, war in der gegebenen Situation hingegen angemessen.

Die Zerstörung des europäischen Systems 1914 erfolgte nicht zwangsläufig, sondern war eine Folge kurzsichtiger deutscher Politik. Eine deutlichere Demonstration – so Offer – der ja auch wirklich vorhandenen britischen Stärke hätte deutsche Kurzschlüsse eventuell verhindert. In mangelnder Abschreckung lag daher der eigentliche Fehler der englischen Politik vor 1914. Die aktuellen Bezüge wie der zwischen den Zeilen durchscheinende Verweis auf die gescheiterte appeasement policy sind nicht von der Hand zu weisen und wohl auch gewollt. Dennoch bleibt die These vage, da sie darauf spekuliert, daß Machtpolitik Zustände von zumindest mittelfristig dauerhafter Stabilität garantieren kann, ganz abgesehen davon, daß die Gründe für die Kriegsbereitschaft von Politik und Gesellschaft im Wilhelminischen Deutschland zunächst hausgemacht waren und britische Abschreckung wohl im Gegenteil weiter verstärkte deutsche Aufrüstungsbemühungen provoziert hätte, was auch Offer einräumt. Offer macht daher vor allem klar, daß das Deutsche Reich den ersten Weltkrieg nicht gewinnen konnte, und daß man dies in Berlin auch hätte wissen können, wenn man nur bereit gewesen wäre, die Wirklichkeit zur Kenntnis zu nehmen und sich aus den selbstgesetzten Zwängen des agrarischen Protektionismus mit seiner Blitzkriegsstrategie zu lösen. Seine These vom „intuitive reasoning" läuft letztlich darauf hinaus, zu behaupten, die deutsche Führung habe 1914 nicht gewußt, was sie da anrichtete: Ist sie also doch hineingeschlittert?

Bochum *Werner Plumpe*

DAVID FRENCH, British Strategy & War Aims 1914–1916. London/Boston/Sidney, Allen & Unwin 1986. XIV, 274 S., £ 25,–.

Hatte man bisher den Niedergang Großbritanniens als Weltmacht mit den Folgen des Zweiten Weltkriegs, vor allem mit der Herausbildung des bipolaren Weltmächtesystems, erklärt, so ist man nach der Lektüre dieser Studie geneigt, den Entmachtungsprozeß schon im Ersten Weltkrieg am Werk zu sehen. Dieser äußerte sich jetzt wie auch später in der Diskrepanz zwischen Anspruch und Realität. Der erste von zwei Bänden über Strategie und Kriegführung Großbritanniens im Ersten Weltkrieg reicht bis zur Regierungsübernahme Lloyd Georges im Dezember 1916 und schildert ausführlich das eklatante Scheitern des liberalen, traditionellen, primär auf dem Einsatz ökonomischer Ressourcen beruhenden Konzepts der Kriegführung. Großbritannien galt lange Zeit als Großmacht, nicht weil es über ein großes Landheer verfügte, sondern auf Grund seiner Wirtschaftsmacht als erste Industrienation, die es ihm ermöglichte, eine allen anderen Mächten überlegene Flotte zu unterhalten und so ein weitverstreutes Weltreich zusammenzuhalten. Mit einem Mal jedoch hatte die Flotte ihre dominierende, höchst eindrucksvolle

Rolle ausgespielt. Die Führungselite des Landes, so die These des Vf.s, glaubte zunächst, sich durch die Bereitstellung von Krediten und Rüstungsgütern von der Einführung der Wehrpflicht und dem Einsatz einer großen Armee auf dem Kontinent dispensieren zu können. Die Kontinentalmächte, Feinde wie Verbündete, sollten sich gegenseitig so zermürben, daß England am Ende mit seinen unverbrauchten Kräften den Ausschlag geben und den Frieden diktieren würde. Diese Rechnung ging jedoch nicht auf: Die Entente war ohne überzeugende britische Kriegsanstrengungen nicht zusammenzuhalten. Das Land mußte, nicht anders als die Verbündeten, alle personellen Reserven mobilisieren und an die Front werfen. Doch auch die Protagonisten einer aktiveren Kriegführung, namentlich Lloyd George, Churchill und Robertson, setzten blindlings auf die Zermürbung des Gegners und bildeten sich ein, Großbritannien werde den Krieg als dominierende Großmacht überstehen.

Hinzu kam, daß man sich nichts weniger als die Zerstörung des „preußischen Militarismus“ vorgenommen hatte, also die Beseitigung der bestehenden Verhältnisse im Deutschen Reich, die nicht ohne eine totale Niederlage der Mittelmächte durchzusetzen war. Auch deshalb der Einsatz aller Mittel. Der Transformationsprozeß, der England kurzfristig eine große Armee bescherte, schwächte indes das Land so sehr, daß die USA zunehmend den Part übernahmen, den die britische Führungselite eigentlich für sich reserviert hatte. Schließlich sollte sich erweisen, daß trotz aller britischen Anstrengungen die Mittelmächte nicht ohne den aktiven Einsatz amerikanischer Truppen zu besiegen waren. Dies freilich ist das Thema des zweiten Bandes. Diese sorgfältig recherchierte, auf allen erreichbaren Primärquellen basierende Untersuchung ist eine einzige Abrechnung mit den illusionären Vorstellungen der britischen Führungselite und erinnert in mehr als einer Hinsicht an die häretische Betrachtungsweise Fritz Fischers, mit dem Unterschied freilich, daß revisionistische Geschichtsschreibung dieser Art in Großbritannien keinen Sturm der Entrüstung auslöst.

London *Lothar Kettenacker*

GERHARD FISCHER, Enemy Aliens. Internment and the Homefront Experience in Australia 1914–1920. St. Lucia, University of Queensland Press 1989. XII, 404 S., $ 34.95.

Während beider Weltkriege, in denen australische Truppen auf seiten der Gegner Deutschlands kämpften, konfrontierte die völkerrechtlich bis 1949 nicht ausführlich geregelte Behandlung von Zivilangehörigen feindlicher Staaten das Einwandererland Australien mit dem äußerst heiklen Problem der Definition von ‚Enemy Alien', die sich nicht an Staatsangehörigkeitskriterien hielt. Die Stigmatisierung als ‚enemy alien' durch den Verdacht des ‚potentiellen' Sicherheitsrisikos konnte jedem widerfahren, der ‚of hostile origin or associations' war – wie es in der entsprechenden britischen Regelung hieß. Die Internierungspolitik der australischen Bundesregierung erfaßte sowohl deutsche und österreichische Staatsangehörige als auch naturalisierte Einwanderer und in Australien geborene deutschstämmige Australier. Im Mittelpunkt dieser Arbeit des Germanisten an der University of New South Wales steht somit die deutsch-sprachige, d. h. die älteste und bis 1914 größte nicht-britische Einwanderergruppe, von der während des Ersten Weltkrieges insgesamt 5 500, d. h. also ca. 18%, interniert wurden. Fischers verdienstvolle Studie sucht die Motive dieser Praxis einerseits im dezidierten Anschluß der australischen Politik an England, wodurch der langfristige Trend zur Lockerung der ‚imperial connection' aufgehalten wurde, und andererseits in spezifisch australischen mentalitäts- und sozialgeschichtlichen Bedingungen, die Fischer in der Tradition der ‚White Australia' Politik und der ihr zugrundeliegenden und durch Kriegshysterie verstärkten ‚rassistischen' Denkfiguren aufzuweisen versucht. Die Verfolgung des ‚inneren Feindes' wurde, so Fischers Fazit, gezielt zum Zweck der Mobilisierung der australischen Kampfbereitschaft, sowie zur Ausschaltung der deutschen Wirtschaftskonkurrenz eingesetzt.

Die Stärke der Darstellung, die sich auf nur einige wenige Vorarbeiten beziehen kann, beruht auf der Auswertung des australischen Archivmaterials und dem psychologisierenden Nachvollzug der ‚homefront experience'. Sie zeigt, wie in diesem Sonderkapitel der Alltagsgeschichte von ‚community relations' Grundprinzipien der australischen Rechtsordnung und Demokratie suspendiert und das Verhältnis zwischen anglo-australischer Majorität und der 1919/20 durch Deportationen verringerten deutsch-australischen Minorität nachhaltig gestört wurden. Der historiographische Stellenwert dieser Studie, deren interpretatorische Grundfigur von den unschuldigen Opfern irrationaler ‚public feelings' und Politik zwar dringend weiter zu klärende Fragen aufwirft, bemißt sich daran, daß sie ein ernstes Stück australischer ‚Trauerarbeit' (S. 309) leistet, darüber hinaus aber auch noch ausstehenden, international vergleichenden Analysen des Schicksals von ‚Enemy Aliens' vorarbeitet.

Melbourne (Australien) *Irmline Veit-Brause*

ANDREAS KUNZ, Civil Servants and the Politics of Inflation in Germany 1914–1924. (Veröffentlichungen der Historischen Kommission zu Berlin, Bd. 66; Beiträge zu Inflation und Wiederaufbau in Deutschland und Europa 1914–1924, Bd. 7.) Berlin/New York, de Gruyter 1986. XIX, 427 S., 98,– DM.

Die Beamten sind die stillen Partner der Historiker; sie setzen die politischen Pläne und Strategien in die Praxis um und füllen mit ihrem Schreibfleiß die Archive, aus denen die Geschichtswissenschaft schöpft. Aber nur selten treten die stillen Partner aus der Anonymität heraus und werden selbst, einzeln oder im Kollektiv, Gegenstand der Geschichtsschreibung. In dem vorliegenden Buch nun untersucht Kunz die soziale Lage der deutschen Beamten und die Entwicklung ihrer Interessenvertretung in Krieg und Inflation von 1914 bis 1924. Die Arbeit von Andreas Kunz ist im Rahmen des bekannten internationalen Forschungsprojektes „Inflation und Wiederaufbau in Deutschland und Europa 1914 bis 1924" als Dissertation an der University of California in Berkeley entstanden. Sie entspricht in jeder Hinsicht dem hohen Standard an historisch-sozialwissenschaftlicher Reflektion und gründlicher empirischer Forschung, den die bisherigen Beiträge dieses Projektes gesetzt haben.

Die soziale Stellung der Beamtenschaft in der Gesellschaft ist nicht eindeutig. In dem Modell von Geiger, das als repräsentativ für folgende Analysen der Sozialstruktur gelten darf, werden die Beamten je nach Qualifikation, Funktion und Einkommen teils dem Mittelstand, teils dem Proletariat zugeordnet. (Die soziale Schichtung des deutschen Volkes. Stuttgart 1932.) Kunz meint demgegenüber, daß das Beamtenrecht und die soziale Differenzierung von anderen Arbeitnehmern die Beamtenschaft als eine eigene „soziale Gruppe" prägten, die insgesamt der „neuen Mittelklasse" zuzuordnen ist (S. 7–10).

In einem ersten Teil gibt der Vf. einen Überblick über Umfang, soziale Struktur und soziale Lage der Beamtenschaft. Der öffentliche Dienst wird nicht als Einheit aufgefaßt; die rechtliche Differenzierung von Beamten, Angestellten und Arbeitern bedeutete vielmehr nach Ansicht des Vf.s auch eine soziale Differenzierung. Andererseits war die Beamtenschaft als soziale Gruppe auch in sich recht heterogen, zumal nach deutscher Tradition ein großer Teil der Beschäftigten von Bahn und Post Beamtenstatus hatte. Die zusätzlichen Aufgaben in Krieg und Inflation ließen die Zahl der Beamten von Reich, Ländern und Gemeinden sowie bei Bahn und Post stark steigen, von 1,0 Millionen im Jahre 1914 auf 1,4 Millionen im Jahre 1923 (S. 34). Im Zuge der Stabilisierung von Währung und Finanzen wurde das Personal im öffentlichen Dienst im Winter 1923/24 erheblich reduziert, allerdings ging diese Reduzierung vor allem zu Lasten der Angestellten und Arbeiter; die Zahl der Beamten ging nur leicht zurück auf 1,3 Millionen im Jahre 1924.

Im zweiten Teil, dem Hauptteil der Arbeit, untersucht der Vf. in sechs ausführlichen Kapiteln die Entwicklung der Interessenvertretung der Beamten und die Auseinandersetzungen um Gehälter, Arbeitsbedingungen und Arbeitsplätze vom Kriegsausbruch 1914 bis zum Ende der Stabilisierungskrise im Frühjahr 1924. In diesem Jahrzehnt, so die These des Vf.s, fand eine grundsätzliche Reform der Arbeitsbeziehungen zwischen dem staatlichen Arbeitgeber und seinen beamteten Arbeitnehmern statt von den autoritäreren Strukturen der Vorkriegszeit zur kollektiven Interessenvertretung. Der Höhepunkt und zugleich die erste Krise in dieser Entwicklung war der Eisenbahnerstreik vom Februar 1922. Denn über diesem Streik spaltete sich von der dominierenden Interessenvertretung der Beamten, dem eher „ständisch" orientierten Deutschen Beamtenbund, der neue „gewerkschaftlich" orientierte Allgemeine Deutsche Beamtenbund ab.

Der Grund für das veränderte Selbstverständnis der Beamten und für die Entstehung der kollektiven Interessenvertretung war die Verschlechterung der sozialen Lage. Der Vf. arbeitet heraus, daß diese Verschlechterung im Krieg und in den ersten Nachkriegsjahren stattfand. Im März 1920 verdienten höhere Beamte real 20 Prozent, mittlere Beamte 29 Prozent und untere Beamte 51 Prozent des Vorkriegsgehaltes (S. 62). In den folgenden Inflationsjahren gab es entgegen einer weit verbreiteten Meinung keine weitere Verschlechterung, sondern im Trend eine leichte Verbesserung bei starken kurzfristigen Schwankungen.

Im Vergleich zur Arbeiterschaft ging es den Beamten während der Inflation etwas schlechter, nach der Stabilisierung dagegen besser. Die Beamtengehälter näherten sich rasch wieder dem Vorkriegsniveau; Ende 1924 betrugen sie real für höhere Beamte 82 Prozent, für mittlere Beamte 92 Prozent und für untere Beamte 101 Prozent des Niveaus von 1913. Die Industriearbeiter dagegen erreichten erst 1928 die realen Wochenverdienste der Vorkriegszeit (G. Bry, Wages in Germany 1871–1945. Princeton 1960, 363). Auch beim Personalabbau von 1923/24 waren die Beamten zu Lasten der anderen Arbeitnehmer des öffentlichen Dienstes geschont worden und standen sich ungleich besser als die von hoher Arbeitslosigkeit betroffenen Arbeitnehmer der privaten Wirtschaft.

In einem Schlußkapitel unterscheidet der Vf. langfristige und kurzfristige Folgewirkungen von Krieg und Inflation auf die Beamtenschaft. Langfristig bedeutete die Entstehung der kollektiven Interessenvertretung einen wichtigen Schritt zur Modernisierung der Arbeitsbeziehungen in der industriellen Gesellschaft. Dieses Ergebnis verdient um so mehr Beachtung, als in einigen neueren Veröffentlichungen zur Weimarer Republik die kollektiven Arbeitsbeziehungen keineswegs so positiv gesehen wurden. Kurzfristig kehrte die Beamtenschaft, nach einem kurzen Flirt mit den liberalen Parteien, unter dem Einfluß von Hyperinflation und Stabilisierung rasch zu der konservativen Einstellung der Vorkriegszeit zurück. In den Maiwahlen 1924 zog es nach der Schätzung des Vf.s viele Beamte, die noch unter dem Eindruck des Personalabbaus standen, zur DNVP und zum völkischen Block (S. 382). Der gewerkschaftlich orientierte ADB verlor nach einem eindrucksvollen Start ab 1924 schnell an Bedeutung. Die Beamten, so könnte man schließen, zeigten weder Einsicht in ihre im Vergleich zu anderen sozialen Gruppen und Schichten privilegierte Position, noch dankten sie es der Republik, wenn diese sich nach Kräften um ihre Beamten kümmerte, sondern sie sahen ihre Privilegien am ehesten wohl in einem autoritären Staat geschützt. Der Vergleich liegt nahe zur sozialen Lage und politischen Orientierung der Bauern von 1914 bis 1924, die Robert G. Moeller im Rahmen des Projektes „Inflation und Wiederaufbau in Deutschland und Europa 1914 bis 1924" untersucht hat (German Peasants and Agrarian Politics, 1914–1924. Chapel Hill 1986).

Marburg *Gerd Hardach*

SIGRID AUGENEDER, Arbeiterinnen im Ersten Weltkrieg. Lebens- und Arbeitsbedingungen proletarischer Frauen in Österreich. (Materialien zur Arbeiterbewegung des Ludwig Boltzmann Instituts für Geschichte der Arbeiterbewegung, Nr. 46.) Wien, Europaverlag 1987. 255 S., 40,– DM.

Die Untersuchung schildert die Frauenlohnarbeit im Rahmen der allgemeinen kriegswirtschaftlichen Entwicklung (S. 5–127), die Haus- und Familienarbeit städtischer Arbeiterfrauen (S. 128–174) und die politischen Aktivitäten der österreichischen Arbeiterinnenbewegung in der Kriegszeit (S. 175–214). Die Darstellung beruht z. T. auf Archivmaterial, überwiegend aber auf der Auswertung von zeitgenössischen und hier v. a. von sozialdemokratischen und gewerkschaftlichen Periodika. Diese Quellengrundlage führt, da die Arbeit nicht durch explizite eigene Fragestellungen strukturiert ist, mitunter zu einer nicht mehr hinterfragten Übernahme der zeitgenössischen Sichtweisen der Arbeiter- bzw. Arbeiterinnenbewegung, die an einigen Stellen den sozialhistorischen Befund spürbar vorinterpretieren. So gibt beispielsweise die Vf.in die Beschreibung der nichtorganisierten Arbeiterinnen in den Betrieben als fleißig, willfährig und überangepaßt zustimmend wieder (z. B. S. 72f., 180), obwohl sie an anderer Stelle die besondere Renitenz der weiblichen Arbeiterschaft und ihre große Protestbereitschaft betont (z. B. S. 186, 195–198), die den Vertreterinnen und Vertretern der Arbeiterbewegung mitunter zu weit ging. Auch der zentrale zeitgenössische Topos bezüglich der Frauenarbeit in der Kriegszeit, nämlich die Behauptung, die Frauenlohnarbeit habe generell zwischen 1914 und 1918 stark zugenommen, wird als Faktum übernommen (S. 28–52). Die angeführten statistischen Belege (S. 33–37) dokumentieren jedoch ausschließlich den Anstieg des prozentualen Anteils der Frauen an den Beschäftigten und damit v. a. den Rückgang der Männerlohnarbeit. Darüber hinaus wird nicht danach gefragt, in welchem Verhältnis die absolute Zunahme der weiblichen Krankenkassenmitglieder 1914 bis 1918 zur Entwicklung vor 1914 stand, d. h. wie überproportional der beobachtbare Anstieg insgesamt tatsächlich war (S. 28), und ob nicht die hohen Steigerungsraten der in der Kriegsindustrie beschäftigten Arbeiterinnen mehr auf die – von der Vf.in mehrfach erwähnte (z. B. S. 58, 113, 121) – Abwanderung von Frauen aus Branchen mit schlechter Konjunkturlage, v. a. der Textilindustrie, und aus der Hausangestelltentätigkeit zurückzuführen waren, als auf den unterstellten allgemeinen Anstieg der weiblichen Lohnarbeit insgesamt.

Von diesen Schwachpunkten der Darstellung abgesehen, ist der Überblick über die Arbeits- und Lebenssituation der österreichischen Arbeiterinnen im ersten Weltkrieg informativ und anschaulich.

Siegen *Ute Daniel*

BARBARA GUTTMANN, Weibliche Heimarmee. Frauen in Deutschland 1914–1918. Weinheim, Deutscher Studien-Verlag 1989. 298 S., 58,– DM.

Die an der Universität Karlsruhe entstandene Dissertation über die badische Frauenbewegung während des Ersten Weltkrieges untersucht, ob der Krieg – so ein im Alltagsbewußtsein verwurzeltes Klischee – zum Beschleuniger bereits vor 1914 angelegter Emanzipationstendenzen wurde, ob er die bestehenden Gesellschafts- und Geschlechterverhältnisse sprengte oder stabilisierte, in welchem Ausmaß Frauen in die Kriegswirtschaft eingebunden wurden und damit welcher Anteil den Frauen an der Aufrechterhaltung des Krieges zukam. Dazu werden die Ebenen staatliche Administration (der staatliche Zugriff auf weibliche Lebensbereiche), Frauenalltag (z. B. Versorgungsprobleme, Mutterschaftsleistung als „Wehrbeitrag") und bürgerliche wie proletarische Frauenbewegung beleuchtet.

Die Autorin kommt zu dem Ergebnis, daß sich das Frauenbild selbst durch die veränderte Frauenrealität nach 1914 kaum veränderte, daß der Krieg zu keiner überproportionalen Erhöhung, sondern nur zu einer Umschichtung der Frauenerwerbsarbeit führte, daß sich die Frauenbewegung zwar durch die Einbindung in die Kriegswirtschaft Gleichberechtigung in Staat und Gesellschaft versprach, aber tatsächlich der Weltkrieg kaum emanzipationsfördernd gewirkt hat. Weder das Frauenwahlrecht wurde erreicht, noch die Lohngleichheit durchgesetzt. Die geschlechtsspezifische Arbeitsteilung wurde im und nach dem Ersten Weltkrieg nicht in Frage gestellt.

Die Arbeit überzeugt weitgehend im Urteil, wenngleich einige Passagen, z. B. über das nonkonforme Verhalten von Frauen im Weltkrieg, empirisch recht dürftig abgesichert sind. Die Regionalstudie vergleicht zwar die Befunde über die Frauenrealität in Baden mit denen anderer deutscher Länder; ob sich jedoch die Ergebnisse der Studie auf das gesamte Reich übertragen lassen, müßte noch untersucht werden.

Kassel *Reinhold Lütgemeier-Davin*

RUDOLF HERZ/DIRK HALFBRODT, Revolution und Fotografie: München 1918/19. Berlin, Nishen 1988. 326 S., 58,– DM.

Zeitgeschichtliche Fotografien werden zwar gerne zur Veranschaulichung historischer Ereignisse benutzt, ihre „Entdeckung" als wichtige Geschichtsquellen hat jedoch erst begonnen. Was eine methodisch reflektierte Auswertung zu leisten vermag, dafür ist der im Zusammenhang mit einer Ausstellung im Münchner Stadtmuseum entstandene Band ein beeindruckendes Beispiel.

Im Anschluß an eine den Forschungsstand zur Revolution in München souverän und engagiert zusammenfassende Einleitung und einen Überblick über die „fotografische Medienöffentlichkeit" der Jahre 1918/19 interpretieren die Autoren zunächst Fotodokumente der Revolutionsmonate, danach jene der Gegenrevolution. Den Abschluß bilden Untersuchungen zur manipulativen Verwendung der Revolutionsfotografie durch die völkisch-reaktionäre und nationalsozialistische Propaganda sowie eine Skizze zur Biographie Heinrich Hoffmanns, des späteren „Führerfotografen". Das umfangreiche Bildmaterial – Presseaufnahmen, Aufnahmen für private oder polizeiliche Zwecke, Fotopostkarten – auf das sich Herz und Halfbrodt dabei stützen konnten, stammt überwiegend aus staatlichen und kommunalen Archiven, zu einem nicht geringen Teil aber auch von Privatpersonen, die oft erst mühsam ausfindig gemacht werden mußten. Zu den wichtigsten Beständen zählen die mittlerweile über mehrere in- und ausländische Archive verstreute ehemalige „Sammlung Rehse" und das „Bildarchiv Heinrich Hoffmann" in München.

Die quellenkritische Überprüfung der Fotografien förderte, neben neuen Einsichten in die sozialen Verhältnisse der Revolutionäre, eine Reihe von gestellten oder nachträglich „umgedeuteten" Aufnahmen zutage. Bemerkenswert ist schließlich auch, daß die linken, dem Fortschritt verpflichteten Kräfte die neuen Möglichkeiten kaum nutzten. Die fehlende Kaufkraft der potentiellen Kunden mag diese Zurückhaltung zum Teil erklären. Der wichtigere Grund dürften freilich politisch motivierte Berührungsängste vor dem vermeintlich „bürgerlichen“ Medium gewesen sein – ein Problem, mit dem linke Parteien und Gruppierungen hierzulande bis heute zu kämpfen haben.

München *Werner Bührer*

BRIAN PEARCE, How Haig Saved Lenin. Foreword by *Evan Mawdsley*. Basingstoke / London, Macmillan 1987. XII, 138 S., £ 27,50.

Voraussetzung, daß die Oktoberrevolution stattfinden konnte, war, daß die Ostfront der Alliierten zusammenbrach. Die bolschewistische Revolution hätte jedoch kaum überlebt, wenn die alliierte Westfront nicht standgehalten hätte. Denn wenn die deutschen Truppen im Westen nicht auf so hartnäckigen Widerstand gestoßen wären, hätten sich diejenigen in der militärischen Führung durchsetzen können, die trotz des mit Sowjetrußland in Brest-Litowsk geschlossenen Separatfriedens den Griff nach Petrograd und Moskau zur Durchsetzung weiterer Annexionen forderten. Auch wenn die Deutschen den Krieg im Westen gewonnen hätten (oder bei Ende des Krieges noch stark genug gewesen wären, um Konzessionen im Westen gegen freie Hand in Osteuropa einzutauschen), hätten die neuen Machthaber im Kreml schwerlich überlebt. Der Sieg der Alliierten im Westen beseitigte diese Gefahr, die größer war als jene, die von der alliierten Intervention im russischen Bürgerkrieg ausging, und schuf die Voraussetzungen, daß die Sowjetregierung den Vertrag von Brest-Litowsk mit seinen harten Auflagen für null und nichtig erklären konnte. Weil die britischen Truppen an der Westfront und ihr Oberkommandierender, Feldmarschall Douglas Haig, entscheidenden Anteil daran hatten, daß die Front stand hielt und schließlich Deutschland niedergekämpft wurde, halfen sie auch, Lenin und das Sowjetregime zu ‚retten‘.

Das sind die Kerngedanken des vorliegenden kleinen Bändchens. Gestützt auf die Forschung und eigene Quellenstudien erörtert es die Entwicklung der internationalen Lage vom Frühjahr bis Herbst 1918, ein Zeitraum, der – wie Pearce zeigen kann – für die Entwicklung des Weltgeschehens kaum weniger ‚entscheidend‘ war als das Vorjahr. Ein anregender Essay.

Erlangen-Nürnberg *Helmut Altrichter*

DIANE P. KOENKER / WILLIAM G. ROSENBERG, Strikes and Revolution in Russia, 1917. Princeton, Princeton University Press 1989. XIX, 393 S., $ 39,50.

Eine Welle von Streiks und Demonstrationen schwemmte die zarische Autokratie Ende Februar 1917 hinweg. Nur vorübergehend verebbte danach die Protestbewegung. Als im April die expansiven Pläne des neuen Außenministers Miljukov bekannt wurden, gingen die Arbeiter erneut auf die Straße und erzwangen seinen Rücktritt. Anfang Juli zogen in Petrograd Truppenverbände unter bolschewistischen Parolen zum Sitz der Provisorischen Regierung; Metallarbeiter aus den Arbeitervorstädten unterstützten ihre Aktion. Den ‚linken' Unruhen folgte Ende August ein Putschversuch von ‚rechts' durch den Oberkommandierenden der Armee General Kornilov; auch er scheiterte, an Streik und Sabotage der Eisenbahner und Postangestellten. Doch der noch amtierende Ministerpräsident Kerenskij wurde die Geister, die er gerufen hatte, nun nicht mehr los; im September und Oktober waren mehr Arbeiter im Ausstand als in den Monaten März bis August zusammengenommen, und die Bolschewiki errangen erstmals die Mehrheit in den Petrograder und Moskauer Räten, den Sowjets der Arbeiter- und Soldatendeputierten.

Die Zusammenhänge zwischen Arbeiterstreikbewegung und Revolution – welch ein Thema! Das Buch von Koenker und Rosenberg geht ihnen erstmals auf breiter empirischer Grundlage nach. Berichte über mehr als 1000 Streiks des Jahres 1917 haben die Autoren ausgewertet. Einen Großteil brachte die Durchsicht der Zeitungen und Zeitschriften, aus der Hauptstadt und der Provinz, zutage; vor allem sozialistische Blätter nahmen sich dieses Themas an, druckten ausführliche Reportagen und Kommentare. Zusätzliches Material war in den Aufstellungen der staatlichen Fabrikinspektoren enthalten, die den Minister für Handel und Industrie über die Streiktätigkeit im Lande informierten; Koenker und Rosenberg konnten sie im Zentralen Staatlichen Historischen Archiv in Leningrad einsehen.

Der Arbeiterprotest, so kann man der Darstellung entnehmen, durchlief 1917 mehrere Phasen: Dem Sturz der Autokratie im Februar folgte eine Zeit relativer Ruhe, die bis Mitte April anhielt. Der Streit um die Außenpolitik löste Ende April eine neue Streikwelle aus, die im Juni/Juli allmählich zu verebben schien. Doch schon Ende des Sommers schwoll sie erneut an und war im Herbst mächtiger denn je zuvor. Waren zwischen Mitte April und Ende Juli durchschnittlich rund 7200 Arbeiter pro Tag im Ausstand, so waren es Ende Juli/Mitte August fast 13000 und Mitte September bis Ende Oktober 30455. Im Frühjahr ging der Anstoß von den Arbeitern der Petrograder Großbetriebe, vor allem aus der Metallbranche, aus; im Sommer bildeten eher Moskau und die Wolgaregion das Zentrum der Aktivitäten, und größte Streikbereitschaft zeigten nun die Arbeiter der Leder- und Chemieindustrie; im Herbst übernahmen Textil- und Holzindustrie die Führungsrolle, und die Protestwelle hatte nun auch Südrußland, das Donez-Becken und Baku erfaßt; doch politisch noch bedeutsamer war, daß sie in und um Petrograd einem neuen Höhepunkt zustrebte. Parallel dazu vollzog sich eine wachsende Polarisierung der Gesamtgesellschaft; sie brachte die Schlichtungsversuche der Regierung zum Scheitern und schuf bei Arbeitern wie Unternehmern ein Gruppenbewußtsein, das die früheren Differenzen zunehmend überdeckte.

Doch Koenker und Rosenberg hüten sich, aus den Streikaktivitäten eine einheitliche, geschlossene und zielgerichtete ‚Bewegung' zu machen und die innere ‚Logik' der Entwicklung zu überzeichnen. Die Ausgangslage der Arbeiter in der Metall- und der Textil-, der Leder- und der Holzbranche, so zeigen sie, war sehr unterschiedlich – und blieb es. Jeder Versuch, die Streikbereitschaft aus festen, ‚objektiven' Bestandsgrößen (Höhe des Einkommens, Größe des Betriebes, Bildungsgrad usf.) abzuleiten, scheitert. Die Streikaktivitäten waren schon deshalb keine ‚Bewegung', weil sie keine gemeinsame und geschlossene Organisation besaßen und kein gemeinsames Programm verfolgten. Gewerkschaften versuchten eher zu bremsen, und die Leitung der Streiks übernahmen meist spezielle – vor Ort und ad hoc gebildete – Komitees. Die Dynamik des proletarischen Aktivismus ist verschränkt, vermengt mit der politischen Sinngebung durch Personen und Parteien; daß ihre Parolen die Aktivitäten schlechthin dominierten, dagegen nicht ersichtlich.

Jeder Streik hatte seine eigene Dramaturgie und war Ausdruck komplexer sozialer Beziehungen, von objektiven Gegebenheiten und subjektiven Erwartungen, von ökonomischen und politischen Zielsetzungen, von lang- und kurzfristigen Entwicklungen, die ineinander flossen. In der gegebenen Situation, nach der Februarrevolution von 1917, war er ‚normaler' Arbeitskampf (zwischen den Tarifparteien), Versuch, dessen Spielregeln mit zu definieren, und Teil des revolutionären Prozesses in einem. So fiel die Zahl der rein ‚politischen' Streiks – nach den Berechnungen der Autoren, den Aufstellungen der Fabrikinspektoren und allen spektakulären Gegenbeispielen zum Trotz – drastisch. Ganz überwiegend standen nun wieder ‚ökonomische' Forderungen im Vordergrund, nach höheren Löhnen, besseren Arbeitsbedingungen, Mitsprache und Kontrolle. Wo aber solche Forderungen aufhörten, rein ‚ökonomische' Forderungen zu sein, Unternehmerrechte in Frage stellten und damit auch ‚politische' Forderungen wurden, beim allgemeinen Verfall der Wirtschaft zumal, ist schwierig und allenfalls am Einzelfall zu entscheiden. Das Bemühen, diese Komplexität und Mehrdimensionalität nie aus den Augen zu verlieren, ist ein Vorzug des Buches. Selbst wenn es damit die eigenen Ergebnisse relativiert; demonstriert, wie schwankend der Boden ist, auf dem es sich bewegt; einräumt, daß alle Periodisierungen, Trendbeobachtungen, Interpretationen nur als vorsichtige Annäherungen anzusehen sind.

Erlangen-Nürnberg *Helmut Altrichter*

ORLANDO FIGES, Peasant Russia, Civil War. The Volga Countryside in Revolution (1917–1921). Oxford, Clarendon Press/ Oxford University Press 1989. XIX, 401 S., £ 40,–.

Warum die Bolschewiki den Bürgerkrieg gewonnen haben, ist eine oft gestellte Frage. Orlando Figes sucht die Antwort nicht im raschen, parteigelenkten Auf- und Ausbau des staatlichen Machtapparates, in der Diktatur der zivilen und militärischen Repressionsorgane. Er lenkt den Blick von der ‚Verfassungs-' auf die ‚Sozialgeschichte', auf die Beziehungen der Bolschewiki zum Dorf, zu den Bauern: Im Dorf lebten, aus dem Dorf kamen vier Fünftel der russischen Bevölkerung. Ohne oder gar gegen sie war der Bürgerkrieg nicht zu gewinnen. Die Bauern stellten den Großteil der Soldaten, ernährten die Armeen, stellten deren Kleidung her, leisteten Hilfs-, Räum- und Vorspanndienste; sicher oft nicht freiwillig, aber Gewalt erklärt nicht alles. Schon deshalb nicht, weil ein zentralstaatlicher Apparat, der den Bolschewiki die Zwangsmobilisierung der Bauernschaft ermöglicht hätte, zunächst gar nicht vorhanden war. Die alten Behörden hatten sich aufgelöst, die neuen Sowjetorgane waren dezentral, lokalistisch und ließen sich von oben wenig dreinreden; auch der Hinweis auf die Partei selbst hilft da nicht weiter. Ganz auf die Stadt und ‚das Proletariat' ausgerichtet, fehlte den Bolschewiki jede dörfliche Parteiorganisation, und was das bolschewistische Parteiprogramm den Bauern versprach, wirkte eher abschreckend. Als man Teile davon während des Bürgerkriegs in die Tat umzusetzen versuchte, bekam man den massiven bäuerlichen Widerstand zu spüren.

Von diesen Grundüberlegungen geht Figes aus. Die komplexen Wechselbeziehungen zwischen bolschewistischer Regierung und Bauernschaft, Stadt und Land freizulegen und ihre Entwicklung in den Jahren der Revolution und des Bürgerkrieges nachzuzeichnen, ist das Ziel seiner Untersuchung. Daß ein solches Vorhaben nur im Ausschnitt gelingen kann, bedarf keiner ausführlichen Begründung; zu groß und vielfältig ist das Gesamtgebiet Sowjetrußlands, um noch überschaubar zu sein. Figes hat als Beobachtungsfeld die Gegend der mittleren/unteren Wolga gewählt. Mit Bedacht. Die Gouvernements von Simbirsk und Samara, Penza und Saratov waren traditionell ‚unruhiges Bauernland'; fast alle großen Bauernrevolten hatten hier (oder nicht weit davon) ihr Zentrum. Seit jeher war die Wolga eine wichtige Verkehrsader, sie verband das gewerbliche Zentrum mit dem agrarischen Südosten und den Ölfeldern des Kaukasus. Wer die mittlere Wolga und ihre Brücken kontrollierte, kontrollierte auch die Straßen- und Eisenbahnverbindung zwischen dem Zentrum, dem Ural, Sibirien und dem Fernen Osten. Kein Wunder, daß die Region im Bürgerkrieg besonders hart umkämpft war. Hier wurde im Herbst 1918 eine antibolschewistische, von den Sozialrevolutionären dominierte Gegenregierung ausgerufen. Hier sollten sich, nach den militär-strategischen Planungen der ‚Weißen', die Armeen Denikins und Kolčaks vereinen, um gemeinsam gegen Moskau zu marschieren. Für die Bolschewiki war die Wolgaregion zeitweilig (nach Verlust der Ukraine, des Nordkaukasus und Westsibiriens) das einzige Getreidegebiet, existenznotwendig für die Versorgung der Städte und der Roten Armee. Und hier bildeten die Bauern auch eigene, ‚grüne' Verbände, die 1920/21 mit Partisanentaktik die in der Revolution errungene bäuerliche Autonomie zu verteidigen versuchten.

Was die Arbeit – über Fragestellung und Schauplatz hinaus – besonders interessant macht: neben einer Vielzahl gedruckter Materialien (Zeitungen, Zeitschriften, statistischen Erhebungen, Sowjetprotokollen und -rechenschaftsberichten) hat Figes erstmals umfangreiche sowjetische Archivbestände durchsehen können, zu denen westlichen Historikern der Zugang bisher versagt war. Sie stellen – dies vorweg – die Ergebnisse der neueren, sozialgeschichtlichen Revolutionsforschung nicht in Frage, sondern bestätigen, ergänzen und vertiefen sie.

Figes erzählt seine Geschichte der Wolgaregion in 7 Kapiteln. Nach der Explikation der Fragestellung und der Beschreibung des Schauplatzes (im 1. Kapitel) schildert er (im 2.), wie das alte Regime vor Ort zusammenbrach, bäuerliche Versammlungen und ad-hoc Kommissionen seit dem Frühjahr 1917 die kaiserlichen Behörden ersetzten, und das Dorf seit dem Sommer die ‚Lösung der Agrarfrage' zunehmend selbst in die Hand nahm, ohne sich noch viel um die Vorgaben der Regierung, sei sie nun bürgerlich oder bolschewistisch, zu kümmern. Die Bauern verwirklichten im kommenden halben Jahr ihren Traum von ‚Land, Freiheit und Gerechtigkeit', rigoros, egalitär, mit Hof und Familie als Bezugspunkt und im Rahmen der traditionellen Landgemeinde (das 3. Kapitel berichtet davon); die Bauern wehrten sich dabei gegen alle Einflüsse von außen, ganz gleich ob sie die innerdörfliche Umverteilung des Bodens zu beeinflussen, die politische Organisationsform vorzuschreiben oder Hand auf Getreidevorräte zu legen versuchten. Die Geschlossenheit des Dorfes brach auch im Frühsommer 1918 nicht auf (so bestätigen die Darlegungen des 4. Kapitels), als die Bolschewiki ‚im Kampf gegen die Konterrevolution' den Versorgungsorganen diktatorische Vollmachten gaben und auf die Unterstützung durch die ärmeren Schichten im Dorfe hofften. Freilich – Distanz wahrten die Bauern auch gegenüber der ‚weißen' Gegenregierung in Samara: Was konnte ihnen der Bürgerkrieg, nachdem der Boden umverteilt war, noch bringen? Seit Herbst 1918 versuchten die Bolschewiki, den Staatsbildungsprozeß vor Ort weiter voranzutreiben; die Sowjetverwaltung in den ländlichen Amtsbezirken wurde ausgebaut, die bolschewistische Repräsentanz in ihr verstärkt. Doch die Neuwahl der unteren Räteorgane 1919 (ausführlich analysiert in Kapitel 5) zeigte, wie schwer es fiel, über die Verwaltungszentren hinaus in die einzelnen Dörfer vorzudringen. Die Polarität zwischen dörflicher Gemeinde und dem Staat, der den Bauern als Kreis- und Bezirkssowjet gegenübertrat, wurde verstärkt durch die bolschewistische, kriegskommunistische Wirtschaftspolitik, die auch den Agrarsektor einer Planung, Lenkung und Kontrolle zu unterstellen suchte (Kapitel 6 beschreibt die daraus resultierenden Konflikte). Das gleiche gespannte Verhältnis zeigte sich in den Beziehungen des Dorfes zur Roten Armee. Zwar waren die Bauern bereit, ihre Interessen – auch mit der Waffe in der Hand – zu verteidigen. Doch der Bürgerkrieg als solcher, mit seinen ‚großen Zielen‘ und fern ab vom eigenen Dorf, blieb ihnen fremd. Regelmäßig flohen sie in Scharen während der Erntezeit, wenn es im Dorf Wichtigeres, Unaufschiebbares zu tun gab. Welchen Sinn die Rote Armee nach der Niederlage der ‚Weißen‘ noch haben sollte, ging ihnen ab. Die Desertion wurde 1920 zur Massenerscheinung, und mit ihr wuchs der Zulauf zu den Partisanenverbänden, die sich nun gebietsweit gegen den bolschewistischen Zentralismus und Interventionismus zu formieren begannen und die Regierung schließlich zur Kursänderung zwangen (das abschließende 7. Kapitel handelt davon).

Figes' Arbeit fügt sich ein in die Reihe neuerer sozialgeschichtlicher Studien zur Entwicklung des revolutionären und nachrevolutionären Rußland. Sie haben das historische Blickfeld bedeutend erweitert, die Aufmerksamkeit von der Hauptstadt auf die Provinz, von Räten und Bolschewiki auf den ‚gemeinen Mann‘, von der ‚großen Politik‘ auf den ‚revolutionären Alltag‘ gelenkt. Alte Fragen erscheinen dabei in neuem Licht. Auch die Frage, warum die Oktoberrevolution stattfinden und die Bolschewiki den Bürgerkrieg überleben konnten. Figes' Studie ist hierzu ein weiterer, beeindrukkender Beitrag.

Erlangen-Nürnberg *Helmut Altrichter*

HAROLD SHUKMAN (Ed.) The Blackwell Encyclopedia of the Russian Revolution. Oxford, Blackwell 1988. XIV, 418 S., £ 35,–.

Diese originelle, vom Direktor des Russian and East European Centre des St. Anthony's College in Oxford herausgegebene Enzyklopädie ist einem Ereignis von welthistorischer Bedeutung gewidmet: der russischen Revolution von 1917. Verfaßt von ausgewiesenen Vertretern der anglo-amerikanischen Osteuropaforschung, beschreiben und analysieren ihre einzelnen Beiträge nicht nur die Ereignisse, sondern auch die Hintergründe und Ursprünge des Umbruches von 1917, zeigen also den Verfall der politischen, ökonomischen, sozialen und ethnischen Strukturen des alten Regimes ebenso wie die Entstehung einer neuen Ordnung. Ohne den Anspruch auf Vollständigkeit zu erheben, hält der Band im ersten Teil – orientiert am Stand der angelsächsischen Forschung – eine Fülle von Informationen bereit, zunächst über die unterschiedliche geschichtswissenschaftliche Interpretation der Revolution, über die russische Gesellschaft und ihre Institutionen vor und nach 1917 (u. a. mit Angaben über die russisch-orthodoxe Kirche, die Frauenbewegung und die Ochrana), über die einzelnen Gruppierungen der revolutionären Bewegung und über die Vorgeschichte des Umsturzes von 1917, konzentriert auf die einschlägigen Ereignisse des Jahres 1905 und des Ersten Weltkrieges. Knapp, aber instruktiv unterrichtet ein Kapitel („1917 and After") über die politische Entwicklung von der Februarrevolution bis zum Aufstand von Kronstadt im Jahre 1921. Der Abschnitt über die „Institutionen nach der Oktoberrevolution" wird mit seinen zahlreichen, in dieser Konzentration seltenen Einzelinformationen dem enzyklopädischen Charakter des Bandes in besonderer Weise gerecht. Weitere Abschnitte informieren über die Ausweitung der Revolution auf das gesamte ehemalige Zarenreich und über die mit dem bolschewistischen Umsturz verbundene Kulturrevolution. Im zweiten Teil werden 174 herausragende Akteure der Revolution und ihre Gegenspieler (von Raphael Abramovich bis Sergei Vasilievich Zubatov) in Kurzbiographien vorgestellt. Der mit einer Übersichtskarte, mehreren Tabellen und zahlreichen Fotografien ausgestattete, durch ein Personen- und Sachregister vorzüglich erschlossene Band erweist sich als ein zuverlässiges und übersichtliches Nachschlagewerk für Lehre und Forschung, kann aber auch einer interessierten breiteren Öffentlichkeit gute Dienste erweisen.

Bonn *Alexander Fischer*

FRANCESCO BENVENUTI, The Bolsheviks and the Red Army, 1918–1922. Cambridge/New York/New Rochelle, Cambridge University Press 1988. VIII, 264 S., $ 44,50.

Diese auf gedrucktem Quellenmaterial beruhende, aus dem Italienischen übersetzte Studie eröffnet interessante Einblicke in die bolschewistische Militärpolitik in der Phase des russischen Bürgerkrieges. Dem Autor, Dozent für Geschichte der Sowjetunion an der Universität Bologna, geht es vor allem um die Beschreibung der verschiedenen Wege, die von den Bolschewiki bei der Schaffung neuer Streitkräfte beschritten werden mußten. Ihn interessiert der kurze Prozeß von der revolutionären, undisziplinierten Roten Garde zu jenen kämpfenden Einheiten der Streitkräfte des jungen Sowjetstaates, die – von Trotzki nach dem Vorbild des kaiserlichen deutschen Heeres in eine unerbittliche Kommandostruktur gezwungen – den

„weißen“ Armeen zunächst empfindliche und schließlich entscheidende Niederlagen beibrachten. Diese Konzentration auf die nach dem Gründungsvorgang von 1917/18 rasch aufkommenden inneren Führungsprobleme der Roten Armee rückt die Kapitel über ihren organisatorischen Aufbau, über die militärpolitische Diskussion auf dem VIII. Parteitag von 1919 und über Trotzkis Bemühungen um die „Militärspezialisten“ zur Erhöhung der Schlagkraft seiner Truppen in den Mittelpunkt der Studie. Dabei gelingt nicht nur der Nachweis, daß die sog. Militäropposition in den Reihen der bolschewistischen Partei stärker gewesen ist, als bisher gemeinhin angenommen wurde; der Vf. kann auch Gründe dafür anführen, daß die spätere politische Schwäche Trotzkis mit der unerbittlichen Verfolgung seiner militärischen Ziele – die nicht immer mit den Vorstellungen der Partei in Übereinstimmung zu bringen waren – im Zusammenhang stehen könnte.

Bonn *Alexander Fischer*

JOHN ARCH GETTY, Origins of the Great Purges. The Soviet Communist Party Reconsidered, 1933–1938. Cambridge/London/New York, Cambridge University Press 1985. VIII, 275 S., £ 9,95.

Der Vf., Associate Professor für Geschichte an der University of California in Riverside, unternimmt den interessanten Versuch einer Neuinterpretation der Ursachen für die „Säuberungen“ der Jahre 1937/38 in der Sowjetunion Stalins. Auf der Basis des Smolensker Archivs, eines im Jahre 1941 von den deutschen Truppen erbeuteten und nach Kriegsende in die USA verbrachten Bestandes von Parteiakten des Gebietskomitees der KPdSU von Smolensk für die Jahre 1917 bis 1939, und gedruckter Quellen beschreibt er den Zustand der bolschewistischen Partei zu Beginn der 30er Jahre als chaotisch. Ein Teil der Untersuchung gilt dem Nachweis, daß die lokalen Funktionäre innerhalb des damaligen politischen Systems der Sowjetunion eine relative Autonomie besaßen. Vor diesem Hintergrund kommt der Vf. zu dem Schluß, daß es sich bei den blutigen „Säuberungen“ Mitte der 30er Jahre nicht um einen sorgfältig überlegten Plan Stalins zur Ausschaltung von Rivalen um die Macht, sondern um das schreckliche Resultat der Durchsetzung einer an der Zentrale Moskau orientierten Parteiorganisation gehandelt haben müsse. Die stringent vorgetragene These würde überzeugender wirken, wenn sie auf einer breiteren Materialbasis beruhte und bisherige Forschungsergebnisse stärker gewichtet worden wären.

Bonn *Alexander Fischer*

MARC RAEFF, Russia Abraod. A Cultural History of the Russian Emigration 1919–1939. New York/Oxford, Oxford University Press 1990. X, 239 S., £ 26,–.

„Rußland in der Fremde" ist wohl der erste und zugleich gelungene Versuch, nicht nur die Kulturgeschichte der russischen Emigration nach Revolution und Bürgerkrieg zu rekonstruieren. Zunächst werden die sozialen und demographischen Faktoren vorgestellt, welche die russische Gesellschaft im Exil bestimmten: Die Fluchtwege und die Siedlungsinseln, ihre wandernden Kultureinrichtungen im Berlin der Inflationszeit bis 1924, dann in Prag und Paris, das wenig einladende Umfeld, das zu einer Selbstorganisation der Flüchtlinge zwang und in unterschiedlichem Ausmaß auch gelang. Die russische Gesellschaft im Exil war sozial verzerrt – es überwogen Angehörige der ehemaligen Mittel- und Oberschichten – und demographisch wegen geringen Nachwuchses gefährdet. Gleichwohl bildete sie eine hinreichende Quantität – schätzungsweise über eine Million Menschen –, die als Produzenten wie als Konsumenten trotz aller ökonomischen Misere und geographischen Zerstreuung ein beachtliches Netz von Kultureinrichtungen unterhielten.

In einer Gesamtdarstellung, die in mancher Hinsicht Pionierarbeit leistet, mußte der Vf. notwendigerweise auswählen. Dabei konzentriert er sich vornehmlich auf die „hohe" Kultur, d. h. auf die wichtigsten Kultureinrichtungen in Berlin, Prag und Berlin, auf die „Gutenberg-Galaxis", d. h. auf die maßgeblichen „dicken" Zeitschriften, welche eine alte Tradition des vorrevolutionären Rußlands fortsetzten und am besten den begrenzten ökonomischen Möglichkeiten der Emigranten und ihrer Helfer, hier v. a. des YMCA und der Regierung der Tschechoslowakei, entsprachen.

In den letzten drei Kapiteln, in denen ein Überblick über das kulturpolitische Panorama der Gesellschaft im Exil gegeben wird, steht die Frage im Vordergrund, was die nationale und kulturelle Identität der Emigration ausmachte. Der Vf. mißt hierbei der religiösen Renaissance in ihren vielen Schattierungen die entscheidende Rolle zu. Denn gegenüber der säkularisierten Kultur des untergegangenen Zarenreiches, in der materialistische und positivistische Orientierungen dominiert hatten, eröffnete die religiöse Renaissance die Möglichkeit, an einer scheinbar zeitlosen und v. a. staatsfernen russischen Identität festzuhalten. Die Flucht in Religion und Kultur wird als traumatische Verarbeitung politischen Scheiterns vorgestellt. Dabei sieht der Vf. Parallelen in der deutschen Emigration nach 1933 und in den deutschen Kultureliten nach 1945. Die Rückbesinnung auf die religiöse Tradition in der Emigration konnte an Literatur, Kunst und Philosophie des „Silbernen Zeitalters" um die Jahrhundertwende anknüpfen und deren Ansätze weiterentwickeln. Hierin sieht der Autor die innovative Bedeutung der geistesgeschichtlichen Arbeiten insbesondere von A. Florovskij und G. Fedotov, ein Erbe, das erst heute in der Sowjetunion rezipiert wird.

Frankfurt am Main *Dietrich Beyrau*

ARNOLD KLUDAS, Die Geschichte der deutschen Passagierschiffahrt. Bd. 4: Vernichtung und Wiedergeburt 1914 bis 1930. (Schriften des Deutschen Schiffahrtsmuseums, Bd. 21.) Hamburg, Kabel 1989. 244 S., Abb., 118,– DM.

Diese auf fünf Bände angelegte Geschichte der deutschen Passagierschiffahrt von den Anfängen bis zur Gegenwart schreitet mit dem hier anzuzeigenden 4. Band planmäßig fort. Mit der Periode von 1914 bis 1930 behandelt er eine Zeit, in der die bis dahin vorherrschende Aufwärtsentwicklung durch den 1. Weltkrieg und dessen Folgen hart unterbrochen wurde: Die deutsche Passagierschiffahrt, 1914 nach Großbritannien in der Welt führend, sank zur Bedeutungslosigkeit ab, aus der sie sich freilich erstaunlich schnell wieder erhob.

Arnold Kludas schildert auch diese dramatischen Entwicklungen in gewohnter Weise, nämlich als Geschichte der Reedereien, deren Geschäftspolitik und ihres Schiffsbestandes und mit deutlicher Betonung auf deren Schiffe, ihre Ausstattung und Leistungen. Er beginnt dabei mit dem Höhepunkt der deutschen Passagierschifffahrt unmittelbar vor dem Ausbruch des Weltkrieges: den Riesen- und Luxusschiffen der „Imperator-Klasse" der Hapag. Die verheerenden Wirkungen des Krieges und der dem Reich durch den Waffenstillstand und den Versailler Vertrag auferlegten Ablieferungen seiner Flotte an die Alliierten spiegeln nüchterne und gerade deswegen eindrucksvolle Listen. Der beeindruckende Wiederaufbau ab

1920 wird in seinen Einzelheiten sorgfältig geschildert. Im Vordergrund stehen dabei die beiden Großreedereien Hapag (1927, nach Fusionen, wieder die größte der Welt) und Norddeutscher Lloyd, doch werden auch die anderen nicht vergessen. Von ihnen verdient besonderes Interesse das Engagement von Hugo Stinnes, das freilich nach seinem Tode 1924 wie seine anderen Unternehmen ohne nachhaltige Folgen blieb.

Insgesamt setzt der Band die betont „schiffsgeschichtliche" Linie des Gesamtwerkes konsequent fort. Hier, in den detaillierten Schilderungen der Entwicklung der Reedereien, in den umfassenden Tabellen, den „Kurzbiographien" der einzelnen Schiffe und nicht zuletzt in den zahlreichen, gut gewählten Abbildungen liegt das eigentliche Verdienst des Autors.

Göttingen *Karl Heinrich Kaufhold*

KLAUS TANNER, Die fromme Verstaatlichung des Gewissens. Zur Auseinandersetzung um die Legitimität der Weimarer Reichsverfassung in Staatsrechtswissenschaft und Theologie der zwanziger Jahre. (Arbeiten zur kirchlichen Zeitgeschichte, Rh. B, Bd. 15.) Göttingen, Vandenhoeck & Ruprecht 1989. XXII, 288 S., 64,– DM.

Auf welche Weise bestärken sich Staatsrechtler und Theologen wechselseitig in ihrer Abneigung gegen die Weimarer Reichsverfassung, genauer, gegen die Rechts- und Verfassungskultur, die ihr zugrunde liegt, und die von ihren Kritikern mit den Schlagworten „Liberalismus", „Parlamentarismus", „Rationalismus" und „Individualismus" gebrandmarkt wird? Dieser gezielten Frage, der die Verfassungsgeschichtsschreibung eher beiläufig Aufmerksamkeit geschenkt hat, geht Tanners Studie, eine Münchner theologische Dissertation, akribisch nach. Als methodisch fruchtbar erweist sich dabei sein Interpretationsansatz, die einschlägigen Texte zum Spannungsfeld Staat – Kirche der führenden Juristen (J. Binder, E. Kaufmann, R. Smend, C. Schmitt u. a.) und der führenden Theologen (R. Seeberg, F. Brundstäd, P. Tillich, E. Hirsch u. a.) so ineinanderzulesen, daß die konvergenten Argumentationsmuster beider Disziplinen deutlich zum Ausdruck kommen. Dabei läßt er sich von einer Einschätzung anregen, mit der Ernst-Wolfgang Böckenförde auch das institutionelle Gelingen und das politisch-kulturelle Mißlingen des neugeregelten Verhältnisses von Staat und Kirche auf den Begriff gebracht hat: „Der freiheitlich säkularisierte Staat lebt von Voraussetzungen, die er selbst nicht garantieren kann."

Die Studie gliedert sich in drei große Abschnitte. Im ersten Teil wird das breite Spektrum von Verfassungsdefinitionen, von den enggefaßten rechtspositivistischen bis zu weitgesteckten soziologischen, kritisch erörtert. Betont wird, daß moderne Verfassungen in ihrer Funktion, Machtverhältnisse ethisch zu legitimieren, nicht nur eine politische Ethik, sondern eine „theologische Struktur" implizieren. Darin sieht Tanner den systematischen Ansatzpunkt für den historischen Aufweis fundamentaler Strukturanalogien zwischen Staatslehre und Theologie. Für die Weimarer Verfassung, die in ihrem pluralistischen Kern erstmals „die Freisetzung einer staatlich nicht gelenkten Sphäre der ethischen Urteilsbildung als unverfügbarer Voraussetzung staatlichen Handelns" (S. 13) garantiere, kreist er drei Problemfelder ein, die auf besondere Weise zu Angriffsflächen ihrer konservativen oder „konservativ-revolutionären" Gegner werden: das Prinzip der Volkssouveränität, die Institutionalisierung sozialer Antagonismen, die volle kulturelle Anerkennung des „gesellschaftlichen Pluralismus". Teil II und Teil III gehen den beiden Funktionen nach, welche der permanenten, fundamentalen „Krisen-Reflexion" in den Büchern, Broschüren, Vorträgen, Verbandstagungen der Staatslehrer und Theologen innewohnt: die Delegitimierung der liberalen Grundprinzipien der Verfassung, sozusagen ihrer „formalen Rationalität" (Max Weber), und die Plazierung der eigenen materialen Werteethiken in der politischen Öffentlichkeit. Carl Schmitt erscheint als ein besonders sprachgewandtes Beispiel dieses antiliberalen „Denkstils" (Karl Mannheim), der mit seiner entdifferenzierten Parlamentarismuskritik – ein historisch obsoletes Produkt des „liberalen Rationalismus" – die Theologen stimulierte, die Diskussion der Staatszwecklehren wiederaufzunehmen. Hier steht Emanuel Hirsch repräsentativ für die Ansprüche der lutherischen Theologie, die moderne Aufspaltung in „Staat" und „Gesellschaft" durch sittlich-religiöse Gesamtintegration in den protestantischen Kulturstaat rückgängig zu machen. An dieser Stelle ließe sich weiterfragen, sind es vor- bzw. nachbürgerliche Gemeinschaftsideale, oder ist es ein bürgerlicher Tugendkanon, eine bürgerliche Arbeitsethik, die eine solche „Versittlichung" steuert? Für die Staatslehrer steht die „Homogenität" des politischen Gemeinwesens im Zentrum der Überlegungen sowie die wiederzuerlangende Staatsautorität, um sie zu gewährleisten. Der alte Bismarcksche

Reichsfeindgedanke erscheint hier in neuer Qualität und völkischer Konzentration. Auch hier ließe sich verfassungssoziologisch nachfassen, welchen Eliten und bürokratischen Apparaten wird die Ausgestaltung der neuen Autorität zugeschrieben? Die Fülle des gesichteten Quellenmaterials, mit dem Tanner die Anatomie des dezidierten, zuweilen militanten Antiparlamentarismus der Weimarer Gelehrtenpolitiker beider Disziplinen freilegt, verweist nicht zuletzt auf einen gewandelten Sprachgestus. Das Pathos der Sachlichkeit, das die Kulturkritik eines Max Weber an der wilhelminischen Gesellschaft kennzeichnete, ist dem Pathos einer neuen Staatsmetaphysik gewichen. Die „fromme Verstaatlichung des Gewissens" birgt als Vorgabe politischer Vergemeinschaftung dabei durchaus bereits die ungewollten, unfrommen Folgen der Gewissenlosigkeit.

München *Gangolf Hübinger*

LARRY EUGENE JONES, German Liberalism and the Dissolution of the Weimar Party System, 1918–1933. Chapel Hill/London, The University of North Carolina Press 1989. XVI, 660 S., $ 48,75.

Mit diesem Werk legt Jones das Ergebnis seiner mehr als zwei Jahrzehnte währenden Beschäftigung mit dem Liberalismus der Weimarer Republik vor. Es beruht auf souveräner Kenntnis der Quellen, integriert die umfangreiche Spezialliteratur, auch die entlegene, und verbindet die detailgetreue Schilderung mit eindringlicher Analyse zentraler Probleme, welche die Republik belasteten und letztlich überforderten. Das Werk bietet also mehr als eine Darstellung der beiden liberalen Parteien; aus deren Perspektive wird das gesamte Parteiensystem und dessen Bedeutung für die politische Geschichte der Republik erörtert.

Unter den vielen Faktoren, die zum Niedergang des Liberalismus in der Weimarer Republik beigetragen haben, hält der Vf. drei für besonders gewichtig: die Fortsetzung der Parteispaltung, die „nationale Frage" und „the general course of social and economic development" (S. 478) seit 1918. Zu letzterem hatte Jones bereits eine Reihe von wichtigen Aufsätzen publiziert, die er in das Buch übernommen hat. In diesen Teilen, den Glanzstücken des Werkes, zeigt er den Verfall von DDP und DVP als „Gesamtinteressenparteien", als deren Klientel sich unter dem Druck sozialer und ökonomischer Interessengegensätze Organisationen zuwandte, die mit Erfolg an die speziellen Interessen bestimmter Gruppen appellierten. Die Liberalen hatten dem keine konkurrrenzfähige Integrationspolitik entgegenzusetzen. Das zeigte sich vor allem in der Hyperinflation und in der Art, in der sie beendet wurde. Seit damals sei, so der Vf., der Niedergang der DDP unaufhaltsam gewesen. Für die DVP sei dieser Punkt mit dem Tode Stresemanns erreicht worden.

Die Verfallsanalysen konzentrieren sich auf die politische Praxis der liberalen Parteien im Reich und auf die Entwicklung der Interessenorganisationen, mit denen sie zusammenarbeiteten oder konkurrierten. Die neueren Wahlforschungen dagegen werden nicht einbezogen, nicht einmal zitiert. Das mag überraschen, ist aber angesichts der geringen Aussagekraft, die auch die mit modernen Methoden arbeitenden Wahlstudien bei der Untersuchung kleiner Parteien bisher hatten, durchaus verständlich.

Gewichtiger ist eine andere Lücke. Die Geschichte des Liberalismus erscheint bei Jones als eine Geschichte auf der Reichsebene, der Liberalismus in den Ländern und Städten tritt kaum oder gar nicht ins Blickfeld. Dort besaß er aber im 19. Jahrhundert seine Stärke, dort hatte er sich auch in den Wahlen länger behauptet als in den Reichstagswahlen. Wie sich dies in der Weimarer Republik veränderte, ist bislang außerordentlich dürftig erforscht. Jones trägt dazu nichts bei. Eine Gesamtgeschichte des Liberalismus in der Weimarer Republik bleibt also noch zu schreiben. Der derzeitige Forschungsstand läßt sie noch nicht zu. Diese Feststellung mindert aber in keiner Weise den Wert von Jones' Werk – es gibt kein besseres –, sie zeigt nur, wieviel noch zu tun bleibt.

Tübingen *Dieter Langewiesche*

WERNER MASER, Friedrich Ebert, der erste deutsche Reichspräsident. Eine politische Biographie. München, Droemer Knauer 1987. 320 S., 42,– DM.

Eine politische Biographie Friedrich Eberts, die wissenschaftlichen Anforderungen Genüge tut, ist seit langem ein Desiderat der Forschung. Werner Masers Studie erfüllt diese Aufgabe nicht, da in ihr weder die ausgedehnte Forschung zur sozialdemokratischen Partei oder zur allgemeinen deutschen Geschichte noch die inzwischen zugänglichen Quellen berücksichtigt werden. Eigene Forschungsarbeit hat Maser ohnehin nicht investiert.

Was Maser bietet, ist die penetrante Wiederholung von einst in den 1950er Jahren erfundenen Geschichten und Geschichtchen über Friedrich Ebert. Eine Heldensaga wird geboten vom armen Schneiders Sohn, der zum Retter des deutschen Vaterlandes aufsteigt und an dem Unverstand der eigenen Partei wie der Reaktion zugrunde geht. Es ist schon erstaunlich, wie souverän der Biograph Maser alle Ergebnisse der gelehrten Forschung, die nicht in seine These passen, mißachtet oder sich so zurecht biegt, daß sie stimmig werden. Ebert wird bei ihm immer zum Dirigenten: Ob in Bremen, wo er ganz allein die Politik der Partei bestimmt haben soll, oder im Parteivorstand, wo er im Alleingang bürokratische Strukturen durchgesetzt haben soll, oder in der Revolution, wo er allein Deutschland vor der drohenden Bolschewisierung gerettet haben soll, oder als der Reichspräsident, der alle Krisen der Republik erfolgreich gemeistert haben soll. Das ist schon absurd und im übrigen durch nichts belegt. Ebert war bei Maser auch nie Sozialist, nie um die Gleichberechtigung der Arbeiterklasse kämpfender Politiker, immer nur „Staatsmann", über dessen Vorstellungen von Demokratie, von Krisenmanagement, von Aufgaben des Staatsoberhauptes u.v.a.m. bei Maser allerdings nichts außer Leerformeln zu erfahren ist.

Biographien, zumal bei einem solchen Politiker wie Ebert, von dessen Motiven wir wegen des Verlusts der persönlichen Papiere nur wenig wissen, stellen an den Historiker große Anforderungen, geht es doch um die schwierige Aufgabe, den Handlungsspielraum des Individuums gegenüber komplexen Bedingungskonstellationen auszuloten und damit auch individuelle Leistung wie indiviuelle Verantwortung zu bestimmen. Dies ist Maser gründlich mißlungen, da er sich weder Gedanken über die methodisch-theoretischen Probleme und Anforderungen einer Biographie im allgemeinen gemacht noch die Literatur und die zugänglichen Quellen zur Biographie Eberts verarbeitet hat.

Kassel *Peter-Christian Witt*

ARMIN MOHLER, Die Konservative Revolution in Deutschland 1918–1933. Ein Handbuch. 3., um einen Ergänzungsband erweiterte Auflage 1989 (Korrigenda im Ergänzungsband). Darmstadt, Wissenschaftliche Buchgesellschaft 1989. XXX, 554, VIII, 131 S., 89,– DM (für Mitglieder 69,– DM).

M.s berühmtes, nunmehr in dritter (und damit wohl endgültiger) Fassung vorliegendes, umfangreiches Handbuch hat eine lange Geschichte: Die erste Ausgabe – hervorgegangen aus einer 1949 vorgelegten philosophischen Dissertation bei Jaspers in Basel – erschien 1950 und umfaßte 288 S. Die zweite Auflage, mehr als doppelt so umfangreich, folgte erst 1972 – im Text fast unverändert, aber mit einer völlig neu erarbeiteten Bibliographie, die (inklusive sorgfältiger Register) allein fast 400 S. beanspruchte und in die der Vf., wie er sagt, „einen erheblichen Teil seines Lebens investiert" hat. Die dritte Auflage schließlich besteht in einem Nachdruck der zweiten, unter Hinzufügung eines Ergänzungsbandes, der nicht nur die Korrigenda zur zweiten Fassung enthält, sondern auch eine umfangreiche, eingehend kommentierte Übersicht der wichtigsten seit 1972 erschienenen Literatur, wobei keine Vollständigkeit mehr angestrebt wurde.

In seiner (169 S. umfassenden) Darstellung geht der Vf. systematisch vor. Mit Hilfe von „Erkenntnis-Modellen" unterscheidet er die „geistige Elitebewegung" der Konservativen Revolution von der „Massenbewegung" des Nationalsozialismus; an anderer Stelle arbeitet er das zyklische Zeitverständnis als ein Hauptkennzeichen des Denkens der konservativen Revolutionäre heraus. Diese typologischen Modelle werden auf unteren Ebenen weiter verfeinert und bilden auf diese Weise die Grundlage einer differenzierten, auf moralisierende Einschübe und Wertungen bewußt verzichtenden Darstellung. Sicherlich wird der Historiker chronologische Aspekte, umfassende Quellenbelege, Einarbeitung neuester Forschungsresultate usw. vermissen, dennoch darf M.s Analyse der verschiedenen Strömungen innerhalb der Konservativen Revolution wie auch ihrer zentralen Ideen in fast allen wesentlichen Resultaten als unüberholt gelten. Aus der Rückschau von vier Jahrzehnten erscheint freilich auch dem Vf. einzelnes als nicht nur ergänzungs-, sondern als durchaus korrekturbedürftig. So gibt er freimütig zu, die christlich-traditionalistischen Strömungen zwischen 1918 und 1932 in ihrer Bedeutung unterschätzt zu haben. Über die (sehr Mohler-kritischen) Studien von R. Faber, die diesen Aspekt herausarbeiten, bemerkt der Vf. (in der kommentierten Bibliographie des II. Bandes), vermutlich ergebe sich aus Fabers „Anlauf und dem unseren zusammen ein rundes Bild der Konservativen Revolution". Die in der ersten Fassung des Textes so nachhaltig verfochtene Unterscheidung zwischen der *zyklischen* als der konservativ-revolutionären und der *linearen* als der „linken" und liberalen Zeitauffassung dürfte in dieser Stringenz wohl nicht zu halten sein. Weiterhin gültig (und heuristisch fruchtbar) bleibt hingegen die Herausarbeitung und Charakterisierung von fünf Hauptgruppen innerhalb der Konservativen Revolution („Völkische“, „Jungkonservative“, „Nationalrevolutionäre“, „Bündische“, „Landvolkbewegung“).

Den Ergänzungsband schließt der Vf. mit einer ausführlichen Analyse der 1983 erschienenen Studie „Ni droite ni gauche“ des Jerusalemer Politologen Z. Sternhell ab, die der Vf. „für das anregendste, aufregendste und wichtigste Buch“ hält, das in den letzten Jahren zum Thema erschienen sei, weil es „eine konkrete geschichtliche Landschaft ... mit all ihren Unebenheiten und Zufälligkeiten“ sichtbar mache. Sternhell deutet das Phänomen Faschismus am französischen Beispiel in sehr ähnlicher Weise wie M. die deutsche Konservative Revolution: als eine in ihrem Kern revolutionäre, dabei nicht von illusionären Zukunftshoffnungen bestimmte, in gleicher Weise antiliberale wie antimarxistische Gegenbewegung zu den großen Ideologien des 19. Jahrhunderts. Diese Thesen haben in Frankreich eine lebhafte Kontroverse ausgelöst, wie auch des Vf.s Interpretationen manchen Widerspruch erfahren haben und vermutlich noch erfahren werden. *Eines* jedoch kann auch der unerbittlichste Gegner nicht in Zweifel ziehen: den immensen Fleiß, mit dem der Vf. seine – man muß es schon so ausdrücken – phänomenale Bibliographie in jahrzehntelanger Mühe erarbeitet und damit überhaupt erst eine angemessene Forschungsgrundlage für dieses Thema geschaffen hat. Das vorliegende Handbuch muß als ein mittlerweile fast klassisch zu nennendes, in jeder Hinsicht unverzichtbares Standardwerk zur politischen Ideengeschichte dieses Jahrhunderts angesehen werden, das Maßstäbe gesetzt hat. Man wünschte sich, auch andere Gebiete wären mit vergleichbarer bibliographischer Gründlichkeit, inhaltlicher Sorgfalt und zurückhaltend wertender Analyse aufgearbeitet.

Göttingen *Hans-Christof Kraus*

BÄRBEL SCHRADER/JÜRGEN SCHEBERA, Die »goldenen« zwanziger Jahre. Kunst und Kultur der Weimarer Republik. Wien/Köln/Graz, Böhlau 1987. 279 S., 78,– DM.

Der beherrschende Eindruck nach der Lektüre dieser mit zahlreichem schwarzweißen und farbigen Bildmaterial aufwendig und anspruchsvoll illustrierten Kulturgeschichte der Jahre 1918 bis 1933 ist ein zwiespältiger. Formal liegt das an dem von den Autoren, zwei Mitarbeitern des Zentralinstituts für Literaturgeschichte der Akademie der Wissenschaft der DDR, gewählten Darstellungsprinzip. Texte und Bilder werden in fünf Themenbereichen präsentiert. Kurzen, die Hauptthesen der DDR-Geschichtsschreibung zur ersten deutschen Republik prononciert zusammenfassenden politisch-historischen Exkursen mit Ausblicken auf die wirtschaftlich-technische Entwicklung werden mit jeweils wechselnden Schwerpunkten und in wertender Hinsicht auffällig zurückhaltend kulturgeschichtliche Darstellungen gegenübergestellt: Krieg und Revolution / Zeit der Manifeste, Inflation / Straße frei für die neue Kunst, Die goldenen Zwanziger Jahre / Massenkunst und Avantgarde, Von Brüning bis Schleicher / Die Polarisierung der Kräfte, Das Jahr 1933 / Sturz ins Dritte Reich.

Ausgehend von dem Befund des Nebeneinanders „glanzvoller künstlerischer Höhepunkte" und „trivialer oder reaktionärer nationalistischer Massenproduktion" (S. 6) kann dieser Blick – angesichts des erreichten Literaturstandes – kaum Originalität für sich beanspruchen. Sind doch bekanntermaßen und weniger doktrinär formuliert dies Kennzeichen der allgemeinen kulturellen Entwicklung Westeuropas seit dem Anbruch des neuen Jahrhunderts mit seinem Höhepunkt des Weltkrieges. Getragen von einem umfassenden, das öffentliche und private gleichermaßen ergreifenden Krisenerlebnis als Ergebnis des Zusammentreffens traditionaler, d. h. konservativer Bewußtseinslagen mit neuartigen Formen einer kommerzialisierten Erlebnis- und Unterhaltungskultur. Ihrem methodischen Charakter nach sind sowohl die politisch-historischen als auch die kulturgeschichtlichen Exkurse Skizzen ohne weiterreichende systematisierende Absicht. Im ersten Falle auffällig grobschlächtig Thesen und Klischees marxistischer Geschichtsforschung kompilierend, im zweiten Falle um enzyklopädische Stofforganisation und positivistische Detailtreue bemüht.

Dieses Darstellungsprinzip steht einer weiterführenden Beantwortung wichtiger Fragen, wie denn nun die zeitgenössische sozialpolitische Entwicklung und die kulturelle Entfaltung aufeinander zu beziehen seien, im Wege. Von den „Nahtstellen" gesellschaftlich-privater Existenz kultureller Trägerschichten, dem Konflikt im Zusammenstoß von modernem Krisenbewußtsein und kulturellem Pluralismus kein Wort. Dabei braucht man sich nur an Zeitgenossen wie Tucholsky zu erinnern, der 1920 angesichts dieser Tatsache in seiner kleinen Skizze „Dämmerung“ der weitverbreiteten Ratlosigkeit agierender Kultureliten Ausdruck verlieh.

So drängt sich beim Fortgang der Lektüre immer stärker der Eindruck auf, daß die Autoren nun doch – trotz aller mit Blick auf neuere sozialgeschichtliche und sozialpsychologische Fragestellungen programmatischen Absichtserklärungen des Herausgebers – auf das bekannte doktrinäre Erklärungsschema kultureller Entwicklung und Perzeption, das vom Unter- und Überbau, zurückgegriffen haben. Was im historischen Exkurs vorangestellt, kann das im folgenden zum Teil aufmerksam und kenntnisreich beobachtete und rekonstruierte Kulturpanorama entgegen aller Absichten nicht „erklären“, ja verstellt – zugespitzt gesagt – die von Herausgeber und Autoren gewünschte „Aufsicht“ auf den Gegenstand.

Denn das Unternehmen ist sowohl hinsichtlich des Bemühens, Verbindungslinien zwischen Kulturbetrieb und politisch-sozialem Kontext zu schaffen, als auch die Fülle kultureller Erscheinungen vollständig zur Darstellung zu bringen, im höchsten Maße ambitioniert – wie der verdienstvolle Anhang zeigt.

In synoptischen Tabellen wird über die wichtigsten Entwicklungen und Ereignisse aus den Bereichen des öffentlichen Lebens informiert, ein breit angelegtes, ausgewogenes Literaturverzeichnis sowie ein Personenregister verstärken den handbuchartigen Wert des Bandes.

Hamburg *Dieter Gessner*

KARL DITT, Raum und Volkstum. Die Kulturpolitk des Provinzialverbandes Westfalen 1923–1945. (Veröffentlichungen des Provinzialinstituts für Westfälische Landes- und Volksforschung des Landschaftsverbandes Westfalen-Lippe, Bd. 26.) Münster, Aschendorff 1988. 455 S., 59,80 DM.

Preußen gewährte gegen Ende des 19. Jahrhunderts den Provinzialverbänden die Möglichkeit, selbständig Kulturpolitik zu betreiben. Einige Provinzialverbände, zumal der rheinische und der westfälische, nutzten den ihnen nun zur Verfügung stehenden Spielraum und entwickelten Kulturpolitik zum Instrument der Selbstvergewisserung und Selbstdarstellung ihrer Provinzen. Den seit 1870/71 aufkommenden Strömungen des Nationalismus angepaßt, kultivierten sie dennoch Anti-Berlin-Affekte. Sie griffen dabei auf das schwammige Vokabular einer spätromantischen Soziologie zurück und stutzten Begriffe wie „Stammesart“, „Wesen“, „Volkstum“ oder „Charakter“ – heute sagt man statt dessen ebenso unklar „Identität“ – auf Gegebenheiten ihrer Provinzen zurecht, ein logisch widersprüchliches und zugleich unhistorisches Verfahren, zumal beide Provinzen weitgehend Kunstgebilde, Resultate der Franzosenzeit, des Wiener Kongresses und der preußischen Staatspraxis darstellten.

Ditt erklärt die ideologische Stoßrichtung der sich vor und nach dem 1. Weltkrieg entfaltenden Kulturpolitik des Provinzialverbandes Westfalen in erster Linie geistesgeschichtlich, mit ausführlichen Hinweisen auf die modischen, „neoromantischen“ kulturkritischen Gesellschaftstheorien jener Jahrzehnte. Zu Recht – aber darüber hinaus waren andere, vor allem sozialhistorische Prozesse von Bedeutung.

Erstens, die Industrialisierung hatte die Provinz Westfalen infrastrukturell, sozial und wirtschaftlich in eine industrialisierte, urbanisierte Zone im Westen, die sich mit dem Nordbereich der Rheinprovinz verschränkte, und eine vorwiegend agrarisch-traditionalistische Zone im Osten aufgespalten. Es bildeten sich zwei verschiedenartige Populationen heraus: die Arbeiterschaft im Ruhrgebiet und eine ländlich-kleinstädtische Bevölkerung in Ostwestfalen; beide mit divergierenden Interessen und Lebensformen, die den Zusammenhalt der Provinz in Frage stellten.

Ditt erwähnt auch die damit zusammenhängenden Bemühungen Hannovers, nach Westen hin, ins flache westfälische Land zu expandieren sowie die Gegenzüge des Provinzialverbandes Westfalen, nach Norden hin auszugreifen, ohne allerdings die diesen Bestrebungen zugrundeliegenden sozialen und wirtschaftlichen Transformationen eingehend zu erläutern; die Kommunalverwaltungen im Westen Preußens reagierten damals auf Strukturveränderungen innerhalb ihrer Gebiete mit ähnlichen Forderungen nach Territorialerweiterungen.

Der Diskurs vom „Westfalentum“ sollte also nicht zuletzt im Interesse der Provinzialbürokratie sowohl einem Auseinanderdriften und einer Partikularisierung der Provinz entgegenwirken als auch Gebietsansprüche rechtfertigen.

Zweitens, die Ausbreitung der modernen städtischen Zivilisation mit ihren starken Säkularisierungstendenzen untergrub die sozialen und politischen Positionen der katholischen Kirche, des mit ihr verbundenen westfälischen Adels und des Zentrums. Die Versuche von Verwaltungsbeamten, Lehrern, Geistlichen und Gelehrten der Universität Münster, heimisches ländliches Brauchtum zu fördern und sogar wieder zu beleben – übrigens bei ziemlicher Gleichgültigkeit der Bauern selbst, die die Produktion nüchtern auf die Bedürfnisse der Industriestädte umstellten –, sollten Dämme gegen jene Entkirchlichung der Gesellschaft aufschütten; immerhin entstammten viele der Beamten und Volksschullehrer dem katholischen Milieu des Münsterlandes oder des Paderborner Raumes und hegten Sympathien für das Zentrum.

Drittens, angesichts des Umbruchs und der französischen Besetzung des Ruhrgebietes wuchs der Kulturpolitik des Verbandes zwischen 1918 und 1924 eine weitere Aufgabe zu: die Immunisierung der Bevölkerung gegen revolutionäre und profranzösische Umtriebe.

Ditt spricht diese Aspekte nur am Rande an: die Schwerpunkte seiner ansonsten gründlichen, differenzierten und genauen Darstellung liegen eben auf einer methodischen Verbindung von Geistes-, Wissenschafts-, Institutionen- und Personengeschichte. Er folgt damit in der Regel der Richtung, die die umfangreiche Überlieferung vorzeichnet. Dabei stößt er notwendig auch auf die pikanten Probleme von inhaltlicher Nähe und gelegentlichen Überschneidungen zwischen der „neoromantischen“ Kulturpolitik des Provinzialverbandes der zwanziger Jahre und der „völkischen“ Ideologie der Nationalsozialisten. Es gelingt Ditt, die daraus resultierenden, zuweilen auch konfliktgeladenen Prozesse von opportunistischen Arrangements, bereitwilliger Zusammenarbeit und vorsichtiger Distanzierung präzise zu beschreiben. So begann der Verband einerseits, wie Ditt zeigt, die archäologische Untersuchung römischer Fundstätten zugunsten germanischer zu vernachlässigen oder er unterstützte die nationalsozialistische Großraumpolitik durch Veranstaltungsreihen über „Westfalentum und der deutsche Osten“, er versuchte andererseits aber auch, Eingriffe von Parteifunktionären in seine Verwaltung abzuwehren. Ditt setzt sich in diesem Zusammenhang besonders kritisch mit rassistischen Prämissen in Wilhelm Brepohls Arbeiten über das Ruhrvolk auseinander. Dort, wo der Verband sich der NSDAP entgegenstellte, ging es ihm indes nicht um grundsätzliche politische Ablehnung, sondern um die Sicherung von Zuständigkeiten gegenüber den Gauleitungen Westfalen-Nord und -Süd, um die Demonstration von Fachkompetenz und die Zurückweisung von Karrieristen, die die Partei für sich einzuspannen versuchten.

Diese und zahlreiche entsprechende bürokratische und ideologische Entwicklungen und Konflikte präsentiert Ditts kenntnisreiche, gut lesbare, bei aller Breite doch übersichtliche Studie. Sie leistet ein gutes Stück an historischer Aufklärung.

Düsseldorf *Peter Hüttenberger*

WILLIAM L. PATCH, Christian Trade Unions in the Weimar Republic 1918–1933. The Failure of „Corporate Pluralism". (Yale Historical Publications Miscellany, 133.) New Haven/London, Yale University Press 1985. XVII, 259 S., $ 25,–.

Thema der von dem bekannten amerikanischen Zeithistoriker Henry A. Turner betreuten Dissertation ist das Scheitern der christlichen Gewerkschaftsbewegung und des von ihren Trägern vertretenen Konzepts einer berufsständischen Interessenvertretung im politischen und gesellschaftlichen Aktionsrahmen der Weimarer Republik. Damit stellt sich der Autor zwei Aufgaben: die Rekonstruktion gewerkschaftlicher Politik, des Selbstverständnisses der Träger ihrer christlichen Variante sowie die Herausarbeitung eines speziellen Konzeptes zur Erreichung gewerkschaftlicher Ziele. Beide Aufgaben – soviel vorab – scheinen mir unterschiedlich gut gelöst.

Im richtungsgewerkschaftlichen Kräftespiel der ersten deutschen Republik nimmt die christliche Gewerkschaftsbewegung mit 11% der gewerkschaftlich organisierten Arbeitnehmerschaft (1919: 1 Mio. Mitglieder; 1931: ½ Mio. Mitglieder) hinter den freien Gewerkschaften die zweite Stelle ein. Trotz ihres geringen organisatorischen Gewichtes ergab sich die Bedeutung der christlichen Gewerkschaften aus ihrer branchenmäßigen und regionalen Dominanz (Bergbau und Textilindustrie in Rheinland und Westfalen), ihres Integrationsvermögens hinsichtlich von „blue-collar" und „white-collar" Gewerkschaften, ihrer Zusammenfassung von unterschiedlichen konfessionellen und parteipolitisch orientierten Einzelorganisationen (katholische Bergarbeiter und Textilarbeiter und evangelische Angestelltengewerkschaft, hier Zentrumsanhänger, dort Hilfsorganisation der Deutschnationalen Volkspartei) sowie ihrem Selbstbewußtsein einer frei vom Einfluß der jeweiligen Amtskirche konfessionell fixierten Laienbewegung.

P.s Ansatz für seine gedanklich klar strukturierte und materialreiche Untersuchung ist der Anspruch, das von seiten der bisherigen Forschung über die christlichen Gewerkschaften weitgehend negative Urteil anhand einer orginellen Fragestellung positiv aufzuarbeiten. Die christlichen Gewerkschaften wurden bisher als orientierungslose, weil programmatisch diffuse, nationalistisches, monarchistisches, patriarchalisches und zeitweise syndikalistisches Gedankengut vermischende Bewegung gesehen. Ihr politischer Aktionismus sei, so lautet der jüngste Vorwurf, stark von taktischen Momenten bestimmt gewesen (so Michael Schneider 1982). Weil wohl in der Tat vieles aus kritischer Sicht hier überspitzt formuliert gegen eine als erfolgreich apostrophierte Politik der christlichen Gewerkschaften im Rahmen der politischen Geschichte der Weimarer Republik spricht, legt P. Wert auf eine seitens der christlichen Gewerkschaften konzeptionell verankerte Politik und entwickelt ein entsprechendes Interpretationsmuster.

Mit ihrer berufsständisch fixierten auf Kooperation im Kampf um gewerkschaftliche Ziele wie Mitbestimmung, Umverteilung und bessere Bildungsmöglichkeiten angelegten Politik des „korporativen Pluralismus" anstelle des liberalen Interessen- und des Machtausgleichs durch Konkurrenz und der sozialistischen Überzeugung von dem prinzipiellen Klassencharakter der sozialen Konflikte sieht P. die christlichen Gewerkschaften als Vorläufer und Ideengeber der Einheitsgewerkschaften nach 1945 historisch auf der „richtigen" Seite.

In sieben Kapiteln rekonstruiert der Autor die politische Geschichte der christlichen Gewerkschaftsbewegung seit dem Kaiserreich. Die Mitwirkung der Gewerkschaften in der Zentralen Arbeitsgemeinschaft 1918/19 ist ein Höhepunkt, ihr folgt die ausdrückliche Anerkennung in der Weimarer Verfassung, ihr wachsender Einfluß in den Parteien (Zentrum und DNVP), ihre Mitwirkung bei der Entwicklung der Weimarer Sozialgesetzgebung. Die Stabilisierungskrise der Republik 1923/24 bestärkt innerhalb der christlichen Gewerkschaftsbewegung latent vorhandene Zweifel an dem „Weimarer System". Zur gleichen Zeit sehen sich ihre Vertreter sowohl von seiten der Industrie als auch der Landwirtschaft mit der Absicht umworben, sie für sozial- und wirtschaftspolitische Kurskorrekturen zu gewinnen. 1928 zeichnet sich eine erste Krise der christlichen Gewerkschaftsbewegung ab, deren äußeres Zeichen das Zurückdrängen ihrer Vertreter in den bisher mitrepräsentierten Parteien ist (Lambach-Affäre, Nichtwahl Stegerwalds zum Parteivorsitzenden, Auftreten der „Katholischen Aktion" als geistige Konkurrenz).

Der Kampf um die Durchsetzung der deflationistischen Wirtschaftspolitik des Zentrumskanzlers Heinrich Brüning sowie der ergebnislose Widerstand der christlichen Gewerkschaften gegen den Abbau sozialpolitischer Errungenschaften führt zu einer Wiederbelebung syndikalistischen, christlich-sozialistischen und staatssozialistischen Gedankengutes einerseits sowie ständischer, an den Ideen von Othmar Spann, den päpstlichen Enzykliken sowie der Wirtschaftsgesetzgebung Mussolinis orientierten Überzeugungen andererseits.

P. geht diesen zum Teil in Kontroversen ausgetragenen Neuorientierungsbemühungen der christlichen Gewerkschaften mit Akribie nach. Mit dem Essener Programm vom März 1933 suchen sich die christlichen Gewerkschaften den neuen Machthabern als Mitgestalter der neuen Sozialordnung anzudienen, nachdem alle Versuche, die nationalsozialistische Linke zu gewinnen, gescheitert waren, noch bevor sie recht Gestalt gewinnen konnten.

Es spricht einiges für P.s Argumentation, daß auf seiten der christlichen Gewerkschaften Politik auf der Grundlage eines Konzeptes des „korporativen Pluralismus" gemacht worden ist. Folgen wir also P. und vernachlässigen wir alle jene Momente, die in einer Phase der Massenarbeitslosigkeit einer auf Massensolidarität und Massenloyalität angelegten gewerkschaftlichen Organisation ihre politisch tragenden Kräfte entzog, so entschlägt sich der Autor einer ganzen Ebene in seiner Beweisführung, wenn er in seine Untersuchung Ergebnisse zum „sozialen Milieu" der christlichen Gewerkschaften ausklammert. Nur an wenigen Stellen seiner weitgehend geistes- und politikgeschichtlich akzentuierten Argumentation nimmt P. sozialgeschichtliche Daten zur Kenntnis. Dabei knüpft er konsequent nicht an vorhandene Ansätze einer solchen Forschung an (etwa bei Plum). Die These P.s hätte gerade auf diesem Wege an Überzeugungskraft gewonnen, hätten sich sozialgeschichtliche Perspektiven über den Gestaltwandel kollektiver Interessenvertretung in der Krise des Liberalismus ergeben.

Im einzelnen bleiben einige Wertungen irritierend. So etwa die Einschätzung des Alldeutschen Verbandes oder die Bedeutung des von Hugenberg vertretenen „Pangermanismus" (S. 127).

Im Literaturteil vermißt man wichtige Arbeiten wie die von Hömig über das preußische Zentrum aus dem Jahre 1979. Die Kontroverse über Brünings Wirtschaftspolitik scheint mir allzu verkürzt in die eigene Argumentation übernommen zu sein.

Dennoch hat P. einen wichtigen Beitrag zum Verständnis der christlichen Gewerkschaftsbewegung im besonderen und der Entwicklung der kollektiven Interessenvertretung als Agens deutscher Innenpolitik im allgemeinen vor allem und besonders im Interesse einer ausgewogenen Forschung veröffentlicht.

Hamburg *Dieter Gessner*

QUIRIN WEBER, Korporatismus statt Sozialismus. Die Idee der berufsständischen Ordnung im schweizerischen Katholizismus während der Zwischenkriegszeit. (Religion – Politik – Gesellschaft in der Schweiz, Bd. 3.) Freiburg, Schweiz, Universitätsverlag 1989. XIV, 225 S., 36,– sfr.

Über den schweizerischen Korporativismus der 1920er und 30er Jahre gab es zwar sehr reichhaltige Quellenmaterialien verschiedener Art und Qualität, doch fehlte es bisher an einer zusammenhängenden Untersuchung. Sie liegt nun in Form dieser materialreichen Dissertation vor, die somit eine Lücke ausfüllt. Wirklich aktuell waren die ständestaatlichen Postulate etwa in dem Jahrzehnt zwischen 1925 und 1935; mit dem Scheitern des Vorstoßes zu einer Totalrevision der Bundesverfassung verlor sich das Interesse daran. Getragen wurden diese Ideologien vor allem in katholisch-konservativen und jungkonservativen Kreisen; in gewisser Hinsicht auch von den rechtsradikalen Erneuerungsbewegungen, im Liberalismus dagegen höchstens von einzelnen Exponenten.

Der Vf. analysiert nun allerdings weniger die von ihm verarbeitete Fülle an Texten als daß er mehr oder weniger unkritisch in ihr aufgeht, so daß man den Eindruck gewinnt, es mit einem verspäteten Korporativisten zu tun zu haben. Zwar hebt er zutreffend einige vorfaschistische Ansätze der Lehre hervor, aber den wirklichen Auftrieb erfuhr sie eben doch erst durch das – scheinbar gelungene oder doch gelingende – Vorbild Italiens, das ja auch auf die Enzyklika „Quadragesimo anno" keineswegs ohne Einfluß blieb. Ein für solche Zusammenhänge typisches Beispiel ist der lobend angeführte National- und spätere Bundesrat Musy, der sich dann (nach seinem Rücktritt aus der Landesregierung) offen zu einem autoritären Staat faschistischen Musters bekannte. Der Vf. zieht wacker „gegen die sozialistisch-bolschewistische Bedrohung" oder gegen die „Gefahren des Staatssozialismus" vom Leder, verkennt aber, daß eine korporativstaatliche Ordnung in der Schweiz – wie anderswo auch –

ohne massive staatliche Intervention gar nicht machbar gewesen wäre. Fast am interessantesten sind denn auch seine etwas knappen Ausführungen über den im Kanton Freiburg unternommenen Versuch, ein Korporationengesetz einzuführen. Er scheiterte letztlich an praktischen Unmöglichkeiten und mangelnden Durchsetzungskompetenzen, vor allem auch am Gegensatz zur Handels- und Gewerbefreiheit. So verstärkt sich über der Lektüre der Eindruck, es habe sich doch vor allem um eine Diskussion unter Intellektuellen gehandelt, um ein permanentes, gleichsam gruppendynamisches Selbstgespräch ohne realistischen Bezug zur Welt der Wirtschaft und der Arbeiterschaft. Dennoch bildet das Buch eine nützliche Fundgrube zur politischen Geistesgeschichte der Zwischenkriegszeit.

Zürich *Peter Stadler*

Akten der Reichskanzlei. Weimarer Republik. Hrsg. für die Historische Kommission bei der Bayerischen Akademie der Wissenschaften v. KARL DIETRICH ERDMANN, für das Bundesarchiv v. HANS BOOMS. Die Kabinette Marx III und IV: 17. Mai 1926 bis 29. Januar 1927. 29. Januar 1927 bis 29. Juni 1928. Bd. 1: Mai 1926 bis Mai 1927. Bd. 2: Juni 1927 bis 29. Juni 1928. Bearb. v. GÜNTER ABRAMOWSKI. – Das Kabinett von Papen: 1. Juni bis 3. Dezember 1932. Bd. 1: Juni bis September 1932. Bd. 2: September bis Dezember 1932. Bearb. v. KARL-HEINZ MINUTH. Boppard, Boldt 1988 u. 1989. CXVIII, 1558 u. LXX, 1107 S., je 240,– DM.

Eine vergleichende Betrachtung zweier Regierungsabschnitte aus der Stabilitätsphase der Weimarer Republik 1926/28 und aus den letzten Monaten ihres Unterganges 1932 verspricht Aufschluß über zwei zentrale Fragen: zum einen ist es die nach der Kontinuität besonders belastender Problem- und Konfliktfelder im Gesamtablauf der ersten deutschen Republik und zum anderen die Frage nach der Gültigkeit der These von ihrer zeitweiligen inneren Konsolidierung zwischen 1923/24 und 1929/30.

Die Kabinette Marx III – eine bürgerliche Minderheitsregierung – und IV – ein rechter „Bürgerblock“ mit Einschluß der DNVP – und mit ihnen die innenpolitische Lage stellen sich im Spiegel der Kabinettsprotokolle keineswegs als so gefestigt und stabil dar, wie es die Legende vom „goldenen Jahrfünft“ der Weimarer

Republik oft wahrhaben will. Sicher gab es Aktiva: Der leidige Streit um die Fürstenabfindung wurde nach dem Scheitern des Volksentscheides an die Länder überwiesen und hier in den folgenden Jahren geregelt. Die Reichswehr rückte nach der Verabschiedung Seeckts in der anschließenden Ära Heye/Zenker zum erstenmal zielstrebig an die Republik heran und leitete eine Periode enger Zusammenarbeit mit den zivilen Gewalten ein (Dok. 130, 153, 190). Dadurch sicherte sie sich gleichzeitig eine regierungsoffizielle Duldung und Deckung ihrer diversen – von der SPD damals öffentlich angeprangerten – illegalen Aktivitäten (Dok. 138, 163). Mit dem „Gesetz über Arbeitsvermittlung und Arbeitslosenversicherung" vom 7. 7. 1927 und der Einrichtung der Reichsanstalt war nach einem sozialdemokratischen Urteil „der letzte Stein in das Fundament der deutschen Sozialversicherung gesetzt". Das Republikschutzgesetz von 1922 wurde verlängert. Außenpolitisch zeitigte der geduldige Revisions- und Ausgleichskurs Stresemanns gegenüber Frankreich mit der Aufhebung der alliierten Militärkontrolle und dem Eintritt in den Völkerbund seine ersten Erfolge, selbst wenn sich die erwarteten „Rückwirkungen von Locarno" in den Augen einer zunehmend ungeduldigen deutschen Öffentlichkeit viel zu langsam und zögernd einstellten. Auch handelspolitisch eröffneten sich der deutschen Außenwirtschaft nach Wiedergewinnung der Souveränität 1925 mit der privatwirtschaftlichen Gründung der „Internationalen Rohstahlgemeinschaft" (IRG) 1926 und dem deutsch-französischen Handelsvertrag 1927 – nach einem Wort des Pariser Botschafters v. Hoesch „eines der wichtigsten Ereignisse in der Entwicklung der deutsch-französischen Beziehungen seit Kriegsende" – neue Absatzchancen und Märkte in Europa. Kurz: Das Klima ständiger politischer und gesellschaftlicher Konfrontationen im Innern wie nach außen schien sich vordergründig allmählich zu entspannen und die Hoffnung gerechtfertigt, daß sich die widerstrebenden Kräfte vor allem im Zeichen des sichtbaren konjunkturellen Aufschwunges ab Herbst 1926 doch noch auf dem Boden eines breiten vernunftrepublikanischen Konsens zusammenfinden und der Gedanke eines friedlichen internationalen Ausgleiches auch in Deutschland mit dem Kellog-Pakt Wurzeln schlagen werde.

Aber der Schein trog. Das Fundament der Republik war politisch, sozial und ökonomisch viel labiler und von tiefen Rissen durchzogen, der Haushalt der Gemeinsamkeiten zwischen den verschiedenen politischen Lagern nur sehr begrenzt. Die Kabinettsakten der beiden Regierungen Marx geben einen eindringlichen Anschauungsunterricht für die verschiedenen Bruchzonen. Mehrfachen Bemühungen auch von Marx, die relativ schmale Basis seines bürgerlichen Minderheitskabinetts entweder nach links zur SPD oder nach rechts zur DNVP zu verbreitern, war nur ein vorübergehender und prekärer Erfolg beschieden; sie setzten nicht nur die Regierung, sondern auch das Zentrum immer wieder erheblichen inneren Zerreißproben zwischen dem linken „Gewerkschafts-" und dem rechten „Beamtenflügel" aus (Dok. 152). Eine schroffe Ablehnung seitens des Reichspräsidenten und der Reichswehrführung gegenüber allen Versuchen, ein Ausführungsgesetz für den Art. 48 WRV zu verabschieden und dadurch die präsidialen Notstandsrechte eindeutiger zu fixieren und gesetzlich einzugrenzen, verband sich mit fortdauernden Bestrebungen im konservativen Lager, die Autorität des Reichspräsidenten und seine Vollmachten gegenüber der Legislative noch zu stärken (Dok. 70, 80, 116, 122). Die Reichs- und Verwaltungsreform mit dem Ziel einer Neuordnung des Verhältnisses Reich–Länder, einer stärkeren Ausbalancierung der extrem unterschiedlichen Territorialgliederung, einer eindeutigeren Abgrenzung von Reichs- und Länderhoheit und -kompetenzen und einer Neufassung des Finanzausgleiches war ebenso ein Dauerthema wie die angestrebte engere Verklammerung zwischen Preußen und dem Reich (Dok. 32, 305, 307, 346, 378, 380). Föderative Kräfte in den Ländern prallten mit offenkundigen Verreichlichungstendenzen in Berlin etwa in der Justiz, in der Finanzverfassung oder beim Aufbau der Arbeitsvermittlung zusammen. Beispielhaft sichtbar wurde dies in der Konferenz der Landesministerpräsidenten vom 16. bis 18. Januar 1928 (Dok. 353, 387, 390 f., 394–398).

Die notleidende Landwirtschaft vor allem auch in Ostpreußen mit einer Gesamtverschuldung seit der Währungsstabilisierung 1923 von 7 Mrd. RM, einer jährlichen Zinsbelastung von 800–900 Mill. RM, Kapitalmangel, steigenden Betriebskosten, unzureichenden Erzeugerpreisen und mangelnder internationaler Wettbewerbsfähigkeit war eine hypothekarische Last schon aus dem Kaiserreich. Sie beschäftigte jede Weimarer Regierung, längst bevor die strukturelle agrarische Dauerkrise ab 1929 durch den Zusammenbruch der Weltwirtschaft noch zusätzlich vertieft und verschärft wurde (Dok. 359, 400, 411, 450f.). Der Reichslandbund, die Bauernvereine, der deutschnationale Ernährungsminister Schiele und der Reichspräsident waren sich einig in ihren nachdrücklichen Forderungen an die

Regierung und die Parteien nach Um- und Entschuldung, Zinsverbilligung, Kredithilfe, Marktregulierungen, Preisgarantien und rigorosen Einfuhrbeschränkungen für Getreide, Veredelungsprodukte und Schlachtvieh. Der Ruf aus dem Reichspräsidentenpalais nach einer Aktivierung der „Ostpreußenhilfe" (Dok. 363, 379, 383, 413) entbehrte schon damals nicht der chauvinistischen und autoritären Untertöne, die sich dann wenige Jahre später zu einer erheblichen Belastung der Regierungsarbeit unter Brüning ausweiten sollten. Die „Schwarzen Fahnen" in Schleswig-Holstein und die Androhung von Steuerstreiks kündeten von „Ausbrüche(n) der Verzweiflung und der tiefen Mißstimmung" (Dok. 359). Langwierige Handelsvertragsverhandlungen mit Warschau und Paris sowie die parlamentarische Behandlung der sog. „kleinen Zollnovelle" (15. 7. 1927: „Gesetz über Zolländerungen", Dok. 248, 264, 268) aktualisierten und radikalisierten den Ruf nach Agrarschutz mit der Forderung nach Wiederherstellung des Bülow-Tarifs von 1902. Die sich dagegen formierende Front für eine kraftvolle Ausfuhrförderung unter Reichswirtschaftsminister Curtius, im Auswärtigen Amt, im Reichsfinanz- und Reichsarbeitsministerium und besonders im „Reichsverband der deutschen Industrie" verlängerte wie üblich die interessenpolitischen Konfliktlinien bis unmittelbar ins Kabinett hinein und erschwerte die Regierungsarbeit zusätzlich.

Die Haushaltspolitik der Reichsfinanzminister Reinhold und Köhler „hart am Rande des Defizits" mit großzügigen Anleiheermächtigungen zur Ausbalancierung des Extraordinariums und dem Abbau der Finanzreserven, Steuersenkungen, eine „übersteigerte Kreditwirtschaft" (Schacht) der öffentlichen Hand in Ländern und Gemeinden, eine sprunghaft wachsende Auslandsverschuldung und ein ungesunder Verdrängungswettbewerb auf den Kapitalmärkten zwischen öffentlicher und privater Nachfrage, dann 1927 die große Reform der Beamtenbesoldung mit einer Anhebung der Bezüge zwischen 18 und 25% führten Kritiker und Warner aus verschiedenen Lagern zum einhelligen Protest zusammen: den Reichsbankpräsidenten Schacht (Dok. 195, 260, 286, 310, 312f., 399, 457), den Reparationsagenten Parker Gilbert, die Privatwirtschaft unter Führung des „Reichsverbandes der deutschen Industrie" (Dok. 350f., 366 Anm.4) und auch den Finanzexperten des Zentrums, Heinrich Brüning (Dok. 76f.). Einig waren sie sich in ihrer Einschätzung, daß das „Wirtschaftswunder" von 1926/27 in großem Umfang nur geborgt war, kaum mehr als eine ungesunde „Scheinblüte" darstellte und beim ersten Anleihestop und Kreditabzug wie ein Kartenhaus zusammenfallen würde. Extensive öffentliche Ausgaben und Steuersenkungen in Zeiten guter Konjunktur – so Brünings Argument – würden dann später in einer Depressionsphase den finanz- und konjunkturpolitischen Bewegungsspielraum der Regierung zusätzlich einschränken. Eine ungebremste öffentliche Ausgabenflut in Verbindung mit der Aufnahme öffentlicher Anleihen aus dem Ausland für oft unproduktive Zwecke würde überdies – so übereinstimmend Schacht und Gilbert – die Position der Reichsregierung bei der angestrebten Neuverhandlung des Dawes-Planes entscheidend schwächen.

Der Einsatz des Reichsarbeitsministers Brauns und der Gewerkschaften für eine Wiederherstellung des (durch die Verordnung vom 21. 12. 1923 durchlöcherten) Achtstundentages und für einen 25%igen Überstundenzuschlag im Interesse auch der Bekämpfung der durch Rationalisierungen und Kartellierungen entstandenen strukturellen Dauerarbeitslosigkeit provozierte heftige Reaktionen im Arbeitgeberlager bis hin zur Androhung von Betriebsstillegungen bei Eisen und Stahl und im Ruhrbergbau. Argumente gegen eine Senkung der Wochenarbeitszeit wie Steigerung der Produktionskosten, Hemmung der Wirtschaftsentwicklung und Gefährdung der internationalen Konkurrenzfähigkeit waren nicht neu. Die im Stinnes-Legien-Pakt vom 15. 11. 1918 als sozialpolitische Grundlage der Weimarer Republik zwischen Kapital und Arbeit vereinbarte „Sozialpartnerschaft" war längst zum Schatten ihrer selbst geworden.

Der ausführlich dokumentierte Streit um die Einführung des Verfassungstages am 11. August als nationaler Feiertag sowie das Wiederaufleben des Flaggenstreites zeigen, wie schmal immer noch oder schon wieder der demokratisch-republikanische Konsens damals in Deutschland war. Nicht zu vergessen ist auch der tiefe konfessionelle Graben, der die Bevölkerung trennte und das Regieren zusätzlich erschwerte. So war es kein Zufall, daß das Kabinett Marx IV am Ende am Reichsschulgesetzentwurf des Innenministers v. Keudell scheiterte. Er ließ den alten Streit um eine Gleichstellung von Simultan-, Konfessions- und weltlichen Schulen, um das Elternrecht und den Religionsunterricht wiederaufleben und brachte die Liberalen in ihrem Kampf für die Gemeinschaftsschule als Regelschule und gegen die Bekenntnisschule erneut auf die Barrikaden gegen Zentrum und Deutschnationale.

Über die Reichskanzlerschaft Franz von Papens hat die Geschichtsschreibung längst ihr Verdammungsurteil gesprochen. Gleiches gilt für seine Regierungsmannschaft, die nach einem Wort des bayerischen Ministerpräsidenten Held den Eindruck vermittelte, „als ob das deutsche Volk aus Großagrariern, Schwerindustriellen und Intelligenzschulzen bestände". Waren sich in der Bewertung der Präsidialkanzlerschaft Heinrich Brünings etwa Bracher und Conze in ihrer Kontroverse noch nicht einig, wie weit sie schon in den „Auflösungsprozeß" der Weimarer Republik und in die Vorgeschichte des Diktaturstaates gehörte oder noch in den „abgeschnittenen Heilungsprozeß der deutschen Demokratie" (Conze), so findet Papen mit seinem sozialreaktionären und autoritären „Neuen Staat" einhellig keine Gnade mehr: Unter ihm und mit seiner aktiven Mithilfe erhielt das demokratisch-parlamentarische Verfassungssystem Weimars seinen Todesstoß und wurde vor allem mit dem „Preußenschlag" vom 20. Juli 1932 der Weg für die Etablierung der nationalsozialistischen Diktatur ein halbes Jahr später geebnet. Die vorliegende Aktenediton läßt uns unmittelbar an der Agonie der Weimarer Republik in den letzten Monaten ihres Bestehens teilhaben.

Dabei gebietet es freilich die geschichtliche Gerechtigkeit, auch für Papen an Hand der Quellen und im Rückblick auf die zwanziger Jahre genau den Entscheidungs- und Handlungsspielraum zu überprüfen, der den Regierenden in den einzelnen Politikfeldern damals im Schatten der Weltwirtschaftskrise und ihrer katastrophalen Auswirkungen noch geblieben war. Wo lagen die persönliche Verantwortung und Intitiative, und wo hatten die Strukturdefekte des Weimarer Parteienstaates und die wirtschaftlich-sozialen Folgen der allgemeinen Krise längst vor Papen einen solchen Problem- und Konfliktstau ausgelöst, daß ihm mit den herkömmlichen Mitteln des demokratischen Parlamentarismus auch bei bestem persönlichen Wollen nicht mehr beizukommen war? Unzweifelhaft und auch reich dokumentiert (vgl. u. a. Dok. 83, 135, 166, 171, 180) ist, daß Papen und sein Innenminister von Gayl im Einklang mit dem Reichspräsidenten und den damals führenden Kräften in Politik und Gesellschaft auf dem Wege einer Verfassungs-, Reichs- und Verwaltungsreform die endgültige Überwindung des Dualismus Preußen – Reich, den „gründlichen Umbau unseres staatlichen Lebens" und „eine machtvolle und überparteiliche Staatsgewalt (anstrebten), die nicht als Spielball von den politischen und gesellschaftlichen Kräften hin und her getrieben wird, sondern über ihnen unerschütterlich steht" (Dok. 166). Konkret sollte dies die Loslösung einer autoritären Regierung von der parlamentarischen Verantwortlichkeit, ihre einseitige Anbindung an das Vertrauen des Reichspräsidenten, die Einrichtung einer zweiten, berufsständischen Kammer und die Heraufsetzung des Wahlalters bedeuten. Diese Verfassungsreform, die im Planungsstadium steckenblieb, orientierte sich eindeutig am deutschen Konstitutionalismus des 19. Jahrhunderts. Sie lag im übrigen ganz auf der Linie, die schon in den zwanziger Jahren in konservativen Kreisen favorisiert wurde und die Brüning dann ab 1930 zielstrebig beschritt.

Weitaus rücksichtsloser war die Vorgehensweise der neuen Regierung und schriller ihre ideologische Rechtfertigung: Statt Tolerierung durch den Reichstag nunmehr eindeutig Konfrontationskurs, und dies nicht nur gegenüber der Institution, sondern vor allem auch gegenüber der Sozialdemokratie und den Gewerkschaften. In diesem Zusammenhang gehört das hier wohl zum erstenmal der Öffentlichkeit vorgelegte ausführliche Wortprotokoll der Sitzung des „Überwachungsausschusses" des Reichstages vom 27. September 1932 (Dok. Nr. 158) mit der eingehenden Behandlung der Vorgänge um das blamable Mißtrauensvotum für die Papenregierung und um die Auflösung des Reichstages am 12. September zu den deprimierendsten Beweisstücken für den schon weit fortgeschrittenen Verfall der demokratischen Kultur. Eingehend dokumentiert in Sitzungsprotokollen sind auch der „Preußenschlag" vom 20. Juli 1932 und die anschließenden personellen „Säuberungen" sowie die rüde Behandlung des geschäftsführenden preußischen Staatsministeriums Braun durch die Kommissariatsregierung Papen/Bracht auch noch nach dem ambivalenten Urteil des Reichsgerichts. Dieses verfassungsrechtlich so bedenkliche Vorgehen der Reichsregierung sollte noch einmal kraftvolle und ebenfalls eindrucksvoll belegte Initiativen insbesondere der süddeutschen Einzelstaaten mit Ministerpräsident Held an der Spitze (vgl. u. a. Dok. 83, 108, 197, 203 f.) für die Verteidigung des Föderalismus gegen die Erdrückung durch den „großpreußischen Einheitsstaat" (Held) auslösen. Haßerfüllte Ausfälle des Kanzlers gegen den Weimarer Parteienstaat, seinen „Staatssozialismus", den „Kulturbolschewismus" und den „Klassenkampf" klangen schon wie Vorboten nationalsozialistischer Regierungsdemagogie.

Das jahrzehntelange Ringen um den Schutz der deutschen

Landwirtschaft erlebte in der Ära Papen eine dramatische Zuspitzung im Kampf um die Einfuhrkontingentierung für landwirtschaftliche Veredelungsprodukte. Er setzte die Reichsregierung einer unerhörten inneren Zerreißprobe aus (vgl. Dok. 191), bis die ganze Frage unter innen- und außenpolitischem Druck Anfang November vertagt wurde (Dok. 212). Die starre Frontenbildung im Kabinett zwischen Wirtschafts-, Reichsaußen-, Finanz- und Arbeitsminister auf der einen und Landwirtschaftsminister auf der anderen Seite setzte sich außerhalb der Regierung fort im nachdrücklich belegten Aufmarsch der Interessengruppen: hier die „Grüne Front", die im Einsatz für Autarkie und Agrarprotektionismus mit ihrem Radikalismus auch verbal die Grenzen des für eine Regierung Zumutbaren längst überschritten hatte (Dok. 28, 29, 110, 115, 131, 143, 172, 176, 206), dort das zähe Festhalten an einer liberalen Außenhandelspolitik im Interesse der ungehinderten Ausfuhr von Industrieprodukten, der Arbeitsplatzsicherung und der Sicherung der Deviseneinkünfte beim DIHT (Dok. Nr. 62, 190), beim RdI (Dok. 129, 174), bei den Spitzenverbänden von Industrie, Handel und Bankgewerbe (Dok. 144), bei der Reichsbank (Dok. 165) und beim Deutschen Städtetag (S. 862 Anm. 4.).

In den Dokumenten spiegelt sich ein allgemeines Aufatmen in den Wirtschaftskreisen über die – im Papenprogramm fixierten – ersten Schritte weg vom starren Deflationskurs Brünings und hin zu einer – freilich noch sehr zögernden und am Ende nahezu wirkungslosen – staatlichen Konjunktur- und Arbeitsbeschaffungspolitik mit Hilfe direkter und indirekter Maßnahmen (Steuergutscheine). Unter den zahlreichen Maßnahmen für die Entlastung der Wirtschaft und die Hebung der allgemeinen Wirtschaftskraft verbarg sich freilich hinter der harmlos klingenden Formulierung „elastischere Gestaltung der Tarife" bei Neueinstellungen (vgl. Dok. 111–113) ein besonders brisanter Vorgang, der sofort Arbeitskämpfe auslösen sollte und deshalb von Schleicher im Interesse einer allgemeinen Beruhigung des angeheizten sozialen Klimas wieder kassiert wurde: die einseitige Aushöhlung des kollektiven Tarifvertragsrechts mit Hilfe von Notverordnungen und unter dem Beifall der „Vereinigung der Deutschen Arbeitgeberverbände" (Dok. 127) und damit der Sturm auf eine der letzten Bastionen des Weimarer Sozialstaates.

Die in den Dokumenten ausführlich dargestellten Kontakte des Reichspräsidenten und des Reichskanzlers mit Hitler Mitte August und Ende November bringen ebensowenig neue Erkenntnisse wie der ebenfalls eingehend nachgezeichnete mehrwöchige quälende Abschied der Papenregierung von der Macht unter kräftigem Dazutun Schleichers. Seltsam blaß dokumentiert bleiben die beiden zentralen außenpolitischen Themen: das Ende der Reparationen in Lausanne und der gleichzeitige Kampf um die deutsche Wehrfreiheit und Gleichberechtigung in Genf. Sie sind offenbar niemals Gegenstand einer umfassenden konzeptionellen Diskussion im Kabinett gewesen. Papen war sicher nicht der Reichskanzler, der durch eine kraftvolle politische Führung auch nur eine der anstehenden drängenden innenpolitischen Fragen hätte erfolgreich bewältigen können. Dafür fehlte ihm auch völlig die innenpolitische Basis. Die angestrebte „Konzentration der staatserhaltenden Kräfte“ unter seiner Führung und deren organisatorische Zusammenfassung in einer „Präsidialpartei“ erwiesen sich als Schlag ins Wasser. Wahrscheinlich wäre aber damals auch eine stärkere Persönlichkeit als Papen an der gewaltigen Last der Schwierigkeiten gescheitert.

Die Herausgeber Günter Abramowski (krankheitsbedingt zeitweilig vertreten durch Anton Golecki) und Karl-Heinz Minuth stellen in ihrer sorgfältigen Editionsarbeit neben den instruktiven Einleitungen wiederum eine Fülle von ergänzenden Materialien bereit, die es uns erlauben, innen- und außenpolitische Vorgänge zu rekonstruieren und besser zu verstehen, die in den abgedruckten Kabinettsprotokollen und Denkschriften oft nur mehr andeutungsweise und skizzenhaft präsentiert werden.

Hamburg *Bernd-Jürgen Wendt*

CLEMENS A. WURM (Hrsg.), Internationale Kartelle und Außenpolitik. Beiträge zur Zwischenkriegszeit. (Veröffentlichungen des Instituts für Europäische Geschichte Mainz, Abt. Universalgeschichte, Beih. 23.) Stuttgart, Steiner 1989. 198 S., 3 Tab., 58,– DM.

Der Sammelband, Produkt eines Forschungsprojektes des Instituts für Europäische Geschichte, das 1983 abgeschlossen wurde, umfaßt fünf Beiträge. Der Herausgeber weist selber darauf hin, daß damit keine umfassende Darstellung der internationalen Kartellierung vorgelegt wird, sondern ein Ausschnitt. Der Schwerpunkt liegt eindeutig auf Kartellen der „alten“ Industrien (Kohle, Stahl, Textil). Doch gerade dort zeigte sich eine politisch einflußreiche Verflechtung staatlicher und ökonomischer Interessen. Besonders interessant ist der Perspektivenwechsel, der vor allem bei *Ulrich Nocken* und *John Gillingham* deutlich wird: Während die Zwischenkriegszeit bisher vornehmlich negativ gesehen wird, suchen beide, ohne die bisherige Betrachtungsweise generell in Frage zu stellen, nach positiven Ansätzen für die weitere Entwicklung. In der Tat waren die internationalen Kartelle geeignet, als politische und wirtschaftspolitische Ausgleichsfaktoren zwischen den Staaten zu wirken. *Gillingham* weist in seinem Beitrag zur „Coal and Steel Diplomacy" (S. 83–102) auf Kontinuitäten von Strukturen und wirtschaftlichen Strategien hin, die bis zu Schritten zur EWG zu verfolgen sind. Auch *Nocken* betont in „The Formation of the International Steel Cartel 1924–1926" (S. 33–82) die ausgleichenden Elemente und widerspricht der herkömmlichen Bewertung eines „deutschen Sieges" (S. 81). *Wurm* untersucht die britische Handelsdiplomatie in ihrem Verhältnis zu Kartellen im Stahl- und Textilbereich (S. 103–150). Er konstatiert aus der Kartellierung stammende, politisch entlastende Elemente (S. 132), verneint aber eine direkte Wirkung (S. 127). *Kossmann* beschäftigt sich mit deutsch-amerikanischen Technologiekartellen (S. 151–180) unter dem Aspekt der Anti-Trust-Bewegung. Angesichts der weit wichtigeren Aufrüstung diente diese Verbindung zu deutschen Firmen dazu, das Fortbestehen der Anti-Trust-Bewegung politisch zu rechtfertigen (S. 158). Der bei weitem wichtigste Teil des Bandes ist *Wurms* Einleitungsbeitrag zum Problemfeld Außenpolitik–internationale Kartelle (S. 1–32). Er faßt darin nicht nur den Forschungsstand zusammen, sondern vermittelt eine Reihe neuer Zusammenhänge. Dabei bearbeitet er alle wichtigen Problemfelder und markiert darüber hinaus auch neue. Neben den anderen werden insbesondere von diesem Beitrag zusätzliche Anstöße zur weiteren Forschung ausgehen.

Berlin *Harm G. Schröter*

ROLF AHMANN, Nichtangriffspakte: Entwicklung und operative Nutzung in Europa 1922–1939. Mit einem Ausblick auf die Renaissance des Nichtangriffsvertrages nach dem Zweiten Weltkrieg. (Internationale Politik und Sicherheit, Bd. 23.) Baden-Baden, Nomos 1988. 764 S., 89,– DM.

Es ist A.s Verdienst, eines der wichtigsten Themen der internationalen Beziehungen in der Zwischenkriegszeit, das sehr vernachlässigt worden ist, eingehend und umsichtig behandelt zu haben. Auf der Basis analytischer und definitorischer Vorüberlegungen über Wesen, Voraussetzungen, Anwendungsmöglichkeiten und Protagonisten des Nichtangriffsvertrages, die ein den Aufbau der Untersuchung bestimmendes Fragenschema für die Beispiele liefern, kommt A. zu beachtlichen Aussagen über die starke Verbreitung dieser Verträge. Sie waren ein Krisenzeichen des internationalen Systems und verstießen im Grunde gegen die guten Sitten; enthielten sie keine weiteren Bindungen, wurden sie, wie A. überzeugend nachweist, vornehmlich dazu benutzt, um internationale Verpflichtungen, Organisationsformen und Sicherheitsvorkehrungen, also die ohnehin geschwächte internationale Stabilität zu zersetzen.

Das Thema wird, nach der Vorgeschichte, an Hand dreier aussagekräftiger Beispiele bearbeitet: Den Verträgen zwischen der Sowjetunion und Polen (25. 7. 1932), Deutschland und Polen (26. 1. 1934) und Deutschland und Lettland (7. 6. 1939). A. analysiert dabei sorgfältig eine große Fülle von Einzelvorgängen, schildert die z. T. lange Vorgeschichte, die Begleitumstände, politischen Interessen und Auswirkungen und differenziert präzise die Formen und Übergänge zu anderen Vertragstypen. Angesichts der thematischen Breite sind gelegentliche Ungenauigkeiten kaum zu vermeiden; das deutsche Schiedsvertragssystem und die Frage des Kriegsverzichts im Zusammenhang mit dem deutsch-polnischen Verhältnis in der Locarno-Ära ist doch etwas komplizierter, ebenso der nicht ganz berücksichtigte Forschungsstand. Der Stil ist ziemlich hart.

Das Fazit dieser bemerkenswerten, aus einer Dissertation hervorgegangenen Untersuchung: Sowohl für die Sowjetunion als auch für Hitler war der Nichtangriffsvertrag ein wichtiges Instrument in ihrem Kampf gegen kollektive Sicherheit, Bündnissysteme und multilaterale Verträge. Er verhinderte die eigene und ermöglichte die Isolierung der Vertragspartner, fand vielfältige Verwendung zur vorübergehenden Ablenkung und Entspannung – dem dienten schon die Verhandlungen über ein Abkommen – und konnten, wie Hitlers Vorgehen zeigt, auch zur Vorbereitung des Krieges dienen. A.s Buch trägt also auch zur Klärung wichtiger außenpolitischer Entwicklungen in Europa bei. Es hat die Forschung vorangebracht.

Marburg *Peter Krüger*

I Documenti Diplomatici Italiani. A cura della Commissione per la pubblicazione dei documenti diplomatici. Settima serie: 1922–1935. Vol. XIII (1° gennaio–15 luglio 1933). Roma, Istituto Poligrafico e Zecca dello Stato 1989. LXXII, 1121 S.

Mit diesem dreizehnten Band erreicht die Serie 7 das ereignisschwere erste Halbjahr 1933. Im Vordergrund stehen die Machtergreifung des Nationalsozialismus in Deutschland und die von ihr in Europa hervorgerufenen Reaktionen. Mussolini steht auf dem Höhepunkt seines internationalen Ansehens. Mit dem von ihm Mitte März 1933 vorgeschlagenen Viererpakt, dem zweiten großen Thema dieses Bandes, versuchte er das System des Völkerbundes und der kollektiven Sicherheit durch ein Viererdirektorium abzulösen. Die Kanzlerschaft Hitlers wurde in Rom als großer Sieg der faschistischen Weltbewegung gefeiert. Über seinen Vertrauensmann zur deutschen Rechten, Major Renzetti (von dem der Band mehr als ein Dutzend bislang unbekannter Berichte und Gesprächsaufzeichnungen enthält), ließ Mussolini Hitler Ratschläge zukommen, wie er am besten seine Machtpositionen befestigen könne. Im Februar 1933 schien Renzetti noch ein Mehr an revolutionärem Elan und ein Verzicht auf legalitäre Skrupel notwendig (S. 92). Wenige Monate später, im Juli 1933, kritisierte selbst ein Renzetti das hohe Maß an Gewalt und Terror, das die Ereignisse in Deutschland charakterisierte. (S. 975)

Schon Mitte Februar ließ Mussolini die Warnung nach Berlin gelangen, daß das Anschlußproblem zu diesem Zeitpunkt nicht aufs Tapet gebracht werden dürfe. Gleichzeitig beschleunigte er die angestrebte Etablierung eines Konkurrenzfaschismus in Österreich. Der Band enthält, in Gesprächen zwischen Suvich und Starhemberg, konkrete Staatsstreichplanungen in Wien schon für Mitte Februar 1933 (S. 101 ff.).

Völlig neu ist auch, welchen Umfang die militärische Zusammenarbeit zwischen Berlin und Rom nach den deutschen Intentionen annehmen sollte. Der Band enthält das Protokoll einer Geheimbesprechung Görings in Rom (11. 4. 1933) mit den Spitzen der italienischen Luftwaffe, nach der Deutschland 1000 bis 1500 Flugzeuge (davon 70% Bomber) in Italien kaufen und dort auf Abruf bereithalten wollte für den Fall kriegerischer Verwicklungen mit Frankreich und der Kleinen Entente. Aus dem Projekt ist nur die geheime Ausbildung deutscher Piloten realisiert worden, die 1933/34 auf norditalienischen Flughäfen stattfand. Zur deutschen

Innenpolitik in der Machtergreifungsphase enthält der Band zahlreiche Aufschlüsse. Kaum mit irgendwelchen anderen ausländischen Vertretern hat Hitler so offen über seine wirklichen Pläne gesprochen wie mit den Italienern. Über die Kabinettssitzungen sagte Hitler schon im Mai 1933 zu Botschafter Cerrutti, dieses Gremium habe er weitgehend umgeformt zu einer Versammlung von Befehlsempfängern. „Als Kanzler mit einem ‚totalitären' Überblick über die politischen Probleme" erteile er die Anordnungen (S. 708).

Auch über den Untergang des Zentrums enthält der Band neue Aufschlüsse. Papen äußerte schon am 10. 4. zu Mussolini, das Zentrum sei „vorbei" (S. 422).

Rom *Jens Petersen*

I Documenti Diplomatici Italiani. A cura del Ministero degli Affari Esteri. Settima ser.: 1922–1935. Vol. XIV (16 luglio 1933–17 marzo 1934). Roma, Istituto Poligrafico e Zecca dello Stato/Libreria dello Stato 1989. LXI, 975 S., 141.000 Lit.

Mit diesem Tausendseitenband erreicht die Serie sieben fast ihren Abschluß. Im Zentrum steht die Frage nach der zukünftigen Orientierung des neuen Protagonisten auf der europäischen Bühne: Hitler-Deutschlands. Im Sommer 1933 sind in Rom schon die ersten Illusionen und Euphorien vom März 1933 verflogen. Die neuen Berliner Machthaber erweisen sich als weit schwierigere Partner als erhofft. Vor allem in der Österreich-Frage stoßen die Interessen rasch hart aufeinander. Der Band dokumentiert in extenso die Einflußnahme Italiens auf die Regierung Dollfuß und die schrittweise Durchsetzung eines konkurrenzfaschistischen Modells. Das Telegramm Mussolinis vom 11.2.1934 mittags mit seiner Botschaft an Dollfuß bestätigt die Annahme, daß das faschistische Italien einen bedeutsamen Initiativanteil an der Auslösung des „Februaraufstands" in Wien gehabt hat. Reichhaltig ist auch die Dokumentation über die Abrüstungsverhandlungen. Sie zeigt die massive Verärgerung Mussolinis über den für unmotiviert und gefährlich gehaltenen Austritt Deutschlands aus Völkerbund und Abrüstungskonferenz, aber auch den raschen, gegen Genf gerichteten Wechsel der römischen Politik wenige Wochen später. Das Beispiel Hitlers begann Schule zu machen. Die „longa manus" Mussolinis in Deutschland, Major Giuseppe Renzetti, begann vom Sommer 1933 ab an Einfluß zu verlieren. Der Band enthält (S. 8f.) einen langen Bericht Botschafter Cerrutis an Mussolini, in dem er die Forderung erhob, seinem Rivalen alle direkten Kontakte zu den führenden Nationalsozialisten, speziell zu Hitler und Göring zu verbieten. Im November 1933 forderte er dann mit Schärfe die Abberufung Renzettis aus Berlin (S. 442). Seit dem Sommer 1933 begann Cerruti die Politik der nationalsozialistischen Regierung zunehmend kritisch zu beurteilen. Aufschlußreich sind die Passagen eines Berichtes von Ende Dezember 1933. „Der neue Geist des Reiches – der letztendlich dem Geist des alten Preußen entspricht – rebelliert gegen das Diktat von Versailles und zielt darauf ab, die anderen Staaten einer Reihe von künftigen Diktatregelungen zu unterwerfen, falls sie sich nicht den Zorn Deutschlands zuziehen wollen. ... Das nationalsozialistische Regime kennt keine Kompromisse, ... eine einmal eingeschlagene Marschrichtung wird bis zum Ende durchgehalten, auf dem Wege befindliche Hindernisse werden zerstört" (S. 560). Bedeutsam sind auch die Zeugnisse über Hitler und seine Entourage. Über den Handlungsspielraum des Diktators schreibt Renzetti im November 1933: „Man hat gesagt, daß Hitler nicht kommandiert. Mir scheint das nicht der Realität zu entsprechen. Es stimmt, daß Hitler sich noch nicht mit allen Funktionen der Regierungsmaschinerie auskennt und daß er einigen seiner Untergebenen zu große Freiheiten eingeräumt hat, es stimmt aber auch, daß er schrittweise diesen Spielraum einschränkt. Heute gibt es niemanden mehr, der nicht gehorcht. Die Distanz zwischen dem Führer ... und seinen Untergebenen hat sich vergrößert, allmählich verlieren die ‚Ras' (Unterführer) an Bedeutung" (S. 454f.).

Rom *Jens Petersen*

SALVATORE CARBONE / LAURA GRIMALDI, Il popolo al confine. La persecuzione fascista in Sicilia. (Pubblicazioni degli Archivi di Stato, Strumenti, 56.) Roma, Istituto Poligrafico e Zecca dello Stato 1989. XII, 839 S.

Die Erfassung politischer Gegner durch die zentralen Organe des Staatsapparats hat seit dem Ausgang des 19. Jahrhunderts in Italien zu der Entstehung großer Personendateien geführt. Allein in dem von 1896 bis 1945 reichenden Casellario Politico Centrale (heute im „Archivio Centrale dello Stato"), in dem die Mitglieder und Sympathisanten von Umsturzparteien geführt wurden, „die als gefährlich für die öffentliche Ordnung und für die Sicherheit betrachtet werden", befinden sich über 160 000 Personenfaszikel, die Sozialisten, Anarchisten, Kommunisten, Republikanern, linken und intransigenten Katholiken usw. gewidmet waren. Daneben entstand nach Etablierung der faschistischen Diktatur eine weitere Serie über die „Confinati politici", die Verbannten. Beide Personendateien bilden ein unschätzbares Material für die sozialgeschichtliche und die biographische Forschung. Der vorliegende Band erfaßt 800 Biographien von politischen Gegnern des Faschismus in Sizilien. Davon sind 469 in beiden Dateien belegt (bei der Verurteilung zum Confino unterblieb eine Weitermeldung an das Casellario Politico, falls es sich um „unpolitische" Formen individuellen Protestes handelte, Flüche gegen den Duce usw.). Das Material ist durch 10 Indices aufgeschlüsselt (u. a. Herkunft, Wohnort, Verbannungsort, politische Orientierung, sozioökonomische Lage, Alter, Dauer der Inhaftierung, Gründe für Freilassung). Das hier vorgelegte Material ist zu schmal, um darauf generalisierende Aussagen aufbauen zu können. Sizilien ist relativ spät vom Faschismus erfaßt worden. Auch der Antifaschismus verband sich eher mit älteren Formen sozialen und politischen Protestes. Die These einer generalisierten Massenopposition – „un popolo al confino" – wird man erst ernsthaft diskutieren können, wenn ähnliche Dokumentationen für wirklich „faschistische" Regionen, etwa Toskana, Emilia Romagna, Piemont usw., vorliegen werden. Einstweilen sind Bände für Apulien, Kampanien und Basilicata geplant. Der Band über Kalabrien ist schon erschienen.

Rom *Jens Petersen*

KLAUS WEISS, Das Südtirol-Problem in der Ersten Republik. Dargestellt an Österreichs Innen- und Außenpolitik im Jahre 1928. Wien, Verlag für Geschichte und Politik/München, Oldenbourg 1989. 293 S., 56,– DM.

Die forcierte Südtirolpolitik des faschistischen Italien nach 1922 hat zweimal zu krisenhaften Zuspitzungen geführt: Anfang 1926, als Stresemann und Mussolini über die Distanz ein Rededuell vor Reichstag und römischer Kammer ausfochten, und Anfang 1928, als sich der gleiche Konflikt noch einmal zwischen dem österreichischen Bundeskanzler Seipel und dem italienischen Ministerpräsidenten wiederholte. In beiden Fällen kam es zu erregten Reaktionen der deutschsprachigen Öffentlichkeit. Italien als Siegermacht war weder in Versailles noch in St. Germain irgendwelche Verpflichtungen zum Schutz der annektierten Minderheiten eingegangen und betrachtete deshalb das „Alto Adige"-Problem als eine rein inneritalienische Angelegenheit. Jeder Protest von außen wurde als unzulässige Einmischung zurückgewiesen. Österreich als Kleinstaat war auf das Wohlwollen und die Unterstützung Italiens vital angewiesen. In diesem Teufelskreis von machtpolitischer Ohnmacht, ökonomischer und finanzieller Schwäche und national aufgeregter Öffentlichkeit befand sich die Wiener Politik in einer fast ausweglosen Lage. Das gilt besonders für die Jahre nach 1928, als Mussolini über die durch Italien finanzierten Heimwehren mit Staatsstreichplanungen und direkten Interventionen auf die Wiener Politik einzuwirken begann. Diesem Konflikt 1928, der in der Abberufung des italienischen Gesandten aus Wien kulminierte und mit der fast völligen Kapitulation Seipels vor Mussolini endete, ist die vorliegende, breit aus den Fonds des Wiener Haus-, Hof- und Staatsarchivs dokumentierte Arbeit gewidmet. Sie ist sorgfältig recherchiert, hat auch in breiter Form und mit beträchtlichem Gewinn die zeitgenössische Presse mit herangezogen. Wenn sie trotzdem nicht zu abschließenden Ergebnissen kommt, so liegt dies an einer merkwürdigen Lücke. Der Autor nennt keine einzige italienische Darstellung, ja hat nicht einmal die Opera Omnia von Mussolini oder die Documenti Diplomatici Italiani herangezogen, die zahlreiche Dokumente zu dem behandelten Thema enthalten. Das ist bei einem Thema wie dem Südtirols ein fast unbegreifliches Versäumnis.

Rom *Jens Petersen*

HANS-HENNING SCHRÖDER, Industrialisierung und Parteibürokratie in der Sowjetunion. Ein sozialgeschichtlicher Versuch über die Anfangsphase des Stalinismus (1928–1934). (Forschungen zur osteuropäischen Geschichte, Bd. 41.) Wiesbaden, Harrassowitz 1988. 370 S.

Daß die Entstehung des stalinistischen Machtsystems in Verbindung mit forcierter Industrialisierung und Kollektivierung von langer Hand vorbereitet und planmäßig „von oben" gelenkt worden sei, kann nun endgültig ins Reich der Legende verwiesen werden. Hans-Henning Schröder, der bereits mit seiner Dissertation über die Sozialgeschichte der bolschewistischen Partei während der zwanziger Jahre der Forschung neue Wege aufgezeigt hat, arbeitet mit dieser Quasi-Fortsetzung die vielgestaltigen Zusammenhänge zwischen sozialökonomischer Entwicklung – hier konzentriert auf den städtischen Bereich – und Formierung der Stalin-Herrschaft überzeugend heraus.

Die schwere Wirtschaftskrise, in die die Sowjetunion gegen Ende der zwanziger Jahre geraten war, wurde von der Partei- und Staatsführung keineswegs nach einem klaren Konzept bekämpft. Auf der Suche nach der angemessenen Antwort verstrickte man sich im Gegenteil immer stärker in Widersprüche, bis sich die Gruppe um Stalin – nach harten internen Auseinandersetzungen – eher hilflos und panikartig zur „Flucht nach vorn" entschloß. Die Krise wurde letztlich dadurch noch verschärft, aus ökonomischer Sicht erwies sich die verfolgte Politik als ein völliges Fiasko.

Doch die Hilflosigkeit in der Wirtschaftspolitik ging mit einem wachen Gespür für die Machtstabilisierung einher. Der Repressionsapparat wurde zunehmend ausgebaut und eingesetzt. Über Kampagnen mobilisierte man für die Erfüllung wichtiger Ziele, auf „Schädlinge und Saboteure" lenkte man die Wut über eingetretene Mißstände. Schließlich nutzte die Zentrale die oft chaotischen Zustände, um ihre Eingriffsmöglichkeiten zu verankern. Bürokratische Herrschaft weitete sich aus, auch die Parteistruktur wurde zu Beginn der dreißiger Jahre grundlegend verändert.

Schröder gelingt es, die entscheidenden sozialgeschichtlichen Hintergründe dieses Prozesses deutlich werden zu lassen: die sozialen Umbrüche in Arbeiterschaft und Partei. Nicht nur, daß eine andere Generation herangewachsen und die Arbeiterschaft insgesamt nun ausgesprochen heterogen zusammengesetzt war, die neuen Kräfte wiesen auch in der Regel eine geringe fachliche und politische Erfahrung auf. Viele von ihnen konnten jetzt, aufgrund der erweiterten Möglichkeiten in Wirtschaft und Behörden, aufsteigen. Sie verhielten sich der Partei- und Staatsführung gegenüber verständlicherweise loyal, aber selbst ihre Ausbildung, Qualifikation und Erfahrung ließen zu wünschen übrig. Für die Bewältigung der Aufgaben und Anforderungen, die auf sie zukamen, waren sie vielfach nicht kompetent. Dies machte dann ein um so stärkeres Eingreifen der Zentrale, bis hin zu Detailvorschriften, geradezu notwendig und gab zugleich Stalin und seinen Anhängern die Gelegenheit, ihre Macht abzusichern. Damit einher ging eine Veränderung der Wertvorstellungen. Die neue Führungsschicht akzeptierte überwiegend eine hierarchische politisch-gesellschaftliche Struktur und den Ausbau sozialer Ungleichheit, der ihr erhebliche Privilegien verschaffte. Nur für kurze Zeit, in der Anfangsphase des ersten Fünfjahrplanes, wurde diese Tendenz ergänzt durch einen Enthusiasmus zahlreicher Arbeiter, die in der wirtschaftspolitischen Wende den Durchbruch zum Sozialismus sahen und an den ursprünglichen Zielen der Revolutionäre anknüpfen wollten. Sie engagierten sich in der politischen Tätigkeit und beteiligten sich an der Kommunebewegung oder anderen sozialen und kulturellen Experimenten. Administrativer Druck beendete Anfang der dreißiger Jahre diese Versuche und führte bei vielen der Teilnehmer zu Enttäuschung und politischer Apathie. Dadurch wurde wiederum die Konsolidierung des stalinistischen Machtapparates begünstigt.

Nicht zu übersehen ist, daß ein beträchtlicher Teil der Arbeiterschaft in unterschiedlichster Form – vom häufigen Arbeitsplatzwechsel und „Blaumachen" bis hin zum offenen Streik – gegen das neue System protestierte. Ihre soziale Aufsplitterung sowie die Verbindung von Aufstiegsgewährung und massiver Repression verhinderten jedoch, daß die Artikulation von Unzufriedenheit in eine geschlossene politische Aktion einmündete. All diese vielschichtigen Zusammenhänge legt Schröder in seinem Buch offen. Er nennt es bescheiden einen „Versuch". Sicher muß manche Aussage, vor allem zur Mentalität und Vorstellungswelt, zu Lebens- und Verhaltensweisen der Menschen, noch Vermutung bleiben. Die Erschließung neuen Quellenmaterials in der Sowjetunion selbst wird es hoffentlich ermöglichen, hier zu vertiefen und zu differenzieren. Und natürlich behandelt Schröder nur Ausschnitte der gesellschaftlichen Entwicklung, weitere Faktoren müssen untersucht und miteinbezogen werden. Doch insgesamt verfügen wir jetzt über ein solides Fundament für eine komplexe Deutung, wie es zur stalinistischen Herrschaft gekommen ist.

Freiburg i. Br. *Heiko Haumann*

NIELS ERIK ROSENFELDT, Stalin's Special Departments. A Comparative Analysis of Key Sources. Copenhagen, Reitzel 1989. 116 S.

Über die funktionale Ausübung der Herrschaft Stalins ist relativ wenig bekannt. Das persönliche Regiment Stalins als einer der wesentlichen Merkmale des Stalinismus institutionell faßbar zu machen, ist das Anliegen des Autors – und damit im weitesten Sinne auch ein

Versuch, bislang nicht eindeutig erklärbare Handlungsmuster, die charakteristisch für die stalinistische Politik sind, aufzuhellen.

Das schmale Bändchen Rosenfeldts (116 Seiten, davon 76 Seiten Text) ist nach Bekunden des Autors aus dem Bemühen hervorgegangen, einen bislang in der historischen Forschung unberücksichtigten Aspekt der stalinschen Herrschaftsordnung zu beleuchten: die Rolle der „Besonderen/Geheimen Abteilungen" und ihre Verbindung zum „osobyj sektor" (Besondere Abteilung) beim Sekretariat des ZK und „Persönlichen Sekretariat" Stalins. Der Vf. weist zu Recht darauf hin, daß die Untersuchung dieses spezifischen Bereiches der stalinschen Apparate neue Erkenntnisse zu gewinnen verspricht.

Dem möglichen Einwand, eine Bewertung der Rolle der „Besonderen Abteilungen" werde naturgemäß auf Spekulationen beruhen, solange sowjetische Archive unzugänglich bleiben, begegnet R. mit der Versicherung, daß aus dem Vergleich von offiziellen Dokumenten mit Aussagen von Emigranten durchaus überprüfbare und somit auswertbare Erkenntnisse gewonnen werden können. R. stützt sich bei seinen Untersuchungen aber im wesentlichen nur auf ein 1952 verfaßtes Werk eines gewissen G. K. Georgievskij mit dem Titel: „Sekretnye otdely v pravitel'stvennych, partijnich, chozjajstvennych i obščestvennych organizacijach v SSR" (Geheimabteilungen in Staats-, Partei-, Wirtschafts- und Gesellschaftsorganisationen in der UdSSR), das sich in der „Hoover Institution on War, Revolution and Peace" in Stanford befindet. Auf der Grundlage dieser Schrift, einigen anderen Verlautbarungen russischer Emigranten und den offiziellen Dokumenten aus dem „Smolensker Archiv" gelangt der Autor zu der Überzeugung „that we are certainly proceeding on the right path toward understanding how Stalin controlled his system" (S. 76).

R. führt die institutionelle Macht Stalins auf die Existenz von „Besonderen/Geheimen Abteilungen" zurück, die seit den 20er Jahren in Partei und Staat entstanden waren und in direkter Verbindung sowohl zum „Osobyj Sektor" als auch zum „Persönlichen Sekretariat" Stalins standen, die beide von Stalins Privatsekretär Poskrebyšev geleitet wurden. Ursprünglich waren die Abteilungen während der Industrialisierungskampagne als Mobilisierungsorgane für den Kriegsfall in der Wirtschaft und als Kontrollorgane für lokale Parteieinheiten, die den Arbeitsanforderungen der Parteizentrale nicht entsprachen, geschaffen worden. Sehr bald aber entwickelten sich diese Abteilungen zu einem Netzwerk von Behörden, die an den maßgeblichen Parteiorganen vorbei vom „Persönlichen Sekretariat“ und vom „Osobyj Sektor“ geleitet und instruiert wurden. Zwar erhielt das Politbüro durch den „Osobyj Sektor“ authentische Informationen über die wirkliche Lage in Partei und Staat, auf die es seine Entscheidungen gründen konnte, zugleich war es aber auch von Informationen abgeschnitten, weil der „Osobyj Sektor“ von Stalins „Persönlichem Sekretariat“ beeinflußt wurde.

Die Mitglieder der „Besonderen/Geheimen Abteilungen“, die in den 30er Jahren in allen Partei-, Wirtschafts- und Staatsbehörden eingerichtet wurden, unterlagen einem sorgfältigen Ausleseverfahren und stellten Zuverlässigkeit schon dadurch sicher, daß sie niemals aus jenen Institutionen hervorgingen, die Gegenstand ihrer Überwachung waren. Von den vielfältigen Aufgaben der Abteilungen waren die Sicherheits- und Mobilisierungsaufgaben die wichtigsten. Selbst im NKVD bestand eine Abteilung, zuständig für Personenschutz und hauptverantwortlich für die Auswüchse des Terrors, die nicht dem Chef des NKVD, sondern dem „Osobyj Sektor“ und Stalins „Persönlichem Sekretariat“ unterstand. Dies erklärt einleuchtend, warum es keinem Leiter der Sicherheitsorgane je gelang, aus Stalins Schatten zu treten oder das Ministerium als Machtbasis zu benutzen. R. gelangt deshalb zu der Schlußfolgerung: „It was here that the work of all other Soviet institutions was ultimately coordinated and controlled, including the activities of the security organs“ (S. 9).

Die Existenz dieser neben den regulären Staats- und Parteiorganen bestehenden Abteilungen, deren Kommunikationswege bei Stalin zusammenliefen, kann in der Tat als ein Indiz dafür angesehen werden, daß Stalin hier die institutionelle Basis für seine terroristische Alleinherrschaft besaß, das Mittel, um alle möglichen konkurrierenden Ansprüche auszuschalten. In diesem Sinne ist für R. der Osobyj Sektor „the nerve center of the Stalin regime“ (S. 75).

Es ist R. beizupflichten, die „Besonderen/Geheimen Abteilungen“ als wichtige Herrschaftsinstrumente des stalinschen Apparates zu betrachten. Die Ausschließlichkeit, mit der behauptet wird, die Abteilungen seien der eigentliche Motor der stalinschen Herrschaft gewesen, wird durch die mehr als dürftige Quellenbasis jedoch nicht gerechtfertigt und ignoriert andere Themenkomplexe, die für das Verständnis das Stalinismus unverzichtbar sind.

Frankfurt am Main *Jörg Baberowski*

DIETER STIEFEL, Die große Krise in einem kleinen Land. Österreichische Finanz- und Wirtschaftspolitik 1929–1938. (Studien zu Politik und Verwaltung, Bd. 26.) Wien/Köln/Graz, Böhlau 1988. IX, 428 S., 98,– DM.

Dieter Stiefel hat eine grundlegende und umfassende Studie zur österreichischen Finanz- und Wirtschaftspolitik in der Zeit der Weltwirtschaftskrise vorgelegt, in der er die historische Entwicklung als Folge der wirtschaftlichen Entflechtung der Habsburger Monarchie – zehn Jahre nach dem politischen Zusammenbruch – beschreibt. Zugleich bringt Stiefel eine schöne Fallstudie der Auswirkungen der Weltwirtschaftskrise in Europa: kleine Staaten sind bekanntlich eher den Zwängen des Weltmarktes ausgesetzt als größere.

Die Arbeit folgt keinem chronologischen Lauf, sondern ist in vier systematisch angelegte Teile gegliedert: Steuern und Ausgaben, Anleihen, Währungspolitik und Außenhandel. Insgesamt überzeugend beschreibt der Vf. das niedrige Investitionsvolumen der zwanziger Jahre und die chronisch defizitären Bilanzen des Außenhandels, die nur durch Einkommen aus Kapitalanlagen in den ehemaligen Ländern der Monarchie bezahlt werden konnten. In den zwanziger Jahren entwickelten sich hohe Staatsausgaben und ein Druck auf seiten der Industrie zur Herabsetzung der Steuerlasten. In der Konjunkturkrise steigerten sich dann die sozialbedingten Ausgaben und Österreich fiel in eine „Krise des Steuerstaates", eine Krise „einer Form des Steuerstaates, in der versucht wurde, etatistische Grundsätze mit sozialpolitischen Ausgaben zu kombinieren, ohne aber direkt in das Konjunkturgeschehen eingreifen zu wollen" (S. 33). Interessant war die österreichische Reaktion, daß nämlich in dem kleinen Land die streng deflatorischen Haushalte in der Weltwirtschaftskrise nicht wie in Deutschland durch Notverordnung, sondern auf dem parlamentarischen Weg verabschiedet werden konnten. Der Nationalrat hatte offenbar mehr Mut zur Unpopularität als der Deutsche Reichstag. Drei große Sanierungspakete – der Budget-Nachtrag vom Juni 1931, das Budgetsanierungsgesetz vom September 1931 und der Budget-Nachtrag vom Juli 1932 – fanden die Zustimmung auch der sozialdemokratischen Opposition; nur die Abgeordneten der Heimwehr stellten sich dagegen. Die Gesetzvorlagen wurden jeweils als Existenzfrage nicht so sehr für die Regierung, sondern der Demokratie und der Republik Österreich überhaupt dargestellt. Damit scheint Österreich ein ganz einzigartiger Fall zu sein, wo parlamentarische Formen trotz einer schweren Wirtschaftskrise zunächst weiterleben konnten: erst später, 1934, folgte die Wende in den Ständestaat.

Die Erklärung, warum die Deflation solche erstaunliche parlamentarische Unterstützung fand, wird erst im zweiten Kapitel gegeben. Im ersten Kapitel wird lediglich geschrieben, daß die sozialdemokratische Führung auch in „den Gedankengängen der bürgerlichen Nationalökonomie verfangen war". Aber die SPÖ war zweitens auch in hohem Maße verantwortungsbewußt. Die „Arbeiterzeitung" erklärte: „Der Faschismus lauert nur darauf, daß sich das Parlament unfähig erweise, in einem so kritischen und gefährlichen Augenblick zu handeln." Und drittens war die Zustimmung zur Deflation unter außenpolitischen Gesichtspunkten notwendig: Die Vorlagen zum Budget 1932 wurden zu der gleichen Zeit diskutiert, als Österreich beim Völkerbund über eine Anleihe von 300 Mio. Schilling verhandelte. Diese hatte zur Vorbedingung die Ausgeglichenheit des österreichischen Etats. Die Anleihesumme war in Wirklichkeit zu niedrig, um die ungeheuren Notopfer der Deflation zu rechtfertigen. Aber sie stellte das Symbol der Verbundenheit mit dem internationalen System dar und war Ausdruck der Tatsache, daß die österreichische Finanz-Souveränität nach der Stabilisierung 1922 im wesentlichen an den Völkerbund abgetreten war.

Einige kleine Fehler sind in dem Buch enthalten. S. 183 heißt es stets 1931 statt (wie in den Fußnoten richtig angeführt) 1932. Daß die Aktienrendite niedriger war als der offizielle Diskontsatz braucht nicht, wie auf S. 270 gesagt, ein „deutliches Zeichen der Krise des Aktienmarktes" zu sein. Man könnte sie genausogut als Zeichen eines Vertrauens in hohe Wachstumsraten deuten. Der analytische und nicht chronologische Aufbau erschwert manchmal das Verständnis für den Zusammenhang zwischen innerer Politik, wirtschaftlichen Sachzwängen und außenpolitischen und weltwirtschaftlichen Einflüssen auf die Politik; aber er macht insgesamt den Bezug auf die zeitgenössische Literatur und Diskussionen verständlicher. Im ganzen ist dies ein gelungenes Standardwerk zur österreichischen Wirtschaftsgeschichte, dessen erstaunliche Parallele zur deutschen Geschichte in der Ausgangssituation und dessen Unterschiede in der Reaktion auch deutschen Historikern Anlaß zum Nachdenken geben sollte.

Princeton *Harold James*

CHRISTOPH VON ROEHL, Große Depression und Stagflation. Eine kritische Analyse der deutschen Wirtschaftspolitik 1927/33 und 1970/86. (Abhandlungen zu den Wirtschaftlichen Staatswissenschaften, Bd. 32.) Göttingen, Vandenhoeck & Ruprecht 1988. 276 S., 2 Tab., 41 Graphiken, 76,– DM.

Der Vf. hat sich zwei Aufgaben gestellt, die eng miteinander verknüpft sind bzw. verbunden werden: (1) Die Frage nach der angemessenen und effektiven Anwendung der Theorie in zwei kritischen Wirtschaftssituationen, unter besonderer Berücksichtigung der Finanz- und der Geldpolitik wird (2) ergänzt durch den Vergleich und durch die Frage nach den Vergleichsmöglichkeiten zwischen der Weltwirtschaftskrise an der Wende vom dritten zum vierten Jahrzehnt unseres Jahrhunderts und der stagflatorischen Situation in den siebziger Jahren.

Im ersten Teil der Arbeit wird die tatsächliche Entwicklung der für die Analyse wichtigsten volkswirtschaftlichen Größen, wie z. B. Beschäftigung, Löhne, Geldmenge und Außenhandel, dargelegt. Anschließend wird das als Basis der Analyse dienende theoretische Rüstzeug vorgestellt, nämlich die klassische und die neoklassische Theorie auf der einen Seite und das keynesianische Modell auf der anderen Seite. Beide Analysewege werden durch eine an der Aufgabenstellung ausgerichteten kritischen Würdigung auch in ihren Grenzen gesehen. In den drei weiteren Kapiteln des ersten Teiles wird zunächst auf die Finanzpolitik eingegangen. Dies geschieht insbesondere unter dem Aspekt der Zielrichtung und der Wirkung der Ausgabenpolitik, ferner der Folgen der einnahmepolitischen Maßnahmen. Das Währungssystem und die Geldpolitik stehen im Mittelpunkt des vierten Kapitels, während im fünften Kapitel die Frage erörtert wird, in welchem Maße die Wirtschaftspolitik in beiden Phasen von der Wirtschaftstheorie und damit von der Wissenschaft beeinflußt wurde.

Im zweiten Teil der Arbeit (Kapitel 6 bis 9) wird mit der „Analyse der wirtschaftspolitischen Maßnahmen" in beiden Phasen die eigentliche Antwort auf die beiden eingangs genannten Fragestellungen gesucht. Es wird zunächst (Kapitel 6) gezeigt, daß die Konjunkturabschwünge in beiden Fällen „traditionell" verursacht wurden, daß dabei vor allem eine fehlende Anpassung der Wirtschaftspolitik an die gewandelten Erfordernisse der wirtschaftlichen Entwicklung entscheidend für die Mißerfolge war. In einem kurzen siebenten Kapitel wird die Rolle der „gesellschaftlichen Zeitpräferenzrate" als Erklärungsmöglichkeit zur konjunkturellen Entwicklung erörtert, d. h. das Problem eines höheren gegenwärtigen privaten und öffentlichen Konsums auf Kosten künftiger Generationen, ohne hier allerdings über Fragestellungen und Problemhinweise entscheidend hinauszukommen. Dadurch wird aber darauf aufmerksam gemacht, daß hier noch ein wichtiges Desiderat der wirtschaftswissenschaftlichen Forschung zu einem Problem besteht, das vor allem wegen seiner langfristigen Wirkung mehr Beachtung verdient.

Von zentraler Bedeutung für die gesamte Fragestellung sind die Abschnitte über die „Wirkungsanalyse der konjunkturpolitischen Maßnahmen" (Kapitel 8) und über die „Ursachen für wirtschaftspolitische Erfolge und Mißerfolge" (Kapitel 9) für beide Phasen. Man hätte sich diese beiden Kapitel ausführlicher gewünscht, vor allem hier aber auch eine abwägendere und nicht zu sehr nur an der wirtschaftstheoretischen Meßlatte orientierte Erörterung der doch wesentlich über die Wirtschaftstheorie hinausgehenden Problematik erwartet. Die teilweise weitgehende Orientierung allein auf die Angebots- und Nachfragesituation, ferner auf den Rückstau im Strukturwandel aufgrund verfehlter Wirtschaftspolitik greift sicher wichtige, vielleicht sogar die zentralen Aspekte heraus. Ob diese Einengung der Fragestellung aber gerechtfertigt ist, wird nicht zwingend bewiesen.

Das abschließende und den dritten Teil der Arbeit ausmachende Kapitel 10 enthält die Folgerungen des Vf.s. Auf wenigen Seiten wird wie zuvor hauptsächlich die Wirtschaftspolitik dafür verantwortlich gemacht, daß der konjunkturelle Abschwung bzw. die Stagflation ein solches Ausmaß erreicht haben, allerdings für die beiden genannten Phasen mit dem Unterschied, daß Ende der zwanziger Jahre die Nachfrageseite und in den siebziger Jahren die Angebotsseite zu wenig stimuliert wurde.

Aufgrund der im Grunde einfachen Argumentation trägt das Buch einerseits zur Erhellung des Untersuchungsgegenstandes bei, andererseits werden die Thesen gerade wegen ihrer einfachen Sicht nicht überall auf Zustimmung stoßen, stoßen können, so daß die Diskussion zu dem angesprochenen Problemkreis neue Impulse erhalten wird. Einwendungen werden vor allem daraus abgeleitet werden, daß die nichtökonomischen Rahmenbedingungen zu wenig beachtet werden.

Köln *Friedrich-Wilhelm Henning*

WALTER FLEISCHMANN-BISTEN, Der Evangelische Bund in der Weimarer Republik und im sogenannten Dritten Reich. (Europäische Hochschulschriften, Rh. 23: Theologie, Bd. 372.) Frankfurt a. M./Bern/New York/Paris, Lang 1989. 586 S., 89,– sFr.

Bei der Publikation handelt es sich um die geringfügig überarbeitete Fassung einer von dem Kieler Kirchenhistoriker Gottfried Maron, dem Präsidenten des EB, betreuten Dissertation. Der Vf. selbst ist dem EB seit 1984 als Generalsekretär eng verbunden, und vor diesem Hintergrund bietet die Studie ein insgesamt gelungenes Beispiel für die kritische Betrachtung eines bislang unerforschten Kapitels der Geschichte dieser Vereinigung durch eines ihrer leitenden Mitglieder. Das besondere Interesse des Vf.s, der zunächst die den EB prägenden Persönlichkeiten sowie dessen Organisation und Arbeitsweise darstellt, gilt dem Verhältnis des Bundes zum Nationalsozialismus. Er zeigt, daß die maßgeblichen Vertreter des EB, der in der Person Luthers das Leitbild für die von ihm progagierte Synthese „zwischen Evangelium und deutschem Geist" (S. 132) sah, politisch der NSDAP und kirchenpolitisch den DC nahe standen. Während mit dem Beginn der Präsidentschaft Heinrich Bornkamms 1935 die z. T. heftige Polemik gegen den Katholizismus einer vertieften theologischen Auseinandersetzung wich, belegt die Darstellung des Vf.s – ohne diese Fragestellung jedoch ausdrücklich zu thematisieren –, daß mit diesem Wechsel keine Änderung der positiven Einstellung zum NS-Staat und zu dessen Kirchenpolitik verbunden war.

Einige formale und inhaltliche Schwachpunkte fallen gegenüber der meist überzeugenden Darstellung weniger stark ins Gewicht. Unklar bleibt z. B., warum sich der Vf. mehrfach gegen die These Scholders wehrt, wonach der EB die erste protestantische Organisation gewesen ist, „die sich zu Hitler schlug" (S. 237). Seine Untersuchung ist im Gegenteil dazu angetan, diese Auffassung zu stützen, und er hätte, wollte er sie widerlegen, die Geschichte anderer Verbände vergleichend heranziehen müssen.

Berlin *Stefan Grotefeld*

HEINRICH AUGUST WINKLER, Der Weg in die Katastrophe. Arbeiter und Arbeiterbewegung in der Weimarer Republik 1930 bis 1933. Berlin/Bonn, Dietz 1987. 1025 S., 118,– DM.

Der letzte Band des gewaltigen Werkes von Heinrich August Winkler stellt die Fortsetzung der außergewöhnlichen Leistung der ersten beiden Bände dar und bezeugt – wie vordem – ähnliche Eigenschaften: einen hervorragenden Stil, die souveräne Beherrschung der Sekundärliteratur zusammen mit der eigens vom Vf. durchgeführten Quellenforschung und eine ausgeglichene und überzeugende Darstellung der Arbeiterbewegung und deren Rolle in der tragischsten aller Zeiten – der Endphase – der Weimarer Republik. Dieser abschließende Band bleibt der grundlegenden Interpretation seiner Vorgänger treu, und die Trilogie weist, trotz ihres Umfanges, eine beachtliche konzeptionelle Einheitlichkeit auf.

Winklers Untersuchung der Jahre 1930/33 ist in noch höherem Maße als seine Interpretation der Jahre 1918–1929 eine politische Geschichte der Arbeiterbewegung, in der nicht so sehr das Schicksal der Arbeiterorganisationen und -parteien im Zentrum steht als die Desintegration der parlamentarischen Demokratie, auf die zumindest die demokratischen Gewerkschaften und die sozialdemokratische Partei angewiesen waren. Damit soll aber nicht gesagt sein, daß der Vf. die sozialen oder die wirtschaftlichen Grundlagen unberücksichtigt läßt. Im einleitenden Kapitel zeichnet W. in allen Einzelheiten die schrecklichen Folgen der Arbeitslosigkeit, der Kurzarbeit und des Lohnabbaus während der Weltwirtschaftskrise nach und hebt zu Recht hervor, daß sich diese verheerenden Umstände höchst ungünstig auf die politische Durchschlagskraft der Arbeiterbewegung auswirkten. Sie trugen dazu bei, diejenigen sozio-politischen Unzulänglichkeiten zu vermehren, die bereits offenkundig wurden in dem stagnierenden Wachstum der Arbeiterklasse und den durch die Massenkultur der Zwischenkriegszeit hervorgerufenen Verbürgerlichungstendenzen. Daß die Streikwaffe an Wirksamkeit einbüßte, war nicht das einzige Ergebnis der Wirtschaftskrise; diese führte vielmehr zur Untergrabung einer potentiellen Arbeitersolidarität, indem Beschäftigte und Arbeitslose entzweit wurden, ja sogar Spaltungen innerhalb der Arbeitslosengruppe selbst auftraten, die in Empfänger von Arbeitslosenunterstützung und solche, die nur in den Genuß irgendeiner Form von Armenfürsorge kamen, zerfiel.

In der Anhängerschaft sowohl der SPD als auch der KPD spiegelten sich die Spaltungen in hohem Maße wider, während zur gleichen Zeit die Atomisierung und Entpolitisierung der Arbeiterschaft zunehmend zu der Tendenz führten, den betrieblichen Interessen

Vorrang vor gewerkschaftlichen Belangen zu geben. Konnten die Gewerkschaften die Loyalität ihrer Mitglieder in etwa beibehalten, dann nur aufgrund eines häßlichen Opportunismus von seiten der Gewerkschaften und ihrer Distanzierung vom politischen Prozeß in der Zeit vor und nach der Machtübernahme. Die Anziehungskraft der SPD, die ohnehin nur einen Teil der Arbeiter für sich gewinnen konnte, wurde fatal abgeschwächt. Wie Winkler konstatiert, war das „betriebliche Hemd (...) den Arbeitern näher als der gewerkschaftliche Rock, aber dieser bedeutete ihnen immer noch mehr als der Mantel der Partei" (S. 953).

Auch wenn man, wie der Rez., kritisch anmerken kann, daß der Vf. die SPD in übertriebenem Maße dafür verantwortlich macht, daß sie Gelegenheiten, die parlamentarische Demokratie abzustützen – so in den Jahren 1923 und 1930 –, verpaßte, indem sie sich aus den Regierungen der Großen Koalitionen zurückzog, so ist eine ähnliche Kritik an der Art und Weise, wie der Vf. die Rolle der SPD in der Krise von 1930/33 sieht, unangebracht. Seine Darstellung der SPD nach dem Zusammenbruch der Großen Koalition im März 1930, und insbesondere nach den Wahlen im September 1930, bezieht sich auf eine Partei, die sich in der Defensive befand, die andauernd dazu gezwungen wurde, von einer Vielzahl von Übeln das kleinere zu wählen, und die sich immerzu durch die Widerspenstigkeit von links und von rechts blockiert sah. Unvermeidlich war ihre Tolerierung der Politik Brünings, nicht nur um schlimmeren Alternativen auszuweichen, als vielmehr die sozialdemokratische Machtstellung in Preußen zu wahren. Doch auch dieser Kurs sollte sich letztlich als selbstzerstörerisch erweisen. Die Bemühungen der SPD, die Arbeiterschaft um sich zu sammeln, wurden durch die verblendete und zugleich hartnäckige Politik der KPD vereitelt. Der Vf. weist allerdings mit Umsicht darauf hin, daß die Zusammenarbeit mit der KPD die Schaffung einer ausgeprägteren marxistischen Alternative bedeutet und damit zu einer noch größeren Entfremdung der Mehrheit der Deutschen von links geführt hätte und aus diesem Grund keine Barriere gegen Hitler gewesen wäre. Jetzt rächte sich das Unvermögen der SPD, ihre Basis auf den Mittelstand auszuweiten. Zu dieser Zeit spielte ihre Bereitschaft, mit der bürgerlichen politischen Führung zusammenzuarbeiten, eine sekundäre Rolle, denn die Entscheidung dafür oder dagegen lag nun bei den bürgerlichen Parteispitzen. Ihre Bereitschaft zur Kooperation mit der SPD, so argumentiert der Vf., schwand während der Krise dahin. „Darin lag die Hauptursache für das Scheitern der ersten deutschen Republik" (S. 954). Dies war sicherlich richtig in bezug auf Brüning und die anderen führenden Persönlichkeiten, die vor Januar 1933 an den Schalthebeln der Macht saßen. War aber die Abneigung einflußreicher Kräfte in der DVP und im Zentrum gegen eine Zusammenarbeit mit der SPD nicht ein Aspekt des Verhaltensmusters, das im Zusammenbruch der Großen Koalition von 1923 und 1928–1930 offenkundig wurde? Und – rückblickend gesehen – wird damit nicht die Verantwortung relativiert, die der Vf. den Sozialdemokraten aufgrund ihres Versagens in der Zeit vor Brüning zuschreibt?

Nach dieser Feststellung muß man jedoch zugeben, daß das Versagen der Sozialdemokraten langfristige Ursachen hatte, und es ist nicht die geringste seiner Leistungen, daß der Vf. die Geschichte politischer Bewegungen, die so phantasielos und schlecht geführt wurden wie die sozialdemokratische und so unattraktiv und anmaßend waren wie die kommunistische, in lebendiger und höchst spannender Weise zu erzählen vermag. Im Grunde demonstriert der Vf., daß das Versagen der Sozialdemokraten weder an ihrem Widerwillen, einen Generalstreik auszurufen, noch an ihrer Entscheidung gegen das Auslösen einer Massenbewegung nach dem Staatsstreich vom 20. Juli 1932 – für den der Vf. wichtiges neues Quellenmaterial auswertet – gemessen werden kann. Eine zentrale Rolle spielte vielmehr das Unvermögen der SPD, sowohl die preußische Polizei als auch andere noch vor diesem schicksalhaften Tag verfügbare Ressourcen nutzbar zu machen, um Vorbereitungen für die Fälle, die jedermann voraussehen konnte, zu treffen. Ähnlich zeigte es sich an der Inflationsangst der SPD und ihrer mangelnden Bereitschaft, das Arbeitsbeschaffungsprogramm des ADGB – trotz all seiner Unzulänglichkeiten – in eine politische Initiative umzuwandeln, daß die traditionelle marxistische Ideologie sich ironischerweise als die Formel herausstellte, in deren Folge man vor den orthodoxen Kapitalismusdoktrinen der Zwischenkriegszeit, die durch die Erfahrungen der Weltwirtschaftskrise diskreditiert wurden, kapitulierte. Was die KPD betraf, so waren sowohl ihre Bereitschaft, ein negatives Bündnis mit den Nationalsozialisten zu schließen, um die Republik zu untergraben, als auch ihre Weigerung, sich mit dem demokratischen Sozialismus zu alliieren, wichtige Momente in jener langen, mit Unterwürfigkeit und politischen Fehlkalkulationen gepflasterten Karriere, die sich von der Weimarer Republik bis zur unmittelbaren Vergangenheit erstreckte. Durch die aktuellen politischen Entwicklungen gewinnt diese brillante Trilogie nur noch weiter an Bedeutung.

Berkeley *Gerald D. Feldman*

RODLER F. MORRIS, From Weimar Philosemite to Nazi Apologist. The Case of Walter Bloem. (Studies in German Thought and History, Vol. 7.) Lewiston/Queenston/Lampeter, The Edwin Mellers Press 1988. 256 S.

Zu den meistgelesenen Unterhaltungsschriftstellern und Romanciers der Jahre vor dem Ersten Weltkrieg, der Weimarer Jahre und der NS-Zeit gehört Walter Bloem (1868–1951), dessen in hohen Auflagenzahlen erschienene Romane (z. B. „Das eiserne Jahr“, „Der Weltbrand, Deutschlands Tragödie 1914–1918“, „Die Schmiede der Zukunft“, „Unvergängliches Deutschland: Ein Buch von Volk und Heimat“) den im Bürgertum weit verbreiteten „völkischen“ Gedanken propagierten. Bloem stammte aus liberalen Bürgerkreisen des Rheinlandes, studierte als Corpsstudent Jurisprudenz, war einige Jahre als Anwalt tätig, ging dann als Intendant und Regisseur zum Theater und lebte schließlich als gut verdienender freier Schriftsteller. Aufgewachsen in der monarchischen Vorstellungswelt, diente er während des ganzen Ersten Weltkrieges als Front- und Stabsoffizier, bekannte sich nach 1918 zur Republik, ohne das völkische Gedankengut aufzugeben, und fand schließlich zum nationalsozialistischen Führergedanken, in dessen Dienst er sein Talent der leichten Feder stellte. Nach 1945 hatte er Probleme mit der Entnazifizierung; er starb 1951 einsam und ziemlich vergessen. Besonders bemerkenswert an Bloems Werk ist der Roman „Brüderlichkeit“ von 1922. An der Geschichte zweier Kriegsheimkehrer (einer davon ist Protestant jüdischer Abkunft) entwickelt Bloem seine Ansicht vom Antisemitismus, besonders in der corpsstudentischen Jugend. Aus liberalem Bürgersinn und katholischer Soziallehre, zu der der protestantische Agnostiker der Vorkriegszeit gefunden hatte, lehnte er den weitverbreiteten Antisemitismus ab und gab sich projüdisch. Das hat ihn aber nicht gehindert, mit dem Ende der Weimarer Republik seine republikanische Gesinnung aufzugeben und konform der NS-Publizistik zu schreiben.

Biographie und schriftstellerisches Werk Bloems haben Morris zur vorliegenden Studie angeregt, die auf guter Werk- und Literaturkenntnis aufbaut und die zur Persönlichkeitsanalyse notwendige Ergänzungsdokumentation des Nachlasses gründlich auswertet (vor allem in der Stadtbücherei Wuppertal, Bloems Heimatstadt). Im Mittelpunkt stehen Analyse und Rezeptionsgeschichte der „Brüderlichkeit". Das Buch ist ein wichtiger Beitrag zur Mentalitätsforschung über das Bürgertum, über die Literaturproduzenten und -konsumenten und über die Rezeptionsproblematik schriftstellerischer Arbeiten. Außerdem liefern Bloems Lebensweg und Werk reiches Anschauungsmaterial zu den politischen Denkstrukturen der ersten Hälfte des 20. Jahrhunderts und zu deren literarischer Verbreitung.

Regensburg *Wilhelm Volkert*

PETER LONGERICH, Die braunen Bataillone. Geschichte der SA. München, Beck 1989. 285 S., 39,80 DM.

Longerich geht es um eine zusammenfassende Darstellung der Geschichte der SA in allen ihren Facetten. Er kommt damit zur rechten Zeit heraus; die Forschung hat zahlreiche Einzelaspekte inzwischen geklärt, die Entwicklung der NSDAP ist bis in die Ortsgruppen hinein weitgehend untersucht und über die Wehrverbände, die „Vettern"- und die Nachbarorganisationen der SA, ist, sofern die Quellenlage dies erlaubt, das meiste bekannt.

So kann Longerich, ohne sich auf Glatteis zu begeben, seine Darstellungsform sowohl nach chronologischen als systematischen Gesichtspunkten anlegen und beides miteinander kombinieren – eine sinnvolle Darstellungsform, denn die SA unterlag von ihrer Gründung an bis zu ihrem Ende sowohl einem stetigen als auch einem zeitweilig sprunghaften Wandel ihrer zwar dynamischen, aber doch auch labilen inneren Strukturen und den daraus sich ergebenden Erscheinungsbildern.

Das Buch enthält drei Schwerpunkte. Der erste handelt von den Auseinandersetzungen 1924/25 um die Konzeption der SA: Die eine stammte aus den militärischen und putschistischen Traditionen der nationalen und völkischen Rechten, eine SA als Wehrorganisation, als „Frontbann", als Hilfstruppe im Rahmen eines künftigen Staatsstreichs, die andere resultierte aus den enttäuschenden Erfahrungen Hitlers mit den bayerischen Wehrverbänden anläßlich seines Münchener Novemberputsches; sie betrachtete die SA als Parteitruppe zur Unterstützung der Politischen Organisation. Die Parteifunktionäre sollten als wendige Agitatoren fungieren, die SA-Stürme gewaltsam die Straße beherrschen.

Diese Auffassungsunterschiede spitzten sich 1925 in einem heftigen Streit zwischen Röhm und Hitler zu, der Röhm veranlaßte, sich vorläufig zurückzuziehen.

Den zweiten Schwerpunkt bilden eine breite Darstellung und eindringliche Analyse der „Kampfzeit" der SA von 1930 bis Ende 1932. Longerich wischt überholte Klischees von der sozialen Herkunft der SA-Verbände, etwa SA als proletarische oder als Mittelstandsbewegung, beiseite und verweist auf die Heterogenität der Mitgliedschaft, die je nach Region und sozialem Milieu differierte. Er macht jedoch auch darauf aufmerksam, daß die SA sich in hohem Maß aus Jugendlichen und jungen Arbeitslosen zusammensetzte, die zuvor in Wehrverbänden und Schulen eine kriegerische, „heldische" Erziehung genossen hatten.

Der „Kampf" der SA richtete sich jedoch nicht nur gegen den äußeren „Feind", „Marxisten" und Repräsentanten des Systems, sondern er war stets auch von Konflikten innerhalb der SA im engeren und innerhalb der NSDAP im weiteren Sinne begleitet: Ablehnung der „Bonzen" auf der Führungsebene, Neid auf die arrogante SS oder Feindseligkeiten gegenüber den Gauleitern, Konflikte, die schon bei nichtigen Anlässen aufbrechen konnten, und in denen stets auch die nie ganz überwundenen Elemente der einstigen Wehrverbandskonzeption zum Vorschein kamen. Die SA war nicht bereit, auf Eigenständigkeit zu verzichten, sich zum reinen Handwerkszeug der Parteiführer deklassieren zu lassen. Aus dieser Atmosphäre erwuchs, wie Longerich zutreffend darlegt, eine Art jugendlicher Subkultur, eine Bandenstruktur, die für das einzelne Mitglied das Gefühl von Geborgenheit vermittelte, nach außen hin jedoch unentwegt Signale der Gewalt aussandte. Die SA-Führung versuchte indes diese mit ihren zur Anarchie neigenden Tendenzen durch eine surrogathafte Militärbürokratie und durch Führerkult zu disziplinieren und unter Kontrolle zu halten.

Der dritte Schwerpunkt des Buches reicht zeitlich vom sogenannten Ende der „nationalsozialistischen Revolution" im Juli 1933 bis zur Ermordung Röhms. Longerich schildert dabei die Funktionsverluste der SA, die überzogenen Zukunftserwartungen ihrer Mitglieder, die Bemühungen Röhms, seiner Organisation eine einflußreiche Position im sich formierenden Regime zu erobern, die Bestrebungen, die verrohten, arbeitsscheuen SA-Verbände zu mäßigen und in eine bürgerliche Lebensweise zurückzuleiten, und die daraus hervorgehenden Querelen mit der Reichswehr, der Wirtschaft und schließlich Hitler: der Mord an den SA-Führern lag in der Logik der Gewalt selbst, die innerhalb der SA als prima ratio herrschte.

Die Urteile Longerichs sind ausgewogen und ausgereift; die Darstellung übersichtlich und gut lesbar.

Düsseldorf *Peter Hüttenberger*

THOMAS BALISTIER, Gewalt und Ordnung. Kalkül und Faszination der SA. Münster, Westfälisches Dampfboot 1989. 209 S., 29,80 DM.

Auf der Basis von Verlautbarungen des „Völkischen Beobachters", „Selbstzeugnissen" und sog. „Tatsachenberichten" von Mitgliedern der SA analysiert und bewertet Thomas Balistier aus kulturhistorischer und -soziologischer Sicht, inwiefern von den Inszenierungen der SA-Aufmärsche in der „Bewegungsphase" der NSDAP (1929–1932) eine überwältigende Anziehungskraft ausgehen konnte, warum der reine Männerbund sein Ziel der „Bekehrung" und schließlich Beherrschung weiter Teile der Bevölkerung zu erreichen vermochte und in welcher Weise die „Eroberung der Straße" Ausdruck von Terror und Gewalt war. Ohne den Anspruch auf eine Gesamtdarstellung der SA – wie sie jüngst Peter Longerich vorgelegt hat – zu erheben, bietet das reich bebilderte Buch dennoch eine anregende, auf Thesen zugespitzte Analyse der nationalsozialistischen Straßendemonstrationen, die als spezifische Bewegungsform der „Un-Demokratie" und der „Un-Menschlichkeit" begriffen werden. Funktion, Struktur und Wirkung inszenierter nationalsozialistischer Gewalt werden beschrieben. Die Körper- und Werthaltungen der „braunen Bataillone" werden ebenso anschaulich dargestellt wie die unterschiedlichen Präsentationsformen der SA, die optischen und akustischen Ausdrucksmittel sowie die Räume, die bevorzugt von SA-Kolonnen besetzt wurden. Die bewußt auf Provokation hin angelegten Aufmärsche drückten einerseits den Willen der Gesamtpartei aus, Gewalt zum legitimen Mittel der Politik zu machen, andererseits ereignete sich bei den Demonstrationen selbst physischer Terror gegen politisch Andersdenkende, bevorzugt gegen die Organisationen der Arbeiterbewegung. Zwar verweist Balistier auf die gegensätzlichen Demonstrationsformen und -absichten der Arbeiter- und der faschistischen Bewegung, dennoch wäre eine exaktere Abgrenzung gerade auch im Hinblick auf die Einschätzung aktueller Demonstrationen wünschenswert gewesen.

Kassel *Reinhold Lütgemeier-Davin*

THOMAS OERTEL, Horst Wessel. Untersuchung einer Legende. Köln/Wien, Böhlau 1987. VI, 202 S., 48,– DM.

Es handelt sich hier um eine Dissertation an der Technischen Universität Braunschweig, eine fotomechanische Reproduktion des Originalmanuskripts. Bekanntlich hat dieses Verfahren den Vorteil einer schnellen Verbreitung der Arbeitsergebnisse, aber auch den Nachteil des Unausgegorenen. Oertel legt eine weiter differenzierende Arbeit über den nationalsozialistischen Märtyrer Wessel vor, der schon verschiedentlich Gegenstand kritischer Nachkriegsuntersuchungen gewesen ist (u. a. durch den amerikanischen Historiker Jay W. Baird, dessen Arbeiten der Vf. nicht berücksichtigt). Es ist Oertel anzurechnen, daß er, soweit möglich, der bereits bei Wessels Tod einsetzenden Legendenbildung bis ins kleinste Detail entgegentritt, wobei er insbesondere ein für allemal mit der Mär aufräumt, Wessel sei dem Prostituierten- und Halbstarkenmilieu Berlins entwachsen. Vielmehr war Pfarrerssohn Horst ursprünglich nur ein vorübergehend abgeglittener Jurastudent, der in der SA Hitlers einfach vielversprechendere Aufgaben erblickte als in der trostlosen Jungakademiker-Existenz, die so viele Studierende zu Ende der Weimarer Republik erwartete.

Somit wäre Oertels Arbeit ein Beitrag zur Sozialgeschichte der ausgehenden Republik und des beginnenden Dritten Reiches. Dennoch ist der sozialgeschichtliche Kommentar in diesem Buche marginal, weil der Vf. sich zu sehr auf die personenbezogene Geschichte Wessels und seiner unmittelbaren Umwelt bezieht und allenfalls noch auf die organisatorische Entwicklung der SA. Jedoch Informationen darüber, ob der von den Nazis später hergestellte, Horst Wessel verherrlichende Film „Hans Westmar“ in allen Einzelheiten dem Original gerecht wurde, sind letzten Endes nur für Filmwissenschaftler interessant, es sei denn, sie wären in eine Thesenbildung mit einbezogen worden. Diese aber fehlt bei Oertel; zur Typologie des manipulierten Mythos in der NS-Geschichte etwa trägt sein

Buch so gut wie gar nichts bei. Ein weiteres Beispiel für vorschnelle Dissertationsdrucke, die ausgereifte Bücher nicht ersetzen können.

Toronto *Michael H. Kater*

KARL-HEINZ BRACKMANN / RENATE BIRKENHEUER, NS-Deutsch. „Selbstverständliche" Begriffe und Schlagwörter aus der Zeit des Nationalsozialismus. Straelen, Straelener Manuskripte Verlag 1988. 223 S., 22,80 DM.

Das Buch, das vierte einer Reihe von Glossaren aus dem Europäischen Übersetzer-Kollegium in Straelen am Niederrhein, entstand, weil der dänische Übersetzer von Ralph Giordanos Roman „Die Bertinis" in den greifbaren Wörterbüchern nicht fand, was er brauchte. In der Tat hatte die Hitlerzeit wie jede andere ihre besondere Sprache hervorgebracht, die den Nachlebenden ohne Vermittlung nicht verständlich ist. Dazu gibt es seit langem mancherlei Hilfsmittel. Schon 1944 erschienen in den USA zwei entsprechende Wörterbücher. Nach 1945 erläuterten Dolf Sternberger, Gerhard Storz und W. E. Süskind in der Zeitschrift „Die Wandlung" in 28 Essays ebensoviele Begriffe „Aus dem Wörterbuch des Unmenschen" (1957). 1947 veröffentlichte der Philologe Victor Klemperer sein Notizbuch „LTI" (Lingua Tertii Imperii). 1964 gab Cornelia Berning das mit etwa 500 Stichwörtern und vielen Quellenbelegen umfassendste Glossar heraus (Vom „Abstammungsnachweis" zum „Zuchtwart"). Das nun vorliegende ist mit über 3000 Stichwörtern und Abkürzungen noch umfassender, aber in den Erläuterungen nicht so ausführlich. Es will ausdrücklich kein historisches Wörterbuch, sondern nur ein Lexikon für Übersetzer sein. Gleichwohl führt es in vielen Fällen auch Belege an, stützt sich auf zehn andere Wörterbücher und 78 Bücher und ist, von wenigen Irrtümern abgesehen, durchweg zuverlässig. Es ist daher auch für Historiker und zumal für Studenten von großem Nutzen.

Stuttgart *Eberhard Jäckel*

HANS MOMMSEN/SUSANNE WILLEMS (Hrsg.), Herrschaftsalltag im Dritten Reich. Studien und Texte. Mit Beiträgen von *Ralph Angermund* u. a. Düsseldorf, Schwann im Patmos Verlag 1988. 492 S., 39,80 DM.

Der Sammelband soll die Lücke schließen, die zwischen den abstrakten Untersuchungen über die Struktur des NS-Regimes und den zahlreichen Veröffentlichungen zur regionalen und lokalen Alltagsgeschichte besteht, indem er durch Darstellung und Quellen – und nicht zuletzt durch einige sehr geschickt ausgewählte und überwiegend bisher unbekannte Bilder – sichtbar machen will, wie sich in ausgewählten Bereichen Herrschaftsformen auf das Leben der Bevölkerung auswirkten; dabei interessiert besonders, wie die Loyalität derjenigen herbeigeführt wurde, die nicht „zum harten Kern der Bewegung gehörten".

Nach der Einleitung von *Hans Mommsen*, in der es ihm gelungen ist, auf wenigen Seiten das Herrschaftssystem des Nationalsozialismus, seine Träger und Methoden darzustellen, wird zunächst die Frage nach „Hitlers Popularität" gestellt *(I. Kershaw)*, die ganz wesentlich das Ergebnis eines von der Propaganda geschaffenen „Mythos" war; sie wird vor allem durch Auszüge aus Stimmungs- und Lageberichten belegt. Erfolge konnte auch die Deutsche Arbeitsfront in ihren Bemühungen verzeichnen, den „Klassenkampf" zu überwinden und große Teile der Arbeiterschaft durch den Appell an ihre Tüchtigkeit und Leistungsbereitschaft einerseits, soziale Maßnahmen andererseits zu gewinnen *(T. Siegel)*; sie werden hauptsächlich durch Dokumente der DAF belegt.

„Politisierung und Neutralisierung" kennzeichneten den Schulalltag (*D.* und *G. Nixdorf*), der weitgehend von Lehrern bestimmt wurde, die keine überzeugten Nationalsozialisten waren und einen gewissen Spielraum ausnützen konnten, so daß die Vorstellung einer „Schule der Diktatur" nicht zu halten ist; die hierzu zitierten und veröffentlichten Quellen aus Schul- und Schulverwaltungsakten sind besonders interessant. Ähnliches gilt zunächst für die „Richterkönige" *(R. Angermund)*, die jedoch auf Dauer der Willkür von SS und Polizei nicht nur nichts entgegensetzten, sondern sich an ihr orientierten, wie zuletzt der Bericht über die Strafrechtspflege im fünften Kriegsjahr belegt.

Bedeutsam ist schließlich die Untersuchung der Reaktion der deutschen Bevölkerung auf die Verfolgung der Juden 1933–1943 (*H. Mommsen* und *D. Obst*). Sie kommt zu dem Ergebnis, daß bis 1935 die antijüdische Propaganda wenig wirksam und verbreitete Indifferenz auch mit Ablehnung der Boykottmaßnahmen aus konfessionellen und ordnungspolitischen Motiven verbunden war. Daher konnten die „Nürnberger Gesetze" als Normalisierung verstanden und positiv aufgenommen werden. Wenn für den rheinisch-westfälischen Raum allerdings festgestellt wird, daß sich die Bevölkerung von den Ausschreitungen am 9./10. November 1938 „mehrheitlich demonstrativ zurückgehalten" habe, widerspricht das den aus hessischen Justizakten gewonnenen Erkenntnissen. Die Deportationen in die Vernichtungslager und die Informationen über den Judenmord in den besetzten Ostgebieten wurden mit einem „dumpfen Bewußtsein des Unrechts", mitunter auch der Sorge vor einer Vergeltung aufgenommen, die Zustimmung beschränkte sich auf eine „relativ kleine fanatisierte Minderheit"; nur wenige der zu diesem Kapitel publizierten Quellen, u. a. Sprachregelungen der Partei, beziehen sich allerdings direkt darauf, während die übrigen die Verfolgungsmaßnahmen dokumentieren.

Koblenz *Heinz Boberach*

MICHAEL STOLLEIS/DIETER SIMON (Hrsg.), Rechtsgeschichte im Nationalsozialismus. Beiträge zur Geschichte einer Disziplin. (Beiträge zur Rechtsgeschichte des 20. Jahrhunderts, 2.) Tübingen, Mohr 1989. VI, 202 S., 128,– DM.

Der Band vereinigt die Vorträge einer 1987 veranstalteten Tagung. Er sei, wie einer der Herausgeber schreibt, „eher eine ‚Versuchsgrabung' als eine Rekonstruktion". Man erhoffe sich davon, daß hinfort die Geschichte des Fachs häufiger mit unverstelltem Blick betrachtet werde. Denn auch hier gilt, daß trotz der zahlreichen Arbeiten zum Dritten Reich die wissenschaftshistorische Behandlung dieser Universitätsdisziplin nur teilweise bekannt war.

Mit diesem Band ist das bereits anders. Indem die unterschiedlichen „Abteilungen" in der Rechtsgeschichte an gut ausgewählten Beispielen erörtert werden – Römisches Recht, deutsche Rechtsgeschichte, Verfassungsgeschichte, die Geschichte einer Fakultät, die nationalsozialistische Eigentumslehre – wird nicht nur ein guter Überblick über die breite Problematik erzielt, sondern es werden auch entscheidende Einsichten in das verschlungene Verhältnis von Rechtsgeschichte als Universitätsdisziplin und Nationalsozialismus vermittelt. Nicht zuletzt ergibt sich auch, daß unter dem äußeren Zwang – und trotz häufiger, anfänglicher Geneigtheit zu der neuen Herrschaft – eine differenziertere Betrachtung der vergangenen Rechts- und Staatsproblematik eintrat. Man kann, bei aller gehöriger Einschränkung, durchaus von „Fortschritten der Rechtsgeschichte in der Zeit des Nationalsozialismus" sprechen, wie das Michael Stolleis (wenn auch mit Fragezeichen) abschließend tut. Dieser Beitrag wie auch die restlichen bestechen auf Grund ihrer souveränen Kenntnis der Dinge, ihrer klaren Argumentation wie auch ihrer Fähigkeit zu differenzierter Darstellung. Es stört da wenig, daß die einzelnen Beiträge von unterschiedlichen Ansätzen ausgehen, biographisch, dogmen- oder institutionengeschichtlich fragen, und daß einige wichtige, übergreifende Gesichtspunkte des Fachs nicht behandelt wurden. Das Ergebnis darf durchaus als ein grundlegender Beitrag zur Geschichte einer Disziplin während des Nationalsozialismus gelten.

Frankfurt am Main *Notker Hammerstein*

GERHARD WERLE, Justiz-Strafrecht und polizeiliche Verbrechensbekämpfung im Dritten Reich. Berlin/New York, de Gruyter 1989. XXXVI, 791 S., 248,– DM.

Die Heidelberger Habilitationsschrift von Gerhard Werle befaßt sich mit einem der spannendsten, aber auch dunkelsten Kapitel der Rechtsgeschichte des Nationalsozialismus. Gerade die Schnittstelle zwischen Justiz-Strafrecht und polizeilicher Verbrechensbekämpfung läßt den Stellenwert rechtsstaatlicher Garantien in einem politischen System erkennen. Dies gilt nicht nur für den Nationalsozialismus, sondern ist auch heute durchaus aktuell. Im Nationalsozialismus ließ dieses Verhältnis freilich exemplarisch den Verlust von Rechtsstaatlichkeit erkennen.

Werle unterteilt seine Arbeit in fünf Teile. In einer ausführlichen Einleitung setzt er sich mit den Deutungsmustern zum Justiz-Strafrecht zwischen 1933 und 1945 auseinander (S. 5–56). In einem zweiten Teil schildert Werle sehr ausführlich die Gesetzgebung zum materiellen Strafrecht (S. 57–479), wobei er zwischen einer ersten Phase von 1933 bis 1935, einer Zwischenphase 1936 bis 1939 und einer zweiten Phase 1939 bis 1945 unterscheidet. Im dritten Teil wird die polizeiliche Verbrechensbekämpfung untersucht (S. 481–618). Werle analysiert dabei die vorbeugende Bekämpfung sowohl der nichtpolitischen als auch der politischen Verbrechen, befaßt sich mit den Exekutionen außerhalb der Justiz und den polizeilichen Strafmaßnahmen gegen ausländische Zivilarbeiter. In einem vierten Teil werden die Entwürfe eines Gemeinschaftsfremdengesetzes analysiert (S. 619–680), und im fünften Teil faßt Werle seine Ergebnisse unter dem Stichwort „nationalsozialistisches Verbrechensbekämpfungsrecht" zusammen (S. 681–732).

Der Erkenntnisgewinn des Werkes von Werle liegt im Detail und kann daher hier nicht umfassend gewürdigt werden. Im übrigen bestätigt auch Werle frühere Untersuchungen, wenn er zu dem Ergebnis gelangt, die „Vorstellung einer staatlichen Zugriff begrenzenden Gesetzesherrschaft wird im nationalsozialistischen Recht verabschiedet". An seine Stelle tritt der „Führerwille", der die Kräfte polizeilicher Verbrechensbekämpfung freisetzt. Vor diesem Hintergrund wird auch das Verhältnis zwischen polizeilicher Verbrechensbekämpfung und Justiz-Strafrecht dahin charakterisiert, daß letzteres „seine staatlichen Zugriff begrenzende Funktion" verloren habe: „Es gibt keine Gesetzesherrschaft mehr, sondern nur noch Herrschaft *auch durch* das Gesetz" (S. 687).

Ein wesentlicher Aspekt, der die Arbeit von Werle bestimmt, ist seine Auseinandersetzung mit der Kontinuitätsthese, also der Ansicht, daß die nationalsozialistische Rechtsentwicklung auf Vorläufer zurückgreifen konnte. Werle widerspricht dieser These. Er vertritt demgegenüber die Ansicht, daß bei Betrachtung des „Gesamtsystems des nationalsozialistischen Verbrechensbekämpfungsrechts ... der Bruch in der historischen Entwicklung unverkennbar" sei (S. 734). Man wird über diese These Werles sicher zu diskutieren haben. Der Verdienst der auch im übrigen wichtigen Arbeit von Werle ist es jedoch, hier neue Anregungen gegeben und die weitere Diskussion über die Kontinuitätsthese befruchtet zu haben, besteht doch die Gefahr, daß sie sonst zu einer oft benutzten und selten in ihrer Differenziertheit verstandenen Alltagsweisheit verkommt.

Frankfurt am Main *Wolfgang Kohl*

KLAUS FETTWEIS, Zwischen Herr und Herrlichkeit. Zur Mentalitätsfrage im Dritten Reich an Beispielen aus der Rheinprovinz. (Veröffentlichungen des Bischöflichen Diözesanarchivs Aachen, Bd. 42.) Aachen, Einhard 1989. 375 S., 34 Abb. im Text, 43 Dokumente in Abb., 39,80 DM.

Die Einstellung des katholischen Kirchenvolks und des Klerus zum Nationalsozialismus, die von nationaler Begeisterung bis zur Opposition reichte und Zustimmung und Ablehnung miteinander verbinden konnte, wird hier für das Bistum Aachen auf einer breiten Quellengrundlage untersucht. Dabei wird deutlich, wie vielfach „aus dem Zusammenwirken von konfessionellen und nationalistischen Ambitionen eine weitgehende geistige Übereinstimmung mit dem Nationalsozialismus erreicht wurde"; die Schützen-Erzbruderschaft vom hl. Sebastian steht dafür als ein Beispiel. Auch die „latent vorhandene Abwehrbereitschaft" des Klerus beruhte auf der Absicht, die eigenen Interessen zu wahren und die Seelsorge für die gläubige Bevölkerung zu sichern, und auch im Konfliktfall, der für den einzelnen Geistlichen durchaus zu existentieller Bedrohung führen konnte, blieb die Loyalität gegenüber der Obrigkeit erhalten, der Staat wurde nicht bekämpft.

Dieses Verhalten wird zunächst für die gesamte Bevölkerung für die Anfangsjahre des Regimes dargestellt: die Reaktionen auf die vermeintliche „nationale Erhebung", das Ergebnis der Volksabstimmung nach dem Tod Hindenburgs, bei dem jedoch immerhin in der Stadt Aachen die Zustimmung nur 65,7% bei einem Reichsdurchschnitt von 84,3% der Stimmberechtigten lag, die Begeisterung über die Rückkehr des Saarlandes und den Einmarsch der Wehrmacht in die entmilitarisierte Zone. Für das Verhalten der Geistlichkeit, für Verfolgung und Selbstbehauptung, Möglichkeiten und Grenzen gemeinsamen Handelns, werden vor allem Beispiele aus dem Kampf um die Jugend, aus Predigten, aus den Auseinandersetzungen über die Beflaggung der Kirchen und das Glockengeläut aus weltlichen Anlässen, aber auch lokale Konflikte angeführt.

Die Ausführungen über die Einstellung zur Rassenideologie bestätigen den allgemeinen Befund. Die Nürnberger Gesetze, die das bischöfliche Ordinariat im Amtsblatt veröffentlichte, wurden positiv aufgenommen, weil sie dem Ordnungs- und Ruhebedürfnis entsprachen, und die Kritik einzelner Pfarrer und Kapläne an der Rassenpolitik blieb eine seltene Ausnahme. Noch wichtiger ist die Feststellung, die auf der Untersuchung von 62 Strafverfahren wegen verbotenen Umgangs mit Ostarbeiterinnen und -arbeitern beruht, daß die Mißachtung der Vorschriften über deren Absonderung in der Regel nicht Ausdruck bewußter Opposition, sondern von Mitleid war und ihr im allgemeinen eine rücksichtslose Ausbeutung ihrer Arbeitskraft gegenüberstand.

Die der Darstellung angehängte, durch bildliche Wiedergabe von Aktenstücken sehr aufwendige Dokumentation paßt – anders als die Bilder mit dem Nebeneinander von Kreuz und Hakenkreuz im Text – nicht ganz dazu, belegt sie doch überwiegend Auseinandersetzungen zwischen Kirche und Regime. Lobenswert sind die ausführlichen Register, die auf die im Text verstreuten Kurzbiographien von Geistlichen und Funktionären besonders aufmerksam machen.

Koblenz *Heinz Boberach*

„Kulturkampf. Berichte aus dem Dritten Reich. Paris". Eine Auswahl aus den deutschsprachigen Jahrgängen 1936–1939. Eingel. u. bearb. v. HEINZ HÜRTEN. (Eichstätter Materialien, Bd. 12.) Regensburg, Pustet 1988. XLI, 278 S., 58,– DM.

Die noch immer nicht abgeschlossene Diskussion über das Verhältnis von katholischer Kirche und Nationalsozialismus bedarf neben den Texten aus Akten und amtlichen Verlautbarungen publizistischer Quellen, in denen sich Zeitgenossen dazu geäußert haben, und eine solche wird hier in Auswahl ediert und interpretiert. Es handelt sich um eine Art von Pressekorrespondenz, die unbekannte katholische Emigranten mit Hilfe ausländischer Freunde, darunter einige führende Geistliche anderer Kirchen, von Paris und London, zeitweise auch New York, aus in deutscher, englischer, französischer und spanischer Sprache an einen ebenfalls unbekannten Personenkreis verschickten; daß unter den Beteiligten Spiecker genannt wird, läßt an die vom Hrsg. nicht erörterte Möglichkeit einer Finanzierung des Unternehmens durch den französischen oder englischen Geheimdienst denken. Die Auswahl beschränkt sich allerdings auf die „Leitartikel" und läßt nicht erkennen, welche Informationen als Meldungen verbreitet wurden; wenigstens eine vollständige Nummer hätte aufgenommen werden sollen, um den Vergleich mit gleichzeitigen anderen Exilpublikationen zu ermöglichen.

Die wiedergegebenen grundsätzlichen Ausführungen beruhen allerdings vielfach auf Artikeln der NS-Presse, vor allem des „Schwarzen Korps", und auf Reden des Kirchenministers Kerrl oder von Gauleitern, verweisen damit auf publizistische Quellen aus dem Lager des Gegners, in dem sie zwischen Neuheiden und SS auf dem „linken", Hitler selbst, Kerrl und den Deutschen Christen auf dem „rechten" Flügel unterscheiden. Aus ihnen wie aus einer Analyse von „Mein Kampf" wird immer wieder gefolgert, daß Christentum und nationalsozialistische Ideologie unvereinbar und alle Hoffnungen auf ein Ende des „Kulturkampfs" trügerisch sind. Dabei wird gelegentlich maßvolle Kritik an der Haltung des deutschen Episkopats, schärfere an Innitzer und den österreichischen Bischöfen nach dem „Anschluß“ sichtbar. Die Beispiele, die für die Unvereinbarkeit angeführt werden, kommen aus allen Bereichen nationalsozialistischer Politik und „Weltanschauung“, vom Ehescheidungsrecht bis zu den Lehrplänen der Schulen, von der „Rassenpolitik“ bis zur Gestaltung der „Lebensfeiern“, Geburts- und Todesanzeigen. Ein ausführlicher Sach-, Personen- und Ortsindex macht die Texte unter diesen Fragestellungen leicht benutzbar.

Koblenz *Heinz Boberach*

CAROLA KUHLMANN, Erbkrank oder erziehbar? Jugendhilfe als Vorsorge und Aussonderung in der Fürsorgeerziehung in Westfalen von 1933–1945. Weinheim/München, Juventa 1989. 290 S., 36,– DM.

Sozialpolitik und Wohlfahrtspflege rücken zunehmend ins Blickfeld der Historiker. Aber auch unter Sozialpädagogen wächst das Interesse an der Genese ihrer beruflichen Handlungsfelder. Carola Kuhlmann beschäftigt sich in ihrer Münsteraner Dissertation mit der Fürsorgeerziehung, dem gewichtigsten Teil der Jugendfürsorge, in der Zeit des Nationalsozialismus. Die Auslese- und Ausmerzepraxis entlang nationalsozialistischer Definitionen von verwahrlost, erbkrank und erziehbar – von der Schaffung privilegierter Jugendheimstätten über Sterilisation und Bewahrung bis zur Ermordung jüdischer Zöglinge – stehen im Mittelpunkt des Erkenntnisinteresses. Jedoch erweisen sich die regionalen Quellen, die westfälischen Jugendamts- und Anstaltsakten, aus denen Kuhlmann schöpft, als recht spärlich. So gelingen ihr zwar mitunter treffende Beobachtungen des Personals und der Entscheidungsabläufe im nicht immer leicht zu durchschauenden Geflecht der an der Jugendfürsorge beteiligten konfessionellen, nationalsozialistischen und staatlichen Behörden und Organisationen. Funktion und Praxis der Jugendfürsorge im Spannungsfeld zwischen Klientel und Institution, die mörderische Konsequenz nationalsozialistischer „Fürsorge“ auch über den Kreis der jüdischen Zöglinge hinaus, etwa im Rahmen der Euthanasie, bleiben in der Darstellung hingegen blaß oder finden keine Erwähnung. So wird auch nicht recht deutlich, worauf die problematische These gründet, die „Sonderbehandlung“ ethnischer Minderheiten in der Fürsorgeerziehung sei in den Mittelpunkt des Behördeninteresses geraten, als sich die Unterbringungsmöglichkeiten im Krieg erschöpft hatten (S. 224). Gibt es tatsächlich einen ursächlichen Zusammenhang? Ist er für Westfalen zu beobachten? Oder fielen nicht vielmehr Entscheidungen andernorts, die jenen Zusammenhang – so er nachweisbar ist – als Vorwand herbeiführten?

Vieles ließe sich in der Region Westfalen zeigen, aber nicht alles läßt sich aus der Region heraus erklären, vor allem dann nicht, wenn das Erkenntnisinteresse über sie hinausgeht und der Gegenstand als solcher bislang kaum erforscht ist. Beachtet und nutzt man in einem solchen Fall den Zusammenhang, wenn man will: die Dialektik von Regionalem und Allgemeinem wie in der vorliegenden Arbeit nicht konsequent genug, erweist sich die Beschränkung auf die Region letztlich als Fessel.

Bad Vilbel *Marcus Gräser*

MICHAEL H. KATER, Doctors under Hitler, Chapel Hill/London, The University of North Carolina Press. 1989. XII, 426 S., $ 32,50.

Katers Buch ist der brillante Versuch, die tiefe geschichtliche Krise, in die die Humanmedizin während der NS-Zeit geraten war, mit den erprobten Methoden der Sozialgeschichte zu entschlüsseln. Der Vf. legt eine Chronik der medizinischen Profession vor, die nicht nur mit äußerster Genauigkeit die Verirrungen ärztlichen Denkens und die Verwicklung von Ärzten in den Gesamtbereich der NS-Kriminalität festhält, sondern auch die tieferen Ursachen für das Geschehen aufzuspüren beabsichtigt, das die überkommene ärztliche Moral auf so folgenschwere Weise außer Kraft setzte. Auch die ärztliche Ethik bleibt immer eingebunden in geschichtliche Situationen; im Nationalsozialismus bildeten die Imperative einer rassistischen Weltanschauung die Wirklichkeitsschale, in der sich der Abfall der Medizin von den Geboten der Menschlichkeit vollzog. Der Vf. variiert als Historiker die Perspektive des Psychoanalytikers Robert Jay Lifton, der in seiner Beschreibung der ‚Nazi Doctors' bei Extrembefunden ansetzte, um die psychologischen Mechanismen ‚medikalisierten Tötens' aufzuzeigen. Mit beträchtlichem Erkenntnisertrag wird der Blickwinkel auf die Normalmedizin im „Dritten Reich" gerichtet, wobei der Vf. auf verschiedenen Ebenen zeigt, wie problematisch es ist, „Nazi medical crimes" und „everyday medicine in the Third Reich" trennen zu wollen. In seiner Monographie kann sich der Vf. auf eine Vielzahl quellengesättigter Vorstudien stützen; die hier zusammengetragenen Befunde werden in einem interpretatorisch weiter gesteckten Rahmen auf die Grundsatzfrage nach dem historischen Ort des deutschen Arztes im „Dritten Reich“ bezogen.

Das inhaltliche Spektrum der Untersuchung reicht von einer sozialstatistisch erhärteten Schilderung der ökonomisch schwierigen Lage der Ärzteschaft am Ende der Weimarer Republik, in der die Anfälligkeit des Medizinerstandes für die Lockparolen der NS-Machthaber begründet lag, bis zum Nachzeichnen des beschämenden Vorgangs der Ausgrenzung und Verfolgung jüdischer Ärzte. Gründliches wird über das ‚Dilemma‘ von Ärztinnen mitgeteilt, die Situation von Studenten der Medizin und – m. E. für zukünftige Forschungen von besonderer Bedeutung – die Orientierungen der Universitätsmedizin. Auch die medizinischen Fakultäten erlagen dem ‚Convoyreflex‘ der Zeit. Der Vf. zeigt, wie getrübt nach 1945 das Erinnerungsvermögen vieler war, die in der NS-Zeit sich die großen rassen- und gesundheitspolitischen Ziele zu eigen gemacht hatten. Honoratioren der Wissenschaft begegnen gleichsam als politische Borderline-Typen; sie legten mehr als Lippenbekenntnisse gegenüber dem NS-Regime ab (S. 135f.). Bedeutung hatte dies für die geistige Orientierung der Ärzteschaft insgesamt. Mit der Deformation der Gesinnungen hing es zusammen, daß menschliche Maßstäbe als Widerlager gegen die Zumutungen der braunen Politik weitgehend ausfielen.

Der Vf. hat in einem großen Wurf die Aufmerksamkeit auf die breite Mitte der Ärzteschaft in nationalsozialistischer Zeit gelenkt. Sie ist nicht wie Josef Mengele u. a. nur mit der Psychopathologie entlehnten Kategorien zu fassen, sondern will historisch eingeordnet werden. Doch die historische Analyse ergibt, daß sich auch die sog. normale Medizin „im Schatten“ von Menschheitsverbrechen bewegte, „that there was a significant interaction between the misdeeds and daily medical practice, which, perhaps imperceptively but decisively in the long run, changed the professional ethos motivating all the doctors in Germany“ (S. 222). Ein wichtiges Buch, das über die Gefährdungen und Selbstgefährdungen ärztlicher Ethik informiert, denen nur aus historischem Bewußtsein begegnet werden kann.

Essen *Dirk Blasius*

GERALD SCHRÖDER, NS-Pharmazie. Gleichschaltung des deutschen Apothekenwesens im Dritten Reich. Ursachen, Voraussetzungen, Theorien und Entwicklungen. Stuttgart, Wissenschaftliche Verlagsgesellschaft 1988. 296 S., 78,– DM.

Dieses Buch könnte als ernstzunehmender Beitrag zur gegenwärtig in Gang befindlichen Historiographie der Professionalisierung in Deutschland betrachtet werden, wenn es nicht fast ausschließlich personen- und organisationsgeschichtlich orientiert wäre. Immerhin läßt sich zur Genüge herauslesen, daß Apotheker vor 1933 zum Nationalsozialismus fanden und dem Regime des Dritten Reiches eine Stütze aus der Akademikerschaft wurden, weil sie, ähnlich wie die Ärzte, seit dem Ersten Weltkrieg berufspolitisch enttäuscht waren. Apotheker, in der Hierarchie der kurativen Akademikerberufe irgendwo zwischen den Nichtpromovierten unter den Zahnärzten und promovierten Humanmedizinern angesiedelt, versprachen sich vom Dritten Reich eine Vereinheitlichung ihres Berufsstandes, eine Reichsapothekerordnung, die Lösung der Junganwärter-Frage und nicht zuletzt eine sozialkorporative Aufwertung. Schröder vermag auch im Falle der Apotheker (analog zu den Ärzten) zu zeigen, daß diese Akademiker durch ihr Bündnis mit den Nationalsozialisten Beelzebub gerufen haben, um den Teufel zu vertreiben. In der Argumentation des Vf.s wird allerdings der zentralen Frage der jüdischen Konkurrenz viel zu wenig Gewicht beigemessen; sie wird sozusagen am Rande behandelt.

Dem Historiker kann diese Studie schon deshalb nicht genügen, da der Autor, ein promovierter Apotheker, Grundregeln der modernen (Sozial-)Geschichtsschreibung nicht beachtet hat. Die Anmerkungen nach jedem Kapitel sind übergewichtig, manchmal sogar länger als der Text, weil der Vf. sie zu weitschweifigen, gewiß überflüssigen Annotationen benutzt hat. Im Text dagegen finden sich unnötig dozierende Passagen, die weniger die Geschichte der Apotheker selbst als den allgemeinen politischen oder sozio-ökonomischen Hintergrund zum Inhalt haben, den man als bekannt voraussetzen darf. Auch die Schilderungen persönlichkeitsbezogener Intrigen hätten stark gekürzt werden müssen, hingegen leidet der Vergleich mit parallelen Sozialgruppen, insbesondere Zahn- und Humanärzten. Das oft in Tabellen dargebotene, interessante statistische Material sowie in den Text eingefügte Originaldokumente sind quellenmäßig nicht nachgewiesen, was eine Weiterverwendung erschwert. Schließlich hätte die Liste der kritischen Literatur durch

Werke zur Professionalisierungsdebatte, wie etwa in der modernen Medizingeschichte, ergänzt werden müssen; insbesondere sind englischsprachige Titel, wie oft in der deutschsprachigen Fachliteratur, vernachlässigt worden.

Toronto *Michael H. Kater*

GERNOT HEISS/SIEGFRIED MATTL/SEBASTIAN MEISSL u. a. (Hrsg.), Willfährige Wissenschaft. Die Universität Wien 1938–1945. (Österreichische Texte zur Gesellschaftskritik, Bd. 43.) Wien, Verlag für Gesellschaftskritik 1989. 339 S., 36,– DM.

Die wissenschaftliche Auseinandersetzung mit den österreichischen Universitäten nach der Zeit des „Anschlusses" ist ein vielfach noch nicht erforschtes Kapitel. Zwar haben einige Aufsätze und in jüngerer Zeit auch einige Abhandlungen Licht in dieses in Österreich noch immer als politisch brisant angesehene Thema geworfen, aber von einer zureichenden Analyse kann bislang noch nicht gesprochen werden.

Begreiflicherweise kann und soll es auch der vorliegende Band nicht tun, so verdienstvoll er ist und so viele neue Dinge er mitteilen kann. Die Universität Wien steht zwar im Mittelpunkt, aber von ihr aus werden auch allgemeinere Verhältnisse der österreichischen Universitäten während des NS-Regimes deutlich.

In einem einleitenden Kapitel wird der allgemeine Rahmen abgesteckt. Danach reihen sich Aufsätze zur Volkskunde, zur Geschichtswissenschaft, zur Kunstgeschichte, Psychologie, Germanistik, Zeitungswissenschaft, Geopolitik an, wie auch solche zur Katholisch-Theologischen Fakultät, der Rechts- und Staatswissenschaftlichen Fakultät und der Medizinischen Fakultät. Ein eigenes Kapitel behandelt die sogenannten Institutsneugründungen, ein Personenregister beschließt den Band.

Wie gesagt, viel Information, eine Fülle bislang unbekannter Zusammenhänge, wichtige Begebenheiten werden hier mitgeteilt. Häufig freilich können die Bearbeiter nur schwer ihre Empörung, ihr Unverständnis für diese Vorgänge unterdrücken. In Anbetracht des zeitlichen Abstandes und auch im Blick auf die Altersstufe vieler Mitarbeiter – in den 40er und 50er Jahren geboren, sie sind also nicht ganz jung! – verwundert dies methodische Ungenügen ein wenig. Das kann auch nicht mit der in Österreich entschieden zu rigide gehandhabten Praxis, Akten nicht einsehen zu lassen, entschuldigt werden. Kommt dazu dann noch sprachliches Unvermögen – ganz besonders gravierend in den Kapiteln zur Juristischen Fakultät, zur Geopolitik, zur Katholisch-Theologischen Fakultät –, so nimmt das diesem eigentlich wichtigen Band viel von seiner wünschenswerten Wirkung. Polemik und Entrüstung verstellen öfters historische Einsicht, als daß sie sie fördern. Insoweit bleibt auch dieser Band erst eine Vorstufe zur noch zu leistenden Auseinandersetzung mit der eigenen, österreichischen, jüngeren Vergangenheit.

Frankfurt am Main *Notker Hammerstein*

HANS POHL/STEPHANIE HABETH/BEATE BRÜNINGHAUS, Die Daimler-Benz AG in den Jahren 1933 bis 1945. Eine Dokumentation. (Zeitschrift für Unternehmensgeschichte, Beih. 47.) Stuttgart, Steiner 1986. VII, 394 S., 78,– DM.

Die Entscheidung, ihre eigene Geschichte während der Zeit des Nationalsozialismus erforschen zu lassen, faßte die Daimler-Benz AG im Jahre 1983. Unterdessen rückte die Frage der Beschäftigung von Zwangsarbeitern in deutschen Großunternehmen in den Mittelpunkt einer kritischen öffentlichen Diskussion. Die vorliegende Arbeit nimmt diese Herausforderung nicht auf. Die Lage der Fremd- und Zwangsarbeiter wird im Gesamtzusammenhang der Dokumentation zwar angemessen behandelt, nimmt aber keine herausragende Rolle ein. Eine gesonderte Untersuchung zu diesem Thema wird angekündigt.

Im Mittelpunkt der Dokumentation steht vielmehr die Frage der „Gleichschaltung" des Unternehmens in den Jahren nach 1933 und seine Rolle in der Rüstungswirtschaft des „Dritten Reiches". Anders als in den schon vorliegenden – ebenfalls die NS-Zeit betreffenden – neueren Monographien zur „Business-History" der IG-Farben (P. Hayes) und des Ruhrkohlenbergbaus (J. Gillingham) versuchen die Vf. nicht, eine Unternehmensgeschichte der Daimler-Benz AG zu schreiben. Sie liefern vielmehr das Rohmaterial, aus dem eine Geschichte der Daimler-Benz AG entstehen könnte, das aber auch weit darüber hinaus für die Sozial- und Wirtschaftsgeschichte der NS-Zeit von großer Bedeutung ist. Auf eine knappe Einführung in den Forschungsstand zur Wirtschaftsgeschichte der Jahre 1933–1945 folgt eine systematische Dokumentation der Entwicklung wichtiger Unternehmensbereiche, wie Unternehmensführung, Produktion, Forschung und Entwicklung, Absatz, Finanzen, Personalwesen und Sozialleistungen, die mit 50 Tabellen und 82 faksimilierten Aktenstücken aus dem Werksarchiv belegt wird. Das reichhaltige Material wird durch ein Länder- und Ortsregister sowie durch ein Personen- und ein Sachregister gut erschlossen. Eine ausführliche Bibliographie (ca. 430 Titel) rundet die Dokumentation ab.

Weit davon entfernt, eine apologetische Position einzunehmen, belegen die Vf. ausführlich das nicht immer spannungsfreie Verhältnis von Unternehmensleitung und Partei. Es wird am deutlichsten in der Frage der personellen Gleichschaltung von Vorstand und Aufsichtsrat, der aus rassischen Gründen immer wieder Veränderungen erfuhr. So kam es zu einem erheblichen Konflikt zwischen Unternehmen und Partei, als nach dem Tode des Vorstandsvorsitzenden 1942 ein Nachfolger bestimmt wurde, der nicht Mitglied der NSDAP war und dessen Frau als „Halbjüdin“ den rassistischen Vorstellungen der Partei nicht entsprach. Die Dokumentation belegt – durchaus in Übereinstimmung mit der neuesten Forschung – das hohe Maß an Opportunismus, das u. a. alle Mitglieder des Vorstandes 1933/34 der NSDAP oder einer ihrer Gliederungen beitreten ließ. Sie macht aber auch deutlich, daß der NS-Musterbetrieb in seinem Verhältnis zum Regime keine bestimmende Position einnehmen konnte, sondern sich den von der NS-Wirtschafts- und Rüstungspolitik gesetzten Bedingungen anzupassen hatte, wenn er seinen Nutzen maximieren wollte.

Bochum *Werner Abelshauser*

OTTO BORST (Hrsg.), Das Dritte Reich in Baden und Württemberg. (Schriftenreihe des Stuttgarter Symposions, Bd. 1.) Stuttgart, Theiss 1988. 338 S., 6 Abb., 29,80 DM.

Der von dem Ordinarius für Landesgeschichte an der Universität Stuttgart, Otto Borst, herausgegebene Band versammelt die Referate, die auf dem 1. Stuttgarter Symposion im November 1985, auf dem die Zeit des Nationalsozialismus paritätisch für Baden und Württemberg abgehandelt wurde, vorgetragen wurden. In der Einführung macht der Herausgeber die inhaltliche Schwerpunktsetzung des Sammelbandes deutlich, nämlich die Frage nach der spezifischen Weltanschauung des Nationalsozialismus und den geistigen Grundlagen, die das Dritte Reich ermöglichten. Ohne die politischen, wirtschaftlichen und sozialen Faktoren und Begleitumstände, die zur Etablierung der NS-Herrschaft führten, hintanstellen zu wollen, ist – so Borst – „die Gretchenfrage, wie das alles kommen konnte, (...) die Frage nach dem Geist, den man artikuliert hat oder dem man sich willig hingegeben hat" (S. 9). Entsprechend dieser sich unter anderem auf Jacob Burckhardt berufenden geistesgeschichtlichen Akzentuierung der historischen Analyse beschäftigen sich die Mehrzahl der Beiträge mit der nationalsozialistischen Ideologie in ihrer Auswirkung auf das Schul- und Hochschulwesen, auf Dichtung und Literatur, auf das Gesundheitswesen, auf die Kunstszene sowie auf Architektur und Musikschaffen.

Im ersten Teil des Bandes ist indes von, wenn man so will, „klassischen" Themen- und Fragestellungen die Rede, nämlich von dem Problem der verschiedenen politischen und sozialökonomischen Rahmenbedingungen des nationalsozialistischen Regimes in Südwestdeutschland. So beschreibt *Paul Sauer* in seinem Beitrag „Staat, Politik, Akteure" (S. 14–28) die Rolle der politischen Handlungsträger, die Württemberg und Baden während der braunen Diktatur in den politischen und moralischen Bankrott geführt haben. Sodann analysiert *Willi A. Boelcke* die ökonomischen und sozialpolitischen Entwicklungen zwischen 1933 und 1945 (S. 29–45), während sich *Jörg Thierfelder* mit dem Verhalten der katholischen und evangelischen Kirche im Spannungsfeld von Anpassung und Widerstand beschäftigt (S. 74–95). In den Zusammenhang der „klassischen" Themen gehört auch die Untersuchung von *Jörg Schadt* über „Verfolgung und Widerstand" in den beiden südwestdeutschen Ländern (S. 96–120) sowie die Studie von *Diemut Majer* über „Richter und Rechtswesen" im Nationalsozialismus (S. 46–73), die freilich u. a. auch die weltanschaulichen Grundlagen des NS-Unrechtsstaates ausleuchtet.

Alle weiteren Beiträge sprengen den Rahmen solcher „klassischen" Themenstellungen; sie lassen sich zusammenfügen zu einem Panorama des nationalsozialistischen Geistes, d. h. besser Ungeistes. Die ideologische Deformation des Schul- und Erziehungswesens vor dem Hintergrund eines rassendeduktionistischen Vulgärdarwinismus und die Versuche der Nazis zur Integration der Jugend in den totalen Erziehungsstaat sind Gegenstand einer Studie von *Karl Schneider* (S. 121–136), deren Analyse sich in erster Linie an den Verhältnissen in Württemberg orientiert. Im Anschluß hieran untersucht *Hugo Ott* die nationalsozialistische Unterwanderung und schließliche Gleichschaltung der Universitäten und Hochschulen (S. 137–148), während der Herausgeber in Ergänzung und Weiterführung des Beitrages von Ott herauszupräparieren versucht, in welchem Umfang der Wissenschaftsbetrieb während der NS-Zeit von überzeugten Nationalsozialisten durchsetzt war (S. 149–182). Dabei legt er besonderes Gewicht auf die widersprüchliche Rolle einiger prominenter Hochschullehrer rechtsnationaler Provenienz wie z. B. der Geschichtswissenschaftler Johannes von Haller und Gerhard Ritter sowie des Philosophen Martin Heidegger. Im übrigen schenkt *Borst* breite Aufmerksamkeit denjenigen Fachdisziplinen, in denen die NS-Weltanschauung gleichsam institutionalisiert war. Gemeint ist hier in erster Linie die Anthropologie und Rassenkunde resp. „Rassenhygiene“ (S. 157 ff.), wobei im einzelnen herausgearbeitet wird, wie der Rasseaspekt zur theoretischen und methodischen Prämisse vieler anderer Wissenschaften wurde. In diesem Sinne stark ideologisierte Disziplinen waren die Geschichtswissenschaft, die Rechtslehre, die Germanistik, die Volks- und Landeskunde im Kontext „rassekundlicher Dorfuntersuchungen“ (S. 163) und nicht zuletzt auch die Musikwissenschaft. Freilich waren nicht nur die Geisteswissenschaften vom Gift des Nationalsozialismus infiziert, sondern auch die Naturwissenschaften. Borst verweist hier insbesondere auf den Heidelberger Physikordinarius Lenard, der allen Ernstes eine „Deutsche Physik“ gegen alle „Jüdische Physik“ abzugrenzen versuchte (S. 181). Ebenfalls aus der Feder von *Otto Borst* stammt der Beitrag über „Dichtung und Literatur“ (S. 183–210), in dem er das Werk und Wirken einiger heute zu Recht gänzlich vergessener Schriftsteller, die sich in den Dienst der NS-Ideologie gestellt hatten, beleuchtet. Einem besonders traurigen Kapitel der ideologischen und praktischen Instrumentalisierung der Wissenschaften für ein barbarisches und menschenverachtendes Herrschaftssystem widmet sich der Medizinhistoriker *Walter Wuttke* mit seiner Studie über „Medizin, Ärzte, Gesundheitspolitik“ (S. 211–235). Wuttke zeigt auf, wie die Humanmedizin rassistischem und antisemitischem Gedankengut zugänglich war und zum Handlanger des nationalsozialistischen Euthanasieprogramms wurde, um abschließend am Beispiel des Tübinger Gynäkologen August Mayer das bedrückende Porträt eines typischen Nazi-Arztes (S. 233 ff.) zu zeichnen. *Michael Kochs* Beitrag über die nationalsozialistische Kunstpolitik (S. 236–249), die Untersuchung von *Wolfgang Voigt* über NS-Architektur am Beispiel der Stuttgarter Bauschule (S. 250–271) sowie die Studie von *Otto Borst* über „Musik und Kult“ (S. 272–289) runden das Bild ab, das von dem vorliegenden Sammelband in der prioritären Absicht, die geistigen, weltanschaulichen Fundamente und Auswirkungen der zwölfjährigen NS-Diktatur im deutschen Südwesten aufzuzeigen, entworfen wird.

Stuttgart *Rudolf Kroboth*

ROLAND MÜLLER, Stuttgart zur Zeit des Nationalsozialismus. Mit einem Geleitwort von *Manfred Rommel*. Stuttgart, Theiss 1988. XXII, 750 S., 92 Abb., 79,– DM.

Daß eine stadtgeschichtliche Aufarbeitung der nationalsozialistischen Zeit vor Ort immer noch ein heikles politisches Problem darstellt, verdeutlicht der Autor im Vorwort zu seiner umfänglichen und detaillierten Studie, wenn er auf die kommunalpolitische „Tragikomödie“ hinweist, die sich im Zusammenhang mit der vom Stuttgarter Stadtarchiv herausgegebenen Chronik der Stadt Stuttgart 1933–1945 abspielte (S. XVII f.). Diese Chronik war freilich, wie ein Kritiker vermerkte, nicht mehr als eine „bloße Sammlung von Fakten ohne Analyse von Zusammenhängen, Hintergründen und Strukturen" (S. XVII). Und eben die Aufhellung und präzise Untersuchung dieser Zusammenhänge, Hintergründe und Strukturen hat sich Roland Müller zur Aufgabe gesetzt. Herausgekommen ist dabei – nach sechsjähriger Forschungsarbeit in lokalen und auswärtigen Archiven – eine lokalhistorische Detailuntersuchung, die beispielhaft für alle deutschen Kommunen transparent macht, wie sich das nationalsozialistische Herrschaftssystem in allen Bereichen der Kommunalpolitik und des kommunalen Lebens durchsetzen und bis zum Ende des Hitlerreiches 1945 im Grunde genommen reibungslos funktionieren konnte.

Im Einleitungskapitel („Voraussetzungen, Bedingungen, Möglichkeiten"; S. 1–33) beschäftigt sich der Autor mit den politischen, wirtschaftlichen und sozialen Strukturen Stuttgarts in den Jahren der Weimarer Republik, wobei er dem Wahlverhalten der Stuttgarter Bevölkerung (S. 12–16) sowie der Geschichte der Stuttgarter NSDAP und ihres kommunalpolitischen Wirkens bis zur Machtübernahme (S. 17–33) besondere Aufmerksamkeit widmet.

Im übrigen gliedert sich das Buch in zwei Hauptteile: Im ersten Teil versucht der Autor die Geschehnisse und Entscheidungsprozesse der Stuttgarter Kommunalpolitik in den Jahren 1933 bis 1939 zu rekonstruieren (S. 35–321), während im zweiten Teil die Kriegsjahre bis zum Zusammenbruch des Nazi-Regimes im Frühjahr 1945 thematisiert werden (S. 323–537).

Die Überschrift des ersten Teils lautet: „Umschaltung, Gleichschaltung, Ausschaltung". Müller beschreibt hier zunächst eine Fülle von Einzelabläufen, welche die sukzessive nationalsozialistische Durchdringung Stuttgarts auf allen stadtpolitischen Ebenen deutlich machen – vom „geräuschlose(n) Umbau" der Stadtverwaltung durch die Einsetzung eines Staatskommissars als Vertreter des nationalsozialistischen württembergischen Staatspräsidenten Murr, von der Neuformierung des Gemeinderats auf der Basis des „Gesetzes über die Gleichschaltung der Länder mit dem Reich" im Frühjahr 1933 (S. 43–55), über die „Formierung der städtischen Belegschaft" (S. 55–61) bis hin zu neuen, vor allem wirtschafts- und sozialpolitischen Akzentsetzungen der Stuttgarter Stadtverwaltung in Kongruenz mit dem Wirtschafts- und Gesellschaftskonzept der Nationalsozialisten (S. 61–104), wobei hier die Analyse der nationalsozialistischen, rassisch begründeten und im Grunde großstadtfeindlichen Bau- und Siedlungspolitik (S. 96–104) besonders erhellend ist. Im Anschluß hieran untersucht der Autor Methoden und Einzelbereiche der Gleichschaltung des öffentlichen und kommunalen Lebens im Zeichen des nationalsozialistischen Totalitätsanspruches (S. 105–146). Die Gleichschaltung der Stuttgarter Presselandschaft (S. 112–118), des Rundfunks in Umorganisation des Süddeutschen Rundfunks zum „Reichssender Stuttgart" (S. 118–122), des Theaterwesens, u. a. durch die Entlassung von „nichtarischen" Schauspielern beim Staatstheater (S. 122–126), sowie der Jugend im Rahmen der HJ (S. 132–146) sind hier besonders ausgeleuchtete Einzelaspekte. Daß die Nationalsozialisten selbst den Fasching für ihre propagandistischen Ziele einspannten, wird auf S. 126–132 gezeigt. Die Ausschaltung und die Verfolgung des politischen Gegners ist Thema des anschließenden Kapitels (S. 147–192), wobei hier vor allem die Verfolgungs- und Repressionsmaßnahmen gegenüber KPD und SPD im Mittelpunkt der Erörterung stehen. Im folgenden Abschnitt (S. 193–272) werden in Analyse des städtischen Herrschaftssystems einzelne herausragende kommunalpolitische Entscheidungen der Jahre 1933–1939 untersucht, so z. B. im Bereich der städtischen Personalpolitik (S. 200–213), der kommunalen Finanzwirtschaft, die sich nunmehr als Beitrag zur „Sicherung der deutschen Wehrfreiheit" verstand (S. 213–221), der wohnungs- und städtebaulichen Entwicklung (S. 221–242; S. 255–273) sowie der Energieversorgung (S. 247–255). Im Anschluß an ein kurzes Kapitel über Wandlungsprozesse innerhalb der Stuttgarter NSDAP (S. 274–281) belegt Müller mit einer Fülle von beschämenden Dokumenten und Materialien die Verfemung und Verfolgung der jüdischen Stadtbevölkerung vom sog. „Abwehrboykott" jüdischer Geschäfte im April 1933 über die Stuttgarter Wirklichkeit im Zeichen der Nürnberger Gesetze von 1935 bis zum Novemberpogrom von 1938 (S. 282–309). Teil I wird abgeschlossen mit einer Analyse der sozialen Lage der Bevölkerung in den Jahren 1933–1939, die vor allem gekennzeichnet war von einer spürbaren Senkung des Reallohnniveaus (S. 310–315), sowie einer Darstellung der Kriegsvorbereitungsmaßnahmen, insbesondere im Hinblick auf den Luftschutz (S. 316–321).

Der zweite Teil der Studie, die sich mit den Kriegsjahren 1939–1945 befaßt, ist überschrieben mit „Totalisierung, Terror, Zerstörung". Die Auswirkungen des Krieges auf das alltägliche Leben und insbesondere die soziale und Versorgungslage der Bevölkerung in den ersten Kriegsjahren (S. 325–344) sowie eine Reihe bedeutsamer kommunalpolitischer Problemstellungen und Entscheidungen im Schatten des Krieges (aufkommende Wohnungsnot, Stagnation des Wohnungs- und Städtebaus, Forcierung des Luftschutzbaus, Eingemeindungen von Siedlungsgebieten auf den Fildern, Konflikte um die kommunale Energiewirtschaft) (S. 345–385) sind Thema der beiden ersten Kapitel von Teil II. Sodann schlägt Müller das schwärzeste Kapitel der nationalsozialistischen Zeit, die Vernichtung „lebensunwerten Lebens", auf und beschreibt a) die praktische Durchführung des sog. Euthanasieprogramms in Stuttgart (S. 386–396), b) die Deportation und schließlich Ermordung der Stuttgarter Juden (S. 396–411) und schließlich c) die unmenschliche Behandlung von Kriegsgefangenen und Fremdarbeitern (S. 411–425). Bis zum Frühjahr 1943 war Stuttgart von Luftangriffen weitgehend verschont geblieben. Am 11. März 1943 gegen 23 Uhr erreichte der totale Krieg in Gestalt eines massiven Bombenangriffs britischer Luftstreitkräfte, dem in der Folgezeit mehrere schwere Bombardements folgten, die württembergische Metropole. Stuttgart im Zeichen des totalen Krieges und der Kampf der Bevölkerung ums nackte Überleben sind Gegenstand eines der eindringlichsten Kapitel des Buches (S. 426–479), wobei insbesondere die Beschreibung der Auswirkungen des Feuersturms, der in der Nacht zum 25. Juli 1944 Stuttgart heimsuchte (S. 464–479), das ganze Ausmaß des Schreckens, dem die Menschen damals ausgesetzt waren, auf erschütternde Art vermittelt. Die Radikalisierung des nationalsozialistischen Terrors, die sich unter anderem auch in der rasch zunehmenden Zahl von vollstreckten Todesurteilen manifestierte, auf der einen und die ansteigende Reserviertheit großer Teile der Stuttgarter Bevölkerung gegenüber der NS-Propaganda auf der anderen Seite werden anschließend dargelegt (S. 480–517). Besonderes Gewicht kommt in diesem Zusammenhang auch den Ereignissen in Folge des Attentats auf Hitler vom 20. Juli 1944 zu, das von dem ehemaligen Schüler des Stuttgarter Eberhard-Ludwig-Gymnasiums, Claus Graf Schenk von Stauffenberg, verübt wurde (S. 509–517). Müller macht deutlich, daß Stuttgart „bei der Vorbereitung des Staatsstreiches keine geringe Rolle gespielt" hat, „denn am Sitz der Robert Bosch GmbH liefen einige Fäden der Verschwörung zusammen" (S. 510). Verwiesen wird hier u. a. auf die engen Kontakte von Carl Goerdeler zur Führungsetage des Bosch-Konzerns, aber auch auf die Rolle von Persönlichkeiten wie Eugen Gerstenmaier, Eugen Bolz und nicht zuletzt auch Erwin Rommel. Ein interessantes Licht auf die Struktur des NS-Herrschaftsapparates in Stuttgart werfen überdies die Ausführungen Müllers über das Verhalten des nationalsozialistischen Oberbürgermeisters Strölin (S. 514–517), der angesichts der Verschärfung des NS-Terrors zunehmend von Zweifeln an der Richtigkeit der nationalsozialistischen Politik geplagt wurde und vor diesem Hintergrund in Kontakt kam mit den Verschwörern des 20. Juli. Nach dem Scheitern des Attentats und Umsturzversuches tat Strölin freilich das, „was von einem nationalsozialistischen Oberbürgermeister füglich erwartet werden durfte – in einer Ratsherrensitzung am 10. August verurteilte er das Attentat auf Hitler mit großem Pathos" (S. 516f.). Zum Abschluß seines beeindruckenden und detaillierten Szenariums der NS-Zeit in Stuttgart wendet sich Müller dem Prozeß der Auflösung der NS-Herrschaft zu (S. 518–537), der angesichts der herannahenden Front bereits zu Jahresbeginn 1945 einsetzte und seinen definitiven Abschluß fand mit der Übergabe der Stadt am 22. April 1945 um 11 Uhr an den Kommandeur der einrückenden französischen Truppen. Bereits am 23. April wurde Arnulf Klett von der französischen Militärregierung als neuer Oberbürgermeister eingesetzt. Das Pferd im Stuttgarter Wappen war nun endlich nach mehr als zwölf Jahren nicht mehr vom Hakenkreuz überschattet.

Tübingen *Rudolf Kroboth*

MAXIMILIAN LIEBMANN, Theodor Innitzer und der Anschluß. Österreichs Kirche 1938. Graz/Wien/Köln, Styria 1988. 327 S., 54,– DM.

Der durch einschlägige Veröffentlichungen vorbereitete Vf. legt in dem Buch eine Fülle von bisher unbekanntem oder schwer zugänglichem Material vor. Liegt darin der eigentliche Wert der Darstellung, so macht sie freilich den Wunsch nach dem, was uns noch vorenthalten ist, um so dringender: es sind dies die Akten des Hl. Stuhls, die aus dem Archiv des Erzbistums Wien entfernten Materialien (E. Weinzierl in: R. Neck/A. Wandruszka, Anschluß 1938.

Wien 1981, 388), der nach A. C. Hudal (Römische Tagebücher. Graz 1976, 238) „vor den Zugriffen unberufener ‚Geschichtsschreiber' sichergestellte" Briefwechsel Hitler–Bürckel–Innitzer, die Zeugnisse über die „unerforschten und bestens funktionierenden" Kontakte Rom–Berlin–Wien (Liebmann S. 70), die Nachlässe W. Schmidt (einiges wird daraus von L. wiedergegeben) und H. Mukkermann u. a. m. Auch ist zwischen zuverlässigen Quellen und solchen, die von nachträglichen apologetischen Beweggründen bestimmt sind (so die Stellungnahme Himmelreichs S. 278 f.), zu unterscheiden. Es ergibt sich:

1) Die Hierarchie war gespalten. Ein Teil war nationaldeutsch eingestellt – dazu gehörten Innitzer und insbesondere Hefter – und stand der Schuschnigg-Diktatur mit Vorbehalt gegenüber, während ein anderer Teil der vorgeschriebenen Marschroute gefolgt war. Im Gegensatz dazu entstand eine stark anwachsende Gruppe von Geistlichen, die mit den DC in der ev. Kirche vergleichbar sind (S. 267 ff.), wie überhaupt im Lande eine revolutionäre Situation herrschte, die den Zusammenbruch des Regimes schon vor dem aus außenpolitischen Gründen vorgenommenen Einmarsch deutscher Truppen zur Folge hatte.

2) Innitzer hat offenbar schon am 13. 3., als Hitler in Linz war, mit ihm Verbindung aufzunehmen versucht (Hudal S. 239), am 14. ein Begrüßungstelegramm an den nach Wien fahrenden Hitler gerichtet und ihn bei der Einfahrt zu treffen gesucht (S. 70.263). Für die am 15. zustande gekommene Unterredung mit Hitler ist die Initiative Innitzers anzunehmen und die Mitwirkung v. Papens auf die Erzielung des Einverständnisses Hitlers und die Festlegung von Ort und Stunde (S. 269) einzuschränken. Sie war möglich geworden, weil Hitler sich anscheinend alsbald entschlossen hatte, die revolutionären Kräfte im vielfach sehr selbständigen österreichischen Nationalsozialismus nicht zu ermutigen und so auch die Hierarchie nicht zu entmachten versuchte. (Für das, was einen Augenblick am Horizont als Möglichkeit erschien, vgl. die bezeichnende Angabe Wandruszkas, in: Neck/Wandruszka, 378 f.) Nur so ist es zu verstehen, daß er dieser katholischen Führung ein Friedensangebot machte und erklärte, daß der in Österreich erreichte Zustand ein Modell für das Altreich werden solle.

3) Innitzer gab am 15. eine Anweisung an den Klerus aus, die in sehr weitgehenden Worten die Zustimmung zur Wiedervereinigung ausdrückt (S. 77) und deren Veröffentlichung in der Presse er

dringend anforderte (S. 78.80). Hierzu hat es mehrere Entwürfe gegeben. (S. 75f. ist einer derselben abgedruckt, während Pischtiak [S. 76] auf einen anderen Bezug nimmt). Am 16. hat er seine Amtskollegen für eine Besprechung am 18. eingeladen und dafür anscheinend eine der seinigen entsprechenden Erklärung der Bischöfe ins Auge gefaßt. Auch muß er dazu Bürckel eingeladen haben. Nur so ist es zu erklären, daß mit Datum vom selben Tag bereits der Entwurf einer Erklärung der Bischöfe, die auf die Anwesenheit des Gauleiters Bezug nimmt, vorliegt (S. 81) – ob es der Urentwurf war oder eine im Büro Bürckel vorgenommene Abschrift, läßt sich nicht sagen. Die Tatsache, daß Bürckel verbesserte, spricht nicht für Entstehung auf seiner Seite. Gespräche, über die bisher nichts bekannt geworden ist, müssen vorausgegangen sein.

4) Bei der Besprechung der Bischöfe gab es über die grundlegenden Aussagen: die Bejahung der Arbeit des Nationalsozialismus und die Aufforderung an alle Gläubigen, bei der Volksabstimmung sich zum deutschen Volk zu bekennen, keine Meinungsverschiedenheit. Da Bürckel, um die Freiheit der Bischöfe nicht zu beeinträchtigen (vgl. S. 277), nicht erschien, mußte die Einleitung umgearbeitet werden, wofür Selzner Formulierungshilfe geleistet hat (S. 91). Ein Versuch von Waitz, eine auf die Rechte der Kirche Bezug nehmende Passage einzuschieben, wurde von Innitzer abgewehrt. Sein Prinzip war „mit keinerlei Klauseln und Bedingungen belastet“ (S. 128; vgl. S. 102). Demgemäß hat er auch nach dem Krieg zu der Erklärung gestanden (S. 279: „... nur ...“). Bürckel schrieb er, daß „die Bischöfe freiwillig und ohne Zwang unsere nationale Pflicht erfüllt haben“ (S. 109).

5) Am Abend des 18. 3. setzte jedoch bereits die Gegeneinwirkung des Nuntius ein, der eine Ergänzung verlangte. Eine Einbegleitung konnte von Innitzer mit Bürckel vereinbart werden (S. 113), während ein weiterer, auf Befehl des Papstes eingebauter Satz ohne Bürckels Wissen hinzugefügt wurde. Außerdem wurde Innitzer nach Rom beordert. Zweimal entzog er sich dem (S. 129), um, als er auf die dritte Aufforderung sich schließlich zum Vatikan begab, am 5. 4. vom Papst öffentlich gedemütigt zu werden, was bei ihm zu einem bleibenden Ressentiment gegen Rom führte (Weinzierl, in: Neck/Wandruszka, 386). „Rom versteht uns nicht“, erklärte er von dort zurückkehrend (S. 139; vgl. S. 152).

6) Nach dieser Zurückweisung konnte Hitler die von ihm beabsichtigte „bindende Erklärung bzgl. der katholischen Kirche in

Österreich" (S. 142) nicht abgeben. Aber es lag ihm doch immer noch daran, eine Vereinbarung zu erzielen. Dem unermüdlichen Bürckel gelang es zweimal, zu einer unterschriftsreifen Einigung mit Innitzer zu kommen, die jedoch von Rom zu Fall gebracht wurde (S. 162.169). Die Verhandlungen waren von seiten der Bischöfe mit großem Einsatz geführt worden (so erklärte Memelauer, daß er im Falle des Scheiterns „wohl nicht gegen Rom handeln, aber seinen Amtsverzicht in Erwägung ziehen würde"; Anm. 408). Nach dem Zusammenbruch der Verhandlungen setzte auf hoher Ebene eine Verhärtung ein. Es erfolgten einseitige Maßnahmen, die jedoch, weil auch sie die Struktur der Kirche nicht antasteten, die entschiedene Ablehnung der radikalen Elemente im Nationalsozialismus fanden (S. 235 ff.). Auf deutscher Seite, wo überhaupt der Umsturz in Österreich nicht erwartet worden war, erfolgten die Verhandlungen ohne ausreichende Vorbereitung und mit erkennbarem Ungeschick. Beim Vatikan, dessen Schoßkind die Schuschnigg-Diktatur gewesen war, wird Verärgerung mitgespielt haben (vielleicht auch französische Einwirkungen und sicherlich solche von Emigranten; so Hudal S. 243.250). Als die Verhandlungen abgebrochen wurden, hatte der Vatikan einen Teilerfolg erreicht: die revolutionäre Phase, in der die Kirche selbst hätte angetastet werden können, war verstrichen. Ob die Tür ganz zugeschlagen war? Während der römischen Verhandlungen zeichnete sich ein Unterschied zwischen dem Papst und Pacelli ab (S. 134; vgl. auch S. 163). Im Sommer 1938 bot Pacelli an, nach Berlin zu kommen. Seine Deutschland zugeneigte Haltung bestätigt Weizsäcker (Papiere II, 626 f.). Nach der Thronbesteigung ließ er die Polemik des Osservatore Romano einstellen und empfing Ribbentrop; später auch den SS-General Wolff. Und Hitler selbst? Zeigt der von K. Scholder aufgefundene „Teil" des Briefwechsels Hitler–Bertram (wo befindet sich der andere Teil? was hat er enthalten?), daß er einen dünnen Faden weiterspinnen wollte? Mehr läßt sich zur Zeit nicht sagen.

Innitzer bekannte sich als deutscher Mann und stand dem Anschluß eindeutig positiv gegenüber. In Rom zu einem Canossa-Gang (so Hudal 239) gezwungen, wurde er zunehmend zum Lavieren genötigt und fand nicht die Kraft, sich am 8. Oktober einer außer Kontrolle geratenen Menge entgegenzustellen. Daß gerade er in diese Lage kam, macht ihn zu einer fast tragischen Gestalt.

Liebmanns Darstellung, die nicht immer stimmig ist (so wird S. 84 durch Anm. 197 widerlegt und S. 106–108 durch die zu Beginn der Anm. 269 zitierte Quelle ad absurdum geführt), zwingt die geschichtlichen Ereignisse in ein plakatartig aufgemachtes Schema, das dem Typ nach dem nicht unverwandt ist, was man in den fünfziger Jahren in Mitteldeutschland lesen konnte. Den Versuch aber, sich so der gemeinsamen tausendjährigen Geschichte zu entledigen, genügt es niedriger zu hängen.

Cambridge *Ernst Bammel*

ALBRECHT HAGEMANN, Südafrika und das „Dritte Reich". Rassenpolitische Affinität und machtpolitische Rivalität. (Campus Forschung, Bd. 628.) Frankfurt am Main/New York, Campus 1989. 381 S., 78,– DM.

Bereits 1976 konstatierte Manfred Funke in einem von ihm herausgegebenen grundlegenden Sammelband zur NS-Außenpolitik das Fehlen einer Studie über die Beziehungen zu Südafrika. Diese liegt nun endlich in wünschenswerter thematischer Breite und argumentativer Differenzierung vor. Der Sache nach geht es neben den bilateralen Beziehungen im engeren Sinne um die innenpolitische Entwicklung in der Südafrikanischen Union einerseits, um den nationalsozialistischen Informations- und Propagandaapparat andererseits. Lediglich bei letzterem ist die Forschung zu den NS-Kolonialplänen nicht immer hinreichend rezipiert worden. Seinen wissenschaftlich-politischen Stellenwert gewinnt diese Bielefelder Dissertation (bei H.-U. Wehler) vor allem durch den Vorwurf, die 1948 durch Wahlen an die Macht gekommene Nationale Partei D. F. Malans, welche die Apartheid durchsetzte, habe faschistische Züge gehabt. Von eindeutig nationalsozialistischer Ausrichtung war nach Hagemann nur die außerparlamentarische Ossewabrandwag, die bis 1941/42 unter Afrikaanern Einfluß hatte, aber zunehmend mit Malan (auch ideologisch) in Konflikt geriet. Überhaupt liegt die Stärke in einer differenzierten Darlegung sowohl von politischem Einfluß als auch ideologischer Ausrichtung der verschiedenen Gruppierungen des Afrikaaner-Nationalismus, der einerseits als sozialpsychologische Reaktion auf soziale Krisen (Urbanisierung etc.) gesehen wird, andererseits aber auch in direkter Beeinflussung durch NS-Deutschland verortet wird. Es gab auf diese Weise verschiedenartige rassenpolitische Affinitäten (durch Rassentrennung, Antisemitismus, aber auch Antikommunismus charakterisiert), bei denen sich der Verfasser mit guten Gründen gegen eine Gleichsetzung mit deutschen Erscheinungen wendet.

Der entscheidende Punkt war, daß die zumeist deutschfreundlichen Afrikaaner den – dennoch unpopulären – Kriegseintritt auf seiten Großbritanniens 1939 nicht verhinderten. Kulturpropagandistischen Ansätzen zur Betonung völkischer Gemeinsamkeiten, der Handelspolitik (relativ wirksamer Boykott deutscher Waren vs. wichtige Rohstofflieferungen an das Deutsche Reich) geht der Vf. gleichermaßen nach. Machtpolitische Rivalitäten resultierten v. a. aus der „Gleichschaltung" der Deutschen in Südwestafrika wie in Südafrika, die in Zusammenhang mit der deutschen Forderung auf Rückgabe auch Südwestafrikas kontraproduktiv wirkten. Problematische Einzelpersönlichkeiten und typische Rivalitäten verstärkten dies noch, so daß eine an sich in Südafrika im Zuge eigener Expansionspolitik nach Norden gewünschte Rückkehr des Deutschen Reiches als Kolonialmacht auf Kosten Frankreichs hierdurch konterkariert wurde. Südafrikanische Optionen des Deutschen Reiches blieben v. a. aufgrund mangelnder politischer Macht und anderer Schwerpunkte nationalsozialistischer Politik im Hintergrund. Einen lohnenden Untersuchungsgegenstand stellen sie dennoch dar, wie Hagemann eindrucksvoll zeigt.

Köln *Jost Dülffer*

BOB MOORE, Refugees from Nazi Germany in the Netherlands 1933–1940. (Studies in Social History, Vol. 9.) Dordrecht/Boston/Lancaster, Nijhoff 1986. XIV, 241 S., 150,– hfl.

In einer Zeit, in der die öffentliche Diskussion in der Bundesrepublik über die Aufnahme von Asylsuchenden und Aussiedlern in den Sog emotionaler Vorurteile und wohlfeiler Rezepturen zu geraten droht, kann eine sachliche Erörterung historischer Parallelen staatlicher Flüchtlingspolitik und öffentlicher Hilfeleistung aus der jüngsten europäischen Geschichte nur nützlich sein. Die Studie des britischen Historikers Bob Moore über das Schicksal deutscher Emigranten in den Niederlanden zwischen 1933 und 1940 zeichnet sich durch eine distanzierte und vorurteilsfreie Betrachtung des Verhaltens der Niederländer gegenüber den beiden zahlenmäßig umfangreichsten Flüchtlingsgruppen aus: deutschen Juden und sozialistischen und kommunistischen Emigranten. Unterstützung wurde diesen Flüchtlingen vor allem von Organisationen zuteil, die ihre religiösen und politischen Überzeugungen teilten oder ihnen sonstwie nahestanden. Damit spiegelte auch die karitative Flüchtlingsarbeit die konfessionelle und ideologische Aufspaltung *(verzuiling)* der niederländischen Gesellschaft wider. Die politische und ökonomische Dauerkrise seit Beginn der dreißiger Jahre verstärkte den sozialen Trennungsprozeß und wirkte sich vor allem nachteilig auf jene sozialen Gruppen aus, die außerhalb der traditionellen vier „Säulen" der niederländischen Gesellschaft standen. Zu ihnen zählte auch die jüdische Gemeinschaft, deren überwiegend mittelständisch orientierte Hilfsorganisationen stets um politisches Wohlverhalten bemüht blieb. Das Ergebnis war die zwangsläufige Aufspaltung der niederländischen Flüchtlingsfürsorge in jüdische, christliche und politische Hilfe, wobei sich die Antagonismen innerhalb der politischen Linken noch zusätzlich trennend auswirkten.

Moore ist bemüht, die vorsichtig-ablehnende Reaktion der niederländischen Regierung auf den Flüchtlingsstrom aus dem nationalsozialistischen Deutschland stets im Kontext der politischen und wirtschaftlichen Bedingungen der dreißiger Jahre zu sehen. Humanitäre Erwägungen und die liberale Anwendung eines „ungeschriebenen" Asylrechts zugunsten der deutschen Flüchtlinge wurden weithin innenpolitisch-bürokratischen Erwägungen und dem außenpolitisch-wirtschaftlichen Ausgleich mit dem Dritten Reich untergeordnet. Die verantwortlichen Politiker und Beamten ließen sich dabei weniger, wie oft unterstellt, von antisemitischen und antikommunistischen Vorurteilen leiten als von schlicht xenophobischen und autoritären Überzeugungen, denen zufolge jede fremde Bevölkerungsgruppe, insbesondere hier die sog. *Ost-Juden*, und jede radikale Ideologie, zumal wenn sie sich nicht aus der politischen Tradition des Landes herleitete, als real empfundene Bedrohung der eigenen konservativen Position empfunden wurden. Die (heimlich vorgenommenen) Deportierungen einer Reihe politischer Aktivisten unter den Emigranten ins niederländisch-deutsch-belgische Grenzgebiet ist ein Beispiel für jene bürokratische Intoleranz, wobei allerdings die Tatsache, daß die meisten der Ausgewiesenen sofort nach Belgien gingen, den verantwortlichen Beamten gestattete, ihr Gesicht zu wahren und zugleich jede Verantwortung von sich zu weisen.

Mit ihrer restriktiven Handhabung der deutschen Flüchtlingsfrage während der dreißiger Jahre bildeten die Niederlande keine Ausnahme, und es überrascht nicht, daß der Hinweis auf das Verhalten anderer Länder, die trotz ungleich günstiger Geographie und Besiedlung ihre Tore kaum weiter öffneten, zur Rechtfertigung ständig herangezogen wurde. Ähnlich wie in anderen Ländern waren es aber auch in den Niederlanden jüdische, christliche und politische Flüchtlingshilfsorganisationen und zahlreiche Privatpersonen, die sich in selbstloser Weise der Not der Emigranten annahmen und den traditionell guten Ruf der niederländischen Gastfreundschaft aufrecht erhielten.

Es ist schade, daß der Verlag nicht sorgfältiger gearbeitet hat, um die zahlreichen typographischen und oft sinnentstellenden Fehler aus dem Druckbild zu tilgen, und es bleibt daher nur zu hoffen, daß Bob Moores wichtige Studie bald in einer überarbeiteten Fassung erscheint.

London *Gerhard Hirschfeld*

HANS-JÜRGEN DÖSCHER, „Reichskristallnacht". Die Novemberpogrome 1938. Frankfurt am Main/Berlin, Ullstein 1988. 198 S., 34,– DM.

Anläßlich des 50. Jahrestages der sog. Reichskristallnacht vom November 1938 ist so manche belanglose, eilig zusammengeschriebene Publikation auf den Büchermarkt geworfen worden. Von ihnen hebt sich Döschers knappe, mitunter allzu knappe Dokumentenzusammenstellung mit Thesen ab, die geeignet sind, unsere Kenntnisse bezüglich des Anlasses der vom NS-Regime inszenierten antisemitischen Ausschreitungen – die Ermordung des Legationssekretärs Ernst vom Rath durch den Juden Herschel Grünspan – zu korrigieren.

Als Grünspans Tatmotiv ist bislang die Empörung über die Ende Oktober 1938 erfolgte Abschiebung eines Teils der in Deutschland lebenden polnischen Juden (unter denen sich auch Grünspans Familie befand) nach Polen angenommen worden, weshalb er beschlossen habe, demonstrativ den deutschen Botschafter in Paris zu ermorden – dann jedoch durch ein Versehen und in Unkenntnis der Person den Botschaftsangehörigen vom Rath niederstreckte.

Demgegenüber vermag Döscher zu zeigen, daß diese Version erst Jahre später von den Nationalsozialisten im Zuge ihrer Vorbereitungen für den Schauprozeß gegen Grünspan kreiert wurde, während die Tatzeugen übereinstimmend berichteten, Grünspan habe bei seiner Vorsprache auf der Botschaft (nicht den Botschafter, sondern) einen der Legationssekretäre zu sprechen verlangt. So stand es auch in der von der deutschen Presse veröffentlichten und von der Wissenschaft augenscheinlich nicht ernst genommenen DNB-Meldung vom 7. November 1938. Weitere Aussagen und Berichte führten Döscher zu dem Schluß, daß Mörder und Opfer sich unter mutmaßlichem Einschluß homosexuellen Verkehrs schon vor der Tat gekannt hatten, so daß die Rache für das Schicksal der Juden in Deutschland als Attentatsmotiv zumindest relativiert wird. Dieser Befund werde durch die von 1942 an nachweisbaren Bemühungen des Auswärtigen Amtes, das homosexuelle Moment zu verschleiern, ebenso erhärtet wie durch den Verzicht auf die Eröffnung der Hauptverhandlung gegen Grünspan, nachdem dieser den homosexuellen Tathintergrund angedeutet hatte, der den propagandistischen Effekt des Prozesses in Frage gestellt hätte.

Auch wenn sich Döschers einleuchtend dargestellte Ergebnisse als stichhaltig erweisen, braucht die Geschichte der deutschen Judenverfolgung nicht umgeschrieben zu werden, da sie den Ablauf, die Funktion und den historischen Stellenwert des Pogroms nicht tangieren, sondern v. a. die tragisch-groteske Seite nationalsozialistischer Willkürpolitik beleuchten. Allerdings wäre zugunsten der wissenschaftlichen Diskussion zu wünschen, daß Döscher sich an geeigneter Stelle ausführlicher als hier geschehen mit dem Forschungsstand auseinandersetzt und insbesondere seine Quellenbasis detailliert vor dem Leser ausbreitet.

Düsseldorf *Anselm Faust*

WOLFGANG BENZ (Hrsg.), Die Juden in Deutschland 1933–1945. Leben unter nationalsozialistischer Herrschaft. München, Beck 1988. 779 S., 58,– DM.

Auch in Deutschland gewinnen in den letzten Jahren Bestrebungen an Kraft, neben staatlicher Judenpolitik, Antisemitismus und Judenverfolgung auch die Geschichte der Juden selbst zu untersuchen. Für die Zeit des Nationalsozialismus ist diese Perspektive noch wichtiger als für frühere Epochen, denn „im Zuge der Entlarvung und der Anklage nationalsozialistischer Politik konzentrierte sich das Interesse der Autoren sosehr auf die Verbrechen an den Juden, daß diese selbst, von der Opferrolle gezeichnet, darüber die Züge gewöhnlichen Menschseins verloren" (M. Richarz [Hrsg.], Jüdisches Leben in Deutschland. Selbstzeugnisse zur Sozialgeschichte 1918–1945. Stuttgart 1982, 40). Darüber hinaus führte die Konzentration auf die Geschichte der Verfolgung dazu, daß die Juden vor allem als Objekt und Opfer erschienen, nicht als Subjekt und Handelnde.

Die Juden selbst, als Einzelne und als Gemeinschaft, in ihrem Alltag unter dem Nationalsozialismus zu zeigen, ist das Anliegen der Autoren des vorliegenden Bandes. Dementsprechend räumen sie jüdischen Quellen – vor allem den Presseorganen der dreißiger Jahre und den Erinnerungen der Betroffenen – Priorität vor den amtlichen nationalsozialistischen ein. Zahlreiche Zitate aus der Richarz'schen Memoirensammlung belegen erneut den außergewöhnlichen Rang dieser Edition für die Erforschung der deutschjüdischen Geschichte. Darüber hinaus ziehen die Autoren weitere veröffentlichte sowie eine Reihe unveröffentlichter Zeugenberichte (Wiener Library, Leo Baeck-Institut) heran. Es gelingt ihnen so, nicht nur die Auswirkungen der Verfolgung auf das Leben der von ihr Betroffenen deutlich zu machen, sondern auch den Willen und die Fähigkeit zur Selbstbehauptung, die sich in der Schaffung effizienter Selbsthilfeorganisationen und dem Aufbau eines blühenden jüdischen Kulturlebens dokumentierten.

Zunächst stellt der Herausgeber selbst im „Prolog" (S. 15–33) die Reaktionen der unterschiedlichen jüdischen Gruppierungen auf die Übertragung der Macht an die Nationalsozialisten dar. Gewiß differenziert er zu Recht zwischen den öffentlichen Stellungnahmen der einzelnen Organisationen und der Haltung der jüdischen Bevölkerung. Doch daß letztere in ihrer Mehrheit dieses Ereignis „sicherlich ängstlich-abwartend, aber vor allem indifferent" hinnahm (S. 22), kann er nicht hinreichend belegen. Unter der Fragestellung „Deutsche Juden oder Juden in Deutschland?" untersucht *G. Plum* (S. 35–74) sodann die innere Zerklüftung der deutschen Judenheit in bezug auf ihr religiöses und nationales Selbstverständnis sowie ihre Versuche zur Schaffung einer Gesamtvertretung am Ausgang der Weimarer Republik, um im Anschluß daran die internen Auseinandersetzungen im Frühjahr 1933 und die Schaffung der Reichsvertretung der deutschen Juden darzustellen, deren Ende als „frei gewählte Vertretung und Führung der deutschen Juden" er auf den November 1938 datiert (S. 71). Dementsprechend betrachtet er die Reichs*vereinigung*, wie lange üblich, ausschließlich als von den Nationalsozialisten im Juli 1939 oktroyierte Zwangsorganisation, ohne sich mit den von Hildesheimer und Kulka vorgetragenen Befunden über die Zwischenstufe einer freiwilligen Reichsvereinigung seit Februar 1939 auseinanderzusetzen. (Stillschweigend zur Kenntnis genommen werden sie dagegen im Beitrag von *C. Vollnhals,* S. 394). *V. Dahm* untersucht das kulturelle und geistige Leben (S. 75–267). In seinem Beitrag folgt auf problemorientierte Abschnitte über die Frage „Jüdische oder deutsche Kultur" und den organisatorischen Rahmen eine detaillierte Betrachtung des Repertoires der jüdischen Kulturbünde von Spielzeit zu Spielzeit, die mit ihren Aufzählungen von Titeln und Künstlern etwas ermüdend wirkt. Vielleicht hätte man die gesammelten Informationen in Gestalt eines Verzeichnisses in den Anhang aufnehmen können, um sie, auch für weitere Forschungen, aufzubewahren und gleichzeitig die analysierenden Partien des Beitrags stärker zur Geltung kommen zu lassen. *G. Plum* gibt einen knappen Überblick über Wirtschaft und Erwerbsleben (S. 268–313), in dem er, entsprechend dem Programm des Bandes, die Folgen für die Betroffenen akzentuiert, weniger die Judenpolitik der Regierung. Obwohl er also den gleichen Ansatz wie der beste Kenner dieses Themenkreises, A. Barkai, verfolgt, weicht er in der Periodisierung und in der relativ günstigen Schlußbewertung von dessen damals in Aufsatzform bereits vorliegenden Ergebnissen (vgl. auch Barkais Monographie 1988) ab, ohne sich aber explizit mit ihnen auseinanderzusetzen. Zugleich ergeben sich auch kleinere Differenzen zur Einschätzung von *C. Vollnhals,* der die jüdische Selbsthilfe bis 1938 untersucht (S. 314–411, vgl. dort bes. S. 328f., 377f.), dabei einige Grunddaten und -zusammenhänge der wirtschaftlichen Situation wieder aufgreifen muß und mehr mit der Barkaischen Einschätzung übereinstimmt. Im einzelnen untersucht Vollnhals den organisatorischen Aufbau des innerjüdischen Hilfswerks, das jüdische Schulwesen, die Wirtschaftshilfe und die Wohlfahrtspflege, die er auf einer breiteren Quellenbasis als Adler-Rudel (1974) anschaulicher und gründlicher darstellt. *J. Wetzel* beschäftigt sich mit der Auswanderung aus Deutschland (S. 413–498), deren Flucht-Charakter sie zu Recht unterstreicht. Sie behandelt den Zusammenhang des Ziellandes Palästina mit dem jüdischen Selbstverständnis, aber auch die Begrenztheit der Wahlmöglichkeiten in bezug auf dieses und andere Einwanderungsländer aufgrund der zunehmenden Immigrationsbeschränkungen. *W. Benz* druckt (S. 499–544) seinen Beitrag zu dem ein halbes Jahr früher erschienenen Band „Der Judenpogrom 1938" (Hrsg. v. W. H. Pehle. Frankfurt/M. 1988) wieder ab, allerdings ohne den einführenden Rückblick auf das Mittelalter. Er behandelt die Inszenierung des Pogroms, das Vorgehen der Täter und die Leiden der Opfer jeweils an eindrücklichen Beispielen, die bürokratischen Nachspiele und amtlichen Stellungnahmen, sowie – für diesen Band ergänzend – einleitend den Vorwand für den Pogrom (also die Ausweisung der polnischen Juden und das Attentat auf einen deutschen Diplomaten in Paris) und die Sitzung im Reichsluftfahrtministerium vom 12. 11. 1938 mit Beratungen über das weitere Vorgehen gegen die Juden. Seine Einordnung des Novemberpogroms in die Geschichte der nationalsozialistischen Judenverfolgung faßt er mit den Worten zusammen: „Die ‚Reichskristallnacht' bildete den Scheitelpunkt des Wegs zur ‚Endlösung': Die physische Vernichtung der Judenheit war als Ende dieses Wegs, als Ziel der nationalsozialistischen Herrschaft sichtbar geworden" [?] (S. 498) *K. Kwiet* gibt einen ausführlichen Überblick über die Lebensbedingungen der Juden von 1938–1943 unter dem Titel „Stufen der Ausgrenzung" (S. 545–659): Vernichtung der wirtschaftlichen Existenz; Zwangsarbeit; Entrechtung und Deklassierung; Kennzeichnung; Ghettoisierung und Deportation. Der Beitrag verdeutlicht, unbeabsichtigt, zugleich die Schwierigkeiten, vor denen jeder Autor bei der Darstellung dieser Entwicklung steht: einerseits eine gewisse Ordnung in die Fülle der nationalsozialistischen Verordnungen zu bringen – und zugleich die doch gravierenden Unterschiede in den Lebensverhältnissen, etwa 1938 und 1942, bewußt zu machen, die durch die systematische Gliederung etwas verwischt werden. Diese kann dem Leser kaum eine Vorstellung davon geben, wie der Lebensraum allmählich immer enger und enger wurde und wie andererseits gelegentlich binnen kürzester Zeit ein Schlag auf den anderen folgte (s. z. B. 1., 12., 20. Sept. 1939 in der Zeittafel des Anhangs). Das „Überleben im Untergrund 1943–45" dokumentiert abschließend, und mit den gewählten Memoirenauszügen äußerst eindrücklich, *W. Benz* (S. 660–700).

Der Band ist in dem Bestreben, „das schmerzlichste Kapitel der Geschichte des deutschen Judentums möglichst authentisch darzubieten" (S. 13) reich, ja zu reich mit (bis zu zwei Seiten!) langen Quellenzitaten ausgestattet, die zudem graphisch nicht von der Darstellung abgesetzt sind. Sie scheinen überall da entbehrlich, wo sie nur Sachinformationen liefern, die in dieser Detailliertheit zu Einzelfällen oft nicht nötig sind oder allenfalls im Referat auf das Wesentliche beschränkt hätten dargeboten werden können. In der schieren Fülle werden die aussagekräftigen Zitate letztlich von den beschaulichen zugedeckt. So stellt sich die Frage, ob nicht eine Zweiteilung in Darstellung und Quellenteil beiden besser das ihnen zukommende Gewicht verliehen hätte. – Der Belegapparat konzentriert sich auf die Quellen – die Bezüge auf die vorliegende Forschungsliteratur sind eher spärlich, obwohl sich die Autoren gleichwohl darauf stützen.

Insgesamt bietet der Band ein anschauliches und breites Panorama jüdischen Alltags unter dem Nationalsozialismus. Was der Leser vermißt, ist die Darstellung des religiösen Lebens, besonders, weil es Anzeichen für seine Renaissance in dieser Zeit gibt. Daß „die Darstellung ... jüdischer Religiosität und Geistigkeit nichtjüdischen Historikern bei allem Bemühen um Einfühlung kaum annähernd möglich ist" (S. 13), kann als implizite Entschuldigung für diese Aussparung nicht überzeugen – denn was hätte dagegen gesprochen, einen weiteren Autor heranzuziehen, sei es nun ein nichtjüdischer oder ein jüdischer Experte?

Göttingen *Trude Maurer*

FRANÇOIS BÉDARIDA (Ed.), La politique nazie d'extermination. Paris, Michel 1989. 333 S., 110,– FF.

Der Sammelband präsentiert den Ertrag einer vom Pariser „Institut d'histoire du temps présent" veranstalteten Tagung zum Thema „Die nationalsozialistische Ausrottungspolitik – Forschungsstand und Forschungsperspektiven". In 22 Beiträgen – sie stammen von ausgewiesenen Experten aus neun Ländern – werden folgende Problembereiche behandelt: Zur Historiographie der nationalsozialistischen Ausrottungspolitik; Ideologie und Wissenschaft im Dienst des Genozids; Charakter, Methoden und Etappen der nationalsozialistischen Ausrottungspolitik; Fall-Studien zu den Nazi-Praktiken; die Opfer (Geisteskranke, Juden, Zigeuner); der Genozid in der Geschichtsforschung.

Hervorgehoben seien zwei Beiträge. *G. Botz* (Salzburg) macht darauf aufmerksam, daß in Österreich, wo die antisemitische Mobilisierung große Teile der Gesellschaft erfaßte, das NS-Regime seine brutalen antisemitischen Maßnahmen auch als einen „Ersatz für Sozialpolitik" (S. 209) praktizierte und dadurch materielle ökonomische und soziale Interessen befriedigte: in Wien – dort lebten 90 %

der knapp 200.000 österreichischen Juden – wurden durch erzwungene Auswanderung, Ghettoisierung und schließlich Deportation der Juden zwischen 1938 und 1941 70.000 Wohnungen frei (6.000 mehr, als im Rahmen der legendären Wiener Wohnungspolitik zwischen 1919 und 1933 gebaut wurden!) – es gab also unzählige Nutznießer der Judenverfolgung, und das nicht nur in Österreich! *Y. Bauer* (Jerusalem) verdichtet die Befunde seiner früheren Spezialstudien über die Verhandlungen zwischen hohen SS-Funktionären und Vertretern jüdischer Organisationen um die Rettung von Juden zu einer aufregenden, meines Erachtens aber einleuchtend begründeten Hypothese: Himmler habe sich von Mitte 1943 bis zum Kriegsende um Verhandlungskontakte zwecks Herbeiführung eines Separatfriedens im Westen bemüht und sei aus diesem Grunde bereit gewesen, eine gewisse Zahl von Juden freizugeben, weil nach seiner Auffassung (und hier stand er ganz im Banne der Vorstellung von der Macht des internationalen Judentums) die Juden entscheidenden Einfluß auf die Regierung der USA ausübten.

Für die meisten Beiträge indessen gilt, daß sie dem Spezialisten kaum etwas Neues bieten. Da es auf dem Symposion vorrangig um eine Bilanzierung der bisherigen Forschung ging, durften sich die Referenten mit Fug und Recht darauf beschränken, den Forschungsstand zum jeweiligen Aspekt in sachkundiger Weise zusammenzufassen oder auch eigene, bereits veröffentlichte Arbeiten in konzentrierter Form vorzustellen. Denn es bleibt eine erstaunliche Tatsache: nicht nur der Beitrag der französischen Historiker zur geschichtswissenschaftlichen Analyse des nationalsozialistischen Verfolgungssystems und des Holocaust ist höchst bescheiden zu nennen, auch die einschlägige internationale Forschung wird in Frankreich nur von wenigen rezipiert. Daher ist es verdienstlich, daß der vorliegende Sammelband einem interessierten französischsprachigen Publikum die Möglichkeit bietet, sich über die Ergebnisse der wissenschaftlichen Bemühungen auf diesem Felde umfassend zu informieren.

Köln *Eberhard Kolb*

SERGE KLARSFELD, Vichy – Auschwitz. Die Zusammenarbeit der deutschen und französischen Behörden bei der „Endlösung der Judenfrage" in Frankreich. Aus d. Franz. übers. von *Ahlrich Meyer.* (Schriften der Hamburger Stiftung für Sozialgeschichte des 20. Jahrhunderts, Bd. 9.) Nördlingen, DELPHI Politik, verlegt bei GRENO 1989. 600 S., 48,– DM.

Über die Verfolgung und Deportation der in Frankreich lebenden Juden während des Zweiten Weltkriegs lagen bisher verschiedene Einzeluntersuchungen unterschiedlicher Qualität vor, deren Kenntnis sich außerhalb des französischen Sprachraums auf einen kleinen Kreis interessierter Historiker beschränkte. Serge Klarsfeld gebührt das Verdienst, die erste umfassende Darstellung zu diesem Themenkomplex veröffentlicht zu haben, die nunmehr auch in deutscher Sprache erschienen ist.

Auf 600 Seiten beschreibt und dokumentiert Klarsfeld vornehmlich die Zusammenarbeit der deutschen und französischen Behörden bei der „Endlösung der Judenfrage" in Frankreich. Gestützt auf die Zeugnisse des Dokumentationszentrums für Jüdische Zeitgeschichte in Paris, die Akten der in Frankreich und in Nürnberg geführten Militärgerichtsprozesse sowie die in den National Archives Washington überlieferten Dokumente des Auswärtigen Amts und der deutschen Botschaft Paris gelingt dem Vf. eine bisher unerreichte Dichte und Vollständigkeit in seiner Darstellung.

Die für die Deportationen verantwortlichen deutschen Repräsentanten in Frankreich (von Botschafter Abetz über den Höheren SS- und Polizeiführer Oberg bis zum Judenreferenten Zeitschel) werden ebenso vorgestellt wie ihre Kollaborateure: Bousquet, Polizei-Generalsekretär der Vichy-Regierung; de Brinon, Generaldelegierter der Vichy-Regierung in Paris; Darquier de Pellepoix, Generalkommissar für Judenfragen; Leguay, Präfekt und Delegierter der Vichy-Regierung in der besetzten Zone, um nur die wichtigsten Erfüllungsgehilfen zu nennen.

So schlüssig die Beweisführung des Vf.s erscheint, so erschütternd ist die Lektüre vieler Passagen, besonders jener über die Razzien im Juli 1942, denen viele jüdische Kinder in Paris zum Opfer fielen. „Die Vertreter der französischen Polizei haben am 17. Juli ganz bewußt jede Möglichkeit zur Rettung der Kinder blockiert." Nicht wenige Beamte überstanden die Säuberung in den Jahren 1944 und 1945 ohne größere Probleme. Deprimierend wirkt die Feststellung Klarsfelds: „Daß Bousquet und Leguay straflos ausgingen, beweist in der Tat nichts anderes als die faktische Gleichgültigkeit der französischen Eliten – nach der Befreiung Frankreichs – gegenüber der Deportation und Ermordung der ausländischen Juden und ihrer Kinder. Es macht ihren Willen deutlich, die ganze Verantwortung für diesen schrecklichen Abschnitt der französischen Geschichte einzig den Nazis zuzuschieben."

Ende 1940 lebten ca. 330000 Juden in Frankreich, darunter rund 140000 Ausländer oder Staatenlose. Nach der detaillierten Untersuchung Klarsfelds wurden annähernd 80000 Juden Opfer der sogenannten Endlösung, etwa 24000 davon waren französischer Nationalität. Unter den Opfern befanden sich 8000 Kinder ausländischer Eltern. Daß drei Viertel der Juden in Frankreich überleben konnten, ist vor allem zurückzuführen auf hilfreiche Solidarität innerhalb der nichtjüdischen Bevölkerung, Proteste der französischen Kirchen, Interventionen der italienischen Behörden zugunsten der Juden in ihrer Besatzungszone sowie auf Rettungsaktionen zionistischer Organisationen.

Telgte *Hans-Jürgen Döscher*

Die Auschwitz-Hefte. Texte der polnischen Zeitschrift „Przeglad Lekarski" über historische, psychische und medizinische Aspekte des Lebens und Sterbens in Auschwitz. Hrsg. v. Hamburger Institut für Sozialforschung. 2 Bde. Weinheim/Basel, Beltz 1987. 328 u. 329 S., 168,– DM.

Kein Gegenstand der Zeitgeschichte hat historische Interessen und Emotionen stärker gebunden als Auschwitz. Dieser Ort symbolisiert weit mehr als nur die extremsten Seiten der nationalsozialistischen Herrschaft: er steht für eine Krise des Menschseins in der modernen Welt und drückt deren katastrophenhaften „Abfall vom Humanen" (Thomas Mann), von allen Geboten der Menschlichkeit aus. Die historische Forschung hat den nationalsozialistischen Konzentrationslagern viel Aufmerksamkeit gewidmet, sie in den politisch-ideologischen Gesamtzusammenhang der NS-Zeit gestellt und fraglos dazu beigetragen, daß die Verbrechen, die hier in einer das menschliche Erinnerungsvermögen übersteigenden Weise begangen wurden, zum schmerzlichsten Schuldpunkt unseres historischen Bewußtseins gerieten.

Die hier anzuzeigende Edition verdeutlicht noch einmal den ganzen Lastcharakter der „viereinhalb Jahre" Auschwitz. (Bd. 1,

S. 7f.). Das Hamburger Institut für Sozialforschung hat in überlegter Auswahl und sorgfältiger Übersetzung erstmals in größerem Umfang Texte der in Krakau herausgegebenen Zeitschrift „Przeglad Lekarski" (Medizinische Rundschau) zugänglich gemacht, die die psychischen und medizinischen Aspekte des Lebens und Sterbens in Auschwitz in einem schärferen Licht erscheinen lassen. Die Krakauer Forschungen wurden 1961 von Medizinern begonnen und beschäftigen sich mit den Spätfolgen der KZ-Haft. Bisher sind 27 Themenhefte erschienen, die mehr sein wollen – und in historischer Perspektive auch mehr sind – als eine „moralische Abrechnung". So wird, z. B. durch die psychiatrische Untersuchung von insgesamt 500 ehemaligen Häftlingen (Bd. 2, S. 7f.), das psychische Bild der Verfolgten gezeichnet, und es werden jene Brüche im Persönlichkeitsgefüge der Überlebenden markiert, die auf Erlittenes, auf traumatische Erschütterungen ihrer Daseinssicherheit verweisen. Die Erinnerungsarbeit der polnischen Mediziner läßt aus der Erlebnisperspektive eine Lagerwelt entstehen, die die Erlebnismöglichkeiten der Menschen überstieg. Sie waren permanent mit der Annihilierung ihrer physischen und psychischen Existenz konfrontiert; es gab wenig mehr als die Flucht in die „innere Verholzung".

Diese Texte sind Beiträge zur Psychopathologie extremer Lebenslagen; auf eine bisher kaum erprobte Weise helfen sie, die „Psychopathologie" historischer Situationen zu entziffern. Die Male, die das Lager in der Psyche von Menschen zurückließ (vgl. Bd. 2, S. 69f.), sind die Kainsmale der jüngsten deutschen Vergangenheit. Die Auschwitz-Hefte haben nicht nur einen Quellenwert für die NS-Zeit; sie sind auch eine wichtige Quelle für die Gegenwärtigkeit dieser Zeit im heutigen Polen. Sie mahnen eine Politik aus historischem Bewußtsein und historischer Verantwortung an.

Essen *Dirk Blasius*

JEAN-CLAUDE FAVEZ, Das Internationale Rote Kreuz und das Dritte Reich. War der Holocaust aufzuhalten? Unt. Mitarbeit v. GENEVIÈVE BILLETÉR. Aus d. Franz. v. *Cornelia Langendorf.* München, C. Bertelsmann 1989. 592 S., 68,– DM.

Das Buch des Genfer Historikers geht der quälenden Frage nach, ob das Internationale Komitee vom Roten Kreuz (IKRK) wirklich alles getan habe, um die Genozidaktionen des 3. Reiches – besonders aber den Holocaust – zu verhindern. Erstmals werden die Akten des IKRK benützt. Einleitend wird die Organisation skizziert, die durch ihren Sitz in Genf und ihre schweizerische Struktur auf strikte Unparteilichkeit festgelegt war; die damaligen Komiteemitglieder mit dem Völkerrechtler Prof. Max Huber als gesundheitlich bereits angeschlagenem Präsidenten (bis Ende 1944, dann C. J. Burckhardt) gehörten durchwegs sehr angesehenen Familien an. Die Schwierigkeiten begannen schon bald nach der Errichtung der ersten Konzentrationslager, von denen einige immerhin dank Gegenleistungen (Besuche auch in österreichischen Anhaltelagern) visitiert werden konnten; die Probleme nahmen nach 1938, vollends aber nach Kriegsausbruch, rapide zu, als das Reich die Masse der polnischen Gefangenen nicht nach völkerrechtlichen Richtlinien behandelte, sondern in steigendem Maße als Zwangsarbeiter einsetzte. Zur eigentlich lastenden Hypothek aber wurde immer deutlicher die Judenverfolgung, die dann unverkennbar – gemäß der Ankündigung Hitlers bei Kriegsausbruch – Ausmaße einer Judenausrottung annahm, deren Symptome man in Genf nur zögernd zur Kenntnis nahm und immer wieder auch zu verdrängen suchte. Es zeigte sich, daß diese auf „normale" Kriege hin angelegte Organisation einer derartigen Form der Vernichtung gar nicht gewachsen war, zumal das Deutsche Rote Kreuz (DRK) – formal unter dem Präsidium eines Fürsten stehend, in Wirklichkeit aber von der SS unterwandert und beherrscht – sich völlig den Direktiven von oben fügte und jegliches Eingreifen zugunsten der rassisch Verfolgten ablehnte. So konnte das IKRK nur in marginalen Fällen – etwa solchen von jüdischen Kriegsgefangenen – eingreifen, hielt aber vor umfassenderen Rettungsaktionen zurück. Das zeigte sich exemplarisch in der Vollversammlung vom 14. Oktober 1942, als ein Appell gegen die Judenverfolgung bzw. -ausrottung erwogen wurde, dann aber auch wegen der Intervention der – entgegen ihren sonstigen Gepflogenheiten – an der Sitzung durch Bundesrat Philipp Etter vertretenen Schweizer Regierung unterblieb, um die weitere Hilfstätigkeit nicht durch eine Brüskierung der deutschen Machthaber zu gefährden. Daß daneben und dahinter auch Sorgen hinsichtlich der Schweiz im Spiele waren, läßt sich annehmen. So blieb es im wesentlichen bei einzelnen Aktionen, in denen sich das diplomatische Geschick eines C. J. Burckhardt bewähren konnte. Viel leistete vor allem die Rotkreuzdelegation in Berlin. Im grundsätzlichen aber hielt das Komitee „an der Auffassung fest, die Erwähnung dieses Problems würde den Verfolgten nichts nützen und anderen Kriegsopfern, die es betreute, sogar schaden" (S. 294). Erschwerend wirkte zudem die Tatsache, daß auch die Westalliierten die Judenauswanderung keineswegs gezielt förderten, manchmal sogar behinderten, wobei im Falle Englands die Rücksicht auf das Palästinaproblem und die wichtigen Reaktionen der Araber mitspielten. Einen speziellen Fall bildeten die russischen Kriegsgefangenen, deren Betreuung dadurch fast verunmöglicht wurde, daß die Sowjetunion die Gefangenenkonvention von 1929 nicht ratifiziert hatte.

Eingehend befaßt sich der Vf. sodann mit den Judenverfolgungen in den Satellitenländern, wo der Antisemitismus kaum minder virulent, aber bisweilen der Milderung dank Korruption zugänglicher war als im Reich. Im Falle der Slowakei wirkte tatkräftiger als das IKRK der schweizerische Generalkonsul in Preßburg; der schönfärberisch rechtfertigende Brief des Msgr. Tiso vom 10. Januar 1945 an Max Huber ist nicht nur ein bezeichnendes „Document humain", sondern auch eine Quellenaussage, die für viele steht. Daß kurz vor Torschluß dann wieder mehr zur Rettung der noch Überlebenden geschah, hängt mit rückversichernden Überlegungen der gefährdeten Machthaber (unter Umgehung des Diktators) zusammen.

Das von Cornelia Langendorf aus dem Französischen übersetzte, sorgfältig recherchierte Buch, dessen Lektüre durch diverse zwischen den Text eingeschobene Quellentexte nicht gerade erleichtert wird, hinterläßt einen deprimierenden Eindruck, der durch den Originaltitel „Une mission impossible?" einigermaßen adäquat umschrieben wird. Ob eine Anprangerung des Verbrechens etwa im Stil der „amnesty international" – auch abgesehen von den Zeitumständen – wirklich eine aussichtsreiche Alternative verheißen und mehr Lebensrettungen ermöglicht hätte, läßt sich auch nach der Durchsicht des vom Vf. gesichteten und interpretierten Materials nicht schlüssig beantworten. Eine eher kritische Stellungnahme liegt in einem an F. gerichteten und anhangweise abgedruckten Brief eines Repräsentanten des IKRK vom 19. März 1988 vor.

Zürich *Peter Stadler*

MARGOT PIKARSKI/ELKE WARNING (Bearb.), Gestapo-Berichte über den antifaschistischen Widerstandskampf der KPD 1933 bis 1945. Bd. 1: Anfang 1933 bis August 1939. Bd. 2: September 1939 bis August 1943. Berlin, Dietz 1989. 220 u. 428 S., 91 u. 36 Abb., 11,– u. 13,80 DM.

Zu den wichtigsten Quellen des innerdeutschen Widerstands gegen den Nationalsozialismus gehören die im Zentralen Parteiarchiv der SED im Institut für Marxismus-Leninismus (jetzt: Institut für Geschichte der Arbeiterbewegung) aufbewahrten Lageberichte des Geheimen Staatspolizeiamtes (Amt IV des Reichssicherheitshauptamtes) und die dorthin gerichteten Berichte der einzelnen Staatspolizei(leit)stellen. Daß hiermit erstmals eine größere Auswahl daraus veröffentlicht und den in der Bundesrepublik edierten vollständigen Berichten mehrerer west- und einer ostdeutschen Staatspolizeistelle an die Seite gestellt wird, ist daher zu begrüßen. Vorgelegt werden Auszüge aus drei zusammenfassenden Berichten von 1934 und August 1941, aus Jahresberichten für 1937 und 1938, je zwei Vierteljahresberichten von 1935 und 1939, den 12 „Monatsberichten über Linksbewegung" für 1936 und 205 – mehrmals wöchentlich erstatteten – „Meldungen wichtiger staatspolizeilicher Ereignisse" zwischen Juli 1941 und August 1943; die Zeit zwischen dem Hitler-Stalin-Pakt und dem Angriff auf die Sowjetunion ist nur durch einen Erlaß vom 18. Januar 1940 betr. Aufgaben der Gestapo bei der Bekämpfung von Kommunismus und Marxismus vertreten.

Diese Lücke ist sicherlich auch dadurch bedingt, daß die Überlieferung unvollständig ist, aber es fällt doch auf, daß ein offensichtlich vorhandener „aufgeblähter" Bericht „Die kommunistische Bewegung im Altreich, in Österreich und im Sudetengau zu Anfang 1941" nicht aufgenommen wurde. Soweit die Einführung überhaupt auf die Entwicklung des kommunistischen Widerstands eingeht und sich nicht auf die – wohlgelungene – Darstellung des Apparats der Gestapo und ihrer Berichterstattung beschränkt, ist denn auch von der Wirkung der deutsch-russischen Verschwörung auf die illegale KPD kaum die Rede, obwohl die für 1939/40 vorliegenden SD-Berichte über Gegnertätigkeit erkennen lassen, daß sie den Kampf fortgesetzt hat. Mit Recht ausgespart wurden dagegen die Ausführungen der Gestapo-Beamten über die kommunistische „Weltanschauung" und die Organisation der kommunistischen Parteien, die entweder aus Handbüchern abgeschrieben waren oder von bemerkenswerter Unkenntnis zeugten. Zitate aus KPD-Dokumenten wurden in den Anmerkungen belegt, die im übrigen äußerst wenig oder Überflüssiges wie die polnischen Namen der Orte jenseits von Oder und Neiße bieten.

Die wiedergegebenen Statistiken über die Zahl der – wegen erwiesener illegaler Tätigkeit oder bei Kriegsausbruch und im Juni

1941 präventiv – verhafteten Kommunisten können allerdings die Feststellung der Bearbeiter belegen, daß von ihnen „die bedeutendsten Aktivitäten im Kampf gegen den Faschismus ausgingen". Vor allem die im zweiten Band veröffentlichten zahllosen Einzelfälle der Verbreitung von Meldungen des Moskauer Senders, von beschlagnahmten Briefen, in denen Mütter ihre Sorge über den Ausgang des Krieges äußerten, von Kontakten mit russischen Arbeitern und Kriegsgefangenen, „zersetzenden" Gesprächen am Arbeitsplatz machen deutlich, über welches Potential die illegale Arbeiterbewegung verfügte. Die Faksimile-Wiedergabe von Flugblättern, aus Justiz- und Gestapo-Akten dient der Veranschaulichung. Für den noch ausstehenden Abschlußband ist ein Orts- und Namenindex dringend zu wünschen.

Koblenz *Heinz Boberach*

DETLEF JUNKER, Kampf um die Weltmacht. Die USA und das Dritte Reich 1933–1945. (Historisches Seminar, Bd. 11.) Düsseldorf, Schwann 1988. 179 S., 24,– DM.

Die globale Auseinandersetzung zwischen dem nationalsozialistischen Deutschland und den Vereinigten Staaten von Amerika, die mit der deutschen Kriegserklärung vom 11. Dezember 1941 in die direkte militärische Konfrontation einmündete, ist relativ spät in das Blickfeld der zeitgeschichtlichen Forschung getreten. In der Diskussion um die Außenpolitik des Dritten Reiches hatten zunächst die Beziehungen zu den europäischen Nachbarstaaten im Vordergrund gestanden; erst in den 1970er Jahren hat der „Faktor Amerika" hier ein stärkeres Gewicht bekommen. Für die amerikanische Seite ist dagegen die Antwort auf die ideologische, wirtschaftliche und machtpolitische Herausforderung des nationalsozialistischen Deutschland besser aufgearbeitet, wobei die Prinzipien und (innenpolitischen) Handlungsspielräume von Roosevelts Außenpolitik durchaus kontrovers diskutiert worden sind. Dennoch gilt auch hier, daß es vor allem für die Zeit des Zweiten Weltkriegs an einer neueren, den Forschungsstand wiedergebenden Gesamtdarstellung fehlt. Dies trifft ebenso für die deutsche Seite zu.

Vor diesem Hintergrund möchte Junker in einem knappen Aufriß den Gang der deutsch-amerikanischen Beziehungen 1933–1945 nachzeichnen und hierbei die wichtigsten Stationen des wachsenden Antagonismus zwischen liberaler Demokratie und nationalsozialistischer Diktatur ansprechen. Er gipfelte in seiner Sicht in den sich gegenseitig ausschließenden Ordnungsentwürfen einer globalen Rassenherrschaft (die Junker allerdings nur als potentiell universalen Anspruch, nicht als konkretes Ziel von Hitlers Politik sieht) und einer liberal-kapitalistischen „one world". Aber nicht nur den „Kampf um die Weltmacht" während des Zweiten Weltkriegs sieht er hiervon bestimmt, auch die amerikanische Deutschlandplanung vor 1945 war in seinen Augen von diesem Erfahrungshorizont geprägt. Ergänzt wird die Darstellung von einer Zahl umsichtig ausgewählter Quellentexte, die den Hauptteil begleiten und vertiefen sollen. Damit ist dem Zielpublikum – Schülern, Studenten, aber auch der interessierten Öffentlichkeit – ein wissenschaftlich fundierter, den gegenwärtigen Forschungsstand reflektierender, in der Argumentation abgewogener Abriß der deutsch-amerikanischen Beziehungen zwischen „Machtergreifung" und Kapitulation an die Hand gegeben.

Frankfurt am Main *Marie-Luise Recker*

GERHART HASS, Münchner Diktat 1938 – Komplott zum Krieg. Berlin, Dietz 1988. 303 S., 11,– DM.

Eine Grundeinschätzung des Münchener Abkommens von 1938 ist seit langem in der Historiographie in Ost und West unumstritten: Es ging der NS-Führung zuvor nicht primär um Volksgruppenprobleme, sondern um die Zerschlagung der ČSR als wichtiger Schritt zur allgemeinen Kriegsvorbereitung. Diese (nach H. Königer, 1958) zweite Monographie aus der DDR von einem in internationalen Beziehungen wie Erforschung des Zweiten Weltkrieges bestens ausgewiesenen Mitarbeiter der Akademie der Wissenschaften bringt insofern nichts Neues. Wo es in den Blickwinkel paßt, wird auch die neuere westliche Literatur einbezogen (aber etwa nicht: Teichova, Thielenhaus, die neuere Appeasement-Forschung). Nach einem Einleitungskapitel, das die deutsch-tschechoslowakischen Beziehungen von 1918 bis 1935 einseitig als „Mitteleuropapläne des deutschen Imperialismus" einordnet, wird die Darstellung ab 1935 sowohl auf der Ebene internationaler Politik als auch der spezifischen sudetendeutschen Handlungsebene zunehmend bis zum „Münchner Diktat" der vier Mächte gegenüber der ČSR ausführlicher. Das geschieht im einzelnen kenntnisreich und differenziert.

Dennoch dominieren in diesem Taschenbuch die bislang bekannten problematischen Klischees, von denen einige genannt werden sollen, ohne daß eine Auseinandersetzung hier möglich wäre. 1. Die Verschränkung von Gegensätzen der Nationalitäten und sozialen Gruppen in der ČSR wird zwar erwähnt, jedoch der Kurs Benešs letztlich auf bourgeoise Herrschaftssicherung reduziert. 2. Die KPČ, die ja erst 1935 auf Volksfrontkurs einschwenkte, erhält für ihren Widerstandskurs hohes Lob als Anführer an sich aktionsbereiter Volksmassen. 3. Die Kriegsentschlossenheit der Sowjetunion zur Hilfe der ČSR wird bis hin zu Aufmarschdaten unterstrichen; die Gründe dafür, daß ein Durchmarschrecht durch Polen oder Rumänien nicht zu erwarten war, jedoch nicht in Betracht gezogen. Nur indirekt wird auf die stalinschen „Säuberungen" in Form deutscher „Spekulationen über die Schwäche der Sowjetunion als Folge der innenpolitischen Lage, die durch Verletzungen der sozialistischen Gesetzlichkeit und der leninschen Normen in den Jahren 1937/38 entstanden war" (S. 154) angespielt. 4. Die Appeasement-Politik zumal Großbritanniens wird pejorativ und klassenpolitisch gedeutet. 5. „Deutsche Banken und Konzerne wittern Beute" wird materialmäßig belegt, jedoch nicht als Faktor für die deutsche Aggressionsabsicht gewichtet. 6. Die SHF bzw. SdP und ihre Anhänger erscheinen von Anfang an als „Henlein-Faschisten".

Köln *Jost Dülffer*

HELMUT ALTRICHTER/JOSEF BECKER (Hrsg.), Kriegsausbruch 1939. Beteiligte, Betroffene, Neutrale. München, Beck 1989. 290 S. 19,80 DM.

CHRISTOPH KLESSMANN (Hrsg.), September 1939. Krieg, Besatzung, Widerstand in Polen. Acht Beiträge. Göttingen, Vandenhoeck & Ruprecht 1989. 180 S., 19,80 DM.

Der 50. Jahrestag des Beginns des Zweiten Weltkriegs hat vielfach Anlaß zu historischer Rückschau gegeben. Sei es, daß bisherige Forschungsergebnisse zusammengefaßt und einander zugeordnet wurden, sei es, daß die „Entfesselung" des Krieges neu gedeutet oder in eine neue Perspektive gerückt werden sollte – nicht nur die deutsche Geschichtswissenschaft hat diesem Datum große Aufmerksamkeit gewidmet.

Aus der Zahl dieser Neuerscheinungen sollen hier zwei vorgestellt werden, die in je spezifischer Weise dieses Ereignis aufgreifen. Der Band von Helmut Altrichter und Josef Becker, entstanden aus einer Ringvorlesung der Universität Augsburg, will die Politik der verschiedenen europäischen und außereuropäischen Staaten im Vorfeld des Zweiten Weltkriegs darstellen und damit Sichtweisen, Zielsetzungen, Entscheidungen und Reaktionen der einzelnen Mitglieder des internationalen Systems in diesem Zeitraum deutlich machen. Hierbei beschränken sich die einzelnen Beiträge, von ausgewiesenen Autoren zum jeweiligen Land verfaßt, nicht auf die unmittelbare Vorkriegszeit, sondern gehen auch auf die innenpolitische Konstellation wie auf die außenpolitischen Intentionen und Ziele der politischen Führung dort in den (späten) 1930er Jahren ein. Somit entsteht ein breites Panorama der Vorgänge und Konfliktlagen, die den „Kriegsausbruch 1939" bestimmten und prägten.

Der von Christoph Kleßmann herausgegebene Band dagegen widmet sich dem ersten Opfer der deutschen Aggression, Polen. Auch hier kommen namhafte Experten zu Wort, die verschiedene Aspekte der Situation in Polen unter der deutschen Besatzungsherrschaft darstellen. Krieg und Okkupation, die Politik der„völkischen Flurbereinigung" in den neuen Reichsgauen und im Generalgouvernement, aber auch Widerstand und nationale Selbstbehauptung der einheimischen Bevölkerung werden anschaulich dargestellt und analysiert. Hervorzuheben sind insbesondere die Beiträge der polnischen Autoren, die die Ergebnisse ihrer eigenen Forschungen, zum Teil bisher nicht in deutscher Sprache zugänglich, wiedergeben. Die verschiedenen Gesichter des Krieges in Polen werden so dem Leser vermittelt und ihm damit das dunkelste Kapitel in der langen Geschichte der deutsch-polnischen Beziehungen vor Augen geführt. Es hat auch nach einem halben Jahrhundert nichts von seinen bedrükkenden Wesenszügen verloren.

Frankfurt am Main *Marie-Luise Recker*

R. A. C. PARKER, Struggle for Survival. The History of the Second World War. Oxford, Oxford University Press 1989. X, 328 S., £ 14,95.

LLOYD E. LEE, The War Years. A Global History of the Second World War. Boston, Unwin Hyman 1989. XII, 328 S., £ 11,95.

PAUL FUSSELL, Wartime. Understanding and Behavior in the Second World War. New York/Oxford, Oxford University Press 1989. X, 330 S., £ 15,–.

Der 50. Jahrestag des Kriegsbeginns zeitigte eine britische und eine amerikanische Kriegsgeschichte, die zum Vergleich einladen, und einen sehr originellen Beitrag zur Alltagsgeschichte des Krieges.

Die beiden Kriegsgeschichten von Parker (Oxford) und Lee (New York) sind auf den ersten Blick von fast lächerlicher Ähnlichkeit. Gleich an Seitenzahl, obwohl Parker etwas mehr Text enthält, verzichten beide auf Einzelbelege, geben aber zu jedem Kapitel und zur Gesamtgeschichte Hinweise auf (nur) englischsprachige Literatur (einschließlich einiger Übersetzungen) und fügen eine etwa gleiche Anzahl von Karten und Tabellen hinzu. Auch die Gliederung ist ganz ähnlich. Beide schildern zunächst den europäischen Krieg bis zum Kriegseintritt Japans und der Vereinigten Staaten, unterbrechen dann die Verlaufsgeschichte mit drei Querschnittskapiteln, nehmen danach die chronologische Schilderung für die Jahre 1943–1945 wieder auf und enden mit Bilanzierungen. Überdies ist auch die inhaltliche Übereinstimmung fast vollständig; in den Hauptfragen jedenfalls gibt es keine Unterschiede mehr. Die Kriegsgeschichte erreicht den Konsens, und zwar nicht nur die anglo-amerikanische. Die westdeutsche Geschichtsforschung hatte mit Andreas Hillgrubers Zusammenfassung schon 1982 den gleichen Stand erreicht. Der Zweite Weltkrieg bereitet der ernsthaften Wissenschaft keine größeren Kontroversen oder Probleme mehr.

Gleichwohl bleibt Raum für mancherlei Nuancierungen, natürlich im Stil, aber auch in der Akzentuierung. Während Parker konziser schreibt und daher mehr Informationen bieten kann, ist Lee stärker erzählend, obwohl er zu Recht betont (S. XVII), sein Buch sei nicht nur für Anfänger. Es liest sich indessen etwas leichter als das andere, das dafür wiederum ein höheres Reflexionsniveau erreicht. Obwohl beide streng global angelegt sind und diese Perspektive überzeugend durchhalten, indem sie den Motiven aller beteiligten Staaten gerecht werden, haben sie doch ihr Publikum im Auge, so daß bei Parker die britischen und bei Lee die amerikanischen Dinge einen kleinen Vorrang haben. Von nationaler Voreingenommenheit ist aber bei keinem etwas zu spüren: auch das ein großer historischer Fortschritt.

Größere Unterschiede begegnen in den Querschnitten. Beide beschreiben zunächst, im großen wieder übereinstimmend, die Wirtschafts- und Rüstungsfragen. Dann bietet Parker ein eigenes, sehr informatives Kapitel über den strategischen Luftkrieg der westlichen Alliierten, Lee hingegen eines über die von Land zu Land verschiedenen Formen des Widerstandes. Den vom Krieg verursachten sozialen Wandel behandeln beide ausführlich. Unterschiedlich ist, von Einzelheiten abgesehen, eigentlich nur die Gliederung dieser nicht chronologischen Faktoren. Was der eine in einem besonderen Kapitel erörtert, bringt der andere in einem anderen unter.

Der größte Unterschied tritt bei der Einordnung des Mordes an den europäischen Juden auf. Während die früheren Kriegsgeschichten ihn zumeist im Zusammenhang mit dem Rußlandfeldzug auf ein paar Zeilen abtaten, räumt Lee ihm fünf Seiten in seinem Querschnittskapitel „The Axis new world order" ein, in dem auch die japanischen und anderen Grausamkeiten behandelt werden, und ordnet ihn sogar ausdrücklich in die allgemeine Verrohung totaler Kriegführung im 20. Jahrhundert ein (S. 128). Parker hingegen widmet dem Vorgang, erstmals in einer Geschichte des Zweiten Weltkrieges, ein eigenes, ausführliches und sehr genaues Kapitel von 17 Seiten Länge. Es ist das vorletzte, vor der Bilanz, also gleichsam ein Anhang. Er hebt klar die Einzigartigkeit hervor, indem er schreibt, die anderen Massentötungen etwa im Luftkrieg hätten den Zweck gehabt, den Krieg zu gewinnen, seien aber nicht ein Ziel als solches gewesen (S. 264). Damit setzt er einen neuen Ansatz, an dem künftige Kriegsgeschichten nicht werden vorübergehen können.

So ergeben sich am Ende doch mehr Unterschiede als auf den ersten Blick. Während beide Bücher den Stand der Forschung in großer Übereinstimmung zuverlässig wiedergeben, gebührt Parker der Vorzug, nicht nur stoffreicher und durchdachter zu sein, sondern auch eine neue Perspektive eingeführt zu haben.

Fussell hingegen, Kriegsteilnehmer, Literaturwissenschaftler und Kritiker, hat eine ganz andere Perspektive im Auge. Er meint, der Krieg werde in den historischen Darstellungen und in der öffentlichen Meinung rationalisiert, sterilisiert und romantisiert, während die Leiden, Entbehrungen, aber auch Erfahrungen der Menschen aus dem Bild verschwänden. Er will das Gleichgewicht wiederherstellen, indem er zeigt, wie die Amerikaner und die Briten den Krieg erlebten. Das tut er durchaus wissenschaftlich mit vielen Belegen aus der Literatur, der Presse, den Liedern und Witzen und nicht zuletzt der Sprache der Kriegszeit, und es entsteht ein überaus anschauliches Bild des Krieges gewissermaßen von unten. Wie man ihn zuerst leicht nahm, wie er immer schwerer wurde, mit den Rationierungen zu Hause und dem Grauen an der Front, wie er die psychologische und emotionale Kultur veränderte, kurz „der wirkliche Krieg, der niemals in die Bücher eingehen wird" (Walt Whitman), er wird hier mit hunderten von Beispielen abgebildet, ganz unsentimental, aber nicht unsystematisch.

Derlei Alltagsgeschichte kann nicht begreiflich machen, wie der Krieg entstand und warum er gewonnen oder verloren wurde. Aber der politischen Historie, die das erklären will und muß, wird natürlich zu Recht vorgehalten, die Erlebnisse der einzelnen Menschen zu vernachlässigen, und also wird sie einen Beitrag wie diesen, zumal wenn er so gründlich recherchiert ist, nicht nur dankbar begrüßen, sondern auch irgendwie in ihre Bücher aufnehmen müssen.

Stuttgart *Eberhard Jäckel*

BORIS GRIGOREVIČ SOLOVĚV, Von Plan „Weiss" zu „Barbarossa". Die geheime Vorbereitung des zweiten Weltkrieges. Moskau/Berlin, Progreß/Staatsverlag der Deutschen Demokratischen Republik 1989. 211 S., 13,50 DM.

Dieser wohl einzige ins Deutsche übersetzte sowjetische historische Buchbeitrag zu den Jahrestagen des Beginns beider Weltkriege konzentriert sich überwiegend auf die deutsche Seite. Im Kern sachrichtig und differenziert, werden aus dieser Perspektive die Entwicklungen der operativen Planungen und sodann die jeweiligen Kriege vom Herbst 1939 bis Sommer 1941 dargestellt. Der besondere Charakter des rassenideologischen Vernichtungskrieges wird eher am Rande abgehandelt. Besonderes Augenmerk richtet der Vf. auf tarnende und täuschende Maßnahmen, Geheimhaltung, Ablenkungspropaganda. Die Materialbasis ist zumeist der Nürnberger Kriegsverbrecherprozeß, neuere Forschungen werden nur selektiv zur Kenntnis genommen. Dieser Ansatz hat seinen Grund in der Einbettung in Lenins offenbar bis heute für gültig angesehenen Vorstellungen, daß alle „bürgerlichen Staaten" imperialistische Kriege vorbereiteten, die unvermeidlich seien, der Faschismus gemäß EKKI-Formel 1933 nur die Speerspitze darstelle. „Die Natur des Imperialismus, sein aggressives Wesen sind unverändert geblieben. Die Methoden zur gedeckten Vorbereitung von Kriegen und bewaffneten Konflikten, zur Desinformation der Weltöffentlichkeit erinnern in vieler Hinsicht an diejenigen, die von den Aggressoren bei der Vorbereitung des zweiten Weltkrieges angewandt wurden" (S. 16). Und dies wird ausdrücklich auf die Nuklearstrategie der USA in der

Gegenwart bezogen (S. 205 f.). Das hatte man bereits seit 20 oder 40 Jahren ähnlich gehört.

Zur sowjetischen Politik ist die Apologie offenkundig: vom geheimen Zusatzabkommen zum Hitler-Stalin-Pakt, vom Grenz- und Freundschaftsvertrag vom 28.9.1939, von sowjetischen Territorialerweiterungen 1939/40 (wie auch immer man sie hätte begründen können) ist überhaupt nicht die Rede. Von gewissem Interesse sind nur die Begründungen für die sowjetische Überraschung am 22.6.1941 über den deutschen Angriff. „Stalins Kurs, Deutschland jeden Vorwand zur Entfesselung eines Krieges zu nehmen, war durch die Interessen der Sowjetunion gerechtfertigt. Seine Schuld besteht jedoch darin, daß er die Grenze nicht erkannt hatte, hinter der diese Politik zu einer tödlichen Gefahr wurde" (S. 186 f.) – und darin werden Leitung des Volkskommissariats für Verteidigung und des Generalstabes einbezogen. Das dürfte sachrichtig sein, liefert jedoch über die mittelfristigen sowjetischen Erwartungen zum Kriegsverlauf 1941 kaum Weiterführendes und nichts Neues. Alles in allem liegt ein in seiner Dürftigkeit der politischen Instrumentalisierung von Geschichte erschreckendes Buch vor.

Köln *Jost Dülffer*

PETER LONGERICH, Propagandisten im Krieg. Die Presseabteilung des Auswärtigen Amtes unter Ribbentrop. (Studien zur Zeitgeschichte, Bd. 33.) München, Oldenbourg 1987. 356 S., 78,– DM.

Über den Propagandaapparat des Dritten Reiches im allgemeinen und den Propagandaminister Goebbels im besonderen sind in den letzten Jahrzehnten nicht wenige Untersuchungen erschienen – darunter Monographien, Dokumentationen und Biographien. Die jüngst edierten Tagebücher von Joseph Goebbels – angeblich „sämtliche Fragmente" – hatten wohl die größte publizistische Resonanz, die weit über den Kreis der historischen Zunft hinausging.

Weniger Beachtung fand bislang die Tatsache, daß auch das Auswärtige Amt in eigener Regie eine Nachrichten- und Pressepolitik betrieb, die sich besonders als Auslandspropaganda manifestierte, häufig in Konkurrenz zum Propagandaministerium. Diese Forschungslücke ist nunmehr weitgehend geschlossen durch die im Druck vorliegende Dissertation von Peter Longerich über die „Presseabteilung des Auswärtigen Amtes unter Ribbentrop". Die Instrumente und Methoden der Pressearbeit des AA stehen im Mittelpunkt seiner materialreichen Untersuchung. Das besondere Erkenntnisinteresse des Vf.s konzentriert sich auf die Frage, „in welchen Bereichen sich die Abteilung gegenüber konkurrierenden Einrichtungen durchsetzen konnte und inwieweit sie sich in ihren propagandistischen Methoden von diesen unterschied".

Longerich kommt im wesentlichen zu folgenden Befunden:
– Zwischen Herbst 1939 und Sommer 1940 erzielte die Presseabteilung des AA ihre größte Expansion und Wirkung. Der Widerstand des Propagandaministeriums und der sich im Laufe des Krieges verengende Handlungsspielraum des AA reduzierten dann sukzessive deren Kompetenzen.
– Während das Propagandaministerium insbesondere das Ziel verfolgte, die deutsche Bevölkerung für den „Endsieg" zu mobilisieren und gegen die ausländische Beeinflussung abzuschotten, bemühte sich die Presseabteilung des AA, die Politik des Dritten Reiches propagandistisch im Ausland zu begleiten, differenziert nach jeweils „landesüblichen" Methoden und Themen.
– „Trotz gewisser Unterschiede in Methode und Schwerpunktsetzung war die Propaganda des AA doch durch eine große inhaltliche Übereinstimmung mit der vom Propagandaministerium verfolgten Linie gekennzeichnet und nicht durch einen durchgehend eingehaltenen alternativen Kurs."

Die Feststellung Longerichs, daß die zahlreichen Kompetenzkonflikte innerhalb des Propagandaapparates eine erhebliche Ineffizienz zur Folge hatten, bestätigt die seit längerem gesicherten Erkenntnisse der zeitgeschichtlichen Forschung über die innere Struktur des NS-Regimes.

Vergleicht man abschließend den Titel des Buches mit dem thematischen Schwerpunkt der Untersuchung, ist ein doppeltes Mißverhältnis unübersehbar: Zu den bemerkenswerten „Propagandisten im Krieg" gehörten auch die 1941 entstandene Rundfunkpolitische Abteilung sowie die Kulturpolitische Abteilung des AA. Letztere betrieb unter der Leitung des Gesandten SS-Brigadeführer Six eine spezifisch nationalsozialistische Auslandspropaganda: gegen das „Weltjudentum", die westlichen „Plutokratien" und den Bolschewismus ebenso wie gegen die katholische Kirche und das „Freimaurertum".

Die Presseabteilung des AA existierte nur bis 1938. Nach der Berufung v. Ribbentrops zum Reichsaußenminister wurde sie in

„Nachrichten- und Presseabteilung“ umbenannt, weil sie auch die Funktion eines „Nachrichtenbeschaffungsapparates“ übernehmen sollte. Als sie die ihr zugedachte Aufgabe nicht im Sinne Ribbentrops erfüllte, schuf sich dieser eine Informationsabteilung, die jedoch bald darauf dem Kompetenzanspruch des SD-Ausland weichen mußte. Hintergrund dieser Strukturveränderungen war die unerbittliche Kritik Hitlers an der aus seiner Sicht völlig unzulänglichen, weil schwerfälligen und ineffizienten Berichterstattung und Informationspolitik des AA.

Telgte *Hans-Jürgen Döscher*

MANFRED MENGER, Deutschland und Finnland im zweiten Weltkrieg. Genesis und Scheitern einer Militärallianz. (Militärhistorische Studien, NF., Bd. 26.) Berlin, Militärverlag der DDR 1988. 273 S.

Mit der Studie Mengers liegt im Rahmen der „marxistisch-leninistischen Weltkriegsforschung“ (S. 13) eine quellenmäßig breit fundierte Darstellung der deutsch-finnischen Beziehungen während des Zweiten Weltkrieges vor. Am Beispiel des gemeinsamen Kampfes von Helsinki und Berlin gegen die Sowjetunion bietet sie – wie im Vorwort aufgeführt ist – einen speziellen Beitrag zur „Politik und Kriegführung des faschistischen deutschen Imperialismus“; sie untersucht dies an der „Problematik der faschistischen Koalitionskriegführung“. Im Mittelpunkt steht denn auch die Bedeutung Finnlands als nördliche Flanke in Hitlers Vernichtungskrieg gegen die UdSSR. Der Vf. rekonstruiert sehr sorgfältig die Vielfalt der bilateralen Beziehungen und Verbindungen zwischen Berlin und Helsinki. Seine Ergebnisse bezeugen, daß Finnland kein Treibholz im Strome der deutschen Eroberungspolitik im Osten war, sondern daß die finnische Regierung bereitwillig ihren Part im Kampf gegen die Sowjetunion übernahm, um mit deutscher Hilfe die nach dem von Moskau entfesselten finnisch-sowjetischen Winterkrieg verlorenen Gebiete zurückzuerobern und möglicherweise weitere karelische Territorien zu erhalten.

Helsinki war trotz mancher Differenzen mit Berlin bis zum Sommer 1944 ein wichtiger politischer und militärischer Faktor im Krieg gegen die UdSSR. Nach der deutschen Niederlage vor Moskau im Winter 1941/42 und dem offenkundigen Scheitern von Hitlers „Unternehmen Barbarossa“ lockerte sich allerdings die deutsch-finnische Waffenbrüderschaft schrittweise, bis Finnland schließlich aus der gemeinsamen Front ausscherte und am 19. September 1944 mit Moskau einen separaten Waffenstillstand schloß. Der Vf. konstatiert zu Recht, daß der Verlauf der militärischen Kampfhandlungen an der deutsch-sowjetischen Front über Inhalt und Gehalt der deutsch-finnischen Allianz entschied, so daß der sowjetische Sieg in Stalingrad entsprechende Auswirkungen auf den Richtungswechsel der finnischen Politik hatte. Zurückhaltend wird von Menger die imperialistische Machtpolitik Stalins beschrieben. Er vermag sich nur teilweise von der ideologischen Vorgabe einer angeblich grundsätzlich friedlichen Politik Moskaus gegenüber Helsinki zu lösen, so daß manche Feststellungen – so z. B. über den stalinistischen Standpunkt zu Beginn des Winterkrieges im November 1939 – als Klischees einer traditionellen marxistisch-leninistischen Historiographie und „vom Zeitgeist inzwischen überholt" erscheinen, die in einer späteren Auflage zurechtgerückt werden sollten.

Freiburg i. Br. *Gerd R. Ueberschär*

ANDRÉ LASSERRE, La Suisse des années sombres. Courants d'opinions pendant la Deuxième Guerre mondiale 1939–1945. Lausanne, Payot 1989. 406 S.

In diesem Werk des Lausanner Historikers geht es weniger um die Geschichte der Schweiz während des Zweiten Weltkrieges allgemein, denn um die „Meinungsströmungen". Der Vf. tritt dabei dem in letzter Zeit ziemlich verbreiteten Ideologieverdacht entgegen, als seien die „dunkeln Jahre" durch eine mehr oder minder ausgeprägte Rechtslastigkeit faschistoider Färbung gekennzeichnet gewesen. Zwar treffe es zu, daß man in der Romandie die Gefahr durch den Nationalsozialismus anfänglich geringer einschätzte als in der deutschen Schweiz; doch wird die geistige Landesverteidigung im ganzen positiv eingestuft, ebenso die Bemühungen der auf Guisans Initiative zurückgehenden Organisation „Heer und Haus", während die Pressepolitik als zu sehr nur auf Restriktionen bedacht und zu wenig konstruktiv mit kritischeren Akzenten versehen wird.

Das Verdienst des Buches liegt vor allem darin, die Optik der welschen Schweiz stärker in Erscheinung treten zu lassen. Im übrigen verwertet L. neben dem Broschüren- und Zeitungsmaterial auch umfassende Aktenbestände aus Bern, Bonn und Koblenz. Er geht chronologisch vor, behandelt besonders einläßlich die Stimmungsschwankungen des Jahres 1940 mit seinem Sommertief, das in Resignation, in der Romandie auch zu Anwandlungen eines Pétainismus, gelegentlich selbst zu einer sozialpolitisch positiveren Einstellung zum NS-System zu führen drohte. Er kommt zu einer gemäßigt verständnisvollen Beurteilung des damaligen Bundespräsidenten Pilet-Golaz, der von den wirtschaftspolitischen Anpassungs- und Selbsterhaltungszwängen her dachte. Sein Verhalten ist einzuordnen in eine gewisse Orientierungsschwäche der „année morose" 1940/41, wo reformerische Ansätze und Defätismus sich kreuzten, bis dann der „Kreuzzug ohne Ende", der mit der Entfesselung des Rußlandfeldzuges begann und zu einer gewissen Aufwertung der Sowjetunion, indirekt wohl auch zu verstärkten sozialpolitischen Bemühungen – zwecks Vermeidung eines neuen 1918 – führte (da wäre übrigens zur ansonsten guten Bibliographie das Buch von Georg Hafner über Bundesrat Stampfli und die Begründung der AHV nachzutragen). Ein Weg von Komplikation zu Komplikation, zumal Rußlands einstweiliges Nein zur Aufnahme diplomatischer Beziehungen im Sommer 1944 mit verstärktem wirtschaftlichen Druck der Westalliierten zusammenfiel und schweizerische Illusionen hinsichtlich eines karitativ begründeten Sonderprestiges gefährdete. L.'s reich dokumentiertes Buch verwertet zahlreiche archivalisch gespeicherte Äußerungen des kleinen Mannes, geht auch den propagandistischen Beeinflussungen durch ausländische Medien (insbesondere den Film, wo der deutsche Einfluß bis 1944 nahezu konkurrenzlos dominierte) nach und ergänzt die oft etwas einseitige Optik (etwa in der „Geschichte der Schweiz und der Schweizer") zu dieser Thematik.

Zürich *Peter Stadler*

WILLI GAUTSCHI, General Henri Guisan. Die schweizerische Armeeführung im Zweiten Weltkrieg. Zürich, Verlag Neue Zürcher Zeitung 1989. 912 S., 78,– sFr.

Guisan, schweizerischer Oberbefehlshaber im 2. Weltkrieg, ist wohl die populärste Figur der Schweizergeschichte dieses Jahrhunderts geblieben. Für das Volk verkörperte er in der kritischen Bedrohungslage um 1940 den Widerstandswillen nicht nur gegen außen, sondern auch gegenüber opportunistischen Anpassungen und Zeitströmungen im Innern. Dennoch hat er lange auf eine wissenschaftliche Biographie warten müssen. Der Vf., durch seine Bücher über den Generalstreik von 1918 und über Lenins Aufenthalte in der Schweiz bekanntgeworden, ist dieser Aufgabe nachgekommen und legt einen nach Gehalt und Umfang gleich gewichtigen Band vor, wobei er in umfassender Weise neben reichen Aktenbeständen immer wieder Mitteilungen noch überlebender Zeitgenossen verwertet. Das Buch geht relativ knapp auf die früheren Jahre ein, charakterisiert zunächst den gutsherrenhaften Offizier, dessen problemloser Aufstieg offenbar mehr durch zwischenmenschliche Kontaktfähigkeit als durch genuin militärische Begabung gefördert wurde. Beziehungen zu Frankreich hatten sich schon während des Ersten Weltkrieges und dann vor allem in den späteren 1930er Jahren ergeben. War davon auch wenig bekannt, so wurde die Ende August 1939 erfolgte Wahl zum General – einen „Friedensgeneral" kannte und kennt die Schweiz nicht – doch durch die Notwendigkeit favorisiert, diesmal – im Unterschied zur germanophilen Führungsequipe 1914–1918 – einen eher alliierten-freundlichen Romand an die Spitze zu stellen. Der Vf. arbeitet fundiert und fesselnd heraus, wie es Guisan binnen kurzem gelang, den Armeestab durch einen auf seine persönlichen Bedürfnisse und Sympathien zugeschnittenen persönlichen Stab zu ergänzen, dem dann – mit Gonard und Barbey als zentralen Figuren – bald eine entscheidende Beratungsfunktion zukam. Mit dessen Unterstützung pflog er während der „Drôle de guerre" auch geheime Verhandlungen mit Frankreich zwecks Koordination der Disposition der Kräfte für den Fall eines deutschen Angriffs. Die Verlegenheit war groß, als die betreffenden Akten den Deutschen im Sommer 1940 in die Hände fielen, zumal der General den Bundesrat nicht vorinformiert hatte. Dennoch gelang es Guisan nicht nur, diese Krise zu meistern und seine Mitarbeiter über die Runden zu bringen; er vermochte es auch, die mehr deutschfreundlichen hohen Offiziere sukzessive zu eliminieren – darunter Däniker, vor allem aber den Generalssohn und Korpskommandanten Wille, der erfolglos die deutsche Gesandtschaft zu einer Demarche gegen seinen Vorgesetzten zu bestimmen versucht hatte. Warum Deutschland nicht intervenierte und das belastende Material nicht gegen den Oberbefehlshaber ausspielte, ist wohl nicht mit letzter Sicherheit zu erklären. Wahrscheinlich wollte man alles bis zur Endabrechnung mit der Schweiz (die dann doch unterblieb) zurückhalten. Bemerkenswert übrigens, daß der – selber ideologisch der westschweizerischen Rechten verbundene – General durchaus auch Kontakte und Gesten nach Deutschland suchte, etwa im Bemühen um eine (glücklicherweise unterbliebene) Mission C. J. Burckhardts nach Berlin, um eine schärfere Pressekontrolle, schließlich in den sehr problematischen Kontakten zu dem SS-Führer und Himmlervertrauten Schellenberg, deren Bekanntwerden einen ernsthaften Konflikt mit dem Bundesrat heraufbeschwor. Guisans Rechtfertigung, dadurch im sog. Märzalarm 1943 eine akute Gefahr für die Schweiz gebannt zu haben, dürfte wohl kaum einleuchten. Percy E. Schramm, der durch seine Stellung im Führerhauptquartier und seine Mitarbeit am Kriegstagebuch an der Quelle saß, hat mir einmal mündlich versichert, daß ein – übrigens auch von der zeitlichen und kräftemäßigen Konstellation her unwahrscheinlicher – Angriff auf die Schweiz damals überhaupt nicht geplant gewesen sei; Schellenberg habe sich durch seine Warnungen nur wichtigmachen wollen.

Den großen historischen Auftritt hatte der General anläßlich des Rütlirapports von 1940 vor den Truppenkommandanten, mit der fast mystischen Verpflichtung zu unbedingtem Widerstand selbst in aussichtsloser Lage. Auch wenn der authentische Wortlaut nicht mehr überliefert ist, war die Wirkung doch um so größer, als sich im Bundesrat – zumal (aber nicht nur) beim Bundespräsidenten und Außenminister Pilet-Golaz – Anzeichen der Zuwendung zum neuen Europa bemerkbar machten. Der General vermochte sein Ansehen aber auch durch eine gewisse Allpräsenz bei der Truppe und – nicht zuletzt und trotz ursprünglicher Gegnerschaft – durch die über bestimmte Kanäle geförderten Kontakte zur Sozialdemokratie und zur Arbeiterschaft zu heben, weit über den bloß militärischen Bereich hinaus. Dennoch schreibt der Vf. nicht einfach eine Bewunderungsbiographie; er verschweigt gewisse Schattenseiten nicht: die Kühle, mit welcher er nicht nur potentielle Gegner überspielte, sondern sich auch von loyalen Mitarbeitern trennte; die rankunösen Züge im Generalsbericht und vor allem in der Gegnerschaft zum Fliegerkommandanten Bandi, das recht ungehemmte Engagement zugunsten der Karriere des eigenen Sohnes.

Das Werk vermittelt wohl weniger grundlegende Neueinsichten, als daß es das bisherige Bild fundamental bestätigt, bereichert und vielfach differenziert, auch immer wieder neue Akzente hinzufügt. Zu wünschen ist noch eine etwas ausführlichere Jugend- und Aufstiegsgeschichte vor dem welsch-schweizerischen Hintergrund. Zudem wäre auch eine Biographie des engeren Landmanns und Rivalen Pilet-Golaz überfällig; eventuell auch eine des langjährigen

Kriegsministers und stillen Antipoden Kobelt. Dennoch dürften die Ergebnisse des Buches durch weitere Forschungen – etwa die in Bälde zu erwartenden Erwin Buchers über die Schweiz im Sommer 1940 – vermutlich diskutiert werden, aber kaum von Grund auf in Frage zu stellen sein.

Zürich *Peter Stadler*

MANFRED NEBELIN, Deutsche Ungarnpolitik 1939–1941. Opladen, Lester+Budrich 1989. 255 S., 44,– DM.

Die aus der Schule Andreas Hillgrubers hervorgegangene Dissertation schildert die ungarische Außen- und Militärpolitik zwischen dem März 1939 und dem Kriegseintritt gegen die Sowjetunion am 26. Juni 1941. Im Mittelpunkt steht das Verhältnis zu Deutschland, dessen Dominanz nach dem Zusammenbruch des italienischen Griechenland-Abenteuers nicht mehr allein im Wirtschaftsraum Südosteuropa, sondern auch auf militärstrategischem Feld eindeutig wird. Grundlinie ungarischer Politik blieb die Revision von Trianon, die in erster Linie zu Lasten Rumäniens gehen mußte; die Wiedergewinnung Siebenbürgens war und blieb der Stachel, mit dem sich Ungarn in allen Phasen der Kriegführung Hitlers in Erinnerung brachte. Mit dem Zweiten Wiener Schiedsspruch gingen die Achsenpartner bis an die Grenze dessen, was dem aus kriegswirtschaftlicher Sicht ungemein wichtigeren Rumänien zumutbar erschien, eine für beide Seiten nur mit Vorbehalt akzeptierte Regelung. Weder die Ablehnung deutscher Militärtransporte beim Aufmarsch gegen Polen noch die Neutralitätserklärungen der Ungarn reichen aus, einen übermäßigen Druck Hitlers zu begründen; im Gegenteil bleibt es durchgehend bei einem Ausspielen ungarischer Trümpfe in Situationen, in denen ein Nebenkriegsschauplatz auf dem Balkan denkbar unerwünscht sein mußte. Daß diese Trümpfe letztlich nur Scheintrümpfe waren, Ungarn sich also mehr und mehr der eigenen Entscheidungsfreiheit begab, liegt zu einem erheblichen Teil auch in der traumtänzerischen Überschätzung der Magyaren, die nicht allein an der „Neuordnung Europas“ ihren vollen Anteil forderten, sondern auch, wie bei der sowjetischen Bedrohung Bessarabiens, durchaus mit den militärischen Großmächten gleichziehen wollten. Folgt man den Akteneditionen und Erinnerungswerken, den Aufzeichnungen der militärischen Führer, kommt dieser Zug historischer Höhenflüge unübersehbar zum Ausdruck. Mit der Entschlußfassung Hitlers zum Krieg gegen die Sowjetunion freilich gehen diese Scheingefechte diplomatischer Floskeln und wirtschaftlicher Zugeständnisse auf beiden Seiten mehr und mehr auf ihren harten Kern zurück. Konzessionen auf jugoslawischem Territorium bringen die Ungarn erstmalig militärisch an die Seite der deutschen Wehrmacht, der Weg in die Koalition wäre auch ohne diesen Einsatz unausweichlich geworden. Die Einbeziehung Ungarns in ein militärisches Bündnis war nicht durch strategische Erwägungen Hitlers begründet, im Gegenteil sah dieser seinen Vorteil eher in der vollen Konzentration aller Balkanstaaten auf kriegswirtschaftlichem Gebiet (mit Ausnahme der Rumänen als Besatzungstruppe). Der Gedanke, ungarische Truppen, in Erneuerung der Allianz des Ersten Weltkrieges, aktiv in einer gemeinsamen Front einzusetzen, wurde sowohl in Berlin als auch in Budapest von den Heeresleitungen verfochten. Die verschiedenen Schachzüge beider Generalstäbe zur Durchsetzung dieser Allianz werden recht detailliert nachgezeichnet. Warum der Vf. allerdings die Frage nach dem ersten Planungsstadium im Juni 1940, den nachgewiesenen Überlegungen Halders, erneut anhand älterer Arbeiten Hillgrubers und einiger irrelevanter Bemerkungen im „Gegenband" Wette/Ueberschärs zur Diskussion stellen will, bleibt unklar. Die Positionen von OKW und OKH sind nicht identisch, die Verbindungen des Generalstabes des Heeres zum ungarischen Generalstab waren traditionell gut und wurden ohne Beteiligung des OKW gepflegt, sie basierten auf gemeinsamen militärstrategischen Grundanschauungen, die sich nur ungern den Tagesschwankungen der politischen Richtlinien anpaßten. Selbstverständlich blieb die deutsche Truppenverlegung ab August 1940 nicht verborgen, die Wirtschaftsverhandlungen ließen weitere Schlüsse zu, alte Verbindungen gesellschaftlicher Art kamen hinzu. Insgesamt darf man wohl sicher sein, daß die Ungarn über die deutschen militärischen Planungen bestens unterrichtet waren und diese zur Grundlage ihrer Politik machten. Die Ablehnung eines militärischen Beitrags der Honved gegen die Sowjetunion durch Hitler entsprang nicht allein der mangelnden „Kompensationsmasse", sie folgte auch der geänderten Operationsplanung für den Angriff mit dem Schwerpunkt über Kiew und nicht zuletzt Bedenken bezüglich der Ausrüstung.

Die eingehende Schilderung der innerungarischen Auseinandersetzungen mit ihren verschiedenen Veränderungen im Kabinett entspricht dem bisher bekannten Forschungsstand, vielleicht ergeben sich nach Öffnung weiterer Quellen hier neue Gesichtspunkte. Gerne wüßte man auch mehr über die Haltung der Sowjetunion, die Tätigkeit des britischen Nachrichtendienstes und der Opposition im Lande.

Waldkirch *Ernst Klink*

THEO J. SCHULTE. The German Army and Nazi Policies in Occupied Russia. Oxford/New York/Munich, Berg 1989. XVI, 390 S., £ 30,–.

Die deutsche Besatzungspolitik in der Sowjetunion gehört zu den unterbelichteten Abschnitten der deutschen Zeitgeschichte. Es waren vornehmlich Amerikaner, die sich dieses bedrückenden Themas annahmen (Dallin, Reitlinger, Mulligan). Wenig bekannt ist auch, daß große Teile des besetzten sowjetischen Territoriums unter militärischer Verwaltung standen. In ihnen übte das Heer die vollziehende Gewalt aus. Sein Operationsgebiet war gegliedert in die Armeegebiete und die rückwärtigen Heeresgebiete in den Streifen der Heeresgruppen. Das Armeegebiet war aufgeteilt in Gefechtsgebiet und rückwärtiges Armeegebiet. Wegen des Scheiterns des Blitzkrieges 1941 entwickelte sich die Militärverwaltung ungewollt von einem Provisorium zu einer ständigen Einrichtung, weil nur zwei Reichskommissariate (Ukraine und Ostland) gebildet werden konnten.

Schultes Studie, die auf einer von Volker R. Berghahn noch in Warwick betreuten Dissertation beruht, untersucht die deutsche Besatzung fallstudienartig in zwei rückwärtigen Armeegebieten im Bereich der Heeresgruppe Mitte. Der Vf., Dozent am Cambridgeshire College of Arts and Technology, versucht, „Alltagsgeschichte" zu schreiben und gleichzeitig dem Leser die politischen, militärischen und ideologischen Rahmenbedingungen aufzuzeigen, die das Verhältnis von Besetzern und Besetzten prägten. Dieses beschreibt er – nach kurzer Charakterisierung des Raumes und der Menschen – anhand von sieben Komplexen: Ausbeutung und Plünderung, Bekämpfung der Partisanen, Behandlung der Zivilbevölkerung sowie der Kriegsgefangenen, Verhältnis von Heer und SS/SD, Vergehen und Verbrechen deutscher Soldaten und ihre Ahndung, Kampfkraft und Moral der Truppe. Ein Anhang von Organigrammen, zwanzig Dokumenten und ein aufgeschlüsseltes Quellenverzeichnis ergänzen die Darstellung.

So methodisch reizvoll eine Verbindung von „Geschichte von unten“ und „Geschichte von oben“ (S. XV) auch ist, die „Normalität“ und der „Alltag“ in den besetzten sowjetischen Gebieten können vom Vf. nicht zureichend beschrieben werden, weil er das Leben unter deutscher Militärverwaltung notgedrungen nur durch deutsche Augen sehen kann. Es fehlen einfach relevante sowjetische Akten, Tagebücher, Erlebnisberichte etc. Sie erst würden es ermöglichen, dem selbst gesetzten Anspruch gerecht zu werden. Dieser kritische Einwand mindert nicht den Wert der Untersuchung, die durch die souveräne Beherrschung der deutschen Quellen und der internationalen Sekundärliteratur besticht. Sie ist ein wichtiger Baustein in der Erforschung der deutschen Herrschaft in der Sowjetunion während des Zweiten Weltkrieges.

Freiburg i. Br. *Jürgen Förster*

JAN T. GROSS, Revolution from Abroad. The Soviet Conquest of Poland's Western Ukraine and Western Belorussia. Princeton, N.J., Princeton University Press 1988. XXII, 234 S., 1 Karte, 12 Abb., $ 25,–.

Gross, Soziologe an der Emory University, konnte dieses sein Buch aufgrund bei der Hoover-Institution in Stanford, Cal., vorhandenen Akten schreiben, weil er im Rahmen der antisemitischen Verfolgungskampagne Ende der 60er Jahre in Polen zwangsexmatrikuliert wurde und in die Vereinigten Staaten emigrierte. Als Grundlagen dienten ihm dabei Befragungsbögen, die an Polen verteilt wurden, die nach dem deutschen Angriff auf die Sowjetunion aus sowjetischen Kriegsgefangenen- bzw. Zwangsarbeitslagern entlassen wurden. Auch wenn das Material nur bruchstückhaft erhalten ist, ermöglicht seine Auswertung doch sehr überraschende Einsichten. Hinsichtlich des angeblich revolutionären Charakters der Umgestaltungen in den von der Sowjetunion eroberten östlichen Gebieten Polens zeigten sie ein durchaus anderes Bild: „We can observe the application of Soviet Power towards it can do best: carry out a social revolution“ (S. 21). Und an anderer Stelle noch deutlicher: „If there is a meaning to the concept of revolution, at least as practiced by Soviet communists, it certainly must include this awesome characteristic: the induced self-destruction of a community“ (S. 70). Ein erfolgreich durchgesetztes Ziel der sowjetischen Politik war also die Zerstörung politischer und sozialer Institutionen in Ostpolen. Daß gegen diese Zerstörung Widerstand geleistet wurde, ist sicherlich moralisch bedeutsam, angesichts der militärischen Bedingungen im Europa der Jahre 1939 und 1940 waren aber die militärischen Aussichten jeglichen Widerstands von vornherein ausgesprochen schlecht. So verweist Gross etwa auf einen Aufstand am 21. Januar 1941 in Czortków, den wohl auch die militärischen Schwierigkeiten der Roten Armee im Krieg gegen Finnland mit veranlaßt haben mögen. Nach nur wenigen Tagen freilich war der Aufstandsversuch beendet, die Folgen allerdings waren zahlreiche Todesurteile. Gross beendet seine Untersuchung mit dem deutschen Angriff auf die Sowjetunion und damit mit der grundlegenden Änderung der sowjetischen Polenpolitik. Freilich konnte nur der wohl kleinere Teil der inhaftierten Polen von diesen Veränderungen profitieren. Denn „The general orders binding on NKVD personnel in this matter must have been clear: with very few exceptions, all prisoners in the Western Ukraine and Western Belorussia on June 22, 1941 (some 150,000 by my estimates), were moved east, or killed, or both. But who decided what to do in each case and according to what criteria will probably never be known" (S. 179).

Gross hat mit diesem Buch eine Tragödie rekonstruiert und damit ein wichtiges Stück Erinnerungsarbeit geleistet. Von einer Rehabilitierung oder Wiedergutmachung gar freilich sind wir mit Sicherheit noch sehr weit entfernt.

Hamburg/Essen *Othmar Nikola Haber*

WŁADYSŁAW BARTOSZEWSKI, Dni walczącej stolicy: Kronika Powstania Warszawskiego. (Die Tage der kämpfenden Hauptstadt: Chronik des Warschauer Aufstandes.) Warszawa, ALFA 1989. 376 S.

B., Jahrgang 1922, als Leutnant der Armia Krajowa (Landesarmee) Teilnehmer am Warschauer Aufstand, seit 1973 Dozent für neueste Geschichte Polens an der Katholischen Universität in Lublin, gilt in Polen als Chronist der neuesten Geschichte des Landes, und so trägt auch seine zum 45. Jahrestag des Aufstandes herausgegebene Arbeit den Untertitel „Chronik ..."

Der Autor umreißt minutiös die Tage der letzten Woche vor Beginn des Aufstandes (23.–31. Juli 1944), die einzelnen Tage des Aufstandes (vom 1. August bis 2. Oktober 1944) sowie die ersten Tage nach dessen Beendigung (4. bis 7. Oktober 1944). Die Darstellung berührt alle Teilnehmer des Aufstandes, würdigt auch die Leistungen der linken Kräfte, die Anstrengungen der Roten Armee zur Versorgung der Aufständischen mit Waffen, Lebensmitteln und Munition und den heldenhaften Einsatz jener Soldaten und Offiziere der 1. Polnischen Armee, die zur Unterstützung der Warschauer einen Brückenkopf auf dem Westufer bildeten und über längere Zeit behaupteten. Sie spart den Gegner – die 9. Armee der Wehrmacht, die RONA-Brigaden (Russische Nationale Befreiungsarmee), die Polizei- und SS-Truppen, Brigade Dirlewanger u. a. m. – nicht aus.

Der Leser gewinnt den Eindruck, daß der Aufstand aus dem Willen des Volkes, endlich das Joch der deutschen Okkupation abzuwerfen, hervorgewachsen sei. In diesem Sinne zitiert B. am Ende der Chronik General „Bór"-Komorowski, der sinngemäß schrieb, dieser Aufstand sollte verhindern, daß Warschau ein zweites Stalingrad würde; im Zusammenwirken mit der Roten Armee hätte der Kampf um Warschau verkürzt und Zerstörungen und Verluste gering gehalten werden können. Doch die sowjetische Seite habe anderen als militärischen Erwägungen den Vorrang gegeben.

Die Chronik selbst ist faktenreich und spannend. Sie stellt die Vorgänge in Warschau in größere Zusammenhänge – so zur Politik der Exilregierung in London, zur Haltung der westlichen Alliierten, der Sowjetregierung, sie führt die deutsche Seite an usw. Der Autor orientiert den Leser an den Schwerpunkten der Handlung jener heißen Tage. Aus Hunderten von Quellenzitaten, die – schriftstellerisch bearbeitet – gut lesbar sind, gewinnt die Chronik ihre Authentizität.

Im Anhang findet sich eine knappe sachlich gehaltene Skizze zur Lageentwicklung in den einzelnen Stadtbezirken von Warschau (S. 345–355) – eine Art Zusammenfassung.

In dem aus dem Verständnis der Armia Krajowa geschriebenen Buch dominiert der militärische und militärpolitische Aspekt, handelt es sich doch um den Kampf der Warschauer Bevölkerung mit militärischen Mitteln. Dessenungeachtet ist das Werk nicht nur für den Fachmann bestimmt, sondern durchaus auch militärhistorisch Interessierten nützlich.

Eine zusammenhängende Darstellung mit dieser Informationsdichte zum Gegenstand ist selten, wenn nicht gar erstmalig, weil sie eigene Erlebnisse des Autors verknüpft mit Materialien, die in Polen, Frankreich und Großbritannien, in der UdSSR und der BRD erschienen sind.

In breitem Maße werden die Presse des aufständischen Warschau, Erinnerungen von Teilnehmern und Kriegstagebücher verwertet. Ein Hohelied der Warschauer Bevölkerung und des ganzen polnischen Volkes findet verdiente Würdigung.

Dresden *Erich Schulz*

I Documenti Diplomatici Italiani. A cura del Ministero degli Affari Esteri, Commissione per la pubblicazione dei documenti diplomatici. Nona serie: 1939–1943. Vol. IX (21 luglio 1942–6 febbraio 1943). Roma, Istituto Poligrafico e Zecca dello Stato, Libreria dello Stato 1989. XLVII, 667 S.

Der neunte Band der Kriegsserie setzt auf dem Höhepunkt der Erfolge der Achsenmächte in Europa ein, Rommel steht in Ägypten, vor Kairo; die deutschen Truppen im Osten erreichen in der Sommeroffensive den Kaukasus. Die italienischen Akten enthalten erstaunliche Dokumente über die damals herrschende Sommereuphorie. So erfährt Botschafter Alfieri bei einem Gespräch mit Hitler und Ribbentrop am 4. 8. 1942 im Führerhauptquartier, daß der Fall von Stalingrad und Maikop unmittelbar bevorstehe und daß mit dem Vormarsch im Kaukasus und dem Gewinn der Erdölquellen Rußland von seiner Energiebasis und seinen anglo-amerikanischen Zufuhren abgeschnitten werden könne und künftig keine Offensivkraft mehr besitzen werde. Auch wenn der Krieg im Osten militärisch nicht zu beenden sei, so werde er sich doch quasi „totlaufen" und zu einem Stillstand kommen. Hitler rechnete damals (oder gab den Italienern gegenüber vor, zu glauben), daß man von der Jahreswende 1942/43 ab den Schwerpunkt des Krieges nach Europa und in den Mittelmeerraum zurückverlegen könne. Nach Äußerungen von Keitel blieb Stalin nur noch übrig, sein Testament zu machen (S. 147). Vom Herbst 1942 ab änderten sich diese illusionären Hoffnungen grundlegend. Ab Oktober sandte Botschafter Alfieri zunehmend alarmiertere und kritischere Berichte nach Rom, die sich immer mehr von dem bis dahin vorherrschenden platten Konformismus und der simplen Wiederholung nationalsozialistischer und faschistischer Propagandathesen unterschieden. Schon am 16. 10. 1942 äußerte Alfieri zur deutschen Besatzungspolitik in Europa, sie verhindere durch das Prinzip maximaler materieller Ausbeutung jede Chance auf Konsensusgewinnung der Beherrschten und jede künftige auf Dauer angelegte Neuordnung Europas. Von der Jahreswende 1942/43 ab nimmt Alfieris Berichterstattung dramatische Formen an. Nicht nur das Thema eines Separatfriedens im Osten als letzte Chance einer erfolgreichen Kriegsbeendigung tritt in den Vordergrund. Noch deutlicher wird er bei der Analyse der vom NS-System proklamierten Strategie des „totalen Krieges“ und der Weltmacht-oder-Untergangs-Philosophie der Führungsgarde des Dritten Reichs. Als Movens des gesamten Systems erkennt er jetzt die Rassentheorie, die die „absolute Vorherrschaft der germanischen Rasse“ postuliere und jedes langfristige friedliche Zusammenleben der europäischen Völker verhindere. Mit der Landung der Alliierten in Nordafrika nimmt die unmittelbare Gefährdung Italiens dramatische Formen an. Mit Deutlichkeit analysiert Alfieri, daß Italien damit zu einem nur noch vom deutschen Interessenkalkül zu bewertenden Schlachtfeld beim Kampf um die „Festung Europa“ zu werden drohe (S. 467). Der beklemmendste Bericht (vom 3. 2. 1943) stammt ebenfalls von Alfieri (d. h. vermutlich von einem ungenannten Mitarbeiter) und gilt der jüdischen Frage. Der Bericht geht davon aus, daß die Ankündigung Hitlers, der Krieg werde zur Vernichtung der jüdischen Rasse führen, furchtbare Wirklichkeit geworden sei. Die gezielt angewendeten Instrumente von Hunger, Krankheit, Seuchen, Ausbeutung bis zur physischen Erschöpfung, Mißhandlungen und systematische Erschießungen hätten dieses Ergebnis bewirkt. In diesen einen völligen Stimmungswandel widerspiegelnden Berichten wird eine tiefgreifende Distanznahme zum Deutschland Hitlers sichtbar, die die Entscheidungen vom Sommer 1943 vorwegnimmt.

Rom *Jens Petersen*

ARMIN HEINEN, Die Legion „Erzengel Michael“ in Rumänien. Soziale Bewegung und politische Organisation. Ein Beitrag zum Problem des internationalen Faschismus. (Südosteuropäische Arbeiten, Bd. 83.) München, Oldenbourg 1986. 558 S., 128,– DM.

Der Vf. stellte sich die Aufgabe, eine der mitgliederstärksten faschistischen Bewegungen mit einer Monographie für die vergleichende Faschismusforschung zu erschließen. Besondere Schwierigkeiten entstanden aus dem Mangel an Quellenpublikationen und der bisherigen Unzugänglichkeit des rumänischen Archivmaterials. Die neben Memoiren herangezogene Presse, politische Kampfschriften sowie die Berichte deutscher diplomatischer oder offiziöser Beobachter und das von in Deutschland internierten Legionären hinterlassene Material reichte zwar nicht aus, über die Organisationsstruktur und die Mitglieder mehr als nur vorläufige Angaben zu machen, doch gelang eine fundierte Darstellung der Rolle der Legion in der geistigen, politischen und sozialen Entwicklung Rumäniens der Zwischenkriegszeit. Die von den Zeitgenossen und bisher nachdrücklich auch von der rumänischen Geschichtswissenschaft vertretene These, die vom charismatischen Führer Zelea-Codreanu geprägte Bewegung sei „Agentur“ der deutschen Nationalsozialisten und gewissermaßen ein Fremdkörper in der rumänischen Gesellschaft gewesen, wird widerlegt. Heinen bemüht sich mit Erfolg um das Verständnis der Legion aus den spezifisch rumänischen sozial- und ideengeschichtlichen Voraussetzungen; aus diesem Grund ist die umfangreiche Ausbreitung der Vorgeschichte gerechtfertigt. Er stellte Vergleiche mit dem italienischen Faschismus und dem Nationalsozialismus an, besonders im Hinblick auf die Möglichkeit einer Machtergreifung. Seine Analyse der Besonderheiten der Legion und ihrer Gemeinsamkeiten mit anderen faschistischen Bewegungen sollte der Faschismustheorie neue Impulse geben. Die insgesamt sehr verdienstvolle Arbeit hätte durch einen klareren Aufbau noch gewonnen.

Münster *Lothar Maier*

MARTIN KITCHEN, British Policy towards the Soviet Union during the Second World War. Houndmills/London, Macmillan 1986. VII, 309 S., £ 29,50.

Diese gediegene Studie gilt den staatlichen Beziehungen zwischen Großbritannien und der Sowjetunion, den beiden europäischen Mitgliedern der sog. Anti-Hitler-Koalition. Ihr Vf., Professor für Geschichte an der kanadischen Simon Fraser University in British Columbia, schärft mit seiner quellengesättigten Untersuchung den Blick für die Veränderungen in der Haltung Londons gegenüber jener osteuropäischen Großmacht, die bei Kriegsausbruch überraschend der Partner Hitlerdeutschlands und knappe zwei Jahre später zum mächtigsten Verbündeten der Briten auf dem europäischen Kontinent wurde. Ins Blickfeld rücken dabei u. a. die Rolle von Sir Stafford Cripps als „ambassador on a special mission“ in Moskau in den Jahren 1940/41, das Zustandekommen der britisch-sowjetischen Erklärung vom Juli 1941, die Mission Beaverbrook-Harriman vom Herbst 1941, die Treffen Churchills mit Stalin von 1942 und 1944, die Diskussion um die Errichtung der Zweiten Front, die Konferenz von Teheran mit ihren Nachwirkungen, die polnische Frage und der Beginn der Nachkriegsplanung für Europa. Der Vf., der sich bereits mit anderen Untersuchungen als Deutschlandspezialist ausgewiesen hat, kann die Unsicherheiten innerhalb der Regierung und des Foreign Office in der Beurteilung von Motiven und Glaubwürdigkeit der sowjetischen Politik deutlich machen, ebenso die Probleme Londons mit einem unangenehmen und fordernden Verbündeten hinsichtlich der Kriegführung wie der Friedensplanung. Als Bilanz ergibt sich der resignativ anmutende Versuch einer Ehrenrettung für die britischen Politiker im Zweiten Weltkrieg: „Sie operierten und arbeiteten mit dahinschwindendem Kapital und kleiner werdendem Gewinn und waren, wie jeder Mensch in einer vergleichbaren Situation, zu machtlos, um die großen Entscheidungen der Geschichte ändern zu können."

Bonn *Alexander Fischer*

LOTHAR KETTENACKER, Krieg zur Friedenssicherung. Die Deutschlandplanung der britischen Regierung während des Zweiten Weltkrieges. (Veröffentlichungen des Deutschen Historischen Instituts London, Bd. 22.) Göttingen/Zürich, Vandenhoeck & Ruprecht 1989. 578 S., 120,– DM.

Den Versuch der britischen Ministerialbürokratie, Vorsorge für die Nachkriegszeit zu treffen, bezeichnet der Vf. dieser überarbeiteten Habilitationsschrift als symptomatisch für das „Scheitern einer technokratisch konzipierten, alle Imponderabilien hinwegrationalisierenden Politik" (S. 9). Der vom Foreign Office gut koordinierte Entscheidungsprozeß habe im Endeffekt nur das Manko verschlimmert, daß die Planung auf falschen Voraussetzungen beruhte.

Ihr Hauptmotiv war die Friedenssicherung durch dauerhafte Ausschaltung Deutschlands als eines politisch-militärischen Machtfaktors. Fixiert auf die Entwicklung von 1918 bis 1939, verfolgten die Beamten eine „primär negative" Linie, die sich in der Suche nach Sicherheitsvorkehrungen erschöpfte und dem deutschen Volk keinen konstruktiven Beitrag zur Nachkriegsordnung zubilligte. Innerhalb der Allianz glaubten die Briten, durch Ausspielen ihrer Erfahrung die Einbußen an realer Stärke kompensieren und den Großmachtstatus wahren zu können. Diese „Machtersatzpolitik" demonstrierte vorausschauende Tatkraft, wo in Wahrheit tiefe Zweifel am imperialen Selbstbewußtsein nagten. Die Folge waren übereilte Abmachungen wie etwa die Festlegung von Zonengrenzen, die das Schicksal Deutschlands präjudizierten.

Ein weiterer Leitgedanke der Planer, den zentralen deutschen Behördenapparat gemäß dem Prinzip der „indirekten Herrschaft" zum Instrument der alliierten Abrüstungs- und Reparationspolitik zu machen, fiel den chaotischen Umständen zum Opfer, unter denen sich der Zusammenbruch des NS-Regimes vollzog. Am schwersten wog aber nach Ansicht des Vf.s die irrtümliche Grundannahme, das Bündnis mit der Sowjetunion lasse sich nach Kriegsende fortführen. Ihretwegen unterblieb eine Auseinandersetzung mit den ideologischen Triebfedern des Stalinismus. Statt dessen wurde eine fast devote Anpassungspolitik betrieben, die zu Lasten der Staaten Ostmitteleuropas ging.

Der Vorwurf, die Briten hätten versäumt, die sowjetische Expansion rechtzeitig einzudämmen und auf eine an westlichen Werten orientierte europäische Gemeinschaft hinzuarbeiten, ist gewiß anfechtbar. A. Tyrell kommt in seinem Buch „Großbritannien und die Deutschlandplanung der Alliierten, 1941–1945" (Frankfurt/M. 1987) zu dem Schluß, für London habe es gar keine Alternative zum Versuch einer die Sowjetunion einbeziehenden „integrativen Konfliktlösung" gegeben. Nach dem Zerfall des stalinistischen Herrschaftssystems hat Kettenackers Frage, ob man den Völkern Ostmitteleuropas die jahrzehntelangen Leiden nicht hätte ersparen können, aber wieder an Aktualität gewonnen.

Tübingen *Jürgen Heideking*

Die Teheraner Konferenz 1943. Hrsg. vom Ministerium für Auswärtige Angelegenheiten der UdSSR. (Teheran, Jalta, Potsdam. Konferenzdokumente der Sowjetunion, Bd. 1.) Köln, Pahl-Rugenstein 1986. 160 S., 24,– DM.

Die Krim (Jalta) Konferenz 1945. Hrsg. vom Ministerium für Auswärtige Angelegenheiten der UdSSR. (Teheran, Jalta, Potsdam. Konferenzdokumente der Sowjetunion, Bd. 2.) Köln, Pahl-Rugenstein 1986, 271 S., 29,– DM.

Die Potsdamer (Berliner) Konferenz 1945. Hrsg. vom Ministerium für Auswärtige Angelegenheiten der UdSSR. (Teheran, Jalta, Potsdam. Konferenzdokumente der Sowjetunion, Bd. 3.) Köln, Pahl-Rugenstein 1986. 460 S., 48,– DM.

Die Gipfelkonferenzen der „Großen Drei" während des Zweiten Weltkrieges in Teheran (1943) sowie Jalta und Potsdam (1945) gehören dank amerikanischer und, was das Potsdamer Treffen angeht, neuerdings auch britischer Quellenveröffentlichungen zu den vorzüglich dokumentierten Ereignissen der Zeitgeschichte. Im Gegensatz zu den westlichen Partnern der sog. Anti-Hitler-Koalition hat sich die Sowjetunion mit der Herausgabe ihrer Konferenzmaterialien lange zurückgehalten. Erst seit 1961 sind Protokolle und Aufzeichnungen der jeweiligen sowjetischen Delegationen von den drei Kriegskonferenzen veröffentlicht und 1967 zu einem Sammelband zusammengefaßt worden, der jedoch kaum editorischen Mindestanforderungen entsprach. Unter diesen Umständen ist es zunächst nur zu begrüßen, wenn sich das Moskauer Ministerium für Auswärtige Angelegenheiten entschlossen hat, eine neue Ausgabe der sowjetischen Konferenzdokumente von den Gipfeltreffen in Teheran, Jalta und Potsdam vorzulegen.

Alle drei Bände enthalten die bereits 1967 veröffentlichten Materialien, darunter die Protokolle der Vollsitzungen der drei Konferenzen, diesmal jedoch ungekürzt. Darüber hinaus werden weitere, bisher nicht veröffentlichte Aufzeichnungen und Materialien aus sowjetischen Archiven abgedruckt. Für die Konferenz von Teheran sind das aus ihrem Vorfeld eine Unterredung Stalins mit dem britischen Außenminister Eden vom Oktober und ein Gespräch Molotows mit dem amerikanischen Botschafter Harriman vom November 1943 (die u. a. die Unzufriedenheit der sowjetischen Seite mit der Kriegführung der westlichen Alliierten in Italien verdeutlichen) sowie aus der Konferenzphase Aufzeichnungen über Unterredungen Stalins mit Roosevelt (u. a. mit der Erörterung „der Angliederung der baltischen Republiken an die Sowjetunion") bzw. über ein Treffen Molotows mit Eden und Hopkins (u. a. mit der Diskussion über den Vorschlag, „die wichtigsten strategischen Punkte" weltweit unter alliierte Kontrolle zu stellen).

Über die bisherigen sowjetischen Quellenveröffentlichungen weit hinaus gehen die Bände über die Konferenzen von Jalta und Potsdam: In beiden Fällen liegen nunmehr Aufzeichnungen bzw. Kurzaufzeichnungen von den Treffen der Außenminister vor, dazu

Protokolle einer Reihe von bilateralen Treffen Stalins mit Roosevelt bzw. Truman und Churchill sowie Molotows mit seinen britischen und amerikanischen Kollegen. Außerdem werden in den Bänden Konferenzmaterialien der einzelnen Delegationen wiedergegeben, darunter Vorschläge, Berichte, Entwürfe und Memoranden. Sieht man von den Verzeichnissen einmal ab, die Marschall Schukow als Oberkommandierender der sowjetischen Besatzungstruppen in Deutschland mit Datum vom 28. bzw. 31. Juli 1945 „über den Abtransport von Ausrüstungen und anderen Werten aus Betrieben" (z. B. „Merseburg: Aus dem ‚Leuna-Werk', das synthetisches Benzin, Kohlenstoff und Ammoniak produziert, wurden mitgenommen: – ein Koffer mit Platin [aus dem Lager des Werkes]; – 28 Ingenieure.") bzw. „über den Abtransport von rollendem Material" (beladene Güterwagen insgesamt: 10413) aus der sowjetischen Besatzungszone für Stalin zusammenstellen ließ, bieten die Bände inhaltlich nichts Neues. Die Geschichte der Kriegskonferenzen wird ihretwegen nicht umgeschrieben werden müssen.

Beklagenswert bleibt die editorische Präsentation. So wird z. B. der Hinweis in der jeweiligen Vorbemerkung, die sowjetischen Aufzeichnungen seien „mit den amerikanischen Aufzeichnungen und mit im staatlichen Archiv Großbritanniens aufbewahrten englischen Aufzeichnungen verglichen worden", in seinen Auswirkungen nicht deutlich, weil die daraufhin offenbar an der russischen Übersetzung der Reden der Regierungschefs und anderer Vertreter der USA und Englands vorgenommenen „erforderlichen Korrekturen" in den Texten nicht kenntlich gemacht wurden. Ohne nähere Erläuterung bleibt auch der Hinweis, daß die Dokumente nur „in der Regel" den in den Archiven verwahrten Texten entsprechen. Die namentlich nicht genannten Herausgeber haben zudem auf die Aufbereitung des Quellenmaterials verzichtet. Es fehlen Angaben über den bzw. die Protokollanten ebenso wie Verzeichnisse der Delegationsmitglieder und genaue Hinweise auf die Tagungsorte. Die Zeitangaben über Beginn und Ende der Sitzungen sind unvollständig. Zwar ist jeder Band mit einem Sach- und einem Personenregister sowie mit einigen Fotografien („Bilddokumenten") aus dem Archiv für Außenpolitik der UdSSR, den National Archives in Washington und privaten Archiven sowjetischer Diplomaten ausgestattet, jedoch reicht das nicht aus, um diese sowjetische Edition auch nur annähernd an das Niveau der vergleichbaren amerikanischen und britischen Quellenpublikationen heranzuführen.

Bonn *Alexander Fischer*

ULRICH HEINEMANN, Ein konservativer Rebell. Fritz-Dietlof Graf von der Schulenburg und der 20. Juli. Berlin, Siedler 1990. XXI, 353 S., 48,– DM.

Seit Gerhard Ritter 1954 seine Pionierarbeit über „Carl Goerdeler und die deutsche Widerstandsbewegung" vorlegte, weiß man um die Bedeutung des gut recherchierten und dokumentierten biographischen Portraits für die Erforschung der deutschen Opposition gegen Hitler. Das hat vor allem mit der spezifischen Natur konspirativer Tätigkeit zu tun: Der deutsche Widerstand war zu keiner Zeit eine einheitlich planende und geschlossen handelnde Bewegung. Für sein angemessenes Verständnis ist daher die Untersuchung des Einzelfalles geradezu zwingend. Ulrich Heinemanns Biographie Fritz-Dietlof Graf von der Schulenburgs ist eines der jüngsten Beispiele. Der Autor hat die verfügbaren Quellen konsequent ausgewertet. Dazu zählen Archivalien öffentlicher Institutionen ebenso wie in Privatbesitz befindliche Dokumente, insbesondere der Nachlaß Schulenburgs, aber auch Befragungen von Zeitzeugen. Der Schwerpunkt der Untersuchung liegt auf dem Zeitraum zwischen dem Eintritt des jungen Juristen in die NSDAP (1932) und seiner Hinrichtung nach dem gescheiterten Staatsstreich des 20. Juli 1944. Über die davor liegenden Jahre gibt es auch relativ wenig zu berichten. Schulenburg, Jahrgang 1905, gehörte zu den „Jungen" innerhalb des Widerstandes. Erst in den späten 30er Jahren erreichte er gehobenere berufliche Positionen, zunächst als Polizeivizepräsident von Berlin, dann als Regierungspräsident in Breslau.

Der Studie ist ein umfangreicher Anhang mit „Selbstzeugnissen" beigegeben, in erster Linie Briefe Schulenburgs an seine Braut und spätere Frau, aber auch einige Denkschriften und ein Vortragsmanuskript „Das preußische Erbe und der nationalsozialistische Staat" aus dem Jahre 1938. Der Titel benennt zugleich ein zentrales Motiv, sowohl für Schulenburgs entschiedene Unterstützung der neuen Machthaber als auch für seinen radikalen Widerstand. Wie aber wurde aus einem „gläubigen Nationalsozialisten" ein entschlossener Verfechter des Staatsstreiches und des Attentats? H. gibt eine im ganzen ausgewogene Antwort auf diese Frage. Wie bei anderen Vertretern des späteren konservativen Widerstandes regte sich auch bei Schulenburg die erste, noch punktuelle Kritik anläßlich offenkundiger politischer Mißgriffe bzw. für ihn nicht akzeptablen Versagens oder Fehlverhaltens der Machthaber. Aktionen wie die sog. Blomberg-Fritsch-Krise, also der Schlag gegen die Armee und das Offizierskorps, in denen er neben der staatlichen Verwaltung und dem Beamtentum die zweite tragende Säule eines neuen Staates sah, hinterließen Spuren. Schließlich aber war es bei ihm wie anderen Vertretern des „bürgerlich-aristokratischen Kerns des 20. Juli" die Empörung über die Greueltaten des Regimes, welche die „zunächst partielle" Kritik zur „prinzipiellen und dann immer stärker moralisch begründeten Feindschaft" verdichtete. Überzeugend zeichnet der Vf. diese Entwicklung nach und beschreibt die Schlüsselrolle Schulenburgs für das „Zusammenwachsen des 20. Juli", dessen Motive, Handlungsmöglichkeiten etc. über den Einzelfall hinaus erkennbar werden. Sicher hätte sich der Leser eine abschließende, abwägende Würdigung sowie eine Erläuterung des Titels gewünscht: „Konservative Rebellen" waren sie doch wohl allesamt! Auch läßt sich darüber streiten, ob der Versuch, den Kampf dieser Männer vor allem als „Konkurrenz der Eliten" zu erklären, dem Sujet angemessen ist. Unstrittig ist indessen die Würdigung ihrer Motive und jener Haltung, die diese Vertreter der „traditionellen Eliten" auszeichnet: „... ihr mutiges Handeln trennte Männer wie Moltke und Schulenburg, Hassell, Goerdeler und Beck um Welten von den meisten ihrer Standes- und Berufsgenossen, die im besten Fall über ein kritisch-modifiziertes Mitläufertum nicht hinausgelangten."

Erlangen *Gregor Schöllgen*

GUSTAV-ADOLF VON HARNACK (Hrsg.), Ernst von Harnack. Jahre des Widerstands 1932–1945. Pfullingen, Neske 1989. 247 S., 38,– DM.

Gustav-Adolf von Harnack, der ehemalige Leiter der Düsseldorfer Universitäts-Kinderklinik, hat ein Bild der Lebensjahre seines Vaters, des sozialdemokratischen Regierungspräsidenten von Halle (bis 1932) und Mitglieds von Berliner Kreisen des Widerstands gegen den Nationalsozialismus, Ernst von Harnack, Sohn des großen Kirchenhistorikers, vorgelegt.

Das Buch basiert im wesentlichen auf der Grundlage von chronologisch geordneten Selbstzeugnissen, Briefen, Berichten, Erinnerungsskizzen, Reden und Verwaltungsschriften, der Jahre von der Entlassung von Harnacks aus dem Amt durch die Regierung von Papen bis zur Verhaftung und Hinrichtung 1944/45.

Der Herausgeber hat die einzelnen Quellenstücke jeweils kurz eingeleitet und dadurch innerlich verbunden, so daß nicht nur eine Quellensammlung, sondern eine Art Lese- und Gedenkbuch entstanden ist, das in die Stationen des Lebens von Harnacks nach 1933, seine Motive, seine Gefühle und seine Überzeugungen als christlicher Sozialist einführt – ein Mann, der sich zwischen noch bestehenden sozialdemokratischen Zirkeln und protestantischen großbürgerlichen Familien, wie z. B. den Bonhoeffers, bewegen konnte.

Leben und Reden Ernst von Harnacks widerlegen schließlich die nachträglich oft vorgebrachte Schutzbehauptung, man habe den Nationalsozialismus vor 1933 nicht durchschauen können und sei verführt worden; er nannte 1932 Hitler ironisch einen „Weltanschauungskünstler aus dem Braunen Haus" und warnte die Evangelischen Kirchen vor der Zusammenarbeit mit dem Nationalsozialismus.

Düsseldorf *Peter Hüttenberger*

MAGARDITSCH A. HATSCHIJAN, Tradition und Neuorientierung in der bulgarischen Außenpolitik 1944–1948. Die „nationale Außenpolitik" der Bulgarischen Arbeiterpartei (Kommunisten). (Südosteuropäische Arbeiten, Bd. 86.) München, Oldenbourg 1988. 438 S., 7 Karten, 112,– DM.

Nachdem in Bulgarien am 9. September 1944 die Kommunisten mit ihren Bündnispartnern zur Macht gelangt waren und den Übertritt zur Anti-Hitler-Koalition vollzogen hatten, suchte das Land neben der Unterstützung der Sowjetunion die Jugoslawiens, um bei der bevorstehenden Friedenskonferenz günstigere Bedingungen zu erhalten als die anderen ehemaligen Verbündeten Deutschlands. Dazu mußte Bulgarien in einer wichtigen „nationalen" Frage, Mazedonien, Zugeständnisse machen: So erwartete Jugoslawien, daß sein Nachbar seine Zustimmung zum Zusammenschluß von Pirin- (bulgarisch) und Vardar-Mazedonien (jugoslawisch) geben und die Zugehörigkeit beider Gebiete zu Jugoslawien akzeptieren werde. Zwar hatte die Bulgarische Arbeiterpartei (Kommunisten) nach ihrem Machtantritt offiziell den großbulgarischen Chauvinismus verdammt, aber einzelne ZK-Mitglieder verfochten weiterhin großbulgarische Lösungen der Mazedonien-Frage. Als Sperre gegen die jugoslawischen Ansprüche plädierte die Partei für die Schaffung eines bulgarisch-jugoslawischen Bundes auf der Basis einer Föderation gleichberechtigter Staaten. Sie zögerte die Verwirklichung dieses Konzepts hinaus, als Jugoslawien der Föderation zustimmte, aber forderte, daß Bulgarien nur eine Teilrepublik des jugoslawischen Staates werden sollte. Vorübergehend kam es im Juli und August 1947 zu einer Einigung zwischen den beiden Staaten, bei der zwar die Angliederung Pirin-Mazedoniens an Jugoslawien verhindert werden konnte, deren kulturelle Autonomie aber garantiert werden mußte. Im ökonomischen Bereich degradierte die Übereinkunft Bulgarien zum Juniorpartner des Nachbarstaats. Die Auseinandersetzungen zwischen Stalin und Tito nötigten Bulgarien, dessen Anbindung an die Sowjetunion ein Grundpfeiler der Außenpolitik war, sich enger an diese Großmacht anzulehnen und auf die nie ganz aufgegebenen Pläne einer Föderation zu verzichten. Dies brachte eine starke Bewegungsfreiheit im Bereich der „nationalen" Interessen mit sich; sie wurde erkauft durch eine vollständige Angliederung an die Staats- und Parteiinteressen der Sowjetunion. Die Bulgarische Arbeiterpartei (Kommunisten) gab zwar die großbulgarisch-chauvinistische Zielrichtung auf, sie entwickelte aber kein neues realistisches Konzept, sondern bewegte sich weiterhin im nationalen Bezugsrahmen.

Hatschijan beschreibt ausführlich und kenntnisreich die Ziele, Rahmenbedingungen und Ergebnisse der „nationalen" Außenpolitik der Bulgarischen Arbeiterpartei (Kommunisten) zwischen 1944 und deren V. Parteitag im Dezember 1948. Die Lesbarkeit der Dissertation wird durch zahlreiche Abkürzungen getrübt, die zudem zum Teil nicht oder falsch aufgelöst werden.

Kerpen-Buir *Franz-Josef Kos*

RITCHIE OVENDALE, Britain, the United States and the End of the Palestine Mandate, 1942–1948. (Studies in History, 57.) London, The Boydell Press 1989. 332 S., £ 37,50.

In Deutschland wäre das Buch für einen Historikerstreit gut. In Großbritannien erscheint es in der Reihe der Royal Historical Society. Zündstoff bergen die oft einseitigen Interpretationen, weniger die Darstellung des Stoffes. Diese ist höchst konventionell, chronologisch, fast kalendarisch und oft sehr langweilig, denn Neues wird nur im Detail geboten.

Die zentrale These des Buches: „Die Araber, die einzige Rasse (sic) ohne antisemitische Tradition (O. meint: antijüdische, und dabei irrt er), wurde von den Zionisten, US-Präsident Truman und der Mehrheit des Amerikanischen Kongresses auserwählt (chosen), für die Verbrechen Hitlers zu büßen. Die Araber standen im Weg, und (das offenbar ganz selbstlose) Großbritannien war nicht bereit, Vehikel dieser Politik zu sein" (S. 105). Edel war Britannien, hilfreich und gut. Schuftig dagegen obige Akteure. Oberschuft: Präsident Truman, der „Ziehvater" Israels (S. 307), dessen Politik die Zionisten „diktierten" (S. 104). Sancta simplicitas! „Britannien mußte mit einer Propaganda fertig werden, die den Sonderstatus der jüdischen Opfer der Nazi-Barbarei betonte. Andere rassische (sic) Minderheiten, Oppositionelle oder Homosexuelle, die in Konzentrationslagern vernichtet wurden, blieben unerwähnt" (S. 103 f.). Der krönende Schlußabsatz des Buches: In Europa habe es im April 1946 226000 jüdische „Flüchtlinge" gegeben, aber fast eine Million Palästinenser wären vor den Zionisten geflohen (S. 307). Selbst palästinensische Falken sprechen eher von 800000. Zur politischen Problematik des Zahlenspiels kein Wort des Autors.

O. entkleidet die Vorgeschichte Israels vom moralisch politischen Beiwerk der KATASTROPHE („Holocaust") völlig. Grundsätzlich ist dies keineswegs falsch. Der Autor betont aber zu einseitig die Innenpolitik der USA in diesem Zusammenhang. Auf die regionalen Verhältnisse im damaligen Nahen Osten müßte dabei ebenso hingewiesen werden wie auf den globalen Zusammenhang der Entkolonialisierung. Hier wird die Entwicklung personalistisch (fehl- und über-)interpretiert. Fleißig wurden Dokumente zusammengetragen, um Vorurteile zu belegen. Ist das Geschichtswissenschaft?

München *Michael Wolffsohn*

HANS WASSMUND, Die Supermächte und die Weltpolitik. USA und UdSSR seit 1945. München, Beck 1989. 122 S., 16,80 DM.

Der Band enthält einen groben Überblick über einige Grundzüge und Tendenzen des amerikanisch-sowjetischen Verhältnisses in der Nachkriegszeit. Die Perzeptionsproblematik, die politisch-diplomatischen Beziehungen sowie der „militärisch-ökonomische" Bereich bilden die Schwerpunkte. Dieser Aufbau der Skizze führt allerdings zu manchen Überschneidungen auf ohnehin knappem Raum. Im Grunde handelt es sich um einen handbuchartigen Überblick ohne

Anspruch auf eine Präsentation neuer Ergebnisse oder Erkenntnisse. W. diagnostiziert die sowjetisch-amerikanischen Beziehungen seit 1945 als eine Wellenbewegung zwischen Entspannung und Konfrontation. Er geht von einer Fortdauer des Systemgegensatzes aus, sieht aber mit anderen Autoren die Möglichkeit „antagonistischer Kooperation" bzw. „kompetitiver Koexistenz". Der Band enthält eine Reihe tabellarischer Übersichten. Für den Anfänger, an den sich dieser Überblick offensichtlich richtet, ist die konsequente Gliederung bzw. Strukturierung der Materie hilfreich.

Erlangen *Gregor Schöllgen*

WILFRIED LOTH, Ost-West-Konflikt und deutsche Frage. Historische Ortsbestimmungen. München, Deutscher Taschenbuch Verlag 1989. 215 S., 12,80 DM.

Das Taschenbuch versammelt insgesamt 11 Beiträge (aus den Jahren 1984–1989) des Essener Geschichtsordinarius Wilfried Loth, der mit seiner Perzeptionstheorie (vgl. u. a. sein 1980 erschienenes Buch „Die Teilung der Welt 1941–1955") eine exponierte Stellung in der Forschung zu den Ursachen des Kalten Krieges nach 1945 einnimmt. Wie er im Vorwort betont, will der Autor seine Beiträge nicht nur als geschichtswissenschaftliche Analysen verstanden wissen, sondern darüber hinaus als eine politisch motivierte Einmischung in die gegenwärtig neu belebte, von vielfältigen Argumentationsvarianten geprägte Debatte über Geschichte und Perspektiven der deutschen Frage. Diese Debatte sieht Loth dominiert von „(u)nbelehrbare(n) Nationalisten und unbelehrbare(n) Idealisten", die „von der Wiederherstellung eines deutschen Nationalstaats (träumen)", dabei „Leerformeln über ‚deutsche Fragen', deutsche Identität, deutsche Staatsräson und deutsche Gefährdungen (produzieren)" und einen „pflegeleichte(n) Neo-Nationalismus" kultivieren – als „Versatzstück des postmodernen Zeitgeistes, das nur bei weniger kritischen Geistern als Palliativ wirken kann" (S. 7f.).

Vor diesem fraglos polemisch überzeichneten Hintergrund versucht Loth in den hier versammelten Beiträgen – in gezielter Stoßrichtung gegen den von ihm diagnostizierten neonationalistisch-postmodernen Zeitgeist –, v. a. die internationalen Rahmenbedingungen der deutschen Teilung zu bestimmen und dabei die Handlungsspielräume deutscher und internationaler Politik im Hinblick auf mögliche Alternativen sowohl in historischer als auch aktueller

Perspektive genau auszuloten. Besondere Beachtung verdienen dabei die Darlegungen über die welt- und deutschlandpolitischen Auswirkungen des Koreakriegs (S. 89–120), über die Interdependenzen zwischen der Nachkriegspolitik der UdSSR und der USA im Zeitrahmen zwischen Blockbildung und ersten Ansätzen zu einer Entspannungspolitik (S. 26–45, 121–140), über die französische Deutschlandpolitik bzw. die bundesdeutsche Frankreichpolitik (S. 46–64, 159–172), über das Verhältnis der Bundesrepublik zu den osteuropäischen Staaten (S. 173–188) sowie über die Adenauersche Politik der Westintegration (S. 141–158) und die Realisierungschancen von deutschland- und europapolitischen Konzepten, die in der frühen Bundesrepublik als Alternativen zur außen- und deutschlandpolitischen Vorgehensweise des Gründungskanzlers diskutiert wurden (S. 65–88).

Unabhängig davon, daß Loth mit seiner Charakterisierung der oben angesprochenen Debatte offensichtlich einen Popanz aufbaut, ist festzuhalten, daß seine Thesen in prägnanter Weise viele Aspekte der historischen und aktuellen Dimension der deutschen Frage zu erhellen vermögen.

Tübingen/Stuttgart *Rudolf Kroboth*

MICHAEL WALA, Winning the Peace. Amerikanische Außenpolitik und der Council on Foreign Relations, 1945–1950. (Studien zur modernen Geschichte, Bd. 41.) Stuttgart, Steiner 1990. 331 S., 68,– DM.

Dem 1921 gegründeten Council on Foreign Relations (CFR) wurde und wird eine wichtige Rolle im Rahmen der Planung und Formulierung amerikanischer Außenpolitik zugesprochen, und das in zweierlei Hinsicht. Einmal bestanden und bestehen zahlreiche Verbindungen zwischen führenden Repräsentanten der amerikanischen Außenpolitik und den etwa 2000 Mitgliedern des Council: Nicht wenige Sicherheitsberater, Außenminister oder auch Präsidenten gehörten einmal dem CFR an. Zum anderen sieht der Council traditionell eine seiner wichtigsten Aufgaben in der Popularisierung zentraler außenpolitischer Entscheidungen, Konzeptionen und Pläne. Dazu bedient er sich verschiedener Diskussionsgruppen, Studiengruppen oder Komitees, vor allem aber einer Reihe hauseigener Publikationen, namentlich der „Foreign Affairs“. Alles dies ist jetzt in der Studie von Michael Wala, einer Hamburger Dissertation, nachzulesen. W. hat eine enorme Fülle von Quellen, darunter Dutzende von Nachlässen, gesichtet und ausgewertet. Im Zentrum der Untersuchung stehen die Jahre 1945–1950. Detailliert werden die Debatten des CFR in dieser frühen Zeit des Kalten Krieges nachgezeichnet. Dabei wird deutlich, wie sehr sich insbesondere die Einschätzung der Sowjetunion änderte. Dies wiederum erläutert der Autor an prominenten Beispielen wie etwa den Diskussionen über die Truman-Doktrin oder den Marshall-Plan. Gerade an diesen Fällen werden dann auch die Möglichkeiten und Grenzen des Einflusses deutlich, den der Council im einzelnen auf den „Formulierungsprozeß" amerikanischer Außenpolitik zu nehmen vermochte. Die detaillierte Rekonstruktion des Council-internen Meinungsbildungsprozesses verliert sich nicht selten in Beiläufigkeiten, so daß die Lektüre der zudem in formaler, namentlich stilistischer Hinsicht nicht immer zufriedenstellenden Arbeit mitunter mühsam ist. Am besten liest sich die Studie, die in weiten Bereichen zugleich eine Darstellung amerikanischer Außenpolitik einschließt, dort, wo sie sich auf Wesentliches konzentriert. Das wiederum ist insbesondere in den beiden ersten Kapiteln von immerhin etwa 60 Seiten der Fall, die der Entstehung und Entwicklung des CFR bis 1945 gewidmet sind.

Erlangen *Gregor Schöllgen*

WOLFGANG ECKART, Amerikanische Reformpolitik und deutsche Tradition. Nürnberg 1945–1949. Nachkriegspolitik im Spannungsfeld zwischen Neuordnungsvorstellungen, Notlage und pragmatischer Krisenbewältigung. (Schriftenreihe des Stadtarchivs Nürnberg, Bd. 42.) Nürnberg, Stadtarchiv 1988. 486 S.

Die Studie, eine Erlanger Dissertation, fragt nach den Wurzeln der bundesrepublikanischen Demokratie in den ersten Nachkriegsjahren und untersucht dazu an einem lokalen Fallbeispiel die Bedeutung dreier Faktoren: der deutschen politischen Traditionen, der Neuordnungsvorstellungen der amerikanischen Besatzungsmacht und der materiellen Krisensituation nach dem Zusammenbruch des Dritten Reiches, von der alle Neuordnungskonzepte bestimmt wurden. Auf breiter Quellenbasis (insbesondere OMGUS-Akten und verschiedene lokalhistorische Materialien für Nürnberg) wird ein umfassendes Bild der politischen Geschichte Nürnbergs im Rahmen dieser drei Determinanten entwickelt. Nach einer ausführlichen Einleitung, in der die Fragestellung im Rahmen einer kritischen Literaturdiskussion entfaltet wird, skizziert der Vf. die gespaltene und extrem fragmentierte politische Tradition des „roten" und des bürgerlich-konservativen Nürnberg und die Erblast der Stadt der Reichsparteitage. Vor diesem Traditionshintergrund wird das Dilemma der amerikanischen Militärregierung, Wiederaufbaupolitik im Schatten des Hungers betreiben zu müssen, analysiert. Mit einem autoritären Militärregime sollte der Nationalsozialismus vollständig liquidiert und die Grundlage für ein neues politisches Leben gelegt werden. Selbst wenn es präzise Programme dafür gegeben hätte, hätte die katastrophale wirtschaftliche und soziale Situation ein pragmatisches Vorgehen erzwungen. Von einer erfolgreichen Krisenbekämpfung hing jede politische Legitimation ab, und erst als die soziale Misere sich besserte, gab es Chancen, die diffuse Stimmungslage der Bevölkerung in eine potentiell positive Option für die Demokratie einmünden zu lassen. Diese Stimmungslage war einerseits bestimmt von der Distanzierung gegenüber dem NS-Regime, andererseits von der Enttäuschung über die Erfolglosigkeit und Rigidität der Besatzung sowie von einem vagen Anti-Parteien-Affekt.

Gemessen an der scharfen Aufspaltung des politischen Lebens in zwei Lager vor 1933 nahm die politische Entwicklung nach 1945 in Nürnberg vor allem durch die Auflösung und Durchmischung traditioneller Milieus einen stärker vom Konsens geprägten Verlauf. In der SPD als stärkster Partei wurden mit der frühzeitigen Öffnung für den Mittelstand bereits Ende der 40er Jahre Ansätze zur Volkspartei erkennbar. Der Vf. kann aber auch die anfänglich überraschend große Resonanz der KPD nachweisen, die gezielt Frauen, Jugendliche und Protestwähler ansprach und sich mit Fachleuten kurzzeitig auch bei bürgerlichen Wählerschichten attraktiv präsentierte. Wie nahezu überall in Deutschland wurde jedoch auch in Nürnberg der antifaschistische Grundkonsens schon bald durch einen antikommunistischen abgelöst.

Die Untersuchung überzeugt in gleicher Weise durch theoretische Orientierung, sprachliche Präzision und dichte empirische Absicherung und stellt einen wichtigen Beitrag zur Lokal- und Regionalgeschichte der frühen westdeutschen Nachkriegszeit dar.

Bielefeld *Christoph Kleßmann*

MARTIN BEGLINGER, „Containment" im Wandel. Die amerikanische Außen- und Sicherheitspolitik im Übergang von Truman zu Eisenhower. (Beiträge zur Kolonial- und Überseegeschichte, Bd. 41.) Stuttgart, Steiner 1988. 341 S., 58,– DM.

„Das Bedürfnis der Administration Eisenhower zur grundsätzlichen Überprüfung der US-Außen- und Sicherheitspolitik hatte sehr viel mit innen- und wirtschaftspolitischen Faktoren, aber fast nichts mit aktuellem sowjetischem Verhalten zu tun" (S. 316). Dieses Zitat resümiert eine detaillierte und kenntnisreiche Studie, die sich mit der im Strategiepapier NSC 162/2 niedergelegten außenpolitischen Konzeption der Regierung Eisenhower/Dulles 1953/54 befaßt. Am Ende dieses Planungsprozesses habe keine „neue" Außenpolitik der USA gestanden. Gegenüber der Regierung Truman hätten sich nicht die Ziele, eher die Mittel geändert: im Übergang vom „konventionellen" zum „nuklearen" Containment, zur „massive retaliation", zum „new look" (S. 187, 202f.). Diese Politik, die von der „Glaubwürdigkeit" der atomaren Drohung lebte, sei bereits 1954 in Vietnam gescheitert (S. 256). Die letztlich pragmatische Außenpolitik sei überlagert worden von der martialischen Rhetorik Dulles', die auf dessen ideologisch-moralistisches Bild von der Sowjetunion einerseits, seine Verbeugungen vor dem rechten Flügel der Republikaner (Taft, McCarthy) andererseits zurückging.

Insgesamt argumentiert die Studie aber oft sehr immanent. Angesichts des Untertitels (und diverser Thesen) überrascht, daß eine detaillierte Analyse des vergleichbaren Grundsatzpapiers der Regierung Truman/Acheson NSC 68 (1950) nicht als Kontrastfolie gegenübergestellt wird, daß z. B. auf deren bewußten Entschluß zur *militärischen* „Liberation" in Korea nicht eingegangen wird. Eine erstaunlich nebensächliche Rolle spielen Deutschland-, Europa- und Bündnispolitik: Die regelrecht zu erzwingende Konsolidierung Westeuropas durch Integration sollte Voraussetzung einer Entspannungspolitik sein, zu der (nicht erwähnte) Ansätze bei Dulles schon im Herbst 1953 nachweisbar sind. Bewußt ausgeblendet (S. 188) wird der komplementäre Versuch, durch Ausbau der „continental defense" die atomare Bedrohbarkeit der USA zu verhindern und zugleich eine gewisse unilaterale Handlungsfreiheit von den zu entspannungswilligen Verbündeten wiederzugewinnen. Solange diese doppelte „Unabhängigkeit" nicht gewährleistet war, mußte – auch bei gleichbleibender „ideologischer" Perzeption der Sowjetunion – die Regierung Eisenhower/Dulles für diese „Übergangszeit" eine zurückhaltend-pragmatische Außen- und Sicherheitspolitik anstreben. Also auch hier, sehr viel weiter gefaßt, eine Änderung der Mittel bei unveränderten Zielen?

Marburg *Gunther Mai*

ANN L. PHILLIPS, Soviet Policy toward East Germany Reconsidered. The Postwar Decade. (Contributions in Political Science, No. 142.) New York / Westport, Conn. / London, Greenwood Press 1986. XII, 262 S., £ 33,50.

Diese amerikanische politikwissenschaftliche Studie gilt den Veränderungen in den politischen und insbesondere in den wirtschaftlichen Beziehungen zwischen der UdSSR und „East Germany", d. h. der SBZ bzw. der DDR, im Jahrzehnt zwischen 1945 und 1955. Nach einem knappen Rückblick auf die Entwicklung in Deutschland unter alliierter Besatzung in den Jahren 1945 bis 1949 („Teilung der Beute"), der sich auf den Verfall der sog. Anti-Hitler-Koalition und die dahinter verborgenen Interessenkonflikte zwischen den Großmächten konzentriert, rückt die Vf.in unter Berücksichtigung der Verschärfung der internationalen Lage die nicht zuletzt unter wirtschaftspolitischen Gesichtspunkten zunächst eher ambivalente Deutschlandpolitik Moskaus in den Mittelpunkt, deren Hin und Her zwischen Reparation und Wiederaufbau sie übrigens auf einen Konflikt in der sowjetischen Führung zurückführt. Im Zusammenhang mit dem Wunsch der osteuropäischen Großmacht nach Reparationen aus und Einflußnahme auf Westdeutschland meint sie eine Verlangsamung des Sowjetisierungsprozesses in der DDR ausmachen zu können, ehe durch den Arbeiteraufstand vom 17. Juni 1953 eine einheitliche Moskauer Deutschlandpolitik eingeleitet worden sei, die auf eine Unterstützung der DDR und vor allem auf eine Konsolidierung des Ulbricht-Regimes gezielt habe. Ein Vergleich der sowjetischen Deutschlandpolitik mit dem Vorgehen Moskaus in den Ländern Ostmittel- und Südosteuropas dient als Beleg für die These, daß die sozialistische Transformation der Wirtschaft in der DDR ebenso wie ihre politische Integration in den Sowjetblock hinausgeschoben wurde, solange das Deutschlandproblem im restlichen Europa noch als offene Frage angesehen wurde. Die auf gedrucktem Material beruhende Untersuchung ist allzu einseitig auf den wirtschaftlichen Bereich fixiert, um einen wirklich überzeugenden Beitrag zu dem vielschichtigen Problem der Beziehungen zwischen Moskau und Ostberlin liefern zu können.

Bonn *Alexander Fischer*

Documents on British Policy Overseas. Series 1, Vol. 5: Germany and Western Europe. 11 August–31 December 1945. Ed. by M. E. PELLY and H. J. YASAMEE. Series 2, Vol. 3: German Rearmament. September–December 1950. Ed. by ROGER BULLEN and M. E. PELLY. London, Her Majesty's Stationery Office 1989 u. 1990. XLV, 549 u. XL, 421 S.

Die beiden Dokumentenbände sind Bestandteil zweier Reihen britischer Akteneditionen über die Außenpolitik der Nachkriegszeit: Band 5 der ersten Reihe (1945–1950), von der bereits vier Bände, u.a. der zu Potsdam, erschienen sind, und Band 3 der zweiten Reihe (1950–1955), von der die Bände über den Schuman-Plan und den westeuropäischen Integrationsprozeß vorliegen. Bei beiden Bänden steht Deutschland im Mittelpunkt, freilich als Objekt britischer Politik, nicht als gleichberechtigter Verhandlungspartner: einmal das vergebliche Bemühen der britischen Regierung, zumal der britischen Sektion der Kontrollkommission in Berlin, um eine Realisierung der Potsdamer Beschlüsse, zum andern die Frage der Wiederaufrüstung der Bundesrepublik im Zeichen der Korea-Krise. Sie zeigen sehr deutlich, wie sehr die Vor- und Frühgeschichte der Bundesrepublik durch die Akzeleration des Kalten Krieges ihre spezifische Dynamik erhielt.

Im ersten Band nehmen die Abwehr der französischen Ruhrgebietspläne, das Scheitern zentraler deutscher Verwaltungsbehörden in Berlin sowie die Reparationsverhandlungen den breitesten Raum ein. Man spürt, wie sehr die Militärs vor Ort durch die fruchtlosen interalliierten Debatten, zumal jene über das zulässige deutsche Industrieniveau, genervt wurden. Die politischen Aktivitäten deutscher Politiker wie Adenauer und Schuman lösten ähnliche Reaktionen aus. Auf die konkrete Verbesserung der Lebensbedingungen in *ihrer* Zone kam es diesen meist jungen Offizieren in erster Linie an – auf deutscher Seite hatten sie es mit alten und, wie ihnen schien, verbrauchten Politikern aus Weimarer Zeiten zu tun, die den anstehenden Aufgaben kaum gewachsen waren: die Sicherstellung der Ernährung, die Erhöhung der Kohleförderung, die Rückführung der „Displaced Persons", die Versorgung der Flüchtlinge aus dem

Osten – das waren die Hauptprobleme, mit denen es die Militärregierung zu tun hatte. Die Beamten in der Zentrale teilten diese Sorgen nicht in gleichem Maße, kritisierten den Partikularismus in der britischen Zone und jonglierten mit dieser wie mit einer diplomatischen Verfügungsmasse, um ihre Alliierten bei Laune zu halten. Der Hauptzweck der Besatzungsherrschaft sei, so Sir William Strang, „destructive and preventive". Auf Kabinettsebene kam Deutschland kaum zur Sprache, die Lebensverhältnisse schon gar nicht.

Fünf Jahre später hatte Deutschland schon sehr viel mehr Statur gewonnen. Der zweite Band dokumentiert die Verhandlungen über die Wiederbewaffnung Deutschlands im Herbst 1950, die nicht nur von der Sowjetunion schärfstens abgelehnt wurde, sondern auch unter den NATO-Partnern kontrovers war. Die USA, plötzlich mit der Herausforderung im Fernen Osten konfrontiert, drohten mit dem Rückzug ihrer Truppen aus Europa, wenn sich die noch ganz im Bann der Vergangenheit stehenden europäischen Partner nicht schleunigst auf eine Wiederaufrüstung des freien Teils Deutschlands verständigten. Die Europäer hätten es bei finanziellen Zuwendungen und Rüstungsgütern aus Deutschland belassen, wenn sich Washington damit zufrieden gegeben hätte. Paris plädierte für die Integration der deutschen Verbände in eine europäische Armee (Pleven-Plan), ein Gedanke, dem die britische Regierung nichts abgewinnen konnte, weil er allem Anschein nach gegen die atlantische Verteidigungskonzeption verstieß. Man bildete sich in London ein, sowohl Distanz zum Kontinent wahren als auch eine Führungsposition in Europa behalten zu können. Das Foreign Office lavierte zwischen verschiedenen unliebsamen Optionen, ohne eine klare Linie erkennen zu lassen, was sich auch in der kunterbunten Auswahl und Anordnung der abgedruckten Dokumente widerspiegelt: zwischen dem neuen sowjetischen Vorstoß in Richtung Abrüstung und Wiedervereinigung Deutschlands, dem amerikanischen Drängen nach einem substantiellen deutschen Verteidigungsbeitrag, verbunden mit dem zügigen Abbau des Okkupationsstatus, und den französischen Europa-Plänen. Man wollte es allen Seiten recht machen, obwohl keine auf dem richtigen Kurs zu sein schien. Keinen Zweifel gab es über das langfristige Ziel, die Bundesrepublik fest im westlichen Lager zu verankern. Es sollte nur alles nicht so schnell vor sich gehen. Unverhohlen war der Widerwille gegen die Erkenntnis, die Deutschen als gleichberechtigten Partner in den westlichen Club aufnehmen und sich damit abfinden zu müssen, „to seeing her smoking a large cigar in a big chair in front of a fire in the smoking room" (S. 20).

Über die editorischen Prinzipien geben die Herausgeber keinen Aufschluß, sie betonen jedoch, daß sie laut Parlamentsbeschluß hinsichtlich der Auswahl und Anordnung der Dokumente keinen Restriktionen unterlagen. Personalakten und geheimdienstliches Material fanden, wie üblich, keine Verwendung. Die meisten Akten stammen aus dem Foreign Office, daneben gibt es jedoch auch noch andere Provenienzen: Control Commission for Germany, Cabinet Office, Prime Minister's Office, Treasury etc., insbesondere für den ersten Band (1945). Eine besondere Bereicherung sind die auf Microfiches beigefügten Dokumente, die eine willkommene Ergänzung des jeweiligen Hauptvorgangs darstellen und den Entscheidungsprozeß – sofern man davon sprechen kann – transparenter erscheinen lassen. Für ernstzunehmende wissenschaftliche Arbeiten über die noch weitgehend außenpolitisch fremdbestimmte Vor- und Frühgeschichte der Bundesrepublik sind diese Akteneditionen fortan absolut unverzichtbar. Das handliche Format der nicht zu voluminösen Bände, die Inhaltsbeschreibung in der Einleitung, die regestenförmige Übersicht über die einzelnen Akten und das vorzügliche Personen- und Sachregister erleichtern den Zugang ganz erheblich.

London *Lothar Kettenacker*

MIRJAM KÖLLING, Führungsmacht in Westeuropa? Großbritanniens Anspruch und Scheitern 1944–1950. (Studien zur Geschichte, Bd. 3.) Berlin, Selbstverlag der Zentralinstituts für Geschichte der Akademie der Wissenschaften der DDR 1984. 223 S., 20,– DM.

Diese DDR-Studie geht einer interessanten und immer noch nicht abschließend geklärten Frage nach, nämlich dem Anspruch und Scheitern Großbritanniens als europäische Führungsmacht nach dem Zweiten Weltkrieg. Wegen des schlechten Papiers und der nicht minder dürftigen Aufmachung dieser Publikation ist der Vf.in kein Vorwurf zu machen, wohl aber hinsichtlich der professionellen Unzulänglichkeiten: keine Auseinandersetzung mit der Forschung (als ob der Hinweis genüge, daß noch keine Darstellung aus marxistischer Sicht vorliege) und der spezifischen Fragestellung, keine Zusammenfassung der Ergebnisse, kein Quellen- und Literaturverzeichnis, kein Register. Die Arbeit stützt sich vorwiegend auf gedruckte Quellen, v.a. Memoirenliteratur und die US-Aktenausgabe (FRUS), nur vereinzelt auf ungedrucktes Material aus dem Public Record Office (FO 371), das allenfalls als das Ergebnis von Stichproben angesichts einer bereits feststehenden These anzusehen ist. Diese läuft darauf hinaus, daß sich Großbritannien bei der Eindämmung des Kommunismus als westeuropäische Führungsmacht zu profilieren suchte und sich damit in Anbetracht seiner sonstigen Verpflichtungen bzw. weltweiten Ambitionen zuviel zumutete. Beflissen werden anti-kommunistische und anti-sowjetische Reaktionsmuster der „herrschenden Klasse" registriert, ohne Berücksichtigung der Tatsache, daß Labour die Regierung bildete, ein früherer Gewerkschafter Außenminister war und die sowjetische Politik unter Stalin im Westen nicht gerade zur Beruhigung der Gemüter Anlaß gab. Die Interdependenz von Innen- und Außenpolitik wird behauptet, aber nirgends konsequent nachgewiesen. Spätestens seit Karl Marx sollte man wissen, daß das Finanzkapital in Großbritannien nicht gerade eine unwesentliche Rolle spielt, ob man nun die Omnipotenzthese des Meisters akzeptiert oder nicht. Doch erfährt man in dieser Studie von der Bedeutung der City oder des militärisch-industriellen Komplexes für die Fragestellung so gut wie nichts. Die Darstellung ist ganz konventionell auf die Diplomatiegeschichte, Bündnisse, Blockbildungen, bilaterale Verhältnisse etc., beschränkt.

Die dabei gewonnenen Einzelerkenntnisse sind gleichwohl ernstzunehmen; dazu zählen der Obstruktionscharakter der britischen Politik, der bevorzugte Bilateralismus, die Aversion gegenüber einem „continental commitment" integraler Natur, das Lavieren zwischen verschiedenen Optionen ohne klare Linie, die Diskrepanz zwischen Anspruch und Realität. Bei einer systematischeren, stringenteren Argumentation und Verwendung der Fakten wäre daraus mehr zu machen gewesen.

London *Lothar Kettenacker*

ARTHUR HEARNDEN, Red Robert. A Life of Robert Birley. London, Hamish Hamilton 1984. XIV, 273 S., £ 9,95.

Die Biographie legt den Schwerpunkt auf Robert Birley in seiner Lebensphase als Educational Adviser des britischen Militärgouverneurs und als Chef der Erziehungsabteilung in der britischen Kontrollkommission (April 1947 bis August 1949). In 14 Kapiteln entfaltet der Vf. auf der Grundlage von Schriften, Nachlaßpapieren, Aufzeichnungen vieler Gespräche mit Robert Birley das Leben dieses hochgebildeten Mannes (1909–1982). Balliol Scholar in Oxford, Headmaster of Charterhouse (vor der „Mission" in Deutschland), Headmaster of Eton (danach), Gastprofessor in Südafrika (Johannesburg, University of the Witwatersrand), Lehrer an der City University of London – das waren die äußeren Stationen seines Lebens. Dem Vf. gelingt es, die Ausstrahlungskraft dieses Mannes in der Verbindung von Kenntnis, Weisheit und christlichem Glauben zu zeigen. Zu einem der Schwerpunkte der Arbeit Birleys in Deutschland: Die Universitätsreform, so erfahren wir bei Hearnden, sollte dazu beitragen, die tiefgreifende innere Erneuerung der Gesellschaft in Deutschland herbeizuführen. Ein ausgezeichnet geschriebenes Buch, leider mit einem irreführenden Titel, leider ohne Verzeichnis der Schriften Birleys, ohne systematische Quellenaufstellung, jedoch mit einem guten Register. Im ganzen: ein unersetzliches Buch für denjenigen, der das Leben einer der maßgebenden Persönlichkeiten der britischen Kontrollkommission in Deutschland aus der Nähe kennenlernen möchte.

Kiel *Kurt Jürgensen*

ALEC CAIRNCROSS, The Price of War. British Policy on German Reparations, 1941–1949. Oxford, Basil Blackwell 1986. X, 249 S., £ 17,50.

Nach 1945 hat die Reparationsproblematik bei weitem nicht die politische Rolle gespielt wie nach dem Ersten Weltkrieg. Dieser Sachverhalt dürfte eine Erklärung dafür sein, daß ihr von der Forschung kaum nennenswertes Interesse entgegengebracht wurde – ein Faktor bei der Entstehung des Kalten Krieges, der mit dem schon 1946 verfügten Stop der Reparationslieferungen aus dem Westen seine Erledigung gefunden zu haben schien. Erst jetzt enthüllt sich die historische Relevanz der nüchternen Studie über die britische Reparationspolitik, die Sir Alec Cairncross, einer der damals an den Planungsarbeiten beteiligten Sachverständigen, vorgelegt hat. Sie konzentriert sich auf die komplizierte und zugleich irreal anmutende wirtschaftliche Materie, die in einer auch für den Laien faßlichen Sprache behandelt wird. Gerade dieser Ansatz verschafft der Studie eine im Jahr der Publikation noch nicht absehbare Aktualität angesichts des wirtschaftlichen und politischen Zusammenbruchs der DDR und der auf die Bundesrepublik zurollenden Kostenlawine.

Wäre der Friedensvertrag eine rein englisch-deutsche Angelegenheit gewesen, so vermutet der Vf., so hätte die britische Regierung auf Reparationen ganz verzichtet oder Forderungen in bescheidener Höhe angemeldet. Die ökonomische Entmilitarisierung Deutschlands („economic security") hatte entschieden Priorität. Hinzu kam die immer stärker zutage tretende Notwendigkeit einer Alimentierung der britischen Besatzungszone durch das Londoner Schatzamt; nicht die Aussicht auf Gewinn, sondern die Sorge vor unabsehbaren Verlusten motivierte die britische Regierung. In Yalta wandte sie sich gegen die Festlegung einer Reparationssumme von 20 Milliarden Dollar. In Potsdam setzte man sich mit Erfolg für das „First-Charge-Prinzip" ein: Erst mußten die Importe lebenswichtiger Nahrungsmittel erwirtschaftet werden, bevor an Reparationen zu denken war. Keine der drei Hauptsiegermächte war so sehr von den Versailler Erfahrungen geprägt wie Großbritannien. Und die wichtigsten waren: Keine Geldforderungen, sondern Sachwerte und keine Finanzierung der Reparationen durch die Alliierten selbst. Der Vf. stellt klar, daß es das britische Kabinett nicht darauf abgesehen hatte, sich auf dem Wege über Reparationen bzw. Demontagemaßnahmen einen unliebsamen Konkurrenten vom Halse zu schaffen, ein Interesse, das den Briten mitunter allzu leichtfertig von deutscher Seite unterstellt wird.

Daß Pläne, Planwirtschaft und Realitätsverlust in einem engen dialektischen Zusammenhang stehen, geht aus dem aufschlußreichen Kapitel über das Reparationsabkommen hervor. Dieses beruhte auf einer ganzen Reihe höchst fragwürdiger Hypothesen. Es gab nicht einmal Einverständnis über grundlegende Eckdaten wie die mutmaßliche Größe der deutschen Bevölkerung nach dem Krieg. Die hart umkämpften Vereinbarungen hinsichtlich der zulässigen Industriekapazitäten, des zumutbaren Lebensstandards etc. erwiesen sich bald als völlig fiktiv.

Das Reparationsabkommen scheiterte nur wenige Monate nach seinem Zustandekommen an der Weigerung von Russen und Franzosen, die in Potsdam vereinbarte wirtschaftliche Einheit Deutschlands zu verwirklichen. Die Russen hielten sich nunmehr erst recht an ihrer Zone schadlos. Schon vorher hatten sie in großem Stil Demontage betrieben; innerhalb von 14 Tagen waren 1200 Produktionsstätten demontiert und in Richtung Osten verfrachtet worden.

Danach ging man auf Entnahmen aus der laufenden Produktion über. Insgesamt dürfte die Sowjetunion nach Schätzungen des Vf.s bis 1953 einschließlich Stationierungskosten 7,5 Milliarden Dollar (Vorkriegswährung; 15 Milliarden Nachkriegsdollar) an Reparationen aus ihrer Zone entnommen haben. Die westlichen Zonen kamen dagegen mit 500 Millionen Dollar davon; dazu 400 Mio. an Auslandsguthaben. Sie erhielten an Hilfsleistungen nahezu das Zehnfache. C. sah sich veranlaßt, seinem Buch als Motto einen Satz von Theo Sommer voranzustellen, der 1985 mit Recht darauf hinwies, daß die Westdeutschen Glück gehabt hätten und es die Ostdeutschen gewesen seien, die den vollen Preis für Hitlers Krieg gezahlt hätten. Nicht ganz so: Den Westdeutschen wird die Rechnung jetzt präsentiert.

London *Lothar Kettenacker*

FRASER J. HARBUTT, The Iron Curtain. Churchill, America, and the Origins of the Cold War. New York/Oxford, Oxford University Press 1986. XIV, 370 S., $ 24,95.

Diese ambitiöse Untersuchung des Associate Professor für Geschichte an der amerikanischen Emory University versteht sich zum einen als eine Biographie Churchills unter besonderer Berücksichtigung seines Engagements für eine gemeinsame britisch-amerikanische Front gegenüber der Sowjetunion während des Zweiten Weltkrieges wie unmittelbar danach, eines – wie der Vf. meint – bisher vernachlässigten Kapitels einer im übrigen wohldokumentierten politischen Laufbahn, und zum anderen als kritische Überprüfung der diplomatischen Beziehungen zwischen den Mächten der sog. Anti-Hitler-Koalition im ersten Jahr der Nachkriegszeit. Der Vf. wirft der bisherigen Geschichtsschreibung eine amerikazentrische Orientierung vor und will den Nachweis führen, daß die Europäer, allen voran Churchill, eine größere Rolle bei der Auslösung des Kalten Krieges gespielt hätten, als man bisher habe wahrhaben wollen. Für ihn sind die USA lange Zeit nur ein Objekt konkurrierender Schachzüge der Briten und Sowjetrussen gewesen, ehe – begünstigt durch eine personelle und strukturelle Annäherung zwischen London und Washington – eine sorgfältig geheimgehaltene, systematische Neuorientierung der amerikanischen Politik unter Truman im Frühjahr 1946 (amerikanisch-sowjetische Konfrontation im Sicherheitsrat der UNO in der Iranfrage) den Kalten Krieg heraufbeschworen habe. Einmal abgesehen davon, daß dem Vf. offenbar der Blick für die politische Brisanz der polnischen Frage schon während des Zweiten Weltkrieges fehlt, ist es gewiß bemerkenswert, wie eine derart breite Quellengrundlage im festen Blick auf die Bestätigung einer vorgefaßten These so einseitig ausgewertet werden kann. Die bei näherem Hinsehen nicht überzeugende Untersuchung erscheint schwerlich geeignet, eine neue „Revisionismus"-Debatte um den Ursprung des Kalten Krieges auszulösen.

Bonn *Alexander Fischer*

MARTINA KESSEL, Westeuropa und die deutsche Teilung. Englische und französische Deutschlandpolitik auf den Außenministerkonferenzen von 1945 bis 1947. München, Oldenbourg 1989. VII, 324, 98,– DM.

Die Arbeit, eine von Th. Nipperdey betreute Münchener Dissertation, untersucht den britischen und französischen Anteil an der Lösung der deutschen Frage nach der Kapitulation Nazi-Deutschlands 1945. Frau K. zeichnet sehr detailliert die Vorstellungen dieser beiden Mächte und die Durchsetzung bzw. das Scheitern dieser Ziele nach. Dabei analysiert sie die diplomatische Funktion der Konferenzen als „Mittel, bestimmte Konzeptionen über die Neuordnung des Machtvakuums durchzusetzen".

Sie zeigt auf, daß der alliierte Kontrollrat den Mittelmächten eine Chance bot, einen gewissen Einfluß auf die Ausformung der neuen Ordnung in Europa und Deutschland auszuüben, bis die dominierende Rolle der Supermächte und der Ost-West-Konflikt ab 1947 immer bestimmender wurden. Im einzelnen behandelt Frau K. in sieben Hauptkapiteln die Problemkreise „Kriegserfahrung und Machtverlust: Konferenzen im neuen Mächtesystem", „Deutschland und die Sowjetunion: Von London nach Paris (Oktober 1945–April 1946)", „Von Paris nach New York (Juli–Dezember 1946): Zonenpolitik", „Britische Einflußsphären und französische Blockfreiheit von Dezember 1946 bis März 1947", die „Moskauer Außenministerkonferenz (10. 3.–25. 4. 1947", den „Marshall-Plan-Sommer" und schließlich die „Londoner Außenministerkonferenz (25. 11.–15. 12. 1947)".

Die Arbeit, die sich auf umfangreiches Archivmaterial des Public Record Office und anderer Archive in London und der „Archives des Affaires Extérieures" (heute wieder Etrangères) und anderer in Paris stützt, berücksichtigt auch zahlreiche gedruckte Quellen und die umfangreiche einschlägige Literatur. Solide gearbeitet, bietet diese Dissertation interessante Forschungsergebnisse zur Problematik der französischen und englischen Deutschlandpolitik zwischen Kapitulation und Marshall-Plan. Ein knappes Personenregister ohne Lebensdaten schließt das nützliche Buch ab.

Mainz *Peter C. Hartmann*

BARBARA JUST-DAHLMANN/HELMUT JUST. Die Gehilfen. NS-Verbrechen und die Justiz nach 1945. Frankfurt am Main, Athenäum 1988. 326 S., 38,– DM.

Die Autoren wollen Zeugnis ablegen. Barbara Just-Dahlmann, damals Staatsanwältin in Mannheim, wird Ende April 1960 wegen ihrer polnischen Sprachkenntnisse an die „Zentrale Stelle der Landesjustizverwaltungen zur Verfolgung nationalsozialistischer Gewaltverbrechen" in Ludwigsburg abgeordnet, um dort Akten über NS-Verbrechen auszuwerten. Die Dokumente, insbesondere die Zeugenaussagen von Opfern und Tätern, erschütterten die Autoren derart, daß sie zum Ausgangspunkt für ihre Beschäftigung mit den Verbrechen der NS-Gewaltherrschaft wurden. Darüber hinaus erbitterte die beiden Juristen, daß die Schergen des NS-Staates, hundert- und tausendfacher Tötungen überführt, lediglich als „Mord-Gehilfen" zu niedrigen, oft das Rechtsgefühl strapazierenden Freiheitsstrafen verurteilt wurden, so als seien nur Hitler, Himmler und Heydrich als „Täter" verantwortlich gewesen.

Barbara Just-Dahlmann hält ihr Wissen nicht zurück. In einer Reihe von Vorträgen Anfang der 60er Jahre teilt sie ihre Kenntnisse der Öffentlichkeit mit, kämpft gegen die Apathie in der Bevölkerung und vor allem gegen die Gehilfenrechtsprechung der bundesdeutschen Justiz. Dies führt zu Irritationen und Anfeindungen. Auf Grund einer falschen Wiedergabe eines ihrer Vorträge leitet der baden-württembergische Justizminister disziplinarrechtliche Vorermittlungen gegen sie ein, und der Landtag beschäftigt sich dreimal mit dem Fall. Die engagierte Staatsanwältin wird zwar rehabilitiert, dennoch sind die in dem Buch dokumentierten Vorgänge symptomatisch für das damalige politische Klima und die mangelnde Bereitschaft, sich mit der deutschen Vergangenheit auseinanderzusetzen.

In den nächsten Jahren kämpft das Ehepaar gemeinsam gegen die Gehilfenrechtsprechung. Unterstützt durch die Evangelische Akademikerschaft und die Gesellschaft für christlich-jüdische Zusammenarbeit, starten sie zahlreiche Appelle an gesellschaftliche und juristische Gruppen. Während der Appell an die Evangelische Kirche zum „Wort des Rates der Evangelischen Kirche in Deutschland zu den NS-Verbrecherprozessen“ vom März 1963 führt, zeigt die juristische Fachwelt wenig Neigung, sich mit den Problemen der Rechtsprechung zu NS-Verbrechen zu befassen. Zwei Anfragen an die deutschen Strafrechtslehrer (1963 und 1965) sowie ein Appell an die juristischen Fachzeitschriften, diesen Problemen mehr Raum zu widmen, verhallen weitgehend. Erfolgreicher ist man beim Deutschen Juristentag. Nach schweren internen Auseinandersetzungen gelingt es, gefördert durch den langjährigen Präsdienten des Deutschen Juristentages Ernst Friesenhahn, 1966 eine Sonderveranstaltung zum Thema „Probleme der Verfolgung und Ahndung von nationalsozialistischen Gewaltverbrechen“ durchzuführen. In einer Entschließung wird die Gehilfenrechtsprechung kritisiert. – Freilich, trotz dieses Votums ändert sich die Rechtsprechung nicht.

Als Zeitzeugnis verdient das Buch vor allem die Beachtung der Nachgeborenen. Es ist ein weiterer Mosaikstein zum Verständnis und zur Dokumentation der Unfähigkeit der deutschen Justiz, die nationalsozialistischen Verbrechen juristisch aufzuarbeiten.

Frankfurt am Main *Wolfgang Kohl*

REINHARD SCHIFFERS, Zwischen Bürgerfreiheit und Staatsschutz. Wiederherstellung und Neufassung des politischen Strafrechts in der Bundesrepublik Deutschland 1945–1951. (Beiträge zur Geschichte des Parlamentarismus und der politischen Parteien, Bd. 88.) Düsseldorf, Droste 1989. 390 S., 78,– DM.

Die Hinwendung der Zeitgeschichte zur Frühgeschichte der Bundesrepublik hat auch deren Rechtsgefüge zu einem Gegenstand historischen Interesses werden lassen. R. Schiffers, einer der besten Kenner der bundesrepublikanischen Gesetzgebungsgeschichte, untersucht in seinem neuen Buch das Ringen um die Wiederherstellung eines politischen Strafrechts, das nicht mehr mit dem Makel nationalsozialistischer Rechtsverkehrung behaftet sein sollte. Nach 1945 hoben die Alliierten alle auf die Institutionen des „Dritten Reichs“

zugeschnittenen Staatsschutzbestimmungen auf, doch mit der Staatswerdung der Bundesrepublik stellte sich das Problem einer eigenverantwortlichen strafrechtlichen Bestandssicherung der jungen Demokratie. Der Vf. beschreibt auf breiter Quellenbasis einen Kodifikationsvorgang, der, 1949 begonnen, am 30. August 1951 mit dem 1. Strafrechtsänderungsgesetz abgeschlossen wurde. Es fügte die alten Straftatbestände Hochverrat und Landesverrat wieder in das Strafgesetzbuch ein, ergänzte sie aber durch Bestimmungen über „Staatsgefährdung", in denen sich, wie der Vf. eindrucksvoll zeigt, die Umrisse des damaligen „Bedrohungsbildes" deutlich niedergeschlagen haben. Der Wert dieser Arbeit liegt im zeitgeschichtlichen Entziffern einer hochpolitischen Rechtsmaterie. Die Neufassung des politischen Strafrechts zeigt das Agieren der parteipolitischen Kräfte im Spannungsfeld zwischen Bürgerfreiheit und Staatsschutz, sie zeigt aber auch die besonderen historischen Befrachtungen der frühen Nachkriegszeit: einen Neonazismus in Lauerstellung und einen Kommunismus, der vom Boden der DDR aus die Legitimität der bundesrepublikanischen Verfassungsordnung aggressiv anfocht. Auch der Korea-Krieg trug zur Steigerung von Bedrohungsängsten bei. Dem Vf. gelingt es, die Verschränkung der verschiedenen Problemebenen auf dem Weg zur parlamentarischen Verabschiedung des 1. Strafrechtsänderungsgesetzes überzeugend herauszuarbeiten. Neben der Benutzung amtlicher Akten (Bundesjustizministerium und Bundesinnenministerium) stützt er sich auf Parteiarchivalien, Nachlässe, vor allem aber auf die Überlieferung der Legislative, wobei den Sitzungsprotokollen des Rechtsausschusses des Bundestages ein hoher Quellenwert zukommt. Das Vorverlegen der „gerichtlichen Front" in den Bereich gewaltloser Staatsgefährdung hinein war trotz seiner zeit- und situationsgebundenen Umstände heftig umstritten. Im Rückblick hatten vielleicht die Kritiker eines zu weit gefaßten politischen Strafrechts die stärkeren Argumente auf ihrer Seite: denn der Geist eines Gesetzes überlebt meist die einzelne Gesetzesnorm. Die Schärfe bestimmter Bestimmungen des 1. Strafrechtsänderungsgesetzes war, trotz späterer rechtspolitischer Revisionen, keine unproblematische Mitgift beim Ausbau eines freiheitsverbürgenden Rechtsstaats.

Essen *Dirk Blasius*

WINFRIED BECKER (Hrsg.), Die Kapitulation von 1945 und der Neubeginn in Deutschland. (Passauer Historische Forschungen, Bd. 5.) Köln/Wien, Böhlau 1987. VIII, 406 S., 78,– DM.

Wem nutzen Konferenzbände? Der vorliegende bildet ein Symposion ab, das Ende Oktober 1985 an der Universität Passau gehalten wurde. Er enthält die übliche Mischung aus quellengesättigten Forschungsbeiträgen, Überblicksdarstellungen und Bewährtem aus dem Vorratsregal und ein paar weitere Beiträge, die weniger leicht einzuordnen sind, auch etliches, das besser ungedruckt geblieben wäre.

Zur ersten Kategorie gehört der hochinteressante Beitrag des Herausgebers *Winfried Becker* über die Brücke und die Gefangenenlager von Remagen und ebenso die detailreiche Studie von *Peter Herde* über Adam Stegerwald, die über das Biographische hinaus das begrenzte demokratische und politische Potential des christlichen Gewerkschafters der Weimarer Zeit zeigt, der 1945 zu den Gründern der CSU gehörte und einer der Vordenker ihres linken Flügels war. Nicht weniger lesenswert das Pendant: *Peter Steinbachs* Beitrag über die „SPD zwischen Tradition und Neubeginn". Bei den Überblicksdarstellungen ragen die Beiträge von *Hermann Oberreuter* (Verfassungspolitische Grundlinien zwischen Kapitulation und der Gründung der Bundesrepublik), *Franz J. Bauer* (Integration der Vertriebenen) und *Gabriele Stüber* (Ernährungssituation der ersten Nachkriegsjahre) heraus, und aus der Abteilung Bewährtes (und Bekanntes) wären *Jens Hacker* (Konferenzen von Jalta und Potsdam) zu nennen ebenso wie *Andreas Hillgruber* (Grundzüge der sowjetischen Deutschland- und Ostmitteleuropa-Politik 1945–1952) oder *Reimer Hansen*, der unter starkem Rekurs auf seine früheren Arbeiten die „Kapitulation und die Regierung Dönitz" behandelt. So scharfsinnig (wie auch bei Jens Hacker) die Diskussionen um den staatsrechtlichen Untergang des Deutschen Reiches sind, so waren doch die politischen und historischen Realitäten stärker als juristische Fiktionen. Nützlich auch *Siegfried Bahnes* Literaturreferat über die KPD (Untertitel: „Vom Sozialfaschismus zur Blockpolitik"), vom Genre her eine Art Sammelrezension.

Auch andere Beiträge (alle fünfzehn auch nur zu erwähnen fehlt der Raum) fallen aus dem ohnehin sehr weitgesteckten formalen Rahmen. Ein Artikel enthält auf 12½ Druckseiten mehr Zwischenüberschriften und Leerzeilen als Text zum Thema „Kulturpolitik und Politik der Re-edukation in der britischen Zone". Und der ärgerlichste Beitrag ist der eines Beteiligten, der in einiger Breite Parteimeinung unter dem Signum des Zeitzeugenberichts vertritt: *Wolfgang Frickhöffers* Mitteilungen über „Grundzüge und Implikationen der sozialen Marktwirtschaft bis heute" enthalten kaum etwas, das nicht andere Mitstreiter Ludwig Erhards längst publiziert hätten, dafür aber peinliche Trivialitäten („Die Staatsgewalt lag damals in den Händen der Besatzungsmächte" oder: „Die Russen hatten damals Westberlin total abgeschnürt und wollten sich diese Stadt einverleiben") und Irrtümer etwa über den Morgenthau-Plan und sogar über Erhards Karriere, der 1946 noch gar nicht Wirtschaftsdirektor in Frankfurt gewesen sein konnte. Mußte man das alles beim Symposion so hinnehmen und dann unredigiert abdrukken? Hätte man dem Verfasser durch redaktionelle Bearbeitung nicht einen Gefallen getan, ihn vor den Irrtümern und den gar zu banalen Abschweifungen bewahren müssen? Das führt zur Eingangsfrage zurück. Sie wäre, wenn man sich auf das Neue und (zum Überblick) Brauchbare beschränkte, leichter und mit positiverer Tendenz zu beantworten.

München *Wolfgang Benz*

MONIKA WALDMÜLLER, Die Wandlung. Eine Monatsschrift hrsg. v. *Dolf Sternberger* unt. Mitw. v. *Karl Jaspers, Werner Kraus* u. *Alfred Weber*, 1945–1949. Ein Bericht. Mit ein. Verzeichnis d. Redaktionsarchivs, unveröffentlichten Briefen, ein. Bibliographie d. Zeitschrift u. ein. Erinnerung v. *Geno Hartlaub*. (Deutsches Literaturarchiv, Verzeichnisse, Berichte, Informationen, Bd. 13.) Marbach, Selbstverlag der Deutschen Schillergesellschaft 1988. 188 S., 25,– DM.

Monika Waldmüller, Mitarbeiterin am Deutschen Literaturarchiv in Marbach, legt mit diesem Buch die erste Monographie über die 1945 bis 1949 in Heidelberg erschienene politisch-kulturelle Zeitschrift „Die Wandlung" vor, und zwar in einem Darstellungs- und einem Dokumentationsteil. Die Darstellung gliedert sich in sechs Kapitel. Das erste behandelt die Vor- und Gründungsgeschichte der Zeitschrift, vor allem anhand von Quellen aus dem Marbacher Archiv und von weiteren Informationen von Seiten des Herausgebers Dolf Sternberger. Die wechselnden Pläne „einer Zeitschrift im besetzten Gebiet" und die Schwierigkeiten der Gründung werden deutlich. Sternberger steht im Mittelpunkt dieses Kapitels – mit

Recht, da er die Zeitschrift durch eigene Beiträge und die Auswahl der Mitarbeiter maßgeblich prägte. Das zweite Kapitel stellt die Mitherausgeber Karl Jaspers, Alfred Weber und Werner Krauss vor. Die folgenden vier Kapitel widmen sich verschiedenen Themenschwerpunkten der Zeitschrift, etwa ihrer Auseinandersetzung mit dem Nationalsozialismus, ihren Stellungnahmen „zu politischen Fragen der Nachkriegsjahre" (Kap. IV) und ihrem Engagement bei der Vermittlung der Literatur des Auslands und des Exils sowie ihrer Förderung junger Dichter. Die einzelnen Gebiete sind dabei nicht immer klar voreinander getrennt, die Zuordnung zu den Überschriften ist bisweilen problematisch. Kapitel III wird beispielsweise mit einem Zitat aus Jaspers „Geleitwort" betitelt: „Wir dürfen öffentlich miteinander reden. Sehen wir zu, was wir einander zu sagen haben". Der am Seitenrand angegebene Kurztitel lautet hingegen „Zur Schuldfrage"; und der Text behandelt so unterschiedliche Themen wie die Widerstands-Diskussion, eine Debatte über die Stuttgarter Schulderklärung und das „Wörterbuch des Unmenschen". In Kapitel IV erscheint zwischen den in der Zeitschrift veröffentlichten Diskussionen ein Stück Redaktionsgeschichte: der Bruch des ursprünglichen Herausgeberbündnisses durch das Ausscheiden von Werner Krauss. Solche Sprünge und Überschneidungen können trotz flüssiger Schreibweise den Leser leicht verwirren, auch wenn die Vielfalt und Vielgestaltigkeit der redaktionellen Aktivitäten insgesamt deutlich zum Ausdruck kommen. Einige persönliche Erinnerungen der Lektorin der „Wandlung", Geno Hartlaub, schließen den Darstellungsteil ab.

Fast ebensoviel Raum wie die Darstellung nimmt der Dokumentationsteil ein. Er besteht aus Beschreibung und Verzeichnis des Redaktionsarchivs, das in Marbach aufbewahrt wird, ferner ausgewählten Briefen von und an Dolf Sternberger, einem Gesamtregister aller Artikel der „Wandlung" („Bibliographie" genannt) und je einem darauf bezogenen Personen- und Schlagwortregister. Knappe Anmerkungen der Bearbeiterin vermitteln zusätzliche Informationen zu Personen, einzelnen Artikeln oder zur Geschichte angezeigter Bücher. Besonders aufschlußreich ist das Briefregister des Redaktionsarchivs, das die vielfältigen Kontakte der Redaktion und Sternbergers dokumentiert und damit einen wichtigen Quellenbestand für die Geschichte der Lizenzpresse erstmals erschließt. So kann das Buch zum Anstoß weiterer Forschungen werden.

Berlin *Esther-Beate Körber*

GERHARD BESIER / JÖRG THIERFELDER / RALF TYRA (Hrsg.), Kirche nach der Kapitulation. Bd. 1: Die Allianz zwischen Genf, Stuttgart und Bethel. Stuttgart/Berlin/Köln, Kohlhammer 1989. 310 S., 58,– DM.

Kirche bedeutet in diesem Band die Kirchenleitungen einiger evangelischer Territorialkirchen in Deutschland, vorab der württembergischen mit ihrem Landesbischof Theophil Wurm, der u. a. im Zusammenwirken mit dem entstehenden Weltrat der Kirchen in Genf sowie dem designierten Reichsbischof von 1933, Friedrich von Bodelschwingh in Bethel, sein bereits im Kriege begonnenes kirchliches Einigungswerk fortsetzte: mit dem Ziel einer Neukonstituierung der evangelischen Kirche in Deutschland unter seiner Führung. 104 Dokumente – und weitere 14, die in offenkundiger Eile nachträglich eingefügt wurden – beleuchten diese Entwicklung. Behandelt wird dabei ein Zeitraum von vier Monaten, nämlich von Anfang März bis Ende Juni 1945.

Dokumente, die über diesen organisationsgeschichtlichen Kontext hinausreichen, sind selten. Vor allem bleibt unklar, ob und inwiefern es sich dabei um repräsentative Stellungnahmen handelt. Der Text erscheint mehrfach verderbt (vgl. etwa S. 83, 93, 153, 187f., 204, 210, 259 u. ö.). Problematischer ist das Fehlen gründlicher Erläuterungen in den Anmerkungen: Zu bekannten Namen – wie etwa Martin Niemöller – begegnen reiche Literaturhinweise, zu weniger bekannten Gestalten oder Vorgängen findet der Leser dagegen in der Regel keine Erklärung.

Vorangestellt ist den Dokumenten eine instruktive Einleitung zur Situation und Entwicklung der evangelischen Kirche in Deutschland nach der Kapitulation, verfaßt von Jörg Thierfelder (8–50). Beeindruckend und sachlich weiterführend hieran ist – entsprechend der Zielsetzung des gesamten Bandes – die Herausarbeitung der württembergischen Perspektive. Andere Zusammenhänge treten dahinter mehr oder weniger zurück. Nicht ganz auf der Höhe der Forschung steht leider, insbesondere was die französische und sowjetische Politik anbelangt, der Abschnitt über die „Kirchenpolitik der Besatzungsmächte" (S. 10–17).

Gießen *Martin Greschat*

CLEMENS VOLLNHALS (Bearb.), Die evangelische Kirche nach dem Zusammenbruch. Berichte ausländischer Beobachter aus dem Jahre 1945. (Arbeiten zur Kirchlichen Zeitgeschichte, Rh. A: Quellen, Bd. 3.) Göttingen, Vandenhoeck & Ruprecht 1988. XLV, 392 S., 84,– DM.

Der Band enthält 72 vorzüglich edierte und vor allem kommentierte Dokumente von Amerikanern, Briten, Schweizern, zwei Franzosen sowie einem Niederländer, die im Auftrag einer Besatzungsbehörde oder Kirche Deutschland bereisten – in der Regel allerdings nur die westlichen Zonen und Berlin –, um einzelne oder Gruppen evangelischer Kirchenführer zu interviewen. Der Informationsgehalt dieser Berichte ist naturgemäß unterschiedlich; je besser der Fragende Bescheid wußte, desto mehr erfuhr er auch. Herausragend sind in diesem Sinn vor allem die Berichte von Stewart Herman, der von 1936 bis 1941 als amerikanischer Gesandtschaftspfarrer in Berlin tätig gewesen war. Seine Artikel bilden quantitativ und qualitativ das Kernstück dieses Bandes.

Inhaltlich bieten die Berichte zahlreiche Informationen, auch sozialgeschichtlicher Art. Bemerkenswert ist die entschieden national-konservative Prägung dieser Kirchenmänner sowie ihr Vertrauen in die Rechristianisierung der Gesellschaft. Auch fällt auf, wie früh die westlichen Alliierten, aber auch Vertreter der Ökumene, auf den württembergischen Landesbischof Theophil Wurm als den Repräsentanten der neuen evangelischen Kirche in Deutschland bauten und – bei mancher Hochachtung im einzelnen – doch davor warnten, Martin Niemöller mit diesem Amt zu betrauen.

Eine ausführliche Chronologie und reichhaltige Register helfen, das instruktive Material zu erschließen (S. 320–392). Vorangestellt ist den Texten eine ausgezeichnete knappe Darstellung der alliierten Kirchenpolitik sowie der ökumenischen Kontakte der deutschen evangelischen Kirchen (S. XIII–XLIII). Somit bietet dieses Buch insgesamt einen vorzüglichen Überblick über die Zielsetzungen, Realitäten und die Mentalität des deutschen Protestantismus unmittelbar nach dem Zweiten Weltkrieg.

Gießen *Martin Greschat*

CLEMENS VOLLNHALS, Evangelische Kirche und Entnazifizierung 1945–1949. Die Last der nationalsozialistischen Vergangenheit. (Studien zur Zeitgeschichte, Bd. 36.) München, Oldenbourg 1989. 308 S., 60,– DM.

Diese Münchner Dissertation darf uneingeschränkt zu den besten Analysen der politischen Mentalität des deutschen Protestantismus in den Jahren von der Weimarer Republik zur Bundesrepublik gezählt werden. Vollnhals beschränkt sich nicht auf die Entnazifizierung im engeren Sinne; er macht vielmehr den inneren Zusammenhang der Besatzungsziele „Demokratisierung" und „Entnazifizierung" zur Grundlage seiner Fragestellung, und er untersucht dementsprechend den Zusammenhang zwischen Demokratieferne des kirchlichen Protestantismus einerseits und Offenheit gegenüber dem Nationalsozialismus bzw. Abwehr und Obstruktion der Entnazifizierung andererseits. Einleitend gibt er einige Beispiele für das tief verwurzelte antidemokratische Denken evangelischer Kirchenführer kurz nach dem Krieg. Martin Niemöller und Otto Dibelius standen sich darin in nichts nach. Ein amerikanischer Besatzungsoffizier notierte im Sommer 1945 die Äußerung von Dibelius: „Democracy will not take root in Germany because it is a foreign ideology" (S. 19). Verklärte Rückerinnerungen an die Welt des preußisch-protestantisch geprägten Wilhelminischen Kaiserreichs flossen zusammen mit Vorbehalten gegen eine pluralistisch verfaßte Gesellschaft, so daß in den ersten Gesprächen evangelischer Kirchenführer mit Vertretern der Besatzungsmacht der Begriff Demokratie nicht oder nur negativ verwandt wurde. Der Gedanke an einen Beitrag zur demokratischen Neuordnung Deutschlands nach dem Ende der Diktatur lag jenseits des Horizonts dieser Menschen.

Das ist der Rahmen, in den die gut gegliederte historisch-empirische Analyse hingestellt wird. In fünf Kapiteln behandelt Vollnhals zunächst knapp die Neuordnung der evangelischen Kirche 1945, sodann die Entnazifizierungspolitik in der amerikanischen Besatzungszone im zähen Wechselspiel zwischen Militärregierung und evanglischer Kirche, weiterhin die Haltung der Landeskirche in Bayern während des Entnazifizierungsprozesses, anschließend die Landeskirchen in den übrigen Gebieten der amerikanischen Zone – Württemberg, Hessen, Bremen –, und untermauert und veranschaulicht zugleich den bis dahin gewonnenen Befund an Einzelfällen von Pfarrern vor der Spruchkammer.

Innerhalb eines Jahres nach Kriegsende war der anfangs hohe moralische Kredit der Kirche weitgehend verlorengegangen infolge einer Haltung, die die Entnazifizierung im Sinne umfassender politischer Säuberung konsequent behinderte und allenfalls die strafrechtliche Verfolgung von konkreten NS-Verbrechen akzeptieren wollte. Präzis analysierend und umsichtig argumentierend erklärt Vollnhals diese Haltung des kirchlichen Protestantismus aus der Eigenart des sozialkulturellen Milieus der evangelischen Kirche, das im wesentlichen auf mittelständische und ländlich-bäuerliche Schichten (und den Adel) begrenzt war. Im Mittelstand lag der stärkste Wurzelstrang der NS-Gefolgschaft, und dem Mittelstand entstammte auch etwa ein Drittel der evangelischen Pfarrer. Die soziale Identifikation der Pfarrerschaft mit den von der Entnazifizierung Bedrohten war allein aus diesem Grund auf der evangelischen Seite deutlich größer als auf der katholischen. Hinzu kam der – auch im Katholizismus argwöhnisch beobachtete – Sachverhalt, daß umfassende Säuberungen gerade diejenigen politischen Kräfte an die Schaltstellen des öffentlichen Lebens bringen würden, in denen man traditionell den Gegner der eigenen konservativen Ordnungs- und Wertvorstellungen erblickte – die Protagonisten der Säkularisierung: Liberale und vor allem Sozialdemokraten. Impulse auf der evangelischen Seite zu interkonfessioneller Zusammenarbeit entstanden in diesem Umfeld, und insofern verstärkte der Protestantismus die anfänglich eher schwachen katholisch-konservativen Kräfte in der frühen CDU. Die innere Distanz und Fremdheit gegenüber einer pluralistischen und demokratisch verfaßten Gesellschaft brachte den kirchlichen Protestantismus dazu, in der Nachkriegsgesellschaft konservative und vordemokratische Bestrebungen zu fördern anstatt emanzipatorische Neuansätze voranzubringen. Bewußtseinslagen lassen sich eben nicht von heute auf morgen verändern, und wie in anderen gesellschaftlichen Bereichen zeigt auch das evangelische Beispiel, „daß die politische Zäsur des Jahres 1945 wesentlich elementarer war als die mentalen, sozialen und gesellschaftlichen Einschnitte der unmittelbaren Nachkriegsjahre" (S. 288).

Die überzeugenden Ergebnisse dieser Arbeit werden durch die Verknüpfung der Methoden von empirischer Sozialgeschichte und einer prononciert politisch begriffenen Mentalitätsgeschichte erreicht. Dadurch gelingt es, den Zusammenhang von Konfession und Gesellschaft exemplarisch zu verdeutlichen und das Arbeitsfeld einer wissenschaftlich verstandenen kirchlichen Zeitgeschichtsforschung auszuleuchten. Ein Beispiel, das Schule machen wird.

Würzburg *Anselm Doering-Manteuffel*

DOROTHEE BUCHHAAS-BIRKHOLZ (Bearb.), „Zum politischen Weg unseres Volkes“. Politische Leitbilder und Vorstellungen im deutschen Protestantismus 1945–1952. Eine Dokumentation. Düsseldorf, Droste 1989. 180 S., 60,– DM.

Anhand von 20 Texten aus dem genannten Zeitraum sollen „zentrale Elemente in den politischen Leitvorstellungen führender kirchlicher Vertreter zu Staat und Demokratie im weiteren Sinne“ beleuchtet werden (S. 11). Die Einleitung (S. 9–33) rückt das Thema in einen größeren Zusammenhang, versucht die unterschiedlichen Positionen kurz zu charakterisieren und urteilt schließlich zu Recht, daß beide Gruppen – repräsentiert durch die Gestalten Otto Dibelius und Martin Niemöller – auf ihre Weise wesentlich dazu beigetragen haben, den Protestantismus nach 1945 an die Demokratie heranzuführen. Aus den vorgelegten Quellen läßt sich diese Entwicklung allerdings kaum ablesen. Vollends die Vorgänge in den fünfziger Jahren – womit sich lediglich vier Stücke befassen! – bleiben undurchsichtig. Hier werden vor allem innerkirchliche Auseinandersetzungen vorgeführt, die für den weniger informierten Leser mangels sachlicher Erläuterungen unverständlich bleiben müssen. Was der Hinweis auf Diems Schrift „Restauration oder Neuanfang in der Evangelischen Kirche“ aus dem Jahre 1946 auf dem Klappentext bedeuten soll, bleibt unklar; mit einer politischen Option hatte diese Veröffentlichung jedenfalls kaum etwas zu tun. Am problematischsten aber erscheint die einseitige Heraushebung Niemöllers. Was die hier behandelte Frage anbelangt, waren Karl Barth und insbesondere Gustav Heinemann fraglos sehr viel wichtiger und auch wirksamer.

Gießen *Martin Greschat*

ROBERT STUPPERICH, Otto Dibelius. Ein evangelischer Bischof im Umbruch der Zeiten. Göttingen, Vandenhoeck & Ruprecht 1989. 706 S., 78,– DM.

Der einst bei Zeitgenossen in allen Bereichen des öffentlichen Lebens, selbst der Politik und der Wirtschaft, bekannte und geschätzte evangelische Bischof Otto Dibelius ist der jüngeren Generation in den 23 Jahren seit seinem Tode überraschend schnell fremd geworden. Sein Wirken ist bereits Geschichte. Robert Stupperich hat mit der Hilfe seines Sohnes Martin und seiner Schwiegertochter den Versuch unternommen, die Persönlichkeit der Vergessenheit und Fremdheit zu entreißen. Mit der Veröffentlichung dieser detaillierten und an Originalzitaten reichen Biographie dürfte es schwer sein, in Dibelius nur den Repräsentanten eines für den Erfolg des Nationalsozialismus mitverantwortlichen protestantischen Konservativismus und Nationalismus zu sehen. Im Vergleich zur vorgelegten Gesamtdarstellung werden sich solche Versuche bald als historisch unbefriedigend erweisen.

Das im Untertitel gegebene Versprechen, einen „evangelischen Bischof im Umbruch der Zeiten" zu beschreiben, hat der Verfasser in einem Dreischritt eingelöst.

Der erste Teil ist Dibelius' Werdegang von 1880 bis 1933 gewidmet. Wir begegnen einem außerordentlich begabten, aber durchaus nicht angepaßten jungen Menschen. In der Schule, beim Studium, in der Studentenverbindung und im Pfarramt findet der Leser immer wieder außergewöhnliche Aktivitäten beschrieben, die Dibelius sehr bald zum Wortführer der jeweiligen Gemeinschaft werden ließen. Die kirchliche Karriere bis zum Generalsuperintendenten erscheint dann bei Stupperich einfach als Konsequenz einer Prädestination für das Leitungsamt in der Kirche (S. 611). Akzente der Darstellung hat der Vf. dort gesetzt, wo Dibelius nicht einfach „Kind seiner Zeit" war; so gelten besondere Kapitel seinem Einsatz für die ökumenische Zusammenarbeit der Kirchen (S. 162–174) und dem literarischen Eintreten für den Völkerbunds- und Friedensgedanken (S. 174–182). Der zweite Teil befaßt sich mit der Zeit des Nationalsozialismus. Die Amtsenthebung, die Mitarbeit in der Bekennenden Kirche und die ständige Bedrohung durch die Verhaftung sprechen hier eine deutliche Sprache.

Der dritte und umfangreichste Teil schließlich ist dem Wirken nach 1945 gewidmet. Herausgehoben wird hierin Dibelius' Fähigkeit, als EKD-Ratsvorsitzender (1949–1961) in den harten Streitfragen zwischen den konfessionellen Gruppen zu vermitteln und die Einheit der evangelischen Kirchen zu bewahren (S. 442–503). Besonders hinzuweisen ist schließlich auf die im gegenwärtigen Vereinigungsprozeß aktuellen Kapitel über die Auseinandersetzungen des Berliner Bischofs mit der DDR-Staatsführung, der er in einem aufsehenerregenden Brief 1959 das Recht bestritt, von Christen als Obrigkeit im Sinne von Röm. 13 respektiert zu werden (S. 417–441 u. 539–567).

Der Umfang der Biographie sollte den Leser nicht abschrekken. Wem die evangelische Kirche als Institution am Herzen liegt, wird entschädigt durch Worte und Taten eines Bischofs, dessen Element die sichtbare Kirche war. Ist das heute schon nicht mehr vorstellbar?

Berlin *Dieter Altmannsperger*

CHRISTOPH OEHLER, Hochschulentwicklung in der Bundesrepublik Deutschland seit 1945. Frankfurt am Main/New York, Campus 1989. 273 S., 58,– DM.

Diese Studie reiht sich in eine ganze Reihe älterer, vergleichbarer Untersuchungen ein: Auf jeweils neuestem Stand sollen grundsätzliche und allgemeine Punkte der Hochschulentwicklung in der Bundesrepublik zusammengefaßt und auf den Begriff gebracht werden. Im vorliegenden Fall wählt der Vf. dabei eine Verbindung von historischen und systematischen Perspektiven. Die Wiederaufbauphase bis in die frühen 50er Jahre, die darauffolgende Expansionsphase, die zunehmenden Bemühungen um Universitätsreformen wie schließlich die „Phase der Konsolidierung (bis 1980)" bilden die Hauptschwerpunkte. Voraussetzungen des Studiums, soziale Stellung wie Vorbildung der Studierenden, der Hochschullehrer, Aspekte der Studienreform, das Problem unterschiedlicher Hochschulen, Bildungsbegriff, Hochschulplanung u. v. m. werden kenntnisreich und solide analysiert. Indem das auf vergleichsweise knappem Raum geschieht, bietet diese Studie gegenüber vielen anderen den Vorteil, rasch und zugleich präzise zu informieren.

Natürlich können in einem solchen Gesamtüberblick niemals einzelne Entwicklungen oder auch detailliertere, letztlich aber keineswegs unwesentliche Entscheidungen und Entwicklungen Eingang finden. Insoweit überwiegt die systematische Perspektive entschieden die historische. Die Arbeit gerinnt eher zu einem allgemeinen Bericht der Situation, geeignet zur Vorlage in einem Ministerium, denn zum Versuch einer – wie zeitbedingt auch immer – historischen Einordnung der Vorgänge. Da es schließlich noch kaum zureichende Untersuchungen zur Geschichte einzelner Universitäten in diesen Jahren gibt, konnte auch Oehler in seiner Zusammenfassung nicht mehr bieten, als er das in dieser ansprechenden Form tat.

Frankfurt am Main *Notker Hammerstein*

CHARLES P. KINDLEBERGER, The German Economy, 1945–1947: Charles P. Kindleberger's Letters from the Field. Westport/London, Meckler 1989, LVI, 230 S., £ 42,50.

Der am Massachusetts Institute of Technology lehrende Ökonom und Wirtschaftshistoriker Charles Kindleberger, hervorgetreten durch zahlreiche Publikationen zur modernen internationalen Wirtschaftsgeschichte, insbesondere auch der Nachkriegszeit, war 1946 und 1947 Leiter der „Division of German and Austrian Economic Affairs" im amerikanischen State Department. Als solcher war er ein wichtiger Teilnehmer an der Ausarbeitung wirtschaftlicher Konzepte für das besiegte Deutschland derjenigen US-Behörde, die die Richtlinienkompetenz für die amerikanische Militärregierung innehatte. Der vorliegende, sehr repräsentativ aufgemachte Band nun vereint in Faksimile-Druck Briefe, die Kindleberger bei einem Besuch Deutschlands und Österreichs im August 1946 geschrieben hat, mit solchen, die er als Mitglied der amerikanischen Delegation bei der Moskauer Außenministerkonferenz im Frühjahr 1947 nach Washington sandte. Die meisten von ihnen waren adressiert an die Mitarbeiter seiner Abteilung. Eingesprengselt sind Abschnitte aus Briefen an seine Frau, und angehängt wurden vier längere Berichte, in denen Kindleberger ebenfalls seiner Frau Erlebnisse und Eindrücke, die er als amerikanischer Offizier bei der Besetzung Deutschlands im Frühjahr 1945 sammelte, mitteilte.

In den in offizieller Funktion geschriebenen Briefen kommen zahlreiche praktische Probleme der Besatzungspolitik und die daraus sowie aus unterschiedlich gelagerten Interessen entspringenden Konflikte zwischen den an der Besatzung unmittelbar beteiligten Staaten und anderen Ländern, unter den vier alliierten Hauptmächten sowie innerhalb der amerikanischen Administration zur Sprache. So heißt es einmal: „Clay is running a German show; the State Department tries to tell him from time to time to pay attention to the consequences in third countries."

Das betraf z. B. einen Komplex, den man mit „Dollarpolitik" überschreiben könnte. Die amerikanische Militärregierung, unter permanenter Knappheit an Dollars für die Finanzierung von Importen nach Deutschland leidend, verfolgte eine aggressive Politik des Dollarverdienens und -sparens. Deshalb stellte sie sich gegen den Abschluß von echten Clearingabkommen mit den Nachbarländern und bestand vielmehr auf Bezahlung deutscher Ausfuhren in Dollars, die sie dann für in ihren Augen wirklich wesentliche Einfuhren verwenden konnte. Das führte zu vielfältigen Spannungen, etwa mit Belgien und den Niederlanden, da die Militärregierung bei der Abwicklung des deutschen Außenhandels Rotterdam und Antwerpen möglichst zu meiden trachtete, sah sie doch ausländische Hafen- und Transitdienstleistungen als unnötige Dollarausgabe an. Aber auch die Amerikaner in der österreichischen Militärregierung kritisierten die „Dollarpolitik" von OMGUS heftig, weil sie ihnen, was in den vorliegenden Briefen ebenfalls anklingt, enorme Schwierigkeiten bereitete, die lebensnotwendigen Kohleeinfuhren mit österreichischen Produkten, die zum größten Teil als nichtessentiell angesehen wurden, zu bezahlen. Eine wesentliche Ursache, das kommt immer wieder zum Ausdruck, für das hartnäckige Festhalten der amerikanischen Militärregierung in Deutschland an ihrer „Dollarpolitik" war die Angst, angesichts der als sehr knapp empfundenen Zuteilungen von US-Haushaltsmitteln für Importe nach Deutschland, irgendwann in die Situation zu geraten, überlebensnotwendige Nahrungsmitteleinfuhren nicht mehr finanzieren zu können.

Aber auch eine der Wurzeln der deutschen Teilung lag hier. Denn die amerikanische Militärregierung war besonders strikt gegen Reparationen aus laufender Produktion, die die ohnehin beschränkten Möglichkeiten des deutschen Exports zusätzlich beschnitten hätten. Dabei konnte man jedoch, wie auch die Briefe Kindlebergers zeigen, deutlich erkennen, daß das für die Sowjets die wichtigste Bedingung für ihre Zustimmung zur ökonomischen Einheit Deutschlands darstellte. Überhaupt nehmen das Problem der Reparationen, die Frage zonenübergreifender Politik, auch in Gestalt etwaiger Unvereinbarkeiten von auf die Bizone bezogenen Entscheidungen mit der Viermächtekontrolle über Deutschland insgesamt, aber ebenfalls das Problem von neuen Auslandsinvestitionen oder, in Österreich, die Verstaatlichungspolitk breiten Raum ein. Alles in allem handelt es sich bei diesen Briefen eines Beamten der mittleren Ebene also um eine Quelle, die einerseits die großen politischen und administrativen Entscheidungen in den das Arbeitsgebiet des Autors berührenden Fragen widerspiegelt und andererseits

seits unser Wissen über diese Entscheidungen durch verschiedene Details anreichert. Keinesfalls vergleichbar ist sie jedoch mit der grundlegenden Aktenedition zur amerikanischen auswärtigen Politik oder den von Jean Edward Smith herausgegebenen Papieren von Lucius D. Clay. Und zwar gilt das nicht nur für den substantiellen Gehalt dieser Briefe, der notwendigerweise vergleichsweise beschränkt ist. Vielmehr dürfte es für den unspezialisierten Leser auch viel schwerer sein, irgendwelche systematischen Zusammenhänge zu erkennen, da die Briefe, auf der Basis eines sehr weitgehenden gemeinsamen Informationsstandes geschrieben, sich vielfach in Andeutungen erschöpfen oder Einzelfragen thematisieren, das zum Verständnis unabdingbare Hintergrundwissen aber voraussetzen. Insofern ist der Verzicht auf jede Art von Kommentierung angesichts der Fülle des dem heutigen Leser Erklärungsbedürftigen zwar nicht unverständlich, aber gerade deshalb doch auch sehr bedauerlich. Die knappe historische Einleitung von *Günter Bischof*, zweifellos ein Kenner der Materie, stellt notwendigerweise nur einen unzureichenden Ersatz dar. Zudem hätte allenfalls eine eingehende Kommentierung tatsächlich das Bild der deutschen Wirtschaft in den Jahren 1945 bis 1947 liefern können, das der Titel verspricht; ohne sie aber vermitteln die Briefe nur Bruchstücke.

München *Christoph Buchheim*

Berichte der Landes- und Provinzialverwaltungen zur antifaschistisch-demokratischen Umwälzung 1945/46. Quellenedition. (Publikationen der Staatlichen Archivverwaltung der DDR.) Berlin, Akademie 1989. 484 S., Abb., Karte, 60,– DM.

Quellenpublikationen zur Vorgeschichte und Geschichte der DDR, wie sie seit den 70er Jahren in beträchtlicher Anzahl von den Historikern der DDR herausgegeben worden sind, zeichneten sich nicht gerade durch die besondere Originalität der dort veröffentlichten Dokumente aus. Sie enthielten vielmehr weitgehend bereits zugängliches Material und litten zudem unter der Parteilichkeit der Dokumentenauswahl. Der vorliegende Band bricht mit dieser unrühmlichen Tradition. Als ungenügend ist nur die von dem Ostberliner Historiker *Rolf Badstübner* zu verantwortende Einleitung zu bezeichnen, die in der Annotation fein säuberlich auf DDR-Publikationen beschränkt bleibt und im übrigen jeder weiteren Beschreibung spottet. Hingegen ist *Wolfgang Merker* und der von ihm geleiteten Arbeitsgruppe von Mitarbeitern aus verschiedenen Archiven der DDR für den Editionsteil eine außerordentlich verdienstvolle und zudem vorzügliche Leistung zu bescheinigen. Mustergültig ediert und sachbezogen annotiert, zudem durch einen „Sachweiser für die Dokumente" und ein Personenregister vorzüglich erschlossen, werden 74 aussagekräftige, in erster Linie „nach dem Provenienzprinzip, nach ihren Entstehungs- und Herkunftszusammenhängen" ausgewählte Dokumente abgedruckt, die aus der Berichterstattung und Rechenschaftslegung der Landes- und Provinzialverwaltungen der SBZ und des Magistrats der Stadt Berlin an die Sowjetische Militäradministration in Deutschland (SMAD) in den Jahren 1945/46 hervorgegangen sind. Sie erfassen nahezu alle Bereiche regionaler Rechtsetzung und Verwaltung, die seinerzeit den Länderverwaltungen von der sowjetischen Besatzungsmacht übertragen worden waren: Inneres, Personal, Polizei, Kommunalaufsicht, Bodenreform, Sequestrierung und Beschlagnahme des Vermögens „der Kriegs- und Naziverbrecher", die Anfänge der sog. volkseigenen Wirtschaft, die ersten Schritte der Wirtschaftsplanung, Industrie, Land- und Forstwirtschaft, Bau- und Wohnungswesen, Verkehr, Handel und Versorgung, Arbeit- und Sozialfürsorge, Gesundheitswesen, Flüchtlingsbetreuung, Finanzen und Banken, Justiz, Volksbildung und Kultur. Es handelt sich im wesentlichen u. a. um Informationen über den Erfüllungsstand einzelner Rechtsvorschriften des Alliierten Kontrollrates und der SMAD, Korrespondenzen mit den sowjetischen Kontrollorganen und den Deutschen Zentralverwaltungen der SBZ sowie Hinweise zum Arbeitsstand für die Führungsorgane der Parteien, insbesondere der KPD, SPD und SED. Dabei konnte natürlich keine vollständige Dokumentation des politischen Neubeginns in der SBZ sowie der Tätigkeit der dortigen Länder- und Provinzialverwaltungen und des Berliner Magistrats erreicht werden, jedoch bietet der – vor allem „aus der staatlichen Leitungstätigkeit" hervorgegangene Quellenüberlieferungen ins Blickfeld rückende – Band Informationen genug, um den Wissensstand über die sog. antifaschistisch-demokratische Umwälzung in der SBZ unmittelbar nach dem Ende des Zweiten Weltkrieges auf eine erheblich verbreiterte Grundlage zu stellen.

Bonn *Alexander Fischer*

GÜNTER JUDICK/JOSEF SCHLEIFSTEIN/KURT STEINHAUS (Hrsg.), KPD 1945–1968. Dokumente. Bd. 1: 1945–1952. Bd. 2: 1953–1968. Neuss, Edition Marxistische Blätter. 415 u. 485 S., 48,- DM.

Die Hrsg. dieser Quellensammlung vermissen eine Gesamtdarstellung der Nachkriegsgeschichte der KPD „aus der Feder kommunistischer Autoren“ und empfinden das angesichts „einer intensiven Geschichtsdiskussion“ in ihren – inzwischen stark gelichteten – Reihen als einen schwerwiegenden Mangel, dem es abzuhelfen gelte. Demzufolge ist es ihr Anliegen, die Diskussion mit Hilfe dieser Sammlung der aus ihrer Sicht wichtigsten Dokumente zur Geschichte der KPD aus den Jahren 1945 bis 1968 auf eine solidere Grundlage zu stellen. Ausgewählt wurden Materialien, die über den Wiederbeginn der legalen Tätigkeit der Partei nach dem Ende des „Dritten Reiches“ informieren, außerdem grundlegende programmatische Dokumente, das Parteistatut in den Fassungen von 1951 und 1963, die Programme und Erklärungen der Partei zu den Bundestagswahlen von 1949 bis 1965 sowie Reden, Erklärungen, Entschließungen etc. zu besonders wichtigen innerparteilichen oder allgemein-politischen Ereignissen. Dabei handelt es sich durchweg um bereits anderweitig veröffentlichtes Material, das von den Hrsg.n sparsam, aber ideologisch eindeutig annotiert wird. Anhand der umfangreichen, offenbar im Juli 1989 abgeschlossenen Einleitung („Zu einigen Fragen der Nachkriegsgeschichte der KPD“) wird unfreiwillig deutlich, wie sich die KPD durch ihr starres Festhalten an den weltanschaulichen Prämissen des Marxismus-Leninismus und durch ihre enge Bindung an die stalinistisch geprägten Bruderparteien KPdSU und SED ins politische Abseits manövrierte. Wenn die Existenz der DDR als „der entscheidende Aktivposten in der Bilanz des Kampfes der deutschen Arbeiterbewegung nach der Befreiung vom Faschismus“ angesehen wird, dann erscheint es nach der deutschen „Oktoberrevolution“ des vergangenen Herbstes allerdings fraglich, ob der Blick in die Vergangenheit den deutschen Kommunisten bei der notwendigen Überprüfung ihres Selbstverständnisses und ihres Geschichtsbewußtseins Orientierungshilfe zu geben vermag.

Bonn *Alexander Fischer*

KARIN WALTER, Neubeginn – Nationalsozialismus – Widerstand. Die politisch-theoretische Diskussion der Neuordnung in CDU und SPD 1945–1948. (Abhandlungen zur Philosophie, Psychologie und Pädagogik, Bd. 211.) Bonn, Bouvier 1987. 389 S., 98,– DM.

Publikationen, die sich mit der Reorganisation des demokratischen Parteiensystems nach 1945 befassen, gibt es reichlich. Dennoch betritt Karin Walter mit ihrer Studie über die „Diskussion der Neuordnung in CDU und SPD 1945–1948" Neuland. Nicht die organisationsgeschichtlichen Ereignisse, die unter verschiedenen Blickwinkeln bereits mehr oder weniger erschöpfend untersucht sind, sondern die geschichts-, staats- und sozialphilosophischen sowie die anthropologischen und ethischen Vorstellungen, auf denen die politischen Konzeptionen der beiden größten bundesrepublikanischen Parteien, CDU und SPD, beruhen, stehen im Mittelpunkt des Interesses. Es werden damit die beiden für die Geschichte der Bundesrepublik Deutschland entscheidenden politischen Lager, das christlich-demokratische und das des demokratischen Sozialismus, dahin gehend untersucht, welche philosophischen Fundamentalvorstellungen, konstituiert durch eine jeweils unterschiedliche Tradition und die Auseinandersetzung mit der NS-Zeit, den beiden Großparteien zuzuordnen sind und welche Rolle diese Grundüberlegungen bei dem Versuch, die Nachkriegswirklichkeit zu begreifen und mit Blick auf die Zukunft zu gestalten, spielen. Die Autorin blendet dabei die Konzeptionen für eine neue politische Ordnung Deutschlands, die schon während des II. Weltkrieges von verschiedenen Widerstands- und Exilgruppen diskutiert wurden, weitgehend aus und konzentriert sich auf die Debatte der Jahre 1945 bis 1948, weil in dieser Zeit, vor der Einberufung des Parlamentarischen Rates, „die grundsätzliche theoretische Diskussion am intensivsten und noch zukunftsoffener geführt wurde" (S. 9).

Am Anfang der beiden Hauptkapitel (zur CDU S. 15–118; zur SPD S. 127–221) steht jeweils die Frage, welche Deutung der Genesis des Nationalsozialismus im besonderen und Interpretation des Geschichtsverlaufes im allgemeinen bei der frühen CDU bzw. der SPD vorherrschend war. Mit Blick auf die CDU konstatiert die Autorin in diesem Zusammenhang ein politisches, kulturelles und geistig-moralisches „Niedergangsparadigma", einsetzend mit der Dekomposition der katholischen Universitas durch die Reformation und verstärkt durch die Aufklärung und dem Nationalsozialismus als „eine Art Kulminationspunkt" (S. 20).

Gleichsam in Antithese zum geschichtsphilosophisch skeptizistischen

Niedergangsparadigma auf Seiten der CDU orientierte sich die SPD am „Postulat der Unüberbietbarkeit des Fortschritts“, wobei in der „Dialetik zwischen Fortschrittstheorie und Erfahrung mit dem Nationalsozialismus“ dieser in ökonomischer Deutung als „Phänomen des Kapitalismus“ interpretiert und begriffen wird (S. 127–131).

Die zweite zentrale Frage gilt den anthropologischen Axiomen, die den politischen und gesellschaftlichen Ordnungsvorstellungen der beiden Parteien zugrundeliegen. Bei der CDU sind dabei folgende Kategorien von essentieller Relevanz: Die Definition des menschlichen Individiuums als „selbst verantwortliche Person“ in anthropologischer Konsequenz aus der Erfahrung der „Gewissensschrumpfung“ während der NS-Zeit – so der Düsseldorfer CDU-Führer Kaufhold (S. 59–61) –, die „Gottebenbildlichkeit des Menschen“, wobei diese „ontologische Gebundenheit des Menschen“ als normative Grundlage des politischen Handelns zu sehen ist (S. 61–64), „der Grundsatz von der ewigen menschlichen Sündhaftigkeit und Unvollkommenheit“ – so ein Grundsatzpapier der CDU der britischen Zone (S. 64–66), die Zuordnung des Individuums zur menschlichen Gemeinschaft durch das Gebot der Nächstenliebe (S. 66–70) sowie – als theologische Prämisse – der Glaube an die Wiederauferstehung des Menschen (S. 70–73). Was das anthropologische Theoriegebäude der SPD anbelangt, so spricht die Autorin hier von einer „eigentümliche(n) Verbindung von Marx'schen Gedanken, von Ideen der bürgerlichen Aufklärung und von im weiteren Sinne sozialpsychologischen Annahmen“ (S. 160). Im Mittelpunkt der anthropologischen Reflexionen steht bei der Sozialdemokratie das Verhältnis von Persönlichkeit und Masse, von Individuum und Gesellschaft. Während im Denken der Christdemokraten „Individdum“ und „Masse“ – so Karin Walter – „polar sich gegenüberstehende Depravationsformen menschlicher Existenz in einem Niedergangsprozeß“ sind, steht bei der SPD der Massenbegriff „in einem durchaus nicht polar oder gar pejorativ verstandenen Gegenüber zum Begriff der ‚Persönlichkeit‘“ (S. 160). Neben der dualistischen Kategorie der „negativen und positiven Bedingtheiten und Möglichkeiten des Menschen“ (S. 171–179) spielen in der sozialdemokratischen Anthropologie die Begriffe der Bedürftigkeit und Selbstmächtigkeit des Menschen eine zentrale Rolle (S. 183--187).

Wie haben sich nun die unterschiedlichen geschichtsphilosophischen und anthropologischen Grundannahmen in den von CDU und SPD vertretenen Staats- und Gesellschaftskonzeptionen niedergeschlagen? Die CDU sieht als quasi vorpolitische und vorstaatliche Voraussetzungen einer am christlichen Menschenbild orientierten Staats- und Gesellschaftsordnung die Familie, „die Urzelle jedes natürlichen und Gemeinschaftslebens (S. 76), sowie das Volk als „Symbol der politischen Einheit“ (S. 81). Und was das Konzept eines neuen staatlichen und sozialen Systems selbst anbelangt, so betonen die Christdemokraten die organische Struktur des Staates – als Gegenkonzept sowohl zum Kollektivismus und zur „Vermassung“ als auch zum schrankenlosen Individualismus eines Manchesterliberalismus (S. 92–102). Dem gegenüber steht die sozialdemokratische Konzeption der „Konstruktion eines Staates der ‚Arbeitenden‘“ (S. 188–221). Entscheidend ist hier, daß, im Unterschied zur CDU, der Staat „weder hierarchisch konzipiert noch naturrechtlich begründet" wird und auch die „vorstaatlichen Kategorien von Familie und Volk als Grundelemente des Staates" keine Rolle spielen (S. 188). Relevant ist indes die Selbstinterpretation der SPD als gesellschaftlich-politische Kraft: Sie versteht sich explizit als Trägerin des humanen und sozialen Fortschritts, woraus sie „einen Anspruch auf eine Führungsposition innerhalb der (politischen) Geschichte" ableitet und sich als „die notwendige Kraft zum Neuaufbau einer neuen Ordnung" begreift (S. 188). Mit Blick auf diese Ordnung stehen die Begriffe „Demokratie" und „Sozialismus" in einem sich gegenseitig bedingenden Verhältnis: „Sozialismus ist (...) für die SPD die spezifische Form der Demokratie. Demokratie wird hier als Oberbegriff benutzt, während im Sozialismus das Spezifikum benannt ist" (S. 199).

Folgendes Fazit ist zu ziehen: Die Untersuchung von Karin Walter gewährt fundierte Einblicke in die geistes- und philosophiegeschichtlichen Hintergründe der unterschiedlichen Programmatik von CDU und SPD, Einblicke, die es dem Leser ermöglichen, die zumindest in der unmittelbaren Nachkriegszeit sehr tiefgehenden Divergenzen zwischen dem christlich-demokratischen und dem sozialdemokratischen Staats- und Gesellschaftsmodell jenseits von unmittelbaren Politikstrategien einem breiten Spektrum unterschiedlicher geistiger Traidtionen zuzuordnen.

Stuttgart *Rudolf Kroboth*

WOLFGANG LIEDTKE, Die politischen Parteien in Düsseldorf nach 1945. Gründung, innerparteiliche Struktur und Kommunalpolitik der Ratsparteien bis zum Ende der fünfziger Jahre. Ein Beitrag zur Düsseldorfer Nachkriegsgeschichte. Essen, Die blaue Eule 1988. 524 S., 67,– DM.

Die Neuanfänge der politischen Parteien in der Besatzungszeit sind bisher mehr auf regionaler und Länder- als auf lokaler Basis beschrieben worden. Sie unterscheiden sich zumeist nur wenig voneinander – auch darin, daß nur CDU/CSU und FDP, nicht aber SPD, KPD und Zentrum Neugründungen waren. Deshalb von Kontinuität zu sprechen, wie es der Autor tut, ist aber nur formal zutreffend. So löste sich die Zentrumspartei 1933 selbst auf, während SPD und KPD zerschlagen wurden und in den Untergrund gingen. In Nordrhein-Westfalen wurde das Zentrum eine der Keimzellen der CDU, in der sie schließlich aufging, und die Kommunisten setzten auf antifaschistische Kooperation mit den Sozialdemokraten, die sie vor 1933 bekämpft hatten. Liedtkes Arbeit analysiert die Gruppen der Gründer, die sich schon vor 1933 engagiert hatten, stellt Mängel bei der innerparteilichen Willensbildung fest und registriert die weitgehende Unabhängigkeit der Ratsfraktionen von den Parteiorganisationen, soweit diese nicht in den Spitzen identisch waren. In der Weimarer Zeit hatten in der Düsseldorfer Stadtverordnetenversammlung Zentrum und Wirtschaftspartei, eine Interessenvertretung der Hausbesitzer und des Mittelstandes, das Sagen gehabt. Nach 1945 traten CDU und SPD an ihre Stelle, die eine Honoratioren-, die andere Mitgliederpartei; sie arbeiteten trotz wechselnder Stärke meist gut zusammen und trafen eher außerhalb des Rates auf Opposition. Die britische Besatzungsmacht unterstützte schon früh die Bildung politischer Parteien auf lokaler Ebene als Mittel der Demokratisierung, was jedoch durch das System der nach heimischem Vorbild eingeführten Teilung in Rat und Verwaltung wieder in Frage gestellt wurde. Einen anderen, nicht weniger gravierenden Einfluß auf die Kommunalpolitik der 1946 dazu bestimmten Landeshauptstadt übte von 1949 an indirekt der Bund aus. So richteten sich die Beschlüsse über den Wiederauf- oder Neubau von Rheinbrücken nach der Höhe der Landes- und Bundesmittel, die dabei eingesetzt werden konnten. Den Kommunalpolitikern fehlte, so Liedtke, ein politisches Konzept, in dem die Hauptstadtfunktion nicht vorkam, und das ließ es lange nicht einmal zu, den Landesorganen ausreichende Unterkünfte zu verschaffen.

Trotz der Feststellung, die beschriebenen Vorgänge spiegelten vor allem die westdeutsche Nachkriegsgeschichte wider, räumt die Dissertation ein, daß sie mit einer unzureichenden Quellenlage fertig werden mußte. Viele Unterlagen sind nicht aufbewahrt worden oder in Nachlässen verlorengegangen, und von den Zeitzeugen leben nur noch wenige.

Köln *Walter Först*

KATHRIN KUSCH, Die Wiedergründung der SPD in Rheinland-Pfalz nach dem Zweiten Weltkrieg (1945–1951). (Veröffentlichungen der Kommission des Landtages für die Geschichte des Landes Rheinland-Pfalz, Bd. 12.) Mainz, Hase & Koehler 1989. XI, 327 S., 45,– DM.

Die französische Besatzungszone hat in den letzten Jahren verstärkt die Aufmerksamkeit der Forschung gefunden und ist damit aus dem Schattendasein, das sie lange Zeit führte, herausgetreten. Die Arbeit von Kathrin Kusch, eine von W. Schieder betreute Trierer Dissertation, bildet einen weiteren wichtigen Baustein dazu. Denn diese Untersuchung geht weit über einen engen parteihistorischen Ansatz hinaus. Sie bietet eine regionalhistorische Analyse struktureller Probleme, mit denen die Sozialdemokratie in diesem „Land aus der Retorte" in besonderem Maße konfrontiert war. Wie konnte eine an zentralistischen Organisationsvorstellungen und an der Wiederherstellung eines deutschen Einheitsstaates orientierte Partei mit ausgeprägter traditionalistischer Orientierung unter den Bedingungen einer sehr restriktiven Politik der französischen Besatzungsmacht agieren und in welche Widersprüche geriet sie dabei?

Diese Frage zielt nicht nur auf die oft betonte Spannung zwischen Programm und Praxis, sondern auch auf die spezifischen sozialen, konfessionellen und politischen Rahmenbedingungen, unter denen eine erfolgreiche Konkurrenz mit der Union zu einem hoffnungslosen Rennen wurde.

Die Vf.in legt ihre Untersuchung der Wiederentstehung der SPD und der Entwicklung ihrer Politik in Gewerkschaften, Kirchen, Schulen, Kommunen und im Land breit an und zeichnet so ein komplexes Bild sowohl der innerorganisatorischen Probleme der Partei als auch ihrer erheblichen Schwierigkeiten, sich politisch in einem Land zurecht zu finden, das sie als Provisorium verstand und ablehnte, ohne sich jedoch einer politischen Mitarbeit in den Allparteienregierungen und in den Verfassungsberatungen entziehen zu können. Die Ablehnung der Landesgründung rief darüber hinaus in besonderem Maße das Mißtrauen der französischen Besatzungsbehörden hervor. Anders als in anderen neu gegründeten Ländern der Westzonen war die Traditionsorientierung in Rheinland-Pfalz besonders ausgeprägt, weil die sozialen Strukturen durch die Abschottung der französischen Zone gegenüber dem Flüchtlingszuzug nicht so nachhaltig erschüttert worden waren.

K. bemüht sich nicht zuletzt um eine differenzierende Darstellung der französischen Besatzungspolitik, deren häufig vor allem von deutschen Wahrnehmungen geprägtes Bild an vielen Stellen revidiert wird.

Ingesamt: Eine auf breiter Materialbasis aufbauende, ungemein sorgfältige, kritisch-abwägend urteilende Studie, die sowohl zur Geschichte der SPD wie zur Geschichte des Landes Rheinland-Pfalz viel Neues bietet und überzeugend deutlich macht, was eine moderne, umfassend angelegte regionale Parteigeschichte zu leisten vermag.

Bielefeld *Christoph Kleßmann*

PAUL-LUDWIG WEINACHT (Hrsg.), Gelb-rot-gelbe Regierungsjahre. Badische Politik nach 1945. Gedenkschrift zum 100. Geburtstag Leo Wohlebs (1888–1955). Sigmaringendorf, Glock und Lutz 1988. 418 S., 14 Abb., 39,50 DM

Am 2. September 1988 wäre Leo Wohleb, von 1947 bis 1952 Staatspräsident des Landes Baden, 100 Jahre alt geworden. Die aus diesem Anlaß von dem Würzburger Politologen Paul-Ludwig Weinacht herausgegebene Denkschrift, die insgesamt 21 Beiträge bedeutender Zeitgenossen Wohlebs und namhafter Wissenschaftler vereinigt, setzt sich zum Ziel, das, wie der Freiburger Regierungspräsident Dr. Norbert Nothelfer im Vorwort ausführt, weithin verfestigte Bild Leo Wohlebs „als politisch unflexiblen, unbelehrbaren Irrgänger und gescheiterten Altbadener" als ein „mutwillig einseitiges Zerrbild", akzentuiert „durch allerlei ‚schnuckelig-putzige' Histörchen im Sinne einer wohlbehaglichen, aber inkompetenten Staatsidylle", zu entlarven und „den Weg freizuräumen für eine richtige, objektive Bewertung Leo Wohlebs" (S. 7).

So würdigt *Elmar Krautkrämer* in seinem Beitrag über die deutschlandpolitischen Vorstellungen von General de Gaulle (S. 97–115) Wohleb als einen der „deutschen Nachkriegspolitiker der ersten Stunde", „die an der Ebnung des Weges zur deutsch-französischen Aussöhnung entscheidend mitgewirkt haben" (S. 114) – im Unterschied zu vielen älteren Darstellungen, die Wohleb ob seines deutschlandpolitischen Programms als Handlanger einer Neuauflage französischer Rheinbundpolitik und damit als Verräter an der „deutschen Sache" denunzieren. Ferner analysiert *Frank F. Pfetsch* Entstehung und Gehalt der badischen Verfassung vom Mai 1947 (S. 127–147), unter anderem auch im Hinblick auf die maßgebliche Einflußnahme Wohlebs, die sich in der starken verfassungsrechtlichen Stellung des badischen Staatspräsidenten manifestiert (S. 129/139). Korrekturen an dem überlieferten Wohleb-Bild bringt auch *Theodor Maunz* in seiner Studie über die Münchener gesamtdeutsche Ministerpräsidentenkonferenz vom Juni 1947 (S. 148–156) an. Zwar sei der badische Regierungschef auf dieser Konferenz als „grundsatzfester Verteidiger eines föderalistischen Staatsaufbaus von Deutschland" und damit als Opponent gegen die zentralistischen Vorstellungen der Ostzonen-Vertreter aufgetreten, keineswegs habe er sich aber, wie verschiedentlich behauptet wurde, als „Partikularist" geriert, „sondern im Gegenteil" als „ein entschiedener Befürworter der deutschen Einheit" (S. 153). Die Verdienste Wohlebs um eine Annäherung zwischen Deutschland und Frankreich in den ersten Nachkriegsjahren werden von *Gottfried Gollasch* in einer Untersuchung der außenpolitischen Konzeption des badischen Staatspräsidenten näher beleuchtet (S. 199–213). Wohleb sei in diesem Zusammenhang gewissermaßen zu einer tragischen Figur geworden. Denn: „Die deutsch-französischen Beziehungen werden heute als Kernstück der europäischen Einigung anerkannt auch von denen, die damals in Wohlebs

Politik schon einen halben Landesverrat sehen wollten" (S. 211). Zwei weitere Beiträge beschäftigen sich mit Teilaspekten der politischen Biographie Wohlebs. So beschreibt der *Herausgeber* vor dem Hintergrund des Bundestagswahlkampfes von 1953 das problematische Verhältnis zwischen Leo Wohleb und Konrad Adenauer (S. 343–359), während sich *Tilman Mayer* den Jahren 1952–1955 widmet, in denen Wohleb – nach der Gründung des Landes Baden-Württemberg – als Botschafter der Bundesrepublik Deutschland in Portugal tätig war (S. 360–372).

In Ergänzung zu den Wohleb-bezogenen Studien erfährt der Band seine inhaltliche Abrundung durch Untersuchungen über spezifische Aspekte der badischen Politik nach 1945 – z. B. über die Gründung der südbadischen CDU (*Hans Maier,* S. 116–126), zur verfassungsmäßigen Stellung des Amtes des Staatspräsidenten in der badischen Verfassung von 1947 im Vergleich zum Staatspräsidentenamt in der Verfassung des badischen Freistaats während der Weimarer Republik (*Paul Feuchte,* S. 157–178), über die komplexe Materie einer Bodenreform in Baden nach 1945 (*Hans Georg Merz,* S. 179–198), über das Verhältnis von Staat und Kirche (*Wolfgang Hug,* S. 235–250 / *Alexander Hollerbach,* S. 251–262) sowie über den Kampf der Altbadener gegen die Formierung des Südwest-Staates (*Karl H. Neumayer,* S. 263–291/ *Carola Bury,* S. 292–308 / *Robert Albiez,* S. 319–314)

Stuttgart *Rudolf Kroboth*

MANFRED BOSCH, Der Neubeginn. Aus deutscher Nachkriegszeit. Südbaden 1945–1950. Konstanz, Verlag des Südkurier 1988. 368 S. mit 41 Schwarzweiß-Abbildungen und zahlreichen Tabellen, 59,50 DM.

Wie schon bei seiner 1985 erschienenen Studie über die NS-Zeit handelt es sich bei der neuen Arbeit von Manfred Bosch um eine aus Quellen erarbeitete Dokumentation, mit der es dem Autor gelingt, anhand vielfältiger Zeugnisse wie Archivalien, zeitgenössischen Zeitungsbeiträgen, literarischen Notizen, privaten Aufzeichnungen, Befragung von Zeitzeugen und nicht zuletzt aufgrund ausgezeichneter Fotomaterialien ein wirklichkeitsgetreues, den vielfältigen Facetten der Nachkriegsverhältnisse gerecht werdendes Bild von Südbaden zu zeichnen, das neben den Besonderheiten der französischen Besatzungspolitik vor allem den beschwerlichen und von aus heutiger Warte kaum mehr nachvollziehbaren Nöten und Sorgen geprägten Lebensalltag der Bevölkerung eindringlich beschreibt.

Das Buch gliedert sich in insgesamt 8 Kapitel, wobei jedes aus einer relativ knappen inhaltlichen Einführung und einer Zusammenstellung verschiedener, vom Autor sachkundig kommentierter Quellen besteht. Im

1. Kapitel (S. 9–53) widmet sich Bosch in erster Linie den Zielen und dem Charakter der französischen Besatzungspolitik während der ersten Nachkriegsmonate, wobei er sich nicht scheut, die vor allem im Vergleich mit den Verhältnissen in der amerikanischen Zone ins Auge springende besondere Härte der französischen Vorgehensweise, auch in ihren unmenschlichen Ausuferungen, offen anzusprechen. Die Kriegsschäden an Gebäuden und Wohnungen, die Wohnungsnot und der notwendige Wiederaufbau sind Gegenstand des 2. Kapitels (S. 54–86), während das 3. Kapitel im Zeichen der katastrophalen Ernährungslage der Jahre 1945–1947 steht (S. 87–131). Mit dem Problem der Reorganisation der Industrieproduktion und des Arbeitsmarktes beschäftigt sich Kapitel 4 (S. 132–172). Hervorzuheben sind in diesem Zusammenhang die sogenannten „Franzosenhiebe", denen namentlich im Schwarzwald, bis heute deutlich sichtbar, ganze Waldstriche zum Opfer gefallen sind. Südbaden war der industrieärmste Teil der französischen Besatzungszone, weshalb sich die Wiedergutmachungsforderungen Frankreichs „notgedrungen am Holzreichtum Badens" orientieren mußten, an zweiter Stelle an der landwirtschaftlichen Produktion – „um den Preis einer dramatischen Verschärfung der ohnehin bestehenden Hungerkrise" – und „erst an letzter Stelle am maschinellen Anlagevermögen der Industrie (Demontage)" (S. 133). Kapitel 5 setzt sich mit den Neuanfängen des politischen Lebens, vornehmlich mit dem Prozeß der Parteibildung auseinander, der mit der Vorordnung Nr. 23 der französischen Militärregierung (General König) vom 15. Dezember 1945 seinen Anfang nahm (S. 173–220). Die Integration der aus Ostmitteleuropa vertriebenen Deutschen sowie die gesellschaftliche Wiedereingliederung der Kriegsgefangenen sind Thema des nächsten Kapitels (S. 221 –257). In Kapitel 7 (S. 258–303) widmet sich Bosch den Wiedererblühen des Kulturlebens, dabei die positive Rolle der französischen Kulturpolitik lobend hervorhebend, um dann im letzten Kapitel (S. 304–342) die Defizite der Bevölkerung bei der geistig-politischen Auseinandersetzung mit den Greueln der NS-Zeit ins Blickfeld zu rücken. Bosch konstatiert, daß eine wirkliche Auseinandersetzung, wirkliche „Trauerarbeit" in weitesten Teilen der Bevölkerung nicht stattgefunden hat. Er zitiert in diesem Zusammenhang den Journalisten Max Barth, der nach der Rückkehr aus dem Exil in seine südbadische Heimat resignierend feststellen mußte: „Man war durchaus bedacht, besorgt und bemüht, dafür zu sorgen, daß das neue Deutschland historisch als normal und folgerichtig aus dem alten erwachsen zu sehen sei; daß keine Knoten, keine Verwachsungs- und Vernarbungsstelle im schlank und gerade gewachsenen Stengel zu erkennen sei, darum durfte es zwischen 1933 und 1945 kein anderes Deutschland gegeben haben als das ihre, das der Mitmacher" (S. 339).

Zusammenfassend: Vor allem aufgrund des dargebotenen Quellenmaterials gewährt die Studie von Manfred Bosch einen ausgezeichneten Einblick in die Vielschichtigkeit der politischen, wirtschaftlichen, sozialen und kulturellen Verhältnisse Südbadens vom Einmarsch der französischen Besatzungstruppen im Frühjahr 1945 an bis zum Jahr 1950, dem Jahr, in dem die unmittelbare Nachkriegszeit – nach Währungsreform 1948 und Gründung der Bundesrepublik 1949 – abgeschlossen war. Bosch vermag damit eine wesentliche landesgeschichtliche Forschungslücke in kompetenter Manier und durch viel Lokalkolorit verlebendigt zu schließen.

Stuttgart *Rudolf Kroboth*

WOLFGANG BENZ (Hrsg.), Neuanfang in Bayern 1945–1949. Politik und Gesellschaft in der Nachkriegszeit. München, Beck 1988. 234 S., 34,– DM.

Der Sammelband vereinigt neun Beiträge, die sich mehr oder minder auf Vorarbeiten und Materialien des Münchner Instituts für Zeitgeschichte stützen. Dargestellt werden Parteigründungen und erste Wahlen *(W. Benz)*, der Weg zur Landesverfassung *(B. Fait)*, amerikanische Reformversuche gegen bayerische Traditionen *(C. Goschler)*, die Arbeiterschaft in der Ernährungskrise *(P. Erker)*, „Flüchtlingspolitik" und Vertriebenenselbsthilfe *(J. Neupert)*, Industrialisierungsschub als wirtschaftliche Kriegsfolge *(K.-H. Willenborg)*, die evangelische Landeskirche und die „Bewältigung" der NS-Vergangenheit, die (m. E. überschätzte) monarchistische Bewegung *(K. M. Färber)* und Bayerns Deutschland-Föderalismus *(P. J. Kock)*. 28 Seiten Einzelanmerkungen und eine Auswahlbibliographie bieten die Anknüpfungshilfen für Weiterforschung. Der Hrsg. betont, daß Vollständigkeit der Aspekte nicht erstrebt war; in der Tat fällt als Titel-Lücke die Rolle der katholischen Kirche auf und hätten trotz relativ ungünstiger Forschungslage auch Bauern/Bauernverband und Gewerkschaften eigene Beiträge verdient. Zwar kein Neuanfang für Bayern, aber ein wichtiges Thema dieser Jahre wäre auch die jüdische und nichtjüdische Ausländerfrage gewesen. Was behandelt wird, erlaubt jedenfalls hinreichende Einblicke in die regionale Zeitatmosphäre. Der allgemeine Standpunkt des Hrsg.s ist in seinem Vorwort angedeutet: „Auch wenn meist die Beharrungskräfte der deutschen Tradition siegreich blieben: die Ideen der Besatzer waren gelegentlich die besseren."

Die in dem Buch gezogene Teilbilanz ist weitgehend durch die Zugänglichkeit der Militärregierungsakten ermöglicht, und sie dürfte im wesentlichen so lange Gültigkeit behalten, bis die restlichen bayerischen Regierungsakten, voran die Kabinettsprotokolle der Regierungen Schäffer, Hoegner I und Ehard I, und etwa der Nachlaß Kardinal Faulhabers ab 1945 für die Forschung freigegeben werden. Diese Aussicht hat sich durch das neue Archivgesetz leider nicht verbessert. Das bedingt eine gewisse Interessenverschiebung zu „oral history" seitens älterer Zeitzeugen. Daß diese nach vier Jahrzehnten wieder eher vermehrte Öffnungsprobleme infolge pauschalierter Schuldzuweisungen an ganze Generationen zu überwinden hat, gilt natürlich weder besonders für Bayern noch besonders für das Institut für Zeitgeschichte.

München *Wolfgang Zorn*

RAINER SALZMANN (Bearb.), Die CDU/CSU im Frankfurter Wirtschaftsrat. Protokolle der Unionsfraktion 1947–1949. (Forschungen und Quellen zur Zeitgeschichte, Bd. 13.) Düsseldorf, Droste 1988. 481 S., 138,– DM.

Die Edition enthält die Protokolle der insgesamt 161 Sitzungen der Fraktion und des Fraktionsvorstandes der CDU/CSU im Frankfurter Wirtschaftsrat, die aus dem Zeitraum vom 21. Juli 1947 bis zum 27. August 1949 überliefert sind. Dabei handelt es sich hauptsächlich um knappe Beschlußprotokolle, in einigen Fällen aber auch um ausführlichere Verlaufsprotokolle. Den Informationswert des veröffentlichten Bestandes hat der Bearbeiter dadurch nicht unbeträchtlich erhöht, daß er ergänzendes Material vor allem aus den Nachlässen Holzapfel (Fraktionsvorsitzender) und Pünder (Oberdirektor der Verwaltung) in den Anmerkungen abgedruckt hat.

Erschlossen wird die Edition durch eine knappe Einleitung, die über die Quellenlage, die Zusammensetzung und Arbeitsweise der Fraktion unterrichtet, einen – bisweilen recht ausführlichen – Kommentar sowie ein Personen- und Sachregister. Kritik ist nach Ansicht des Rez. an der Kommentierung insoweit zu üben, als 1. Hinweise auf die einschlägige Forschungsliteratur weitgehend fehlen und 2. der Bearbeiter allzuoft darauf verzichtet hat, in den Quellen angesprochene Zusammenhänge oder Dokumente durch inhaltliche Ausführungen dem Leser zu erschließen, sich vielmehr damit begnügt, archivalische Fundstellen anzugeben. Als nicht unbedingt überzeugend muß auch die Anlage des Personenregisters gelten, da es auf Angaben zu den aufgeführten Personen, die – von den Fraktionsmitgliedern und einigen Einzelfällen abgesehen – auch im Kommentar nicht enthalten sind, gänzlich verzichtet und außerdem bei den Hauptakteuren keine sachthematische Unterteilung der Seitenangaben vornimmt, was die Benutzung nicht gerade erleichtert.

Der Frankfurter Wirtschaftsrat interessiert den Historiker insbesondere im Hinblick auf die Weichenstellungen, die er für die Frühgeschichte der Bundesrepublik Deutschland bewirkte. Hier ist vor allem auf die „bürgerliche“ Koalitionsbildung und damit im Zusammenhang auf die Durchsetzung der sozialen Marktwirtschaft hinzuweisen. Zu beiden Punkten enthält die Edition aufschlußreiches Material. In mehreren Sitzungen hat sich die CDU/CSU-Fraktion im Sommer 1947 mit der Wahl des Direktors der Verwaltung für Wirtschaft befaßt und mit ihrem Festhalten an diesem Posten für einen Unionspolitiker die Weichen für eine Koalitionsbildung unter Ausschluß der SPD gestellt (S. 43–46, 51–54). Diese Grundsatzentscheidung hat die Fraktion im folgenden nicht nur verbal (S. 54ff., 137, 215), sondern im Frühjahr 1948 bei der Wahl von Pünder zum Oberdirektor und von Ludwig Erhard zum Direktor der Verwaltung für Wirtschaft durch ihre Kompromißbereitschaft gegenüber der FDP (S. 156f.) bestätigt.

Die Protokolle erhellen, daß im Prinzip die Unionsfraktion mehrheitlich schon vor der Wahl Erhards langfristig eine freie Wirtschaft anstrebte und die Bewirtschaftung nur als vorübergehende Notmaßnahme betrachtete (S. 64, 73, 86, 96 u. 108). Die Forcierung der marktwirtschaftlichen Konzeption durch Erhard (S. 197–200, 211), aber auch die Widerstände innerhalb der Fraktion dagegen, als nach der Währungsreform im Herbst 1948 wirtschaftliche Probleme auftraten – insbesondere Preissteigerungen (S. 268, 285f., auch schon vorher S. 225f.) –, belegen die Protokolle ebenso wie das anfängliche große Interesse Adenauers an der Arbeit der CDU/CSU-Fraktion des Wirtschaftsrates. Mit Nachdruck vertrat er in der Fraktion die Meinung, daß die CDU die „Regierungsverantwortung“ in der Bizone übernehmen müsse (S. 46); er warnte vor der SPD, die danach strebe, „die CDU kaputt zu machen“ (S. 81f.); er betonte die Notwendigkeit der Abgrenzung der Verantwortlichkeit der deutschen Stellen von den Alliierten (S. 81, 212); und er verlangte im Oktober 1948 im Hinblick auf die erste Bundestagswahl eine einheitliche Politik – vor allem Wirtschaftspolitik – der Frankfurter Verwaltung (S. 284).

Interventionen Adenauers gegenüber CDU-Abgeordneten des Wirtschaftsrates und gegenüber Vertretern der Verwaltung gab es auch noch 1949. Allerdings hat Adenauer selbst seit dem Ausgang des Jahres 1948 nicht mehr an Sitzungen der CDU/CSU-Fraktion teilgenommen, deren Arbeitsschwerpunkt sich mehr und mehr auf

Detailfragen der bizonalen Gesetzgebung verlagerte, die an Bedeutung gegenüber den Beratungen des Parlamentarischen Rates und sodann der Überleitungsausschüsse mehr und mehr einbüßte. Die zentralen Entscheidungen fielen im ersten Halbjahr 1949 zwar nicht mehr auf der Ebene des Wirtschaftsrates; aufs Ganze betrachtet hat die Politik der dortigen CDU/CSU-Fraktion die bundespolitische Entwicklung 1949 aber nicht unwesentlich beeinflußt.

Bonn *Udo Wengst*

HORSTWALTER HEITZER, Die CDU in der britischen Zone 1945–1949. Gründung, Organisation, Programm und Politik. (Forschungen und Quellen zur Zeitgeschichte, Bd. 12.) Düsseldorf, Droste 1988. 814 S., 98,– DM.

Der zu Beginn des Jahres 1946 gegründete Zonenverband der CDU in der britischen Zone, bis zur Gründung der Bundespartei im Oktober 1950 die einzige Unionsorganisation oberhalb der Länderebene und erst im Februar 1951 aufgelöst, erhält seine besondere Bedeutung dadurch, daß er „in hohem Maße mit der Persönlichkeit Konrad Adenauers verbunden" war (S. 742) und dem späteren Bundeskanzler und Bundesparteivorsitzenden „als Hausmacht im Kampf um die Führung der CDU" diente (S. 745). In Heitzers voluminöser Habilitationsschrift, die auf einer beeindruckenden Quellengrundlage basiert, steht Adenauer so sehr im Mittelpunkt der Betrachtung, daß sich die Darstellung über weite Strecken wie ein Beitrag zu Adenauers Biographie in den ersten Nachkriegsjahren liest.

Etwas im Hintergrund bleibt Adenauer lediglich im Teil A des Buches, in dem die CDU-Parteigründungen in den Ländern der britischen Zone nachgezeichnet werden und auf die ersten Versuche einer überregionalen parteipolitischen Zusammenarbeit eingegangen wird. Teil B, der die Parteiführung und -organisation von 1946 bis 1949 abhandelt, beginnt dann mit einer eingehenden Analyse Adenauers als Partei- und Fraktionsvorsitzender. Bezugnahmen auf Adenauer enthalten auch die folgenden Unterkapitel über Aufbau und Tätigkeit der Landesparteien und die Unterorganisationen (Sozialausschüsse, Kommunalpolitische Vereinigung und Junge Union). Teil C der Arbeit, der über den Zonenausschuß handelt und in die Unterkapitel Organisationsstruktur, Programmatische Entscheidungen, Politische Initiativen und das Verhältnis zu politischen und gesellschaftlichen Kräften und zur Besatzungsmacht gegliedert ist, stellt Adenauer wieder ganz in das Zentrum der Erörterungen. Besonders interessant erscheinen dem Rez. die Abschnitte, die die Auseinandersetzungen Adenauers mit Hermes, Kaiser und Arnold – mit dem Adenauer anfangs weitgehend konfliktfrei zusammenarbeitete – erörtern, die Adenauers Einflußnahmen auf die Programmgestaltung (besonders die wirtschaftliche) der Union diskutieren (nach Heitzer waren alle Programmdiskussionen des Zonenverbandes von Adenauer „direkt oder indirekt dominiert", S. 749) und die schließlich der Einschätzung Adenauers durch die britische Besatzungsmacht nachgehen (aufgrund von Quellen aus dem Londoner Public Record Office kann Heitzer die distanzierte und kritische Einstellung der Besatzungsmacht gegenüber Adenauer bis Ende 1948 belegen).

Besonderes Schwergewicht legt Heitzer aufgrund seiner Untersuchungen zu den weltanschaulichen Grundpositionen, der Programmatik sowie der Mitglieder- und Wählerstruktur auf die Feststellung, daß die CDU in der britischen Zone entgegen anders lautenden Thesen von Beginn an eine Mitglieder- und Volkspartei gewesen sei. Während Heitzers Analysen in dieser Hinsicht ähnlich breit und differenziert angelegt sind wie seine Erörterungen über die Rolle Adenauers und einen fundierten Beitrag zur wissenschaftlichen Diskussion liefern, sind seine Darlegungen zur Finanzierung der Partei äußerst knapp gehalten (S. 328–337, 461–469), in ihren Aussagen höchst vage, und bleiben deutlich hinter den Ergebnissen zurück, die von anderer Seite z. B. in bezug auf die Finanzierung der CDU durch die Industrie herausgearbeitet worden sind.

Korrekturen sind nach Ansicht des Rez. auch an einzelnen Schlußfolgerungen bzgl. der Programmentwicklung anzubringen. Aufgrund eigener und anderer Forschungen bedarf die Rolle Ludwig Erhards bei der Ausarbeitung der Düsseldorfer Leitsätze einer stärkeren Gewichtung, als sie Heitzer vornimmt, der den Anteil Franz (nicht Hans, wie im Personenregister angegeben) Etzels wohl etwas überschätzt und der bei seinem Vergleich des Ahlener Programms mit den Düsseldorfer Leitsätzen den grundsätzlichen „ordnungspolitischen Kurswechsel", von dem er an einer Stelle selbst spricht (S. 750), insgesamt doch etwas unterschätzt.

Das Gesamturteil über Heitzers Monographie fällt trotz einiger Kritik im Detail positiv aus. Seine Forschungsleistung, die weniger grundsätzlich neue Einsichten vermittelt, sondern ein an sich bekanntes Bild aufgrund systematischer Quellenauswertung facettenreich ausleuchtet, verdient Respekt und Anerkennung. Eine komprimiertere Darstellung wäre allerdings durchaus wünschenswert gewesen, und ein Personenregister, das die Seitenangaben zu den Hauptakteuren sachthematisch untergliedert, sowie ein ergänzendes Sachregister hätten die Benutzerfreundlichkeit dieses Buches, das sicherlich nicht zuletzt als Nachschlagewerk herangezogen werden wird, erheblich erhöht.

Bonn *Udo Wengst*

KLAUS VON BEYME, Der Wiederaufbau. Architektur und Städtebaupolitik in beiden deutschen Staaten. München/Zürich, Piper 1987. 412 S., 61 Phot., zahlr. Tab., 88,– DM.

Der (Wieder-)Aufbau der Städte in der Bundesrepublik, der DDR und den Ostgebieten unter städtebaulichen, architektonischen und kulturpolitischen Gesichtspunkten ist das Thema der Darstellung. Im einzelnen werden das Ausmaß der Kriegszerstörungen, die Kontinuität der Architekten und der städteplanerischen Leitbilder behandelt, ferner die Aufbaukonzepte, -gesetzgebung, der durch die Teilung Deutschlands bedingte Funktionswandel der Städte und ihre bauliche Gestaltung zwischen Wiederherstellung, radikalem Neubau einerseits und traditionsbezogenem Aufbau andererseits. Auch der Wiederaufbau von Kirchen, Rathäusern und Schlössern unter denkmalpflegerischen Aspekten wird dargestellt. Der Schwerpunkt liegt auf der Stadtgestalt und den repräsentativen Bauten, nicht auf dem Wohnungsbau. Von Beyme weist die verbreitete Auffassung zurück, die Grenzlinien zwischen traditionsorientiertem Wiederaufbau und radikalem Neubau hätten sich in den Städten entlang der parteipolitischen Lager ausgebildet. Er argumentiert, daß sich zum einen die Vorstellungen von Stadtgestaltung und Architektur keineswegs mit den Parteigrenzen deckten und daß zum anderen der kommunale Aufbau häufig aus einer Gemengelage lokaler politischer Strömungen heraus gestaltet wurde, ohne markantes Parteiprofil. Er weist ferner den Mythos von der beim Neubeginn verpaßten Chance zurück. Er stellt, als Fazit, viele parallele und ähnliche Entwicklungen im Städtebau beider deutscher Staaten heraus, ohne einer platten Konvergenztheorie das Wort zu reden.

Die Darstellung stützt sich ausschließlich auf Literatur. Doch sie beeindruckt durch die große Zahl der herangezogenen Stadtstudien sowie der Aufsätze in den Architektur- und Bauzeitschriften der späten vierziger Jahre. Auf dieser Grundlage zeichnet der Vf. ein dichtes Bild bis zu den frühen fünfziger Jahren. Von dort schlägt er vielfach die Brücke zur Gegenwart seit den späten siebziger Jahren. Der Vf. hat stets auch die internationale Entwicklung der Stadtplanung im Blick. Er verknüpft darüber hinaus die Geschichte des Städtebaus und der Architektur mit der der politischen Kultur. Bei einigen Punkten möchte man widersprechen, so hinsichtlich der Gewichtung von Martin Wagners „Machtfülle“ als Berliner Stadtbaurat und der Einordnung des „Abbaugesetzes“ Paul Lückes von 1960. Auch war wohl nicht vornehmlich das Neue Bauen dafür verantwortlich, daß in den zwanziger Jahren – anders als in den fünfziger – Wohnungsbau- und Stadtplanung eng verbunden waren, sondern die aus dem Hauszinssteuersystem resultierenden kommunalen Interventionen. Ferner war Bayern nicht das einzige Land, das nach 1948 darauf verzichtete, ein Aufbaugesetz zu verabschieden. Doch solche Kritik betrifft nur Details. Von Beyme relativiert viele von den Moden des Zeitgeistes geprägte Urteile über den Wiederaufbau einzelner Städte, urteilt freilich selbst gelegentlich pointiert. Das Buch enthält – neben der Synthese der stadtgeschichtlichen Informationen – eine Vielzahl interessanter und anregender Betrachtungen, Hinweise und Bewertungen eines überaus belesenen souveränen und mitunter spöttischen Autors, die die Lektüre zum Vergnügen machen.

Bonn *Günther Schulz*

WALTER FÖRST (Hrsg.), Die Länder und der Bund. Beiträge zur Entstehung der Bundesrepublik Deutschland. Essen, Hobbing 1989. VI, 249 S., 36,– DM.

In der Gründungsphase wie in der Frühgeschichte der Bundesrepublik Deutschland haben die 1945/47 von den westlichen Besatzungsmächten (wieder-)errichteten Länder eine zentrale, bisher noch nicht im Zusammenhang behandelte Rolle gespielt. In diesem Sammelband summieren acht entsprechend ausgewiesene Verfasser den noch unterschiedlichen „Ergebnisstand der Forschung“ (so *W. Först* in seiner Einleitung, S. 5). Dabei beziehen einzelne Autoren die Vorgeschichte der jeweiligen Territorien stärker mit ein, andere die Einflußnahme einzelner Länder auf die Bundespolitik in der Ära Adenauer.

Der Band enthält folgende Beiträge: *Manfred Vasold,* Bayern (S. 7–32), *Klaus-Jürgen Matz,* Baden und Württemberg (S. 33–60), *Dirk Bavendamm,* Hamburg und Bremen (S. 61–74), *Walter Mühlhausen,* Hessen (S. 75–107), *Dieter Brosius,* Niedersachsen (S. 109–134), *Walter Först,* Nordrhein-Westfalen (S. 135–164), *Heinrich Küppers,* Rheinland-Pfalz (S. 165–188), *Kurt Jürgensen,* Schleswig-Holstein (S. 189–219). Der instruktive Schlußbeitrag von *Kurt Düwell,* Reichsreform, Ländergliederung und Föderalismus (221–236) enthält eine Wertung „Die deutsche Zeitgeschichte der letzten siebzig Jahre scheint zu lehren, daß einmal fixierte Länderterritorien im Föderalismus ein starkes Beharrungsvermögen besitzen" (S. 226), die bereits zum Zeitpunkt des Erscheinens – nach der Oktoberrevolution in der DDR – überraschende Aktualität gewonnen hat. Der Band enthält keine zusammenfassende Auswertung der teilweise vorzüglich komprimierten und weitgehend vergleichbar aufgebauten Einzelbeiträge. Zu korrigieren ist ein leidiger Druckfehler auf der Rückseite des Buches: 1948 erhielten die Länderchefs nicht einen Auftrag zur „Weststaatenbildung", sondern zur Weststaatsbildung.

Speyer *Rudolf Morsey*

Der Parlamentarische Rat 1948–1949. Akten und Protokolle. Hrsg. vom Deutschen Bundestag und vom Bundesarchiv. Bd. 3: Ausschuß für Zuständigkeitsabgrenzung. Bearb. v. WOLFRAM WERNER. Bd. 4: Ausschuß für das Besatzungsstatut. Bearb. v. WOLFRAM WERNER. Boppard, Boldt 1986 u. 1989. XLIX, 798 u. XXXVI, 153 S.

Immer noch fehlt eine „politische Geschichte" des Parlamentarischen Rates, die Th. Heuss bereits 1950 als Desiderat bezeichnet hat. Gemeint ist eine Darstellung der inner- und interfraktionellen Auseinandersetzungen im Rat sowie der Kontakte einzelner Abgeordneter mit den Militärgouverneuren bzw. ihren Verbindungsstäben in Bonn. Die Einflußnahme der Alliierten auf die Entstehung des Grundgesetzes konnte in jüngsten Veröffentlichungen erheblich konkretisiert werden (V. Schockenhoff, 1986; W. Krieger, 1987; R. Pommerin, 1988; R. Morsey, 1989). Sie bleibt aber noch im Zusammenhang und mit Hilfe der inzwischen zugänglichen britischen und (seit kurzem auch) französischen Akten darzustellen. (Dazu vgl. W.

Werner, Quellen zur Entstehung des Grundgesetzes, in: Aus der Arbeit der Archive. Festschrift Hans Booms, 1989, 446ff.)

Die seit 1975 erscheinende Reihe „Der Parlamentarische Rat" kommt nur langsam voran. Die nunmehr vorliegenden Bände 3 und 4 enthalten die Wortprotokolle von zwei Ausschüssen, deren Arbeit für das Zustandekommen des „Werkes von Bonn", so der Ausschußvorsitzende F.W. Wagner (SPD) am 15. 10. 1948 (Bd. 3, S. 538), von unterschiedlichem Gewicht sind. Der Fachausschuß für Zuständigkeitsabgrenzung beschäftigte sich auf der Grundlage des Herrenchiemsee-Entwurfs in 21 Sitzungen, deren Diskussionen von juristischer Terminologie durchzogen sind, mit der Kompetenzabgrenzung zwischen Bund und Ländern in Gesetzgebung und Verwaltung. Daneben sind insgesamt sieben Drucksachen des Ausschusses mit „formulierten Artikeln" des Grundgesetzes aufgenommen. In diesem Ausschuß, in dem neben dem Vorsitzenden mit dessen Stellvertreter W. Strauß (CDU) ein weiterer Jurist dominierte, wurde zwischen den Superföderalisten der CSU, insbesondere W. Laforet, und den „Zentralisten" der SPD vehement, wenn auch moderat im Ton, ebenso gestritten wie im Hauptausschuß und im Plenum.

In seiner Einleitung vermittelt der Bearbeiter wichtige Hinweise über die Einflußnahme der Alliierten auf die Bonner Delegierten (S. XXIIf.) und verweist mehrfach auf den „außerordentlich interessanten" Bericht des britischen Verbindungsoffiziers Chaput de Saintonge über die einzelnen Abgeordneten (S. VIIIf.), der inzwischen von R. Pommerin veröffentlicht worden ist (in: VfZG 36, 1988, ohne Hinweis auf diese Ersterwähnung). Unbeschadet der Föderalismus-Vorgabe der Alliierten stand die Arbeit des Ausschusses unter der Zielsetzung, „alle Dinge so zu entscheiden, wie wir es nach unserer deutschen Auffassung für richtig halten", so der Abg. Hoch (SPD) am 22. 9. 1948 (S. 23). – Zu korrigieren sind die falsch geschriebenen Namen van Schewick (S. 782) und Lukaschek (S. 787).

Der am 15. 9. 1948 gebildete Ausschuß für das Besatzungsstatut konnte erst nach der Vorlage des Entwurfs dieses Statuts am 10. 4. 1949 (Dok. Nr. 5) dazu Stellung nehmen. Das geschah an den beiden folgenden Tagen im Sinne einer „Großen Koalition" (S. XIII) in drei Sitzungen, an denen auch einzelne Ministerpräsidenten sowie das Präsidium und die Fraktionsvorsitzenden des Rates teilnahmen (Dok. Nr. 6 bis 8). Die positiv verlaufene Besprechung einer Delegation des Parlamentarischen Rates mit den Militärgouverneuren am 14. 4. 1949 (Dok. Nr. 9) in Frankfurt – über die der Bericht eines US-Vertreters bereits seit 1974 gedruckt vorliegt (FRUS 1949/III) – beendete die Tätigkeit des Ausschusses, dem die Militärgouverneure auch den „Polizeibrief" übergaben, der eine Überraschung bedeutete. Gleichzeitig erhielt der Rat die Kompetenz, das Bundestagswahlgesetz zu beraten.

Die vom Bearbeiter sorgfältig edierten Protokolle des Ausschusses werden durch Ausschnitte aus Berichten des britischen Verbindungsstabs (und auch einige des französischen) ergänzt und bereichert. Das für die Forschung wichtigste Einzelergebnis dieser Edition findet sich in der letzten Anmerkung (46) zum Schlußdokument Nr. 9 (S. 139): ein Bericht General Robertsons vom 14. 4. 1949, aus dem hervorgeht, daß er im Anschluß an die erwähnte Besprechung der Militärgouverneure mit einer Delegation des Parlamentarischen Rates die SPD-Abgeordneten Menzel und C. Schmid bereits über die Grundzüge des für den Abschluß der Verfassungsberatungen entscheidenden „Versöhnungsbriefes" der drei Außenminister der Westmächte vom 8. 4. informiert hat. Er wurde den übrigen Mitgliedern des Rates erst am 22. 4. zur Kenntnis gebracht, nachdem K. Schumacher zwei Tage zuvor gegen die Intervention der Alliierten zum Entwurf des Grundgesetzes opponiert hatte. Damit ist die von vielen Autoren bestrittene Vorabinformation von SPD-Politikern bestätigt.

Der Bearbeiter hat den Wortlaut einer Reihe von Dokumenten der Alliierten, teilweise im englischen Original, abgedruckt, auch wenn diese Texte in deutschen Quellensammlungen leicht zugänglich sind. Zu korrigieren sind die falsch geschriebenen Namen von H. Hermans und (neunmal) R. Schuman (richtig S. 24, wobei diese Seitenangabe jedoch im Register fehlt).

Speyer *Rudolf Morsey*

RAINER KLUMP (Hrsg.), 40 Jahre Deutsche Mark. Die politische und ökonomische Bedeutung der westdeutschen Währungsreform von 1948. (Beiträge zur Wirtschafts- und Sozialgeschichte, Bd. 39.) Stuttgart, Steiner 1989. 90 S.

Am 2. Juli 1990 wurde mit dem Inkrafttreten der deutsch-deutschen Wirtschafts-, Währungs- und Sozialunion auf dem Gebiet der DDR die D-Mark eingeführt, wodurch die ostdeutsche „Halbnation" schon vor der staatsrechtlichen Vereinigung mit der Bundesrepublik Deutschland am 3. Oktober 1990 ihre souveräne Existenz auf wichtigen Gebieten der Innen-, Wirtschafts- und Sozialpolitik faktisch aufgegeben hatte. Die Einführung der D-Mark in der DDR war ein „Notenwechsel" im doppelten Sinn des Wortes. Zum einen wurde die Mark der DDR gegen die bundesdeutsche Währung ausgewechselt, und zum anderen wurde mit den neuen Noten eine „neue Musik", d. h. eine völlig neue Politik gemacht.

Insbesondere die wirtschaftlichen und sozialen Probleme, die der „Schock" der Währungsumstellung in der DDR auslöste (Betriebszusammenbrüche, steigende Arbeitslosigkeit etc.), legen es nahe, die westdeutsche Währungsreform von 1948 und ihre wirtschaftlichen und sozialen Auswirkungen als Vergleichsfolie heranzuziehen. Einen solchen Vergleich ermöglichen die von Rainer Klump herausgegebenen Studien über die politische und ökonomische Bedeutung der Währungsreform in den drei westlichen Besatzungszonen vom 20. Juni 1948. Sie basieren auf einem wissenschaftlichen Kolloquium, das im Juli 1988 von der Wirtschafts- und Sozialwissenschaftlichen Fakultät der Universität Erlangen-Nürnberg abgehalten wurde. Ziel dieses Kolloquiums war es, die Möglichkeiten einer interdisziplinären Auseinandersetzung mit der Währungsreform und ihren politischen und sozialökonomischen Konsequenzen aufzuzeigen und dabei auch die besondere Rolle Ludwig Erhards transparent zu machen, die dieser bei den wegweisenden wirtschafts- und währungspolitischen Entscheidungen im Sommer 1948 spielte.

Entsprechend dieser interdisziplinären Anlage untersucht der Betriebswirtschaftsordinarius *Oswald Hahn* (S. 11–29) die Währungsreform von 1948 zunächst unter *betriebswirtschaftlichen Kriterien,* wobei hier die Frage im Mittelpunkt steht, welche Bedeutung der Rückkehr zu einem stabilen Tauschverhältnis und Geldwert dem einzelwirtschaftlichen Agieren zukam. Die Analyse der *volkswirtschaftlichen Dimension,* die daran anschließend der Nationalökonom *Ernst Dürr* unternimmt (S. 31–50), thematisiert den Währungsreformkomplex in der Verknüpfung der wirtschafts- und währungspolitischen Reformmaßnahmen von 1948 mit dem westdeutschen „Wirtschaftswunder" der fünfziger Jahre und der Rolle, die Ludwig Erhard hierbei zufiel. Dieser Beitrag ist ganz besonders interessant, weil hier die sogenannte Rekonstruktionsthese des Wirtschaftshistorikers Werner Abelshauser aus nationalökonomischer Perspektive einer kritischen Überprüfung unterzogen wird, wobei Dürr – in Antithese zu Abelshauser – mit zahlreichen empirischen Belegen aufzuzeigen vermag, daß das „Wirtschaftswunder“ in ganz entscheidendem Maße auf die Wachstumsimpulse der ökonomischen Reformpolitik des Jahres 1948 zurückzuführen war. Abgerundet wird dieser aufschlußreiche Band, der dem Leser in konziser Form die komplexe Materie der wirtschaftspolitischen Weichenstellung von 1948 erschließt, mit einem zusammenfassenden Überblick des Hrsg.s über die Währungsreformforschung in den letzten vierzig Jahren (S. 51–66), wobei bei diesem Bilanzierungsversuch wiederum dem Beitrag der Erhardschen Wirtschaftspolitik für den ökonomischen Erfolg der Währungsreform ein besonderes Gewicht zukommt.

Stuttgart *Rudolf Kroboth*

NORBERT WIGGERSHAUS/ROLAND G. FOERSTER (Hrsg.), Die westliche Sicherheitsgemeinschaft 1948–1950. Gemeinsame Probleme und gegensätzliche Nationalinteressen in der Gründungsphase der Nordatlantischen Allianz. (Militärgeschichte seit 1945, Bd. 8.) Boppard am Rhein, Boldt 1988. IX, 387 S., 65,– DM.

„Anfänge der militärischen Integration in Europa 1948–1950“ war das Thema einer internationalen Fachkonferenz, die vom Militärgeschichtlichen Forschungsamt Freiburg im Dezember 1985 durchgeführt wurde. Der vorliegende Band, der die 20 dort gehaltenen Vorträge enthält, versteht sich als Ergänzung (unter dem Aspekt der sicherheitspolitischen Dimensionen des westlichen Zusammenschlusses) zu dem umfassend angelegten Sammelwerk „Histoire des débuts de la construction européenne (Mars 1948–Mai 1950)“, das Raymond Poidevin ediert hat (Brüssel/Mailand/Paris/Baden-Baden 1986).

Die sehr unterschiedliche Quellenlage – zugänglich waren den Autoren die einschlägigen Akten in den USA, Kanada und Großbritannien sowie die Archive der WEU, während die zentralen Bestände der NATO – von wenigen Ausnahmen abgesehen – noch verschlossen waren, als dieser Band in den Druck ging. Gewisse Schwerpunktbildungen, die sich aus dieser Situation ergaben und die nicht mit den tatsächlich entscheidenden Problemen der damaligen Phase der Gründungszeit der NATO übereinstimmen müssen, waren unvermeidlich. Insofern warnt *Donald Cameron Watt* in seiner abschließenden Betrachtung „Bemerkungen mit dem Ziel der Synthese“ mit Recht davor, die erarbeiteten Forschungsergebnisse bereits als ‚endgültig‘ hinzustellen: die „derzeitige Historiographie der NATO“ befinde sich in einem „vorläufigen und vorübergehenden Stadium und sollte auch als solches aufgefaßt werden“ (S. 345).

Zwei große Komplexe standen im Mittelpunkt der Konferenz: die nationalen Interessen der sich schließlich in der NATO verbündenden Staaten und Probleme der Zusammenarbeit und Integration im Bündnis. Die „Rahmenbedingungen“ wurden in den beiden einleitenden Vorträgen von *Wilfried Loth* „Die Formierung der Blöcke. Strukturen des Ost-West-Konflikts 1948–1950“ und von *Klaus Schwabe* „Der Stand der Bemühungen um Zusammenarbeit und Integration in Europa 1948–1950“ abgesteckt. Zum ersten großen Komplex („Interessen und Perspektiven der beteiligten Staaten“) wurden die Beiträge von *Paul Létourneau* zu Kanada, von *Luc De Vos* zu Belgien, von *Jan Schulten* zu den Niederlanden, von *Pierre Guillen* zu Frankreich, von *Geoffrey Warner* zur Politik der britischen Labour-Regierung, von *Romain H. Rainero* zu Italien, von *Olav Riste* zu Norwegen und von *Nikolaj Petersen* zu Dänemark zusammengefaßt. Vorausgeschickt wurde diesem Teil eine Betrachtung von *Lawrence S. Kaplan* „Die Westunion und die militärische Integration Europas 1948–1950 – Eine Darstellung aus amerikanischer Sicht“.

Zum Komplex „Probleme der Zusammenarbeit und Integration“ gehören die Beiträge von *Wolfgang Krieger, Wichard Woyke, Eberhard Pikart, Pierre Melandri, Christian Greiner, Manfred Knapp* und *Norbert Wiggershaus*, die mit unterschiedlichen Akzenten und aus verschiedenen Blickwinkeln den Aufbau des nordamerikanisch-westeuropäischen Bündnissystems behandelten, wobei sich *Wiggershaus* ausführlich „Zum Problem einer militärischen Integration Westdeutschlands 1948–1950“ äußerte. Die Auswertung britischer und kanadischer Akten für diesen Beitrag verhindert die sonst leicht eintretende Wiederholung der seinerzeitigen Diskussion innerhalb der Bundesrepublik und bringt die Gesichtspunkte der das westdeutsche Potential an sich bindenden Partner gut zur Geltung.

Köln *Andreas Hillgruber* (†)

BRUNO THOSS/HANS-ERICH VOLKMANN (Hrsg.), Zwischen Kaltem Krieg und Entspannung. Sicherheits- und Deutschlandpolitik im Mächtesystem der Jahre 1953–1956. (Militärgeschichte seit 1945, Bd. 9.) Boppard am Rhein, Boldt 1988. VIII, 256 S., 45,– DM.

Die zehn in diesem Band zusammengefaßten Beiträge basieren auf Referaten, die im Oktober 1986 auf einer internationalen Tagung des Militärgeschichtlichen Forschungsamtes in Wiesneck bei Freiburg gehalten wurden. Sie behandeln Einzelthemen der internationalen Politik aus der Zeit zwischen Stalins Tod 1953 und dem Beginn der zweiten großen Berlin-Krise 1958, also jenes Zeitraumes, in dem zum ersten Mal das Stichwort „Entspannung" eine Rolle spielte, ehe es während der dann folgenden Phase bis zur Kuba-Krise 1962 fast wieder verschwand. Für das Forschungsamt dienen solche Tagungen, wie der Amtschef in seinem Vorwort darlegt, zur Vorbereitung eines umfassend angelegten vierbändigen Werkes „Anfänge westdeutscher Sicherheitspolitik".

Nach Abstecken des Rahmens in dem Einleitungsreferat von *Wilfried Loth* „Blockbildung und Entspannung – Strukturen des Ost-West-Konflikts 1953–1956" behandeln, gestützt auf zugänglich gewordene Akten im Falle der USA und Großbritanniens, im Falle Frankreichs und der Sowjetunion im wesentlichen auf Memoiren Beteiligter und Spezialliteratur angewiesen, *Stephen E. Ambrose* „Die Eisenhower-Administration und die europäische Sicherheit 1953–1956", *Dietrich Staritz* das schwierige Feld „Zur sowjetischen Deutschland- und Sicherheitspolitik 1953–1954", *David Carlton* „Großbritannien und die Gipfeldiplomatie 1953–1955" und *Renata Fritsch-Bournazel* „Frankreichs Ost- und Deutschlandpolitik im Zeichen der Genfer Gipfelkonferenz von 1955". Die Probleme aus westdeutscher Sicht kommen in den Beiträgen von *Klaus Gotto* „Die Sicherheits- und Deutschlandfrage in Adenauers Politik 1954/55" und von *Hans-Erich Volkmann* „Die sozialdemokratische innerparteiliche Diskussion über Sicherheit, Entspannung und deutsche Einheit (1953–55)" zur Sprache.

Aus der Sicht des Rezensenten sind am aufschlußreichsten, weil reichhaltiges neues Material auswertend, die Beiträge von *Bruno Thoß* „Modellfall Österreich? Der österreichische Staatsvertrag und die deutsche Frage 1954/55", der die Weichenstellung von der Verkoppelung von Deutschland- und Österreichfrage hin zur isolierten Lösung des Österreich-Problems 1955 im Rahmen der nunmehr alle Mächte bestimmenden Tendenz zur Beibehaltung des Status quo des geteilten Deutschlands überzeugend herausarbeitet, und – vor allem – von *Hermann-Josef Rupieper* „Deutsche Frage und europäische Sicherheit: Politisch-strategische Überlegungen 1953/1955". Der Vf. kann darin nicht nur die Widersprüche zwischen den öffentlichen Bekundungen von Dulles („Roll back", „Befreiung" der ostmitteleuropäischen Völker) und den behutsam-defensiv gehaltenen internen Überlegungen für die Gestaltung des West-Ost-Verhältnisses in Europa quellennah belegen, sondern bietet auch einen Einblick in die Pläne für militärisch verdünnte Zonen in Mitteleuropa für den Fall einer Einigung mit der Sowjetunion über den Abschluß eines Friedensvertrages mit Gesamtdeutschland. Die schon oft festgestellte Fehlperzeption der eigenen Stärke und der Schwäche der Sowjetunion auf amerikanischer Seite kann auf diese Weise exakt nachgewiesen werden.

Den Abschluß bildet der Beitrag von *Christian Greiner* „Das militärstrategische Konzept der NATO von 1952 bis 1957". Der Autor kann sich dabei zum Teil auf noch nicht freigegebene Akten und auf Befragungen stützen, die er allerdings nicht belegen darf. Er schildert eindrucksvoll die Schwierigkeiten der Abstimmung zwischen den USA und ihren europäischen Verbündeten bei der NATO-Planung in diesem Zeitraum und den Weg von der Strategie der „massiven Vergeltung" zu der der „abgestuften Abschreckung".

Köln *Andreas Hillgruber* (†)

HENRY A. TURNER, Geschichte der beiden deutschen Staaten seit 1945. Aus d. Amerikan. v. *Inge Leipold*. München/Zürich Piper 1989. 246 S., 19,80 DM.

Das preiswerte, sich ausdrücklich als Einführung verstehende Taschenbuch bietet einen konzisen und überaus informativen Überblick über die Geschichte der deutschen Teilung und die politische, wirtschaftliche und soziale Entwicklung der beiden deutschen Staaten seit 1945/49.

Turner, amerikanischer Historiker von internationalem Ruf, analysiert hier aus atlantischer Distanz zunächst, wie Deutschland nach 1945 mehr und mehr zum Schauplatz des Kalten Krieges wurde (S. 9–39) und wie der sich zuspitzende Ost-West-Gegensatz schließlich in die Gründung von zwei deutschen Staaten mündete (S. 40–61). Daran anschließend wendet er sich den beiden ersten

Jahrzehnten bundesdeutscher Staatlichkeit zu (S. 62–109), die, beginnend mit der Kanzlerschaft Adenauers 1949 und ihren Abschluß findend mit dem Ende der Großen Koalition unter Bundeskanzler Kiesinger 1969, von der Vorherrschaft der Unionsparteien geprägt waren und in denen die Grundlagen für das noch heute weitgehend gültige außen- und innenpolitische Profil des westdeutschen Teilstaates (Soziale Marktwirtschaft, Westintegration, Wiederbewaffnung) gelegt wurden. In scharfem Kontrast zur Entwicklung eines demokratisch-freiheitlichen Staatswesens in der Bundesrepublik skizziert Turner (S. 110–156) den Aufbau und die auf innenpolitischer Repression basierende „Stabilisierung" eines kommunistischen Regimes in der DDR unter Walter Ulbricht (1949–1971), wobei die von rücksichtslosen Enteignungen begleitete Durchsetzung einer zentralistischen Planwirtschaft, der Arbeiteraufstand vom 17. Juni 1953, der Bau der Berliner Mauer am 13. August 1961 sowie das danach ohne großen volkswirtschaftlichen Erfolg eingeführte „Neue Ökonomische System" im Mittelpunkt der Betrachtung stehen. Die sozial-liberale Ära in der Bundesrepublik (1969–1982) mit besonderer Berücksichtigung der neuen Ostpolitk und der innen- und sozialpolitischen Reformbestrebungen unter der Regierung Brandt–Scheel sowie der von weltwirtschaftlichen Krisenerscheinungen gekennzeichneten Amtszeit des Kabinetts Schmidt–Genscher bilden ein weiteres Kapitel der Turnerschen Studie (S. 157–186), die abgeschlossen wird mit einer Darstellung der Entwicklung der DDR seit der Wahl Honeckers zum SED-Generalsekretär 1971, der Bundesrepublik seit dem Regierungsantritt von Helmut Kohl 1982 sowie einer Untersuchung des innerdeutschen Verhältnisses und der deutsch-deutschen Vertragspolitik, die beide deutsche Staaten seit 1971 in eine „Phase wechselseitiger Annäherung" gebracht hat.

Stuttgart *Rudolf Kroboth*

KARLHEINZ NICLAUSS, Kanzlerdemokratie. Bonner Regierungspraxis von Konrad Adenauer bis Helmut Kohl. Stuttgart/Berlin/Köln/Mainz, Kohlhammer 1988. 300 S., 28,– DM.

Im Bundestagswahlkampf 1980, in dem die sozial-liberale Koalition unter Bundeskanzler Helmut Schmidt (SPD) ihre Mehrheit gegen die CDU/CSU-Opposition mit ihrem Kanzlerkandidaten Franz-Josef Strauß (CSU) zu verteidigen hatte, konnten die Sozialdemokraten ganz wesentlich vom Kanzlerbonus Schmidts profitieren. Vor diesem Hintergrund hatte die SPD auch das hohe Ansehen und die große Popularität „ihres" Kanzlers unter der Parole „Auf den Kanzler kommt es an!" in den Vordergrund ihrer Wahlkampfstrategie gestellt.

Diese Parole könnte auch als Titel über der Studie von Karlheinz Niclauß stehen, der im Unterschied zu anderen Autoren, welche den Regierungstypus „Kanzlerdemokratie" vor allem mit dem Regierungsstil von Konrad Adenauer verknüpfen, die These vertritt, daß die mit dem Begriff „Kanzlerdemokratie" verbundenen Techniken des Machtmanagements und der politischen Führung für alle Kanzler der Bundesrepublik von entscheidender Bedeutung waren – und dies unbeschadet der Tatsache, daß sich mit den Kanzlerschaften Erhard und Kiesinger vorübergehend eine „Degeneration" dieses Regierungstyps abgezeichnet habe.

Indem der Autor – mit starker ereignisgeschichtlicher Akzentuierung – eine umfassende und differenzierte Leistungsbilanz der einzelnen Kanzler – von Adenauer bis Kohl – auf allen wichtigen Politikgebieten (Außen-, Innen-, Wirtschafts- und Sozialpolitik) präsentiert und dabei deren Regierungsstil – im Zusammenspiel mit Kabinett, Regierungskoalition und eigener Partei – genau analysiert, vermag er auf überzeugende Weise deutlich zu machen, daß die Einhaltung der von Konrad Adenauer gesetzten Grundregeln der Kanzlerdemokratie eine conditio sine qua non für die politische „Überlebensfähigkeit" jeder Kanzlerschaft war und ist. Das heißt umgekehrt: Sobald diese Grundregeln in irgendeiner Weise gravierend verletzt wurden, sei es durch den Verlust des Kanzlerbonus und/oder durch zu starke Selbständigkeit der einzelnen Bundesminister gegenüber dem Kanzleramt und/oder durch schwindende Partei-Loyalität und -Solidarität gegenüber dem eigenen Kanzler, „waren Machtverlust, Rücktritt oder Sturz des Kanzlers die Folge" (S. 8).

Stuttgart *Rudolf Kroboth*

Die Kabinettsprotokolle der Bundesregierung. Hrsg. für das Bundesarchiv v. HANS BOOMS. Bd. 2: 1950. Bearb. v. ULRICH ENDERS u. KONRAD REISER. Bd. 3: 1950. Bearb. v. ULRICH ENDERS u. KONRAD REISER. Bd. 4: 1951. Bearb. v. URSULA HÜLLBÜSCH. Boppard am Rhein, Boldt 1984,

1986, 1988. VIII, 962, V, 250 u. LXXVII, 893 S., 120,–, 48,– u. 120,– DM.

Schon die Rezension des 1. Bandes für das Jahr 1949 erlaubte die Feststellung, daß damit „auf den ersten Anhieb eine in jeder Hinsicht optimale Form für diese wichtige Edition“ gefunden wurde (HZ 238, 1984, 481). Das gilt auch durchweg für die Bände 2 und 4.

Besonders gelungen sind die Einleitungen der Bearbeiter, jeweils mehr als 40 Seiten. Sie enthalten auch differenzierte Bewertungen des Zusammen- und Gegeneinanderspielens von Bundeskanzler, Bundeskabinett, einzelnen Ministern und der Fraktionen im behandelten Zeitraum. Das Bild von der „Kanzlerdemokratie“ in den frühen Jahren Adenauers nimmt klarere Konturen an.

Die Anmerkungen weben ein dichtes Netz von Querverweisen, lenken zu weiteren Quellenbeständen, erwähnen Aufzeichnungen einzelner Sitzungsteilnehmer zu bestimmten Sitzungen (besonders von Seebohm, Lenz, Schäffer). Kurzbiographien über regelmäßige Sitzungsteilnehmer finden sich im Anschluß an die Protokolle, Kurzbiographien zu unregelmäßig hinzugezogenen Fraktionsvertretern und Sachverständigen wurden in den Anmerkungsapparat verwiesen – eine vertretbare Entscheidung. Zeittafel, Quellenverzeichnis, Personenindex, Sach- und Ortsindex sind benutzerfreundlich.

Die Bearbeiter sollten bei künftigen Bänden dazu übergehen, nur noch ungedruckte und gedruckte Quellen aufzuführen und auf gesammelte Literaturhinweise zu verzichten. Editionen wie die vorliegende haben auf Jahrzehnte Bestand, während das jeweilige Schrifttum mehr oder weniger rasch überholt wird. Außerdem zeigen die bisher vorliegenden Bände, daß die Bearbeiter mit dem Problem nicht recht fertig geworden sind, die bei der Nennung einzelner Titel stets unvermeidliche Selektivität mit dem Erfordernis größtmöglicher Objektivität zu verbinden.

Wie es sich jetzt darstellt, richtet sich diese Edition sinnvollerweise ausschließlich an den Wissenschaftler, der einschlägig arbeitet. Ihm steht mit den Bänden ein sehr nützlicher Wegweiser in die umfassenderen Aktenbestände zur Verfügung.

Da sich Adenauer, um die Vertraulichkeit der Kabinettssitzungen zu wahren, ab Oktober 1949 allem Anschein nach gegen die Herstellung weiterer Wortprotokolle entschieden hatte (s. Bd. 2, S. 4f.), enthalten die Bände 2 und 4 nur noch Kurzprotokolle. Was dadurch an substantieller Einsicht in die Kabinettsberatungen unwiderbringlich verlorengegangen ist, zeigt der Vergleich dieser beiden Bände mit Band 3, in dem Wortprotokolle von Teilen der Kabinettssitzungen am 10. und 17. Oktober 1950 abgedruckt sind (S. 31–61). Sie waren nach dem Erscheinen von Band 2 aufgetaucht.

Wegen der Brisanz der Tagesordnung (Ausscheiden von Gustav Heinemann aus dem Kabinett) hat Adenauer offenbar Wert auf ein präzises Protokoll gelegt.

Die Entscheidung, zusammen mit diesen beiden Protokollen (Umfang 30 Druckseiten) in einem Dokumentenanhang weitere 84 Dokumente aus dem Zeitraum vom 3. September 1949 bis zum 14. November 1950 abzudrucken, die „den Hintergrund (der Spannungen zwischen Adenauer und Heinemann) deutlich werden lassen" (S. 9) erbrachte zwar eine nützliche Dokumentation, wirft aber doch auch Fragen in bezug auf die Gesamtedition auf.

Für künftige Bände wurde damit ein Präzedenzfall geschaffen. Denn wenn man den – gewiß wichtigen, aber mit Blick auf die vielen Weichenstellungen der ersten Adenauerjahre nun doch nicht überragend wichtigen – Auseinandersetzungen zwischen den beiden Politikern einen eigenen Dokumentenband widmet, so wird sich bei künftigen Jahren gleichfalls die Frage stellen, ob andere kabinettsinterne Vorgänge nicht gleichfalls einen eigenen Dokumentenband verdienen würden. Dabei ließe sich etwa an die Auseinandersetzungen um die Westverträge im Frühjahr 1952 denken. Was eine derart isolierte Dokumentation aber für Organisation und Rhythmus der Gesamtedition mit sich bringen würde, bedarf keiner weiteren Ausführungen. Sollte aber der Dokumentenanhang von 166 Seiten vorwiegend als Ballast gedacht gewesen sein, um 30 Seiten Wortprotokolle, die nachträglich aufgefunden wurden, als eigenes Schiff in die Flotte der Jahrgangsbände eingliedern zu können, dann wäre dies gleichfalls problematisch.

Man wird also anregen dürfen, daß es mit diesem einmaligen Experiment sein Bewenden haben möge.

Bei Gelegenheit dieses Bandes ist es übrigens auch zu Kollisionen mit den VS-Vorschriften gekommen, die zwar nicht im Detail interessieren, wohl aber im Prinzip. Sie erinnern nämlich an den Umstand, daß sich für die Herausgeber von Quellensammlungen aus den VS-Vorschriften in zunehmendem Maß organisatorische und rechtliche Probleme ergeben können. Anders als das im Grundsatz vorzüglich praktikable britische System, in dem Deklassifizierung und Öffnung der Bestände nach 30 Jahren miteinander verbunden sind, erschweren es unsere eigenen Geheimschutzbestimmungen, ein Verfahren für die Herabstufung zu entwickeln, das forschungsfreundlich und praktikabel zugleich ist. Wenn der Verdruß mit dem vorliegenden Band 3 wenigstens zur Folge haben sollte, auf diese ungelöste Problematik aufmerksam zu machen und organisatorisch einleuchtende Lösungen auf den Weg zu bringen, hätte er trotz des eben angesprochenen Schönheitsfehlers einen gewissen Verdienst.

Bonn *Hans-Peter Schwarz*

HANS-PETER SCHWARZ/REINER POMMERIN (Hrsg.), Akten zur Auswärtigen Politik der Bundesrepublik Deutschland. Bd. 2: Adenauer und die Hohen Kommissare 1952. Bearb. v. FRANK-LOTHAR KROLL u. MANFRED NEBELIN. München, Oldenbourg 1990. X, 382 S., 72,– DM.

Dieser zweite und letzte Band der Gespräche zwischen Adenauer und den Hohen Kommissaren schließt die Veröffentlichung dieser wichtigen Dokumentensammlung aus der Frühphase der Bundesrepublik Deutschland ab. Nach der Unterzeichnung des Generalvertrages im Mai 1952 wurde das Besatzungsstatut abgelöst, und der Bundeskanzler trat nunmehr als nahezu gleichberechtigter Verhandlungsführer gegenüber den Westmächten auf. Wie Bd. 1 der Edition enthält auch dieser Band erläuternde Kommentare und ein nützliches Personenregister. Insgesamt werden 23 sogenannte Verlaufs- oder Wortprotokolle der Gespräche, Verhandlungen waren es ja noch nicht, für die Zeit vom 8. 1. 1952 bis 4. 9. 1952 veröffentlicht. Hinzu kommen noch die wichtigsten Aufzeichnungen über die Zusammenkunft der Außenminister Frankreichs, Großbritanniens und der USA mit Adenauer Ende Mai 1952 zur Fertigstellung des Generalvertrages und des EVG-Vertrages.

Im Zentrum der Dokumentation stehen die Bemühungen Adenauers um die Rückgewinnug der Souveränität, die andauernden Konflikte um die Schaffung der europäischen Verteidigungsgemeinschaft, die Stalin-Noten zur deutschen Wiedervereinigung des Jahres 1952, die Frage der Besatzungskosten und -schäden, die Finanzierung eines westdeutschen Verteidigungsbeitrages, Probleme der Waffenproduktion und die alliierten Vorbehaltsrechte bzw. Fragen der Notstandsgesetzgebung.

Es wird erneut deutlich, daß Adenauer in zähen Verhandlungen versuchte, den Handlungsspielraum der Bundesregierung zu erweitern und alliierte Eingriffe in die Innenpolitik zu reduzieren bzw. abzublocken. Der Kanzler wehrte sich teilweise vehement gegen das bei den Westmächten immer noch vorhandene Mißtrauen gegenüber der jungen deutschen Demokratie und warnte besonders den französischen Hohen Kommissar François-Poncet vor den Folgen einer restriktiven Politik wie nach dem Ersten Weltkrieg. Von Interesse sind auch die Konflikte um die berühmte Revisionsklausel des Generalvertrages (Art. 7/3), ging es doch darum, ob die Bestimmungen des Vertrages auch für ein wiedervereinigtes Deutschland Gültigkeit haben sollten.

Die Protokolle machen ferner deutlich, daß Adenauer immer wieder versuchte, die Vertreter der Westmächte auf eine harte Haltung gegenüber der sowjetischen Deutschlandpolitik einzuschwören, galt es doch, seine politische Konzeption, die europäische Integration unter Beteiligung der Bundesrepublik, vorrangig vor allen möglichen Deutschlandkonzeptionen durchzusetzen. Die Bindung der Bundesrepublik an den Westen besaß für den Kanzler absolute Priorität. Auch die Begnadigung deutscher Kriegsverbrecher hatte für Adenauer einen hohen Stellenwert in den Gesprächen mit den Alliierten. Ohne eine großzügige Geste der Westmächte gegenüber den ehemaligen Wehrmachtsangehörigen schien ihm die Aufstellung einer westdeutschen Armee gefährdet.

Insgesamt bietet diese Aktenedition eine hervorragende Informationsquelle für die Beziehungen zwischen Adenauer und den Hohen Kommissaren.

Marburg *Hermann-Josef Rupieper*

HANS-PETER SCHWARZ/REINER POMMERIN (Hrsg.), Akten zur Auswärtigen Politik der Bundesrepublik Deutschland. Bd. 1: Adenauer und die Hohen Kommissare, 1949–1951. Bearb. v. FRANK-LOTHAR KROLL u. MANFRED NEBELIN. München, Oldenbourg 1989. XXX, 625 S., 72,– DM.

Nachdem bisher nur die USA in den ‚Foreign Relations' ihre Unterlagen zur Entwicklung der Beziehungen zwischen der Bundesrepublik Deutschland und den Alliierten Hohen Kommissaren in Auszügen zugänglich gemacht haben, werden nun erstmals von deutscher Seite die zentralen Bestände publiziert. Neben den Wort- bzw. Verlaufsprotokollen der Sitzungen der Hohen Kommissare mit Adenauer in der Zeit vom 29. 9. 1949 bis 14. 12. 1951 enthält dieser erste Band der zweibändigen Aktenedition auch wichtige Entwürfe des Generalvertrages und weitere bisher nicht publizierte Akten, so auch Verlaufsprotokolle von Außenministerbesprechungen und wichtige Briefwechsel. Die Kommentare der Bearbeiter verweisen auf weiterführende Quellen und Quellenbestände. Ein ausführliches Personenregister, das allerdings bei einigen Personen keine Informationen über ihre Tätigkeit in den Jahren 1933–1945 liefert, rundet diese vorzügliche Aktenedition ab.

Insgesamt verdeutlicht die Edition die Schwierigkeiten der Drei Mächte, sich von der restriktiven Politik der Militärregierungen zu lösen und den deutschen Forderungen nach Schaffung der Bundesrepublik, nach mehr Souveränität und einer stärkeren Beteiligung der Bundesregierung an den Entscheidungsprozessen gerecht zu werden. Dies betraf besonders die Außenbeziehungen der Bundesrepublik, die bis zur Kleinen Revision des Besatzungsstatuts im März 1951 faktisch von den Hohen Kommissaren wahrgenommen wurden. Aber auch nach Schaffung eines bundesdeutschen Außenministeriums blieben Restriktionen erhalten. Adenauer versuchte in dieser schwierigen Situation nicht nur, den deutschen Handlungsspielraum auszuweiten, die Souveränität zu erlangen und die Alliierten im Sinne deutscher Interessen zu beeinflussen, sondern er setzte seine besonderen Beziehungen zur Hohen Kommission auch innenpolitisch geschickt ein, so wenn er seine eigene Politik vor dem Bundestag oder politischen Gegnern mit Hinweisen auf die angeblichen Forderungen der Alliierten rechtfertigte. Allerdings gelang dieser Schachzug nicht immer, standen den Vertretern der Westmächte doch vielfältige Informations- und Einwirkungsmöglichkeiten auf die deutschen Entwicklungen über die Ministerialbürokratie in den ehemaligen Besatzungszonen, die Ministerpräsidenten der jeweiligen Länder und einzelne Politiker offen, die auch genutzt wurden. Es ist daher verständlich, daß Adenauer bereits sehr früh versuchte, diese Kontakte zu unterbinden.

Die Dokumente beschreiben anschaulich die großen Themen der Beziehungen zwischen der Bundesrepublik und den Westmächten: das Ringen um Westintegration und europäische Einigung, die Problematik eines westdeutschen Verteidigungsbeitrages im Rahmen der EVG, aber auch innenpolitische Entwicklungen wie die wirtschaftliche Lage der Bundesrepublik, Arbeitlosigkeit, Vertriebenen- und Flüchtlingsproblematik, Währungsfragen, Osthandel, Dekartellisierung, Reform des Beamtenrechts, Fragen der Gewerbefreiheit, Demontage und Kriegsverbrecherprozesse. Es gab wohl kein Thema der westdeutschen Innenpolitik, das bei diesen Zusammenkünften, die zunächst auf dem Petersberg, dann am Amtssitz des jeweiligen Hohen Kommissars, der den Vorsitz führte, und später auch im Bundeskanzleramt, nicht zur Sprache kam.

Auch wenn den Zusammenkünften bei den Westmächten ein komplexer Abstimmungsprozeß vorausgegangen war, so zeigen sich häufig Unterschiede in der Behandlung der Bundesrepublik. Während die französische Regierung lange Zeit an einer direkten, strikten Kontrolle der deutschen Politik festhielt, neigten die Vertreter der USA zumeist zu einer moderateren, flexibleren Haltung. Bei den Gesprächen handelte es sich jedoch keineswegs um Verhandlungen zwischen gleichberechtigten Partnern. Der Bundeskanzler mußte immer wieder um Konzessionen ringen, und gerade bei so kontroversen Themen wie der Dekartellisierungspolitik und der Reform des öffentlichen Dienstes übte auch der amerikanische Hohe Kommissar John J. McCloy einen nicht unbeträchtlichen Druck aus, galten diese beiden Bereiche in der amerikanischen Perzeption der deutschen Entwicklungen doch als Schlüssel zur angestrebten Demokratisierung der deutschen Gesellschaft. Auch in der Frage der Reduzierung der Arbeitslosigkeit ging die Bundesregierung nach Meinung der amerikanischen Vertreter in der Hohen Kommission nicht entschieden genug vor. Für McCloy mußte eine andauernde hohe Arbeitslosigkeit und das Scheitern der Integration von Flüchtlingen und Vertriebenen in die bundesdeutsche Gesellschaft zu einer Gefährdung der jungen Demokratie führen. Zeitweise überlegten Adenauer und die Hohen Kommissare sogar, den Zuzug von Flüchtlingen aus den Ostgebieten durch eine Sperrung der Grenzen zu stoppen (S. 116). Gegen die politische Argumentation der Westmächte setzten Adenauer und Bundeswirtschaftsminister Ludwig Erhard das ökonomische Argument, daß eine weitere Ankurbelung der Wirtschaft zu deflationistischen Erscheinungen führen müsse.

Die vielfältigen Interventionen der Hohen Kommissare in die wirtschaftliche und finanzielle Entwicklung der jungen Bundesrepublik sind bisher von der Forschung kaum untersucht worden. Hier bietet die Dokumentation eine Fülle von Hinweisen, denen nachzugehen sein wird. Vielleicht war das Wirtschaftswunder der 50er Jahre nicht zuletzt auch das Ergebnis der alliierten Pressionen gegenüber der Bundesregierung, die gezwungen war, Arbeitsbeschaffungsmaßnahmen, Außenhandel und Finanzierungsmodalitäten vor den Westmächten zu rechtfertigen und somit besonders sorgfältig vorzubereiten.

Marburg *Hermann Josef Rupieper*

RUDOLF MORSEY/HANS-PETER SCHWARZ (Hrsg.), Adenauer: Rhöndorfer Ausgabe. Teegespräche 1955–1958. Bearb. v. HANNS JÜRGEN KÜSTERS. Berlin, Siedler 1986. VIII, 509 S.

Der Bogen dieses zweiten Bandes der „Teegespräche" spannt sich vom 20. September 1955 – Adenauer war eben aus Moskau zurückgekehrt – bis zum 16. Dezember 1958, als die Berlin-Krise nach dem Ultimatum Chruschtschows gerade begonnen hatte. Der erste Band dokumentiert die „Teegespräche" bis zum Oktober 1954, so daß in dieser Quellengruppe eine Lücke von knapp einem Jahr klafft und die letzte Strecke des Wegs der Bundesrepublik zur Souveränität hier nicht nachvollziehbar wird. Vom vorangegangenen Band unterscheidet sich der vorliegende dadurch, daß hier nur zu einem geringen Teil Protokolle der eigentlichen „Kanzler-Tees" zu finden sind, die 1950 zur vertraulichen Information vornehmlich deutscher Journalisten eingeführt worden waren: Der immer wachsende Teilnehmerkreis verminderte bis 1954 zunehmend den persönlichen Charakter dieser Treffen, Vertraulichkeit war nicht mehr gewahrt. So fanden seit 1955 nur noch vereinzelt Gespräche in einem sehr kleinen Kreis inländischer Pressevertreter statt – was prompt den Protest der draußen Gebliebenen nach sich zog. Die Mehrzahl der hier publizierten Dokumente sind Protokolle von Informationsgesprächen des Kanzlers mit ausländischen Journalisten. Infolgedessen treten innenpolitische Aspekte weiter in den Hintergrund. Plastisch wird vor allem der Streit mit der FDP um das „Grabenwahlrecht" 1955/56, der zum Koalitionsbruch führte, erkennbar wird auch die Atmosphäre vor der Bundestagswahl vom Herbst 1957, in die der Kanzler mit großem Selbstbewußtsein ging, aber die Rentenreform bleibt blaß, und das kritische Jahr der „Kanzlerdämmerung" 1956 (H.-P. Schwarz) ist kaum zu ahnen.

Doch angesichts der Haltung Adenauers, dem „nach wie vor die Außenpolitik der entscheidende Faktor" war (1.3.1956, S. 61), hat dieser Band erhebliches Gewicht. Er beleuchtet die Problemfelder der auswärtigen und internationalen Politik, die in jenen drei Jahren vorherrschend waren: die Deutschlandfrage, die Gründung von EWG und Euratom, die Tastversuche zwischen West und Ost zu Entspannungspolitik und militärischem Disengagement, die Umorientierung der amerikanischen Strategie sowie die atomare Aufrüstung.

Nach seinem Moskaubesuch fiel es Adenauer nicht ganz leicht, die Ergebnisse der Verhandlungen als Erfolg hinzustellen, weil allgemein im Westen erwartet worden war, daß der Kanzler für die Aufnahme diplomatischer Beziehungen mit der Sowjetunion Zugeständnisse in der Deutschlandpolitik der UdSSR aushandeln würde. Das Ergebnis, „nur" die letzten 10000 Gefangenen freibekommen zu haben, stellte Adenauer entsprechend deutlich heraus; mehr sei gar nicht zu erwarten und gar nicht intendiert gewesen, vielmehr sei man mit der Vermutung nach Moskau gefahren, die ganze Reise würde „hundertprozentig negativ" sein (S. 15). Die deutschlandpolitische Erfolglosigkeit dieses ersten bilateralen Kontakts verführte den Kanzler dazu, die Kriegsgefangenenfrage überdimensioniert zu sehen. So äußerte er nach Jahresfrist auf die Frage, ob er angesichts des unverändert schlechten Verhältnisses zwischen Bonn und Moskau noch einmal in die Sowjetunion reisen würde, daß er „etwa 100000 Menschen das Leben gerettet" habe, „und das ist ja doch wirklich etwas" (18.10.1956, S. 138).

Anhaltende Warnungen Adenauers vor Entspannungstendenzen im Westen durchziehen die Gespräche dieser Jahre, den amerikanischen Journalisten verbarg er nie seine große Skepsis gegenüber den Schwerpunktverlagerungen im strategischen Konzept der USA. Dies verbindet sich mit Bemerkungen über die Wirkung, welche die Verfügung über atomare Waffen auf die amerikanische und sowjetische Politik ausübe – zumal im Herbst der Suez- und Ungarnkrise. Es wird indes nicht recht klar, ob Adenauer die politische Bedeutung der Atomwaffen positiv oder negativ einschätzte, was mit der anfangs noch offenen Frage über konventionelle oder nicht-konventionelle Bewaffnung der Bundeswehr zusammengehangen haben dürfte.

Europäische Einigung und deutsche Frage: An zwei Stellen finden sich in diesem Band Sätze Adenauers, die seine Haltung am Ende der fünfziger Jahre markant wiedergeben und die Veränderung gegenüber den ersten Jahren gut beleuchten. Die wirtschaftliche und politische Föderation Europas, sagte er einige Monate nach der Unterzeichnung der Römischen Verträge, gehörten „absolut zusammen“: „Die wirtschaftliche Föderation soll ja zur politischen führen“ (6.8.1957, S. 217). Dann, zur Wiedervereinigung, angesprochen auf die Haltung, die Kurt Schumacher seinerzeit eingenommen hatte: „Da wurde die ganze Wiedervereinigungsfrage unter dem nationalen Gesichtspunkt gesehen, während ich sie unter dem menschlichen Gesichtspunkt sehe“ (20.5.1958, S. 281). Seit 1954/55 ging es in der Tat nicht mehr um den ursprünglichen Zielkonflikt, der den Dissens zwischen Schumacher und Adenauer bestimmt und der Frage nach ‚Wiederherstellung des Nationalstaats‘ oder ‚Supranationalität in Westeuropa‘ gegolten hatte. Die europäische Realität nach dem Scheitern der EVG und der Gründung des Warschauer Pakts war eine Mischform (in Westeuropa) aus supranationaler Integration und Selbstbehauptung nationaler Souveränitätsrechte, die eine Wiederherstellung Deutschlands als einheitlichen Nationalstaat mehr denn je zuvor unmöglich machte. Es mußten andere Lösungen der deutschen Frage gefunden werden, und es war kein Zufall, daß Adenauer im März 1958 dem sowjetischen Botschafter vorgeschlagen hatte, man solle der DDR den Status Österreichs geben: Der Kanzler versuchte hier einerseits, nach dem erfolgreichen Beginn der Wirtschaftsintegration Westeuropas wieder Bewegung in die Deutschlandpolitik zu bringen, und unter den gegebenen Bedingungen konnte es dabei nur um den menschlichen Gesichtspunkt gehen. Andererseits war das aber auch die Reaktion des Kanzlers auf jene denkwürdige Bundestagsdebatte vom Januar 1958, in der Adenauer vorgeworfen worden war, er habe die Wiedervereinigung nie gewollt, und in der aus der Erinnerung an die Stalin-Noten von 1952 nunmehr ihr Mythos wurde. Die zitierten Sätze lassen mithin erkennen, wie sorgfältig Adenauers Bemerkungen zu prüfen sind, weil er oft den Anschein erweckte, allgemeingültige Prinzipien seiner Politik zu formulieren, wenn er doch nur die Zwänge und Interessen der jeweiligen tagespolitischen Situation ins Auge gefaßt hatte.

Hervorzuheben ist die sorgfältige Bearbeitung der Dokumente. Der Anmerkungsteil ist auch für den wissenschaftlichen Benutzer Gewinn und Hilfe, vom Bearbeiter kenntnisreich, im Umfeld eigener Forschungen sehr detailliert und insgesamt überzeugend gestaltet.

Würzburg *Anselm Doering-Manteuffel*

RUDOLF MORSEY/HANS-PETER SCHWARZ (Hrsg.), Adenauer: Rhöndorfer Ausgabe. Briefe 1951–1953. Bearb. v. HANS PETER MENSING. Berlin, Siedler 1987. XII, 740 S.

Dieser Briefband umfaßt die Zeit von der Revision des Besatzungsstatuts im März 1951 bis zur Wahl zum 2. Deutschen Bundestag. Wie schon der vorangegangene Band wirft auch dieser kein neues Licht auf die politisch wichtigsten Ereigniskomplexe der Zeit: auf die Stalin-Note, die Unterzeichnung der Westverträge und den Streit um die Bindungsklausel, auf Betriebsverfassungs- und Lastenausgleichsgesetz, auf den 17. Juni. Hingegen wird wiederum die Atmosphäre des bedrohten Beginns in der ersten Legislaturperiode fühlbar, wobei die Integration der durcheinandergeworfenen Nachkriegsgesellschaft und die Harmonisierung schroff widerstreitender Interessen einzelner gesellschaftlicher Gruppen eines der Hauptprobleme bildeten. „Wir sollten die Zahl unserer Schwierigkeiten nicht noch um eine Auseinandersetzung mit den Vertriebenen und den anderen Geschädigten erhöhen", schrieb Adenauer während der Beratungen über das Lastenausgleichsgesetz an die Ministerpräsidenten einiger Bundesländer, in denen der BHE gegen das Gesetz opponierte (31.5.1952, S. 224).

Wichtig ist dieser Band, wenn man Adenauers Äußerungen unterhalb der Ebene der Großen Politik auf ihre Nuancen hin prüft. Sein beharrliches, vorsichtiges Bemühen um den Ausgleich mit Frankreich tritt hier immer wieder in dem Spannungsfeld zwischen supranationaler und nationalstaatlicher Zielsetzung hervor. Da Adenauer 1949 Jakob Kaiser gewissermaßen als deutschlandpolitisches Alibi ins Kabinett geholt hatte, geriet der Minister für Gesamtdeutsche Fragen angesichts der entschiedenen Westintegrationspolitik in das tragische Dilemma, in der Wiedervereinigungsfrage untätig bleiben und dies mit verstärktem Engagement für die Lösung der Saarfrage in nationalem deutschen Interesse kompensieren zu müssen. Dadurch störte er Adenauers – gewiß nicht risikolose – Frankreichpolitik, ohne mehr zu erreichen als Reibungen (S. 44–48, 114 zu Frankreich, S. 303, 332 f. zu Kaiser und der Saarfrage). Auch wird deutlich, wie weite Distanz Kaiser zur Wiederbewaffnungspolitik als Element der Westintegration wahrte (S. 50).

Adenauer sprach nicht viel von der Schuld der Deutschen, die sie in der Hitlerzeit auf sich geladen hatten, aber er ignorierte sie nicht. Für die materielle Wiedergutmachung gegenüber Israel setzte er sich nachdrücklich ein (S. 150, 185, 225). Hervorstechend ist jedoch auch der Stolz eines Mannes, der sich mit dem Nationalsozialismus nicht liiert hatte, wenn er zum Entwurf der Präambel des Israel-Vertrages schrieb: „Der 1. Absatz ist etwas sehr peinlich. Kann man nicht das Wort Verbrechen ersetzen durch Unrecht, so daß es heißen würde ‚unsagbares Unrecht'?" (S. 270).

Im Jahr 1953 stehen die Ereignisse in der DDR am und nach dem 17. Juni, der Plan einer Viererkonferenz der Siegermächte sowie die Vorbereitungen zur Bundestagswahl im Zentrum der Korrespondenz. Die Koalitionspartner bei der Stange zu halten, hat Adenauer einige Energie abverlangt.

Die wissenschaftliche Aufarbeitung des Quellenmaterials, die Anmerkungen und das Literaturverzeichnis sind von gleicher Qualität wie in den vorangegangenen Bänden.

Würzburg *Anselm Doering-Manteuffel*

RAINER KLUMP, Wirtschaftsgeschichte der Bundesrepublik Deutschland. Zur Kritik neuerer wirtschaftshistorischer Interpretationen aus ordnungspolitischer Sicht. (Beiträge zur Wirtschafts- und Sozialgeschichte, Bd. 29.) Stuttgart, Steiner 1985. 129 S., 29,– DM.

Mit dieser, von dem Nürnberger Nationalökonomen Ernst Dürr inspirierten Polemik wird der westdeutsche Wirtschaftshistorikerstreit über die Ursachen des schnellen Wiederaufstiegs der westdeutschen Wirtschaft nach dem Zweiten Weltkrieg um eine anachronistische Komponente bereichert. Ging es bis dahin vor dem Hintergrund neuer Ergebnisse der historischen Forschung um unterschiedliche Akzentsetzungen unter den Determinanten des „Wirtschaftswunders" der Langen Fünfziger Jahre, wird nun diese Ebene der Forschungskontroverse verlassen und die Debatte auf der Ebene ordnungspolitischer Axiome fortgeführt. Grundlage der Kritik ist dabei nicht – wie bei einem Teil der an der Debatte beteiligten Kritiker der herrschenden Lehre – die neuere Entwicklung in den Wirtschaftswissenschaften, die in der Auseinandersetzung mit Keynes auch die Wirtschaftsgeschichte aus dieser Perspektive neu sehen möchte. Die bevorzugte „ordnungspolitische Sicht" ist vielmehr diejenige der deutschen neo-liberalen Orthodoxie, die mit diesem Wind im Rücken die ordnungspolitischen Schlachten der Langen Fünfziger Jahre neu schlagen will, um sie dieses Mal zu gewinnen.

Die aus einer Vortragsreihe an der Universität Erlangen-Nürnberg hervorgegangene Kapitelfolge bietet nicht, wie der Titel verspricht, eine „Wirtschaftsgeschichte der Bundesrepublik Deutschland". Sie setzt sich vielmehr kritisch mit dem auseinander, was der Vf. dem Leser als Kernthesen der Vertreter „neuerer wirtschaftshistorischer Interpretationen" vorstellt. Leider werden diese nicht nur extrem zugespitzt, was in diesem Genre der wissenschaftlichen Auseinandersetzung noch tolerabel wäre, sondern auch bis zur Unkenntlichkeit verzerrt. So etwa, wenn dem Widersacher unterstellt wird, er habe „Janossys Trend- und Rekonstruktionstheorie *ohne weitere kritische Überprüfung und Differenzierung als alleinige* Grundlage seiner Interpretation der bundesdeutschen Wirtschaftsgeschichte" übernommen. Der Vf. macht sich seine Aufgabe, die neuere Interpretation der westdeutschen Wirtschaftsgeschichte kritisch zu beleuchten, dadurch nicht nur zu leicht, er bleibt auch weit hinter dem zurück, was die Repräsentanten dieser Forschungsrichtung selber an kritischer Überprüfung und Differenzierung ihrer Ausgangspositionen geleistet haben.

Weil der Vf. davon überzeugt ist, in der ordnungspolitischen Reform des Jahres 1948 die wesentliche Ursache des „Wirtschaftswunders" zu finden, sucht er folgerichtig nach Abweichungen vom rechten Weg der Ordnungspolitik, um den Rückgang der Wachstumsraten in den Langen Fünfziger Jahren und die von ihm als „Wachstumsschwäche" apostrophierte wirtschaftliche Entwicklung der Gegenwart zu erklären. Der ordnungspolitische Sündenfall beginnt dabei seiner Meinung nach schon mit der Einführung der internationalen Konvertibilität der Deutschen Mark, die die geldpolitische Handlungsfähigkeit der Bundesbank „entscheidend" schwächte. In der „zunehmenden Einflußnahme des Staates" sieht er eine weitere „entscheidende ordnungspolitische Veränderung" ohne den von der wirtschaftshistorischen Forschung inzwischen vielfach nachgewiesenen großen Umfang und die hohe Intensität der Staatsintervention in den späten vierziger und den frühen fünfziger Jahren zur Kenntnis zu nehmen. Ähnliche Wirkungen werden dem Ausbau des Sozialstaates und dem Anstieg des Subventionsvolumens zugeschrieben, ohne zu reflektieren, daß diese Entwicklungen nicht zuletzt Folgen des Defizits an immanenter Verteilungsgerechtigkeit und Steuerungsfähigkeit in der realen Ordnungspolitik der Langen Fünfziger Jahre gewesen sind.

Der Vf. plädiert deshalb für die Wiederherstellung der heilen

Welt der Sozialen Marktwirtschaft, wie er sie in den frühen fünfziger Jahren noch vermutet. Es geht ihm dabei nicht nur ums Prinzip. Die Rückkehr zu den Quellen des Neo-Liberalismus (die er zu Unrecht in der frühen Nachkriegszeit verortet) garantiert ihm auch jene Wachstumsraten, in denen er das wichtigste Heilmittel gegenwärtiger Wirtschaftsprobleme sieht. Sprechen doch „gerade die Erfolge mit der wirtschaftspolitischen Gestaltung günstiger Wachstumsbedingungen in der Nachkriegszeit ... dafür, daß sich die gleichen Effekte einer marktwirtschaftlichen Wachstumspolitik auch in der Bundesrepublik (wieder) erzielen lassen".

Florenz *Werner Abelshauser*

THOMAS ELLWEIN, Krisen und Reformen. Die Bundesrepublik seit den sechziger Jahren. München, Deutscher Taschenbuch Verlag 1989. 247 S., 12,80 DM.

Dieses Taschenbuch steht im Sinne einer „Arbeitsteilung innerhalb der Reihe" im Kontext von zwei bereits 1986 erschienenen Titeln. E. klammert sowohl die internationale Wirtschafts-, Geld- und Militärpolitik aus (unter Verweis auf: H. Haftendorn, Sicherheit und Stabilität. Außenbeziehungen der Bundesrepublik zwischen Ölkrise und NATO-Doppelbeschluß) als auch die Ost- und Deutschlandpolitik (unter Verweis auf P. Bender, Neue Ostpolitik. Vom Mauerbau bis zum Moskauer Vertrag). Eine Darstellung, die mit der „unruhigen Zeit" beginnt und bis 1988 reicht, ist verständlicherweise durchsetzt von Wertungen, über die es „kein Einvernehmen geben wird" (S. 207). Das ist kein Nachteil, da der Vf. seine (sozial-liberale) Grundposition nicht verwischt. Seine sozialwissenschaftliche Konzeption und Argumentation ermöglicht es, überblicksartige Passagen („Veränderungen" 1968/1977) mit chronologisch und sachthematisch angelegten Kapiteln (vom „Ende der Ära Adenauer" bis zur „unsicheren Republik" der Gegenwart) miteinander zu verknüpfen. Bringt der Leser die zur außenpolitischen Einordnung der Darstellung erforderlichen Vorkenntnisse mit, ist das „Bändchen" (S. 206) ebenso anregend wie nützlich.

Die der Reihe entsprechende Untergliederung – Darstellung (S. 11–156), Dokumente (S. 157–205), Forschungsstand und Literatur (S. 206–217) sowie Zeittafel (S. 218–240) – ist um eine Übersicht „Anteile der Parteien bei den Landtags- und Bundestagswahlen 1965–1988" ergänzt, in der die CSU unter CDU subsumiert ist

(241 f.). – Zu korrigieren sind die falsch geschriebenen Namen Graf Kielsmansegg (S. 90) und L. Erhard (S. 246) bzw. Vornamen (richtig: Karl Theodor) bei v. Guttenberg (S. 246).

Speyer *Rudolf Morsey*

LUDWIG ERHARD, Gedanken aus fünf Jahrzehnten. Reden und Schriften. Hrsg. v. KARL HOHMANN. Düsseldorf/Wien/New York, Econ 1988. 1104 S., XXXI S. Bildteil, 98,– DM.

Im Gegensatz zu anderen bundesdeutschen Politikern hat Ludwig Erhard keine Erinnerungen geschrieben. Daher kommt dieser Edition, die von seinem ehemaligen Mitarbeiter nunmehr herausgegebenen wurde, besondere Bedeutung zu.

Bei den 153 ausgewählten Dokumenten aus dem Zeitraum 1931 bis 1976 handelt es sich um Reden, Aufsätze, einige Schlüsselkapitel aus theoretischen Abhandlungen zu wirtschaftspolitischen Grundsatzfragen, Rundfunkansprachen und Zeitungsartikeln. Davon stammen vier Beiträge aus den Jahren 1931–1933, sechs aus der Nachkanzlerzeit 1966–1976. Unter welchen Aspekten die Auswahl erfolgte, bleibt unklar. Der Hrsg. verweist nur auf etwa 12 000 vorhandene öffentliche Äußerungen in dem von ihm geleiteten Erhard-Archiv. Einführende Bemerkungen zu jedem Dokument und die biographische Zeittafel erleichtern zwar dessen Verortung in den zeitgeschichtlichen Kontext. Auf Hinweise zu weiteren Nachlaß-Beständen wurde aber leider verzichtet. Personen- und Sachregister erschließen den Band.

Die Edition ist äußerst verdienstvoll, ermöglicht sie doch den raschen Zugriff auf Stellungnahmen und Gedanken Erhards zu den wichtigsten wirtschaftspolitischen Problemen der Nachkriegszeit. Waren seine Überlegungen als wissenschaftlicher Assistent während der dreißiger Jahre hauptsächlich von mehr theoretischen Ideen zur Bewältigung der Wirtschaftskrisen bestimmt, so bezieht er als ausgewiesener Wirtschaftsexperte in seinen Kommentaren ab 1945 auch sozial- und finanzpolitische Fragen mit ein, um den wirtschaftlichen und politischen Fehlentwicklungen des Dritten Reiches künftig entgegenzuwirken. Deutlich wird, wie sich aus dem Wirtschafts*theoretiker* Erhard der Wirtschafts*politiker* entwickelt. In einfühlsamen Appellen an die Bevölkerung, auf Parteikongreßen und vor Wirtschaftsvertretern schafft er in den Nachkriegsjahren Vertrauen für die Währungsreform von 1948 und sein Konzept der Sozialen

Marktwirtschaft. Erhard bleibt auch dann seinen Prinzipien einer auf Wettbewerb und sozialer Gerechtigkeit beruhenden Wirtschafts- und Gesellschaftsordnung treu, als er im Korea-Konflikt 1950/51 dafür allseits Schelte einstecken muß. Mit Weitblick kämpft er für die Freiheit des internationalen Handes, verteidigt das Kartellverbot, wendet sich gegen Beschränkungen des Wettbewerbs, plädiert er für eine maßvolle Finanzpolitik. Erst in den späten fünfziger, vor allem Anfang der sechziger Jahre – so scheint es jedenfalls – treten neben seinem Konzept der Formierten Gesellschaft andere politische Themen in den Vordergrund wie die Entwicklungshilfe, Abrüstungsfragen, die Wiedervereinigung oder die Auseinandersetzung mit der jüngsten deutschen Vergangenheit.

Die Fülle dieser interessanten Dokumente läßt hoffen, daß recht bald auch unveröffentlichte Materialien aus dem Erhard-Nachlaß einem breiten Publikum zugänglich gemacht werden.

Bonn *Hanns Jürgen Küsters*

KURT GEORG KIESINGER, Dunkle und helle Jahre. Erinnerungen 1904–1958. Hrsg. v. REINHARD SCHMOECKEL. Stuttgart, Deutsche Verlags-Anstalt 1989. 543 S., 39,80 DM.

Die Memoiren des Bundeskanzlers der Großen Koalition (1966–1969) sind, dies vorweg, für den Zeithistoriker enttäuschend. Sie reichen zeitlich nur bis 1958, bevor der CDU-Bundestagsabgeordnete als Ministerpräsident nach Stuttgart überwechselte, enthalten aber auch für die vorausgegangene politische Tätigkeit des Vf.s seit 1948/49 nur wenige unbekannte Einzelheiten und sind schließlich gerade in den letzten Abschnitten äußerst lückenhaft. Für die Darstellung ab Herbst 1953 lagen „nur verschiedene, relativ unzusammenhängende Textbruchstücke" vor (S. 463). Der Herausgeber, ein beamteter Mitarbeiter des Kanzlers wie des Exkanzlers, hat seinerseits überleitende Teile eingefügt, die durch Kursivdruck kenntlich gemacht sind, aber die fehlenden Passagen nicht ersetzen.

Große Teile der politischen Vita K.s sind bereits durch ein umfangreiches Interview mit Hans Bausch bekannt, das 1984 als „Festgabe des Landtags von Baden-Württemberg" erschienen ist. Diese großformatige Broschüre (93 S.) enthält zudem zahlreiche Fotos zur Biographie des Unionspolitikers, von denen nur ein Bruchteil in die Memoiren übernommen worden ist. Wichtige Auskünfte K.s über seine Zusammenarbeit wie über manche Zusammenstöße mit Adenauer sind zudem in den Bänden 5, 7 und 8 der „Rhöndorfer Gespräche" (1982–1986) veröffentlicht. Darauf ist in den Memoiren ebensowenig verwiesen wie auf frühere literarische und (auto-)biographische Publikationen des Unionspolitikers, geschweige denn auf ein Verzeichnis der über ihn bereits vorliegenden Literatur.

Der interessanteste Teil der Memoiren ist die Beschreibung des Lebens und Überlebens K.s als erfolgreicher „privater Rechtslehrer" in Berlin, wo er als passives Mitglied der NSDAP „gegen den Strom" – wie das Kapitel über die Jahre 1934–1940 überschrieben ist (S. 182) – lebte und lehrte, sich „von diesem Staat zurückgezogen" (S. 215) und Auswanderungspläne nach Brasilien erwogen hatte (S. 203ff.). Als dienstverpflichteter Angehöriger der Rundfunkabteilung des Auswärtigen Amtes seit 1940 erhielt der Autor Einblicke in das Ämterchaos des Dritten Reiches. Die Quintessenz seiner Ausführungen: „Ich habe es nie fertiggebracht, in späteren Jahren ... das, was ich ... im Auswärtigen Amt getan habe, als Widerstand hinzustellen und mich damit zu brüsten. Ich habe mir im Gegenteil immer wieder vorgeworfen, noch nicht genug gewagt zu haben" (S. 240).

Die Memoiren enthalten kluge und auch literarisch anspruchsvolle Beobachtungen über die sozialen Verhältnisse und die Schwierigkeiten eines begabten, aber von finanzieller Unterstützung Dritter abhängigen „Aufsteigers", auch lesenswerte Passagen über den Zeitgeist der Weimarer Republik, wie der Vf. ihn seit 1926 in Berlin erlebt hat. Die Enttäuschung darüber, daß K. weder 1953 noch 1957 in Adenauers Kabinett berufen worden ist, klingt durch, verführt den 1988 verstorbenen Vf. aber nicht zu nachträglicher „Abrechnung" mit dem ersten Bundeskanzler.

Speyer *Rudolf Morsey*

CHRISTIAN HACKE, Weltmacht wider Willen. Die Außenpolitik der Bundesrepublik Deutschland. Stuttgart, Klett-Cotta 1988. 544 S., 48,– DM.

Christian Hacke hat die Geschichte der westdeutschen Außenpolitik dargestellt, um eine Lücke zu füllen, die durch „mangelndes Verständnis für die Außenpolitik der Bundesrepublik und eine steigende Konzentration auf innenpolitische Themen" entstanden ist. Eine solche Abhandlung kann sich bevorzugt auf die Auswertung der bereits reichlich zur Verfügung stehenden Archivalien oder eher auf die vorhandene Literatur stützen. Der Autor hat sich für die zweite Möglichkeit entschieden.

Unter den jeweils leitenden Fragen danach, was für die Bundesrepublik außen-, innen- und koalitionspolitisch machbar gewesen sei, führt der Weg durch vier Jahrzehnte äußerer und internationaler Politik. Dem Sachkenner begegnet dabei durchweg Vertrautes, wenn er die Entwicklung der Außenpolitik von Adenauer bis Kohl Revue passieren läßt. Bis zum Jahre 1974 gelingt es dem Autor, den Strom der Ereignisse und Zusammenhänge überschaubar zu kanalisieren; danach aber ufert er nicht selten aus. Teils durch die Sache bedingt, teils durch die zeitliche Nähe zum Untersuchungsgegenstand verursacht, verschwimmen die Konturen zwischen bundesdeutscher, europäischer und weltweiter Entwicklung, zwischen der Außenwirtschaft dieses Staates und der globalen Ökonomie in der ersten, zweiten und dritten Welt.

Hackes Urteile über die mit kritischer Sympathie betrachtete Erfolgsgeschichte bundesdeutscher Außenpolitik leuchten ein, nicht zuletzt auch deshalb, weil ihre Defizite als bleibende Schatten und ständige Herausforderungen beim Namen genannt werden. Fast allesamt sind sie mit der ungelösten nationalen Frage der Deutschen verbunden. Ob sie sich bis zum Zeitbruch der sechziger Jahre als Forderung nach der Wiedervereinigung stellten oder sich danach als Postulat nach Selbstbestimmung im europäischen Rahmen der Menschenrechtspolitik artikulierten, stets bildete und bildet die freie und wohlhabende, bürgerfreundliche und attraktive Bundesrepublik einen Magneten für den anderen Teil Deutschlands und das nicht freie Europa.

Ob der Weg aus dem „ohnmächtigen Trizonesien" inzwischen tatsächlich zur Position einer „Weltmacht wider Willen" geführt hat, sei zumindest als kritische Frage aufgeworfen. Entspricht es der politischen Wirklichkeit im Lichte historischer Erfahrung, wenn Hacke, gewiß mit viel Berechtigung, aber letztlich doch unter dem Vorbehalt eines „pourvu que ça dure" stehend, feststellt: „Auf dem Weg vom ohnmächtigen Trizonesien vor 40 Jahren bis hin zur Weltmacht wider Willen hat eine entscheidende Veränderung den Aufstieg der Bundesrepublik begünstigt. Im Nuklearzeitalter ist die militärische Potenz des Staates in der internationalen Politik, die das wichtigste Instrument seiner Durchsetzungsfähigkeit ausmachte, in ihrer Bedeutung gesunken. Die Münzen vergangener Macht wurden aus dem Eisen militärischer Stärke geprägt. Heute sind die Medaillen leichter und von anderer Qualität. Leistung und Macht entstehen aus den Chips der Hochtechnologie und aus wirtschaftlicher Stärke. Die militärische Komponente der Macht hat an dauerhafter Bedeutung verloren."

Die Antwort auf die Frage danach, ob ein international akzeptierter Qualitätswandel über den außenpolitischen Machtbegriff sich tatsächlich vollzogen hat und verläßlich andauern, ob also äußere Politik, ökonomisch veredelt, in friedlichem Wettbewerb aufgehen wird oder doch wieder in die „ultimae rationes" überlieferter Machtpolitik umschlagen kann, wird nicht zuletzt auch über das Schicksal der deutschen Nation und dieser Republik entscheiden.

Bonn *Klaus Hildebrand*

HERMANN WEBER, Die DDR 1945–1986. (Oldenbourg Grundriß der Geschichte, Bd. 20.) München, Oldenbourg 1988. IX, 253 S., 32,– DM.

Nach knapp vierzigjähriger Existenz der DDR erscheint eine Bestandsaufnahme ihrer historischen Erforschung geboten. Die Reihe „Grundriß der Geschichte" eignet sich wegen ihrer spezifischen Zielsetzung in besonderer Weise dafür. Für die Bearbeitung wurde der Mannheimer Politologe und Zeitgeschichtler Hermann Weber gewonnen, ein ausgewiesener Kenner der Materie, der bereits eine Reihe einschlägiger Gesamtdarstellungen zur Geschichte der DDR vorgelegt hat. Die gestellte Aufgabe war wegen der Jugend des Gegenstands und der fließenden Grenzen der ihn bearbeitenden Zunft äußerst diffizil.

Weber gliedert den Darstellungsteil in die „Vorgeschichte der DDR 1945–1949" mit den Abschnitten über den „Aufbau eines neuen politischen Systems", die „Reformen in Wirtschaft und Gesellschaft", den „Aufstieg der SED zur bestimmenden Partei" und die „Spaltung Deutschlands und den Übergang zur ‚Volksdemokratie'" (S. 1–24), in den „‚Aufbau des Sozialismus' in der DDR 1949–1961" von der Staatsgründung bis zum Mauerbau (S. 25–55), in die „Festigung der DDR 1961–1970" von den Stabilisierungsversuchen mit dem Neuen Ökonomischen System bis zu Ulbrichts „Modellversuchen" (S. 56–76) und schließlich in das Kapitel „Die DDR zwischen Stabilität und Krise 1971–1986" von Ulbrichts Ablösung bis zu den „Reformchancen der DDR" (S. 77–104).

In seinem Forschungsbericht unterscheidet der Autor zwischen der methodisch und inhaltlich vielfältigen „westlichen" und der „unkritischen, oft bis ins Legendenhafte gehenden" Betrachtungsweise in der DDR. Kontroversen werden nach seiner Meinung fast ausschließlich zwischen den Historikern beider Seiten geführt, nicht jedoch innerhalb der Grenzen einer Seite (S. 106). Für die DDR mag dies wegen der von Weber skizzierten „Parteilichkeit" der Geschichtswissenschaft zutreffen. Die westliche Forschung kennt gleichwohl eine beträchtliche Zahl unterschiedlicher Ansätze und Methoden. Zu fragen wäre, ob dies möglicherweise Zeichen einer noch nicht voll ausgebildeten wissenschaftlichen Disziplin „Historische DDR-Forschung" ist. Das Schwergewicht bisheriger Forschung lag nämlich im politologischen, sozialwissenschaftlichen, juristischen und publizistischen Bereich. An anderer Stelle räumt der Vf. durchaus Differenzen ein, etwa hinsichtlich der Frühphase nach 1945 (S. 126).

Die Quellenlage schätzt Weber als „gar nicht so schlecht" ein, beschränkt dies aber vorwiegend auf die „Vor- und Frühgeschichte" der DDR. Die Archive der DDR sind für die westliche Forschung bis auf frappante Ausnahmen unzugänglich, für die Historiker der DDR vermutlich zu einem guten Teil. Eine befriedigende Quellenlage ergibt sich daher nur wegen der Verfügbarkeit westlicher Archivalien, der Publikation von Akten und Dokumentationen seitens der DDR, einer Reihe jüngerer Darstellungen aus der DDR mit bislang unbekanntem Material sowie der Auswertung von Zeitungen, Zeitschriften, Funktionärsorganen, Ton- und Fernsehdokumenten, stenographischen Protokollen von Parteikongressen, Gesetzesblättern, Statistiken und Beschlüssen von Institutionen. Mit letzteren sieht der Autor die Grenzen der „Geheimhaltungspolitik der DDR-Führung" durchbrochen (S. 111).

Die Forschungslage kann man insgesamt durchaus kritischer betrachten. Die umfangreiche Bibliographie (1227 Titel) sollte nicht verkennen lassen, daß die historische DDR-Forschung erst in den Anfängen steht. „Grundlagenforschung" kann sich vorerst wegen der Quellensituation strenggenommen nur auf das Jahrzehnt zwischen 1945 und 1955 konzentrieren, in dem sich auch die Zeitgeschichtsforschung bewegt. Selbst hier sind die Grenzen in einigen Bereichen sehr eng gezogen, etwa bei der Erforschung der Struktur und Rolle der Sowjetischen Militäradministration (SMAD) oder der sowjetischen Deutschlandpolitik, für die die Quellenlage weiterhin äußerst unbefriedigend ist. Ein Konsens ist nicht einmal für die Geschichte der SBZ in Sicht, die von DDR-Historikern wechselweise als „antifaschistisch-demokratische Umwälzung", „Revolution" oder „Befreiungstat der Sowjetunion" gehandelt wird und bei der die westliche Forschung über den Eigenanteil der deutschen Kommunisten an der Entstehung „ihres" Staates streitet. Hinzu kommt, daß die Geschichte der DDR je nach Fragestellung wechselweise von der Deutschlandforschung und der Osteuropaforschung oder im Zusammenhang mit dem Kalten Krieg und dem Ost-West-Konflikt abgehandelt wird.

Wie jung die DDR und ihre Erforschung im Kontext der Neuesten Geschichte ist, zeigen Kontroversen über den „Typus" ihrer Gesellschaft (S. 115–121). Die Bemühungen der SED einerseits, verschiedene Phasen der Entwicklung eines „sozialistischen Systems" nachzuweisen, und die westlichen Hypothesen von der „Sowjetisierung", „Stalinisierung" – die nach Weber von der Totalitarismusdoktrin inspiriert waren – und die Theorien von einem „Transformationsprozeß" und „systemimmanenten Faktoren" andererseits zeugen von Legitimationsproblemen bzw. dem verfrühten Wunsch nach abschließender Bewertung. Die fundierte, breitangelegte Bilanz Webers schafft die Möglichkeit und zeigt die Notwendigkeit, einen Kanon historischer DDR-Forschung festzulegen und ihren Standort neben anderen Teildisziplinen und Fächern zu bestimmen.

Königstein/Ts. *Nikolaus Katzer*

JOCHEN MEINERS, Die doppelte Deutschlandpolitik. Zur nationalen Politik der SED im Spiegel ihres Zentralorgans „Neues Deutschland" 1946 bis 1952. Frankfurt am Main/Bern/New York, Lang 1987. VIII, 654 S., 90,– sfr.

Diese Kieler Dissertation behandelt die Deutschlandpolitik der SED von der Gründung der DDR im Jahre 1949 bis zur sowjetischen Notenoffensive von 1952. Konzentriert auf die deutschlandpolitisch relevanten Kommmentare und Berichte des „Neuen Deutschland", des Zentralorgans der Staatspartei der DDR, gelangt der Vf. dabei schon im Vorfeld der Ostberliner Staatsgründung zu dem Eindruck, daß für die SED der Gedanke der nationalen Einheit „nicht die absolute Priorität" besaß, sondern vielmehr „gesellschaftliche Ziele" vor dem Einheitsgedanken rangierten. Auch nach der Bildung des zweiten deutschen Staates am 7. Oktober 1949 bestand offenbar keine ernsthafte Bereitschaft der SED zu einer raschen und einvernehmlichen Lösung des deutschen Problems. Hinter unrealistischen, weil nicht verhandlungsfähigen „werbewirksamen Forderungen" (z. B. Abzug der Besatzungstruppen, Abschluß eines Friedensvertrages vor der Abhaltung gesamtdeutscher Wahlen) verbarg sich vielmehr nur ein unmißverständlicher Alleinvertretungsanspruch der DDR, der sich in einer sehr aggressiven, ja drohenden Sprache u. a. in Aufforderungen zum „Umsturz in Westdeutschland" und zur Beseitigung des dortigen „Adenauer-Spuks" manifestierte. Die mit Kampagnen für einen Gesamtdeutschen Konstituierenden Rat (1950) und der Propagierung einer „Volksbefragung gegen die Remilitarisierung und für den Abschluß eines Friedensvertrages" (1951) geführte Deutschlandpolitik der SED wird in der Untersuchung ebenso eindeutig als taktisches Manöver nachgewiesen wie die Tatsache belegt, daß sich die SED eine Lösung der deutschen Frage nur „durch eine Umkehr der gesellschaftlichen Verhältnisse in Westdeutschland" vorstellen konnte. So sehr diese Aussagen bisherige Erkenntnisse über die nationale Politik der SED eindrucksvoll bestätigen, so wenig überzeugt der Vf. mit seinen Vermutungen über die sowjetische Deutschlandpolitik und über angebliche Torpedierungsversuche derselben durch die Ostberliner Parteiführung. Im übrigen hätte es der Untersuchung nicht geschadet, wenn ihr Vf. zu einer Straffung seiner Ausführungen angehalten worden wäre.

Bonn *Alexander Fischer*

HEINZ HEITZER (Hrsg.), DDR-Geschichte in der Übergangsperiode (1945–1961). Berlin, Akademie 1987. 322 S., 28,– DM.

Der Zeitraum zwischen dem Ende des Zweiten Weltkrieges und dem Bau der Berliner Mauer am 13. August 1961, im marxistisch-leninistischen Sprachgebrauch der Historiker der DDR die sog. Übergangsperiode vom Kapitalismus zum Sozialismus, zählt nach Meinung des Hrsg.s zu den am intensivsten bearbeiteten Themen in der Geschichtswissenschaft des zweiten deutschen Staates. Das gilt offenbar weniger für die darstellerische und analytische Bewältigung dieser Periode als für die Diskussion über deren Zäsuren sowie deren Beginn und Ende, wie dieser Band unter Beweis stellt. Sein Anliegen ist es, „das zeitgenössische Verständnis" der Staatspartei der DDR, der SED, und ihrer Vorgängerin, der KPD, mit der „rückblickenden historischen Wertung" in Beziehung zu setzen. Dabei überrascht es nicht gerade, wenn der Hrsg. schon in seiner Einleitung zu dem Ergebnis gelangt, daß sich die Geschichtsschreibung der DDR in der Einschätzung der zwischen 1945 und 1961 vollzogenen „revolutionären Veränderungen" in der SBZ/DDR stets „in weitgehender Übereinstimmung" mit dem jeweiligen Verständnis der diesen Umwälzungsprozeß anführenden SED befunden hat. Auch wenn diese Übereinstimmung nicht immer Deckungsgleichheit bedeutete, bieten die hier versammelten Beiträge (mit Ausnahme der Einleitung und einer Auswahlbibliographie durchweg Nachdrucke aus den Jahren 1959 bis 1982) daher nur leichte „Variationen" in der Bewertung der Einschnitte und Entwicklungsetappen der „volksdemokratischen Revolution" *(Stefan Doernberg)* auf deutschem Boden. U. a. tritt *Günter Benser* (Berlin) dafür ein, in der Gründung der DDR im Oktober 1949 „das herausragende Ereignis bei der Hinüberleitung der Revolution von der antiimperialistisch-demokratischen zur sozialistischen Etappe" zu sehen, während *Stefan Doernberg* (Berlin) und *Gottfried Dittrich* (Leipzig) darum bemüht sind, die „Umgestaltungen" in der SBZ/DDR in den angeblich „nach allgemeingültigen Gesetzen" vollzogenen revolutionären Prozeß der Herausbildung eines sozialistischen Weltsystems einzufügen. Es ist typisch für die Zeitgeschichtsschreibung der DDR, daß den in diesem Band dokumentierten Periodisierungsproblemen eine zentrale Bedeutung eingeräumt wird, während die detaillierte Erforschung von Vor- und Frühgeschichte der DDR immer noch zu wünschen übrig läßt.

Bonn *Alexander Fischer*

WERNER MATSCHKE, Die industrielle Entwicklung in der Sowjetischen Besatzungszone Deutschlands (SBZ) von 1945 bis 1948. (Wirtschaft und Gesellschaft im geteilten Deutschland, Bd. 2.) Berlin, Spitz 1988. 389 S., 48,– DM.

Die wirtschaftliche Entwicklung der SBZ, insbesondere die industrielle, stieß bisher weder hierzulande noch in der DDR auf das gleiche Interesse wie die politische. Insofern schließt diese solide Aachener Dissertation eine Lücke, wenn sich ihr Vf. – übrigens auf einer bemerkenswert breiten Quellengrundlage (u. a. mit Materialien aus den Archiven des Bundesamtes für gewerbliche Wirtschaft, Eschborn; des Ostbüros der SPD, Bonn; und des Deutschen Instituts für Wirtschaftsforschung, Berlin) – um die Klärung der Vorgeschichte und der politischen Vorgänge bemüht, die – im Gegensatz zu den Potsdamer Beschlüssen – zur wirtschaftlichen Teilung des besetzten Deutschlands führten. Unter Berücksichtigung der strukturellen Veränderungen, die sich bereits in den Jahren zwischen 1933 und 1945 für den mitteldeutschen Raum ergeben hatten, ist der Vf. um eine ebenso gründliche wie umfassende Aufarbeitung der Thematik bemüht: von den Vorstellungen der UdSSR und der Moskauer Führung der Exil-KPD zur wirtschaftlichen Entwicklung Deutschlands nach dem Kriege über die Ausgangslage von 1945 und „die wirkenden Kräfte in der SBZ" (neben der sowjetischen Besatzungsmacht die deutschen Parteien, vor allem KPD bzw. SED, dazu die Betriebsräte und der FDGB sowie die Deutsche Wirtschaftskommission) bis hin zum „sozialökonomischen Umbau", den Entnahmen von USA und UdSSR, den sowjetischen Aktiengesellschaften (einschließlich des Sonderfalles Uranbergbau im Erzgebirge) und der Entwicklung der industriellen Produktion unter besonderer Berücksichtigung einzelner Industriezweige (z. B. Braunkohle, Eisen, Chemie und Textil). Dabei gelingt der eindrucksvolle Nachweis, daß die Industrie der SBZ durch die Entnahme der USA „nicht unerhebliche Einbußen" hinnehmen mußte, die Industriekapazität aber vor allem durch die Demontagen der UdSSR „entscheidend vermindert" wurde. Zudem wird die in der wirtschaftsgeschichtlichen Literatur der DDR vertretene These, daß die hohen Kriegsschäden in der (späteren) SBZ die Ausgangslage für den wirtschaftlichen Neubeginn im sowjetischen Besatzungsgebiet entscheidend verschlechtert habe, als kaum den Realitäten entsprechend zurückgewiesen. Eine Reihe von aufschlußreichen Statistiken und Tabellen rundet das Bild einer Untersuchung ab, die nur als ein erfreulicher Gewinn für die zeitgeschichtliche Deutschlandforschung bezeichnet werden kann.

Bonn *Alexander Fischer*

GUNNAR WINKLER (Hrsg.), Geschichte der Sozialpolitik der DDR 1945–1985. Berlin, Adademie 1989. 448 S., 48,– DM.

Dieser Sammelband verdankt seine Entstehung den vielfältigen Bemühungen um Erfolgsbilanzen zum 40. Jahrestag der Gründung der DDR. In diesem Falle haben sich Historiker und Gesellschaftswissenschaftler vorgenommen, eine „wissenschaftlichen und propagandistischen Zwecken dienende" Darstellung über die Entwicklung der Sozialpolitik in der sowjetischen Besatzungszone und in der DDR zwischen 1945 und 1985 zu erarbeiten. Das muß schon deshalb als ein beachtenswertes Unterfangen angesehen werden, weil bis in die 50er Jahre hinein im zweiten deutschen Staat Sozialpolitik als dem Sozialismus „wesensfremd" galt und nunmehr die Politik der SED gleichsam auf historiographischem Wege eine Korrektur erfährt. Indessen bleibt der Gesamteindruck von diesem an sich begrüßenswerten Vorhaben zwiespältig: Einerseits verdient der Band wegen einer Reihe sachbezogener Informationen über sozialpolitische Maßnahmen (z. B. Sozialversicherung, Sozialfürsorge, Gesundheitswesen, Unfallschutz, Jugendpflege) und über die soziale Lage der Bevölkerung (u. a. Ernährung, Versorgung mit Wohnraum und Konsumgütern, Einkommensentwicklung) in der SBZ/DDR Beachtung, andererseits sind auch Vorbehalte angebracht, z. B. gegen die offensichtlichen Vorgaben für den historischen Abriß mit dem bekannten Zwang zu marxistisch-leninistischer Konformität. Sozialpolitik wird demnach z. B. in den Jahren der „antifaschistisch-demokratischen Umwälzung" zwischen 1945 bis 1949 angeblich von Verhältnissen geprägt, „die den Blick auf eine sozialistische Perspektive wiesen". Auch dürften die zahlreichen statistischen Angaben, deren verschönernde Tendenz inzwischen allgemein bekannt ist, kaum zum Nennwert zu nehmen sein. Der Anhang enthält in Form einer „chronologischen Informations- und Nachschlagemöglichkeit" eine Zeittafel zur Sozialpolitik der DDR, statistische Übersichten in Tabellenform (u. a. Pro-Kopf-Verbrauch ausgewählter Nahrungs- und Genußmittel, fertiggestellte Wohnungen, abgeschlossene Kuren, Struktur des wöchentlichen Zeitbudgets), Kurzbiographien von „Wegbereitern der Sozialpolitik", Angaben über die Ausschüsse für Arbeit und Gesundheitswesen bzw. Arbeits- und Sozialpolitik (ab 1957) der Volkskammer und eine auf DDR-Literatur beschränkte Auswahlbibliographie.

Bonn *Alexander Fischer*

Die Militär- und Sicherheitspolitik der SED 1945 bis 1988. Dokumente und Materialien. Berlin, Militärverlag der DDR 1989. 664 S., 19,80 M.

Zeittafel zur Militärgeschichte der Deutschen Demokratischen Republik 1949 bis 1988. 2., erw. u. durchges. Aufl. Berlin, Militärverlag der DDR 1989. 660 S., 23,– M.

Die beiden „Schriften des Militärgeschichtlichen Instituts der DDR" gehören zu den Jubiläumspublikationen anläßlich des 40. Jahrestages des ersten deutschen „Arbeiter- und Bauernstaates".

Die Dokumentation über die Militär- und Sicherheitspolitik der SED ist als Beleg für die These zu verstehen, daß die Staatspartei der DDR militärpolitische Fragen angeblich stets im Zusammenhang mit der Schaffung eines Systems der kollektiven Sicherheit in Europa behandelt hat. Entsprechend salbungsvoll fallen die militärhistorischen Einführungen in die sechs Abschnitte (1945–1949, 1949–1955, 1956–1961, 1961–1971, 1971–1981 und 1981–1988) aus, ohne damit den tatsächlichen Gegebenheiten bei der Militarisierung von SBZ und DDR auch nur annähernd gerecht zu werden. Die von einem Autorenkollektiv des Potsdamer Militärgeschichtlichen Instituts zusammengestellte Dokumentation soll entsprechend dem Selbstverständnis der SED den in der DDR angeblich vollzogenen radikalen Bruch „mit allem Reaktionären in der deutschen Militärgeschichte" belegen, den Aufbau und die Vervollkommnung „von sozialistischen Streitkräften und Grenzsicherungskräften" unter Beweis stellen, darüber hinaus über die sozialistische Wehrerziehung (Vermittlung einer festen, klassenmäßigen Haltung „zum sozialistischen Staat, zu seinen Freunden und seinen Feinden") sowie über die politisch-staatliche, ökonomische und wissenschaftlich-technische Sicherstellung des militärischen Schutzes der DDR informieren. Der zu diesem Zweck veranstaltete Nachdruck von 252 Dokumenten, darunter 19 bisher unveröffentlichten (und unbedeutenden!), fördert nichts über das rosige Bild hinaus zutage, was nicht schon bisher über die Kampfstärke und Friedensliebe der „sozialistischen Streitkräfte" der DDR bekannt gewesen wäre.

Die überarbeitete und erweiterte Neuauflage der Zeittafel ist konzeptionell nicht verändert worden: Im Mittelpunkt steht nach wie vor die NVA „als Kern der Landesverteidigung", während das übrige „Beziehungsgefüge" (z. B. Zivilverteidigung, Grenztruppen, Kampfgruppen) eher eine Nebenrolle spielt. Der Worthülsen des DDR-Politjargons entkleidet, ist diese Faktenzusammenstellung für eine Bearbeitung des „sozialistischen" Kapitels in der jüngsten deutschen Militärgeschichte nicht ohne Wert.

Bonn *Alexander Fischer*

Geschichte der Deutschen Volkspolizei. Bd. 1: 1945–1961. Bd. 2: 1961–1985. 2. Aufl. Berlin, VEB Deutscher Verlag der Wissenschaften 1987. 367, 391 S., Abb., je 12,– M.

Diese von einer „Kommission zur Erforschung und Ausarbeitung der Geschichte der Deutschen Volkspolizei" beim Ministerium des Innern der DDR unter Leitung von Armeegeneral Friedrich Dickel erarbeitete Monographie läßt von vornherein keine Zweifel an der marxistisch-leninistischen Klassengebundenheit ihrer Aussagen aufkommen. Offenbar vor allem darum bemüht, einem breiten Leserkreis die Verdienste der ersten „wahrhaften Polizei des Volkes" und deren „reiche Kampferfahrungen und Traditionen" nahezubringen, hat das polizeieigene Autorenkollektiv den angeblich „von erbitterten Klassenauseinandersetzungen mit dem imperialistischen Gegner" begleiteten Entwicklungsweg der DVP auf zwei Bände und zwölf Kapitel verteilt: vom „Aufbau einer neuen, volksverbundenen Polizei" in den Jahren 1945/46 u. a. über die Sicherung der „sozialistischen Umgestaltung" in den 50er Jahren, den Beitrag „zur Sicherung des Friedens" am 13. August 1961 und bei der Errichtung einer sozialistischen Gesellschaft in den 60er und 70er Jahren bis hin zur „komplexen Gewährleistung" von öffentlicher Ordnung und Sicherheit „zur Ausprägung einer Atmosphäre hoher Gesetzlichkeit, Sicherheit und Geborgenheit" in den 80er Jahren. Die mit Abbildungen (z. B. „Streifengang in der Berliner Markthalle, 1969") und mit einer Zeittafel versehenen Bände vermitteln ein so streng parteiliches Bild von einem wesentlichen Organ der Staatsmacht in der DDR, daß ihr wissenschaftlicher wie auch ihr Wert als Nachschlagewerk gen Null tendieren.

Bonn *Alexander Fischer*

GÜNTER STELZIG, Um ein gemeinsames Geschichtsbild? Die Zusammenarbeit der Historiker der DDR mit ihren Fachkollegen aus der UdSSR, aus Polen und der Tschechoslowakei im Rahmen der bilateralen Historikerkommissionen (1955–1984). Erlangen, Deutsche Gesellschaft für zeitgeschichtliche Fragen 1987. 475 S., 35,– DM.

Diese Untersuchung behandelt ein besonderes Kapitel der Wissenschaftsgeschichte der DDR: die Kooperation ihrer Historiker mit den Fachkollegen aus der UdSSR, aus Polen und der Tschechoslowakei im Rahmen der gemeinsamen Historikerkommissionen.

Nach einer knappen Vorstellung der relevanten Institutionen der vier betroffenen Staaten, die auf Grund der dort vorherrschenden Informationspolitik über die Aneinanderreihung im wesentlichen bekannter Daten und Fakten nicht hinausgelangt, rückt der Vf. die Arbeit der drei Historikerkommissionen in den Mittelpunkt und faßt alle erreichbaren und relevanten Informationen über Gründung, Geschichte, Tätigkeit, Publikationen und führende Persönlichkeiten zusammen. Er kann den Nachweis führen, daß alle drei Gründungen von der DDR initiiert wurden. Deutlich wird auch, daß in der wissenschaftlichen Kooperation der DDR mit den Staaten der sog. sozialistischen Staatengemeinschaft der Zusammenarbeit mit der UdSSR – jedenfalls bis zum Jahre 1984 – „eindeutige Priorität" zukam. Während die deutsch-sowjetische Historikerkommission auf Themen der Zeitgeschichte fixiert blieb und offenbar nicht alle ursprünglich geplanten Arbeitsschwerpunkte thematisieren konnte, waren die beiden kleineren Historikerkommissionen mit Polen und der Tschechoslowakei flexibler, so daß „die jeweils akuten Themen der Historiographie beider Länder" zum Gegenstand der Diskussion gemacht werden konnten. Für den Vf. steht freilich fest, daß das Anliegen der Gründungsväter, diese gemeinsamen Kommissionen zu Diskussionsforen zu machen, nur eingeschränkt verwirklicht werden konnte, und die „ambitiösen Gründungsprotokolle" sich nicht haben mit Leben erfüllen lassen. Der nützlichen Studie wäre eine bessere Einordnung in die allgemein- und in die wissenschaftspolitischen Gesamtzusammenhänge zu wünschen gewesen.

Bonn *Alexander Fischer*

GERALD STOURZH, Geschichte des Staatsvertrages 1945–1955. Österreichs Weg zur Neutralität. 3. überarb. Auflage. Graz/Wien/Köln, Styria 1985. VIII, 336 S.

Der Abschluß des Staatsvertrages, die Rückgewinnung der Souveränität und der Abzug aller Besatzungstruppen aus Österreich gehört zu den bemerkenswertesten Entwicklungen in Europa während des Kalten Krieges. Während der Ost-West-Konflikt zur Teilung Deutschlands führte, entließen die Siegermächte des 2. Weltkrieges Österreich in die selbstgewählte Neutralität. Damit wurden Freiheit und Unabhängigkeit des Landes wiederhergestellt. Mit seiner nunmehr in der 3. überarbeiteten Auflage vorliegenden Studie hat der

Vf., der wohl beste Kenner der Staatsvertragsproblematik, das definitive Standardwerk zur Diplomatiegeschichte des Vertrages vorgelegt. Die Studienausgabe ist um ein Nachwort gegenüber der Ausgabe von 1980 ergänzt worden, in dem auf neu erschlossene Aktenbestände und Literatur verwiesen wird. Eine umfassende Bibliographie und der Abdruck der wichtigsten Dokumente vervollständigen diese gelungene Monographie.

Der Vf. schildert in sechs Kapiteln detailliert die Entwicklung der Österreich-Problematik von der Kriegsplanung der Alliierten bis zum Abschluß des Vertrages und geht auf die Entwicklung des Neutralitätsgedankens in Österreich seit 1918 ein. Im Mittelpunkt der Studie steht das Ringen der österreichischen Regierungen um die Einheit des Landes und den Abzug der Besatzungsmächte. Von besonderem Interesse ist die Funktion der deutschen Frage für die alliierte Einigung über Deutschland. Es gehörte zu den zentralen Zielen aller Siegermächte, eine neue „Anschlußbewegung" zu verhindern, und es schien zunächst so, als ob relativ schnell eine Einigung über einen Staatsvertrag, der Österreichs Rolle als „befreite" Nation angemessener beschreibt als ein Friedensvertrag, erzielt werden könnte. Dies scheiterte jedoch am Ausbruch des Kalten Krieges, und in der Zeit von 1947 bis 1955 schien eine Österreich-Lösung immer mehr in Abhängigkeit von einer Lösung der Deutschland-Problematik zu geraten. Eine derartige Entwicklung konnte keineswegs im Interesse der österreichischen Politik sein, und der Vf. zeigt, wie die österreichischen Regierungen immer wieder versuchten, bei allen Siegermächten zu intervenieren, und vor allem den Kontakt zu Moskau nie abreißen ließen. Obwohl schon auf der Berliner Außenministerkonferenz 1954 konkrete Anzeichen für die sowjetische Bereitschaft zum Abschluß eines Vertrages vorhanden waren, führten erst die Westintegration der Bundesrepublik und die Ratifizierung der Pariser Verträge zum endgültigen Durchbruch. Die Sowjetunion paßte sich der neuen politischen und militärisch-strategischen Situation an. Entscheidend für die Rückgewinnung der Souveränität war jedoch die Bereitschaft der Österreicher, für den Abzug aller Besatzungstruppen sich zur immerwährenden Neutralität nach Schweizer Muster zu verpflichten, eine Regelung, die auch von den Westmächten akzeptiert wurde, eine Bereitschaft, die bei der Lösung der deutschen Frage allerdings fehlte. Der Vergleich mit den Entwicklungen im Nachkriegsdeutschland bietet sich an. Sicherlich war Deutschland nicht Österreich. Die Ausgangsbedingungen waren zu unterschiedlich. Das ökonomische und militärische Potential Deutschlands hatte einen anderen Stellenwert im Ost-West-Konflikt. Es ist jedoch bewunderswert, wie stark alle österreichischen Politiker an der Priorität der Einheit des Landes festhielten, die Erfüllung schwerer wirtschaftlicher und finanzieller Lasten auf sich nahmen und auch bereit waren, durch den Verzicht auf Allianzen die Voraussetzung für die Unabhängigkeit der Republik Österreich zu schaffen. Felix Austria, dem es gelang, ein Auseinanderleben der verschiedenen Zonen zu verhindern.

Marburg *Hermann-Josef Rupieper*

KAI-UWE MERZ, Kalter Krieg als antikommunistischer Widerstand. Die Kampfgruppe gegen Unmenschlichkeit 1948–1959. (Studien zur Zeitgeschichte, Bd. 34.) München, Oldenbourg 1987. 264 S., 68,– DM.

Diese bei Ernst Nolte entstandene Dissertation ist einem der westdeutschen Hauptakteure im sog. Kalten Krieg gewidmet, der zwischen Dezember 1948 und März 1959 wirkenden „Kampfgruppe gegen Unmenschlichkeit" (KgU). Eingebunden in ein Geflecht staatlicher, halbstaatlicher und privater Organisationen, stand sie für einen konsequenten Widerstand gegen das seinerzeit gemeinhin als unmenschlich angesehene Unrechtsregime der SED in Form von Propaganda- und Sabotageaktionen. Der Vf. leitet mit Hilfe biographischer Berichte über die beiden Gründer der KgU mit Widerstandserfahrung im „Dritten Reich", Ernst Tillich und Rainer Hildebrandt, in ein bisher eher vernachlässigtes Kapitel der jüngsten deutschen Geschichte ein und kann aufgrund seiner sorgfältigen Recherchen manches Vorurteil über die Kampfgruppe korrigieren. Die Gründungsgeschichte der Organisation führt zurück in die Zeit der Blockade Berlins durch sowjetische Truppen und spiegelt „alle typischen Merkmale des Frontstadtgeistes" wider, z. B. die Verweigerungshaltung der West-Berliner gegenüber östlichen Offerten, aber auch aktive Widerstandstätigkeit gegen die unverhohlene kommunistische Bedrohung. Im Mittelpunkt der Studie stehen detaillierte und eindringliche Informationen über die Aktionen der KgU im Kalten Krieg (u. a. F-Kampagne, Kongreß für kulturelle Freiheit, Informationsbüro West) und über die im „kältesten Kalten Krieg" seit 1951 eingesetzten „entschieden radikaleren Mittel" (z. B. „administrative Störungen"), aber auch über kommunistische

„Gegenoffensiven" und das langwierige Ende der Kampfgruppe. Das alles schärft den Blick für den heute vergessenen Alltag des Kalten Krieges im geteilten Deutschland und in Berlin, insbesondere aber für den seinerzeit selbstverständlichen Antikommunismus. Ein nicht unerhebliches Verdienst der Studie besteht darin, daß sie zahlreiche Anschuldigungen gegen die KgU, darunter auch Vorwürfe in Veröffentlichungen aus der DDR (Teller), ins Reich der Fabel verweist.

Bonn *Alexander Fischer*

LUDOLF HERBST, Option für den Westen. Vom Marshall-Plan bis zum deutsch-französischen Vertrag. München, Deutscher Taschenbuch Verlag 1989. 264 S., 12,80 DM.

An Quellen und Monographien zur Außenpolitik der Bundesrepublik in der Phase der Westintegration fehlt es nicht. Gleichwohl sind gute quellennahe Gesamtdarstellungen selten. Der Band, den Ludolf Herbst dazu in der insbesondere für die akademische Lehre vorzüglich geeigneten Reihe „Deutsche Geschichte der neuesten Zeit" vorgelegt hat, ist ein gelungenes Beispiel einer gut lesbaren, differenziert argumentierenden und kritisch urteilenden Synthese.

Das plastisch geschriebene Szenario, das in das Gesamtthema einführt, schildert den ersten Besuch des französischen Außenministers Robert Schuman im Jahre 1950 in Bonn. In der Mischung aus Empfang für einen Kolonialherren und Ansätzen zur produktiven politischen Kooperation spiegeln sich die Elemente von Vergangenheitsbelastung und Zukunftsorientierung in den deutsch-französischen Beziehungen. Ein günstiges Klima für künftige Zusammenarbeit sollte geschaffen werden, aber insbesondere das Saar-Problem schien noch eine fast unüberwindbare Hürde zu bilden. Daß die scharfen Dissonanzen in der Saar-Frage dennoch im wesentlichen innenpolitisch motivierter Theaterdonner blieben, verweist auf die veränderte weltpolitische Konstellation: die Weichen für einen Zusammenschluß Westeuropas waren in den USA mit dem Marshall-Plan gestellt worden.

Die politischen und ökonomischen Schritte, die Institutionen, Personen, Ebenen und Entscheidungsprozesse, aber auch die vielen Hindernisse auf dem Wege zur Westintegration werden vom Autor präzise und ausführlich nachgezeichnet. Am Ende stand der deutsch-französische Vertrag von 1963, ein im Kern bilaterales Projekt mit deutlichem Affront gegen einen größeren europäischen Zusammenschluß und gegen die amerikanische Sicherheitspolitik. Er besiegelte einerseits die deutsch-französische Freundschaft und bildete so den Endpunkt einer beim Besuch Schumans 1950 erst als vages Ziel formulierten Politik. Das Urteil, daß der Vertrag in gewisser Weise aber auch „störend und überflüssig" (S. 205) war, findet seine Begründung darin, daß sich Kleineuropa, für das de Gaulle mit seinem Protest gegen Großbritanniens Beitritt zur EWG gefochten hatte und dem sich Adenauer fügte, auf Dauer nicht konservieren ließ. Überdies wäre ohne die von Schuman und Monnet begonnene Traditionslinie mit supranationalen Elementen auch das Lebenswerk der beiden großen Staatsmänner nicht realisierbar gewesen. Ob das Jahr 1963 mit dem Vertragsabschluß und Adenauers Rücktritt allerdings das „Ende einer Epoche" bedeutete, läßt sich bezweifeln.

Man mag als Defizit empfinden, daß die innenpolitischen Voraussetzungen und auch die Widerstände gegen die Westintegration allzu knapp ausfallen. Da der Akzent jedoch auf den außenpolitischen Vorgängen und Konstellationen liegen soll und in der Reihe überdies ein eigener Band für die inneren Verhältnisse der Adenauerzeit vorgesehen ist, läßt sich das verschmerzen.

Bielefeld *Christoph Kleßmann*

Documents Diplomatiques Français. 1955. T. 2 (1er Juillet – 31 Décembre) et Annexes (Juillet–Décembre). – 1956. T. 1 (1er Janvier–30 Juin). Paris, Imprimerie Nationale 1988. LXXXV, 1027 u. LVII, 1109 S.

Die Edition der französischen Akten der Nachkriegszeit geht weiter zügig voran. Nur ein Jahr nach den beiden ersten (vgl. HZ 247, 1988, 365 ff.) legt die von Jean-Baptiste Duroselle geleitete Commission de Publication des Documents Diplomatiques Français zwei weitere Bände vor. Der Berichtszeitraum umfaßt die Monate Juli 1955 bis Juni 1956.

Der gute Gesamteindruck, den man bereits nach Erscheinen der ersten beiden Bände gewinnen konnte, wird erneut bestätigt. Aus der Verteilung der inhaltlichen Schwerpunkte wird allerdings deutlich, daß Frankreich in jenen, nicht nur für Deutschland bedeutsamen Jahren 1955/56 den Blick keineswegs vordringlich nur auf Europa gerichtet hielt. Zwar rückte der fernöstliche Schauplatz in Indochina im Vergleich zum Vorjahr in den Hintergrund. Dessen Stelle nahm nun, wie die Flut der Dokumente unterstreicht, Nordafrika ein. In allen Einzelheiten werden die Ereignisse von der Absetzung des Sultans Mohammed Ben Arafas über die Rückkehr Mohammeds V. aus dem französischen Exil am 16. 11. 1955 bis hin zum Abschluß des französisch-marokkanischen Abkommens am 2. 3. 1956 dokumentiert, mit dem, nebenbei bemerkt, der Protektoratsvertrag aus dem Jahre 1912 aufgehoben wurde. Das französische Engagement in dieser Frage ist ein Beweis für die Bemühungen der IV. Republik, sich als Kolonialmacht zu behaupten.

Auf internationaler Ebene standen die Entwicklungen für einige Monate unter völlig neuen Vorzeichen. Trotz des ergebnislosen Verlaufes der Genfer Konferenz vom Juli 1955 hielt man in Paris aufgrund der Politik Bulganins eine allgemeine politische Entspannung zwischen Ost und West, eventuell gar einen Fortschritt in der Deutschlandfrage, für möglich. Voraussetzung hierfür war das Festhalten am Grundsatz der alleinigen Zuständigkeit der Alliierten. Sorgfältig und mit großem Mißtrauen wurden daher die Erklärungen Adenauers im Vorfeld seiner Reise nach Moskau registriert. Außenminister v. Brentano beeilte sich denn auch, am 19. 8. 1955 dem französischen Chargé d'Affaires in Bonn zu versichern, „que le Chancelier n'entendait pas s'engager sérieusement dans une quelconque négociation précise“ (Dok. 123). In Moskau übernahmen es Blankenhorn bzw. Adenauer selbst, die drei westlichen Botschafter über den Fortgang der Gespräche ausführlich zu informieren.

Entgegen Adenauers ursprünglicher Ankündigung wurde in Moskau die Aufnahme diplomatischer Beziehungen zwischen der Bundesrepublik und der Sowjetunion vereinbart. Dennoch nahm das Ansehen des Kanzlers in Paris keinen Schaden. Obwohl sich in der Saar-Frage, nach der am 23. 10. 1955 per Referendum erfolgten Ablehnung einer vor allem von Frankreich favorisierten europäischen Lösung, die deutsch-französischen Verhandlungen schwierig gestalteten, wuchs in Paris das Vertrauen in Adenauer, nicht zuletzt, weil er entgegen der Position seiner eigenen Partei an der Saar für eine baldige vertragliche Regelung eintrat.

Weitere Dokumente, die neben der Entwicklung der deutsch-französischen Beziehungen Beachtung verdienen, betreffen die Verhandlungen auf europäischer Ebene, etwa im Hinblick auf Euratom sowie den gemeinsamen Markt. Im internationalen Rahmen von Bedeutung sind die Pläne für eine allgemeine Rüstungsbegrenzung.

Erwähnenswert sind aber auch die Berichte aus Moskau, nicht zuletzt vor dem Hintergrund des XX. Parteikongresses der KPdSU (14.–25. 2. 1956) und des von Chruschtschow betriebenen Prozesses einer fortschreitenden „Entstalinisierung" der UdSSR.

Im Unterschied zur bisherigen Praxis wurde 1956 im Quai d'Orsay der Abdruck wichtiger Dokumente in Gestalt eines „livre vert" in limitierter, nur für den Dienstgebrauch bestimmter Auflage aufgegeben. In den Akten fand sich lediglich ein unvollständiges Manuskript. Das Abbrechen dieser Tradition bedeutet für die Edition insofern ein Problem, als nun anstelle eines einfachen Nachdrucks in Form eines Annexes eine erheblich größere Anzahl von Akten bearbeitet werden muß. Für Januar bis Juni 1956 beließen es die Herausgeber noch bei einem Halbband, die für die zweite Jahreshälfte ausgewählten Dokumente umfassen nach Auskunft eines der Bearbeiter voraussichtlich zwei Teilbände. Der erhöhte Arbeitsaufwand hat zur Folge, daß mit der Fortsetzung der Edition für die Monate Juli bis Dezember 1956 nicht vor Ende 1990 zu rechnen sein dürfte. Aus der Sicht des Benutzers dürfte diese Verzögerung angesichts des zu erwartenden Vorteils eines leichteren Zugriffs auf die ausgewählten Dokumente zu verschmerzen sein.

Paris *Stefan Martens*

KENNETH O. MORGAN, The People's Peace. British History 1945–1989. Oxford, Oxford University Press 1990. 558 S., £ 17,95.

Diese seit längerer Zeit erste Gesamtdarstellung der britischen Geschichte seit 1945, verfaßt von einem angesehenen Historiker und publiziert von einem nicht minder renommierten Verlag, ist weniger ein Handbuch als vielmehr eine Folge von klugen Kommentaren zum Zeitgeschehen. Das Buch ist gut und unterhaltsam geschrieben, nicht zuletzt wegen der gelungenen Politikerportraits. Systematische Analysen und Statistiken, etwa über das Finanzgebaren der City, sucht man allerdings vergebens. Der Vf. ist bisher vor allem mit Arbeiten zu Lloyd George, der Labour Party und Wales hervorgetreten. Damit ist auch sein Beobachtungsstandpunkt in etwa umrissen: nonkonformistisch-kritisch, aus der Distanz der Peripherie und auf Distanz zu den tonangebenden Eliten in der Metropole. Man gewinnt mitunter den Eindruck, als sei britische Politik nichts weiter als ein Diskurs der „classe politique" mit sich selbst, mit begrenzter

Relevanz für die Gesellschaft als Ganzes: ein eloquentes und geschäftiges Agieren auf dem Forum von Parlament und Presse, sozusagen auf den Brettern, die die Welt bedeuten, Instrumentalisierung von Programmatik und Rhetorik zur Machtausübung, weniger zur tatsächlichen Änderung der Verhältnisse.

Immer wieder deckt M. Widersprüche zwischen Anspruch und Wirklichkeit auf, angefangen von der technokratischen Konzeption des Wohlfahrtstaates unter Labour, der von der Bevölkerung vorrangig Opfer und Entbehrungen verlangte, bis zur Demontage eben dieses Sozialstaates unter Mrs. Thatcher, die mit der gleichzeitigen Stärkung von Whitehall einherging. Im ersten Kapitel, das der Mythologisierung der Kriegserfahrung gewidmet ist („The Façade of Unity"), wird die Methode des Vf.s, das, was man im Englischen „debunking" nennt, exemplarisch vorgeführt: Erhöhung der Produktion ohne Modernisierung der Industriestrukturen, Volksgemeinschaftspathos und Planungseuphorie der „Mandarine" ohne Beseitigung der Klassenunterschiede (etwa im Bildungswesen) u. s. f. Eingehend beschäftigt sich M. mit der Thatcher-Ära, der revolutionären Kampfansage an Keynes und seine Jünger, die Konstrukteure des Wohlfahrtstaates. In einem polemischen Satz brachte die Premierministerin ihr Credo auf einen Nenner: „There is no such thing as society" (S. 438). Die Verdienste dieses strengen Regiments werden nicht geschmälert: die Disziplinierung der Gewerkschaften, die Steigerung der Produktivität, die Erhöhung der Effizienz im öffentlichen, vor allem auch kommunalen Sektor. Aber die Schattenseiten werden ebenso rücksichtslos ausgeleuchtet: Aquisition statt Investition, Vernachlässigung der Infrastrukturen, zumal in den Städten, Scheitern des vielgepriesenen Monetarismus (miserable Handelsbilanz, Hochzinspolitik zur Drosselung der Inflation etc.). Kein Besucher vom Kontinent wird der Erkenntnis widersprechen wollen: „Britain was and remained a notably unequal country in terms of income, capital and social opportunity" (S. 510). Gleichwohl hat sich die Bevölkerung allem Anschein nach mit diesem Zustand abgefunden, so die Einsicht des Vf.s, weil sie, die große Mehrheit jedenfalls, ihr friedliches Dasein und bescheidenes Auskommen zu schätzen weiß, ohne sich um „die da oben" viel zu scheren.

London *Lothar Kettenacker*

KENNETH O. MORGAN, Labour People. Leaders and Lieutenants, Hardie to Kinnock. Oxford, Oxford University Press 1987. XII, 370 S., £ 12,95.

Der Vf., Fellow des Oxforder Queen's College und der British Academy, ist ein profunder Kenner der Labour Party und teilnehmender Beobachter ihrer jüngeren Entwicklung. Ein erster Blick auf die in diesem Band zusammengestellten 30 Porträts führender Persönlichkeiten der Labour Party offenbart die Tatsache, daß Frauen in diesem Bereich nur eine untergeordnete Rolle gespielt haben. Neben Beatrice Webb und Rita Hinden, die vor allem mit der Fabian Society in Verbindung gebracht werden müssen, wird lediglich Ellen Wilkinson vorgestellt, die Erziehungsministerin im Labour Kabinett von 1945 gewesen ist.

In jedem einzelnen Essay gelingt es dem Vf., nicht nur die Persönlichkeit zu charakterisieren, ihre Leistungen und Bedeutung für die Partei und deren Politik herauszuarbeiten, sondern auch durch Vergleich mit anderen Parteiführern, ihren Ideen und Führungsstilen Kontinuitäten und Brüche in der Entwicklung der Partei selbst zu skizzieren. Morgan kommt dabei sein sehr „englischer" Stil entgegen; hinter verbaler Kürze verbirgt sich regelmäßig ein mitgedachter perspektivenreicher Kulturzusammenhang, z. B. wenn er etwa Hugh Gaitskell als „leftisch Hampstead intellectual" bezeichnet. Die persönlichen Lebensgeschichten stehen zugleich für politische und soziale Strömungen und repräsentieren beispielhaft auch die unterschiedlichen Lebensformen, die unter dem Dach der Partei zusammenkamen.

Besonders interessant nicht nur in diesem Sinn ist Stafford Cripps, u. a. Chancellor of the Exchequer: Er war „teetotaller" und Vegetarier, geprägt durch große Arbeitsaskese; er verwandelte die Treasury 1947–1950 in eine „citadel of Victorian values", die heute von Frau Thatcher so oft vergeblich beschworen werden. Das durch seine Politik maßgeblich mitbewirkte britische Wirtschaftswunder verdiente eine systematisch vergleichende Untersuchung mit der deutschen Entwicklung jener Jahre: Cripps und Erhard – mit unterschiedlichen Politiken ans gleiche Ziel?

In einer ausführlichen Einleitung arbeitet Morgan die Grundzüge der Geschichte der Labour Party und ihrer Probleme prägnant heraus. Sie und ein Anhang mit biographischen Daten und hilfreichen bibliographischen Hinweisen zu den behandelten Personen sowie ein Register stellen Verbindungslinien zwischen den gelungenen Essays her.

München *Hans-Gerhard Husung*

FRANÇOIS FEJTÖ, Die Geschichte der Volksdemokratien. Erw. Neuausg. Ins Deutsche übertr. v. *Ingrid Haffner, Eva Hoyer* u.a. Hrsg. v. HENNING PAETZKE. 2 Bde. Frankfurt am Main, Eichborn 1988. IV, 483, 728 S., 148,– DM.

Bei dieser Geschichte „der Bolschewisierung Mittel- und Südeuropas" handelt es sich um eine erweiterte Neuauflage eines „Klassikers" der politischen Publizistik, der schon in seiner ersten Ausgabe als eine respektable Leistung Anerkennung gefunden hat. Auch wenn im Detail manches ergänzt werden müßte, haben die Grundaussagen der ersten Ausgabe ihre Gültigkeit behalten. Es bleibt das Verdienst dieser flüssig geschriebenen Monographie, mit einer Fülle von innen-, außen-, wirtschafts-, sozial- und bildungspolitischen Fakten einem breiten Publikum den Blick für den dornigen Weg der kleinen ostmittel- und südosteuropäischen Staaten, insbesondere der Tschechoslowakei, Polens, Rumäniens und Ungarns, unter das Joch des stalinistischen Satelliten, aber auch für den Sonderweg Jugoslawiens unter Tito geöffnet zu haben. Die ca. einhundert Seiten starke Ergänzung beschreibt u. a. die Phase der „Stagnation" unter Breschnew in ihren Auswirkungen auf die kommunistische Weltbewegung, hebt die Bedeutung der KSZE-Akte von Helsinki für den langsam einsetzenden Differenzierungsprozeß in den Staaten der sowjetischen Einflußsphäre hervor („Nach Helsinki: der Protest") und analysiert die polnische Krise von 1980/81. Eine knappe Analyse der politischen Lage in Polen, Ungarn und Jugoslawien läßt deutlich werden, daß der Kampf zwischen Reformisten und Konservativen in den kommunistischen Parteien dieser Länder bereits lange vor Gorbatschows Politik der Perestroika begann. Als Perspektive hält der Vf. für die ehemaligen Volksdemokratien den Begriff „Finnlandisierung" bereit, faßt aber auch „eine Normalisierung (im westlichen Sinn) der internationalen Ordnung" ins Auge. Für solche Problemlösungen besteht eine gute Chance, wenn sich diese Prognosen in gleicher Weise bestätigen sollten wie die Behauptungen am Schluß der Erstauflage.

Bonn *Alexander Fischer*

ROBERT H. MCNEAL, Stalin: Man and Ruler. Basingstoke, Macmillan Press 1988. XVI, 389 S., £ 16,95.

In 14 Kapiteln beschreibt das Buch den Weg Stalins, als ‚Mann und Herrscher'. Einwortüberschriften bezeichnen die Lebensabschnitte. So berichtet das Kapitel ‚Orthodoxie' kurz über seine Jugendzeit im kirchlichen Internat, das Kapitel ‚Untergrund', ebenso knapp, über seine Entwicklung zum Marxisten und Bolschewisten. Unter der Überschrift ‚Petrograd' wird seine Rolle in der Revolution dargestellt, in ‚Narkom' seine Tätigkeit als Volkskommissar für Nationalitätenfragen. Dem Interregnum während der Erkrankung Lenins (‚Todeserwartung') folgten die Diadochenkämpfe (‚Erben'). ‚Kulaken' steht für die Kollektivierung der Landwirtschaft, ‚Baumeister' für die Modernisierung und Industrialisierung Rußlands. In ‚Mord' wird der Tod seiner zweiten Frau (Allilueva) und des Parteichefs von Leningrad (Kirov) abgehandelt, in ‚Ežovščina' die Zeit der großen Säuberungen. Ihnen folgte eine kurze Atempause (‚Friede'), die der deutsche Überfall auf die Sowjetunion beendete (‚Krieg'). Aus dem Zweiten Weltkrieg gingen die Sowjetunion und ihr Führer gestärkt hervor. Bis zum Ende der 40er Jahre prägte er persönlich die sowjetische Innen- und Außenpolitik (‚Generalissimus'), bevor sich der Siebzigjährige, längst zur Kultfigur geworden, daraus mehr und mehr zurückzog (‚Sterblichkeit').

Ein kurzes Schlußkapitel (‚Urteile') erklärt, daß der Klassenkampf im Mittelpunkt seines Denkens und Handelns stand; daß er die Sache der Arbeiterschaft zur eigenen und die eigene Sache zu der der Arbeiterschaft gemacht habe; daß bei ihm die Interessen des sowjetischen Staates zu Interessen des Weltproletariats avancierten; und daß seine Definition sowjetischer Interessen von großrussischem Nationalismus kaum zu trennen war. Damit den Generalschlüssel zum Verständnis gefunden zu haben, behauptet McNeal nicht, und der Unmöglichkeit, Abschließendes über den Gegenstand zu sagen, ist er sich wohl bewußt.

Das Schlußkapitel ist wie das Buch. Es setzt sich aus Einzelszenen und -beobachtungen zusammen. Die Beobachtungen sind wohl bedacht. Wirklich neu sind sie sicher nicht. Aber sensationell Neues durfte man von einem weiteren Buch über Stalin auch nicht erwarten. Große neue (neuzugängliche, neuerschlossene) Quellenbestände gibt es nicht, und wie sollte es ohne sie große Erkenntnisse geben? Daran ändert auch der Klappentext nichts, der das Buch als ‚thoroughly new biography' vorstellt und von ‚wide range of previously untapped sources' spricht. Aufs Ganze gesehen, nehmen sich diese neuen Funde doch recht bescheiden aus. Nimmt man das Buch dagegen als Versuch, in essayistischer Form und ohne Anspruch auf Vollständigkeit den Wissensstand zusammenzufassen; Gesichertes von bloßen Vermutungen zu trennen; Erklärungsversuche gegeneinander abzuwägen; Stalin verständlicher zu machen, sich nicht mit den einfachen Klischeebildern zufrieden zu geben, sei es dem des ‚weisen Führers' oder dem des blutrünstigen, allmächtigen und alles bestimmenden Tyrannen – so ist es durchaus geglückt, lesbar und lesenswert.

Erlangen-Nürnberg *Helmut Altrichter*

ANDREAS KAPPELER/GERHARD SIMON/GEORG BRUNNER (Hrsg.), Die Muslime in der Sowjetunion und in Jugoslawien. Identität – Politik – Widerstand. (Nationalitäten- und Regionalprobleme in Osteuropa, Bd. 3.) Köln, Markus 1989. 308 S.

Schon der Titel weckt große Erwartungen. Sie werden nach Lektüre der 14 Beiträge des Sammelbandes, von denen die Hälfte namhafte ausländische Fachgelehrte verfaßt haben, nicht enttäuscht. Zur Internationalität gesellt sich Interdisziplinarität. Historiker, Politologen, Juristen, Soziologen und Literaturwissenschaftler bemühen sich, vorwiegend erfolgreich, um Analyse und Bewertung ebenso interessanter wie schwieriger Themenbereiche und Problemfelder.

Sie tun es in der Regel in Fallstudien – mit drei gewichtigen Ausnahmen. *Andreas Kappeler* liefert einen höchst informativen und leicht faßlichen Abriß der zaristischen Politik gegenüber den Muslimen des Russischen Reiches vom 16. bis zum Beginn des 20. Jahrhunderts, in dem als „ein Grundmuster" des Verhaltens der russischen Regierung „die Spannung zwischen ideologischem Konflikt und pragmatischer Politik" herausgearbeitet wird. Danach skizziert *Hans Bräker* ebenfalls kenntnisreich, aber leider nicht so straff, wie es jedenfalls aus der Sicht des nicht unbedingt fachkundigen Lesers wünschenswert wäre, unter vornehmlich, jedoch nicht ausschließlich inner-imperialen Aspekten Hauptetappen und -ergebnisse der sowjetischen Islam-Politik von den Anfängen bis in unsere Tage. – Trotz großer Material- und Detailfülle stets klar und präzise ist schließlich *Georg Brunners* scharfsinnige Analyse der Stellung der Muslime in den föderativen Systemen der Sowjetunion und Jugoslawiens. Seine Schlußbemerkung, wonach „die Verhältnisse nicht nur in der Sowjetunion und Jugoslawien insgesamt, sondern auch in den einzelnen Regionen beider Bundesstaaten zu verschieden für generalisierende Aussagen“ sind, erklärt wohl auch, warum der durch den Titel des Sammelbandes eigentlich nahegelegte komparatistische Ansatz sinnvoll überhaupt nur vom Staatsrechtler benutzt werden konnte.

Über die Muslime in Jugoslawien (von 1919/45 bis zur Gegenwart) enthält der Sammelband zu den in seinem Untertitel benannten drei Gliederungsstichworten Identität, Politik und Widerstand je einen weiteren Aufsatz. Das damit schon numerisch eindeutige Übergewicht der Beiträge über die Muslime im zaristischen und sowjetischen Imperium erscheint vom Untersuchungsgegenstand her, angesichts dessen Umfang und Bedeutung, voll gerechtfertigt. Abgesehen von Kappelers bereits gewürdigtem historischen Überblick sind zwei Fallstudien besonders gut gelungen: die von *Tadeusz Swietochowski* zum „Dreiecksverhältnis zwischen der Sowjetunion, Iran und azerbaijanischer Frage“, das „infolge der iranischen Revolution des Jahres 1979 neuerlich virulent“ geworden ist; sowie die von *Richard Lorenz* über die antisowjetische Basmatschen-Bewegung und deren Voraussetzungen in der kolonialen Vergangenheit Turkestans.

Insgesamt liegt die wissenschaftliche wie politische Aktualität des Sammelbandes auf der Hand. Daß in ihm, dank fast durchgängig einbezogener kürzerer oder längerer Rückblicke auf die vorsowjetische Zeit, die historische Dimension voll mitberücksichtigt wird, erhöht seine Aussagekraft. Auch insoweit hat er Pilotcharakter für das in ihm abgehandelte Grundthema.

Erlangen *Karl-Heinz Ruffmann*

KLAUS-DETLEV GROTHUSEN (Hrsg.), Südosteuropa-Handbuch. Bd. 6: Bulgarien. Göttingen, Vandenhoeck & Ruprecht 1990. 815 S., 151 Tab., Schaubilder u. Karten, 1 farbige Übersichtskarte, 256,– DM.

Der Umbruch dieses VI. Bandes des bereits als „Standardwerk“ geltenden Südosteuropa-Handbuchs war gerade abgeschlossen, als die Auswirkungen von Gorbačevs *perestrojka* am 10. November 1989 auch Bulgarien erfaßten und mit dem Sturz des langjährigen Staatsratsvorsitzenden und Parteichefs Todor Živkov die Wende einleiteten. Dem bewährten Hrsg., der wiederum die fundierte Interpretation der Außenbeziehungen beisteuerte, sowie den Verfassern der materialreichen Beiträge über die Innenpolitik *(J. D. Bell)* und das politische System *(W. Höpken)* gelang es jedoch, mit einer knappen ersten Bewertung der jüngsten Ereignisse eine bis zum Januar 1990 reichende Aktualisierung vorzunehmen. Dieses eng dem Vorbild der seit 1975 erschienenen fünf Bände folgende eindrucksvolle Werk, zu dem 35 Autoren aus fünf Ländern ihre teils auf Deutsch, teils auf Englisch abgefaßten Artikel beigesteuert haben, ist so zum umfang- und informationsreichsten Kompendium über alle relevanten Aspekte der bulgarischen Entwicklung seit dem Zweiten Weltkrieg geworden.

Wie üblich bieten die Abhandlungen über die geographischen und historischen Voraussetzungen einen konzisen, aber ausreichend informativen Einstieg in die Nachkriegsproblematik. Das Regierungs- und das Rechtssystem werden in umfassenden Abschnitten ebenso kompetent vorgestellt wie die Besonderheiten der Landesverteidigung. Den ökonomischen Belangen wird in sieben – mit Statistiken fast übersättigten – Beiträgen gründlich Rechnung getragen, aus denen sich die Ursachen der gegenwärtigen volkswirtschaftlichen Misere und der wachsende Unzufriedenheit hervorrufenden Versorgungsengpässe eindrucksvoll herauslesen lassen. Die durch eine sture Planwirtschaft und die allzu enge Anlehnung an das verpflichtende sowjetische Vorbild ausgelösten Fehlentwicklungen haben nicht nur in Industrie und Handwerk, sondern auch im Bergbau, in der Land- und Forstwirtschaft sowie in Handel und Verkehr – nicht zuletzt wegen der Vernachlässigung des Umweltschutzes – gravierende Probleme heraufbeschworen, die zudem folgenschwere Rückwirkungen auf die Devisengewinne aus dem Außenhandel und dem Tourismus besitzen.

Ein gutes Drittel des Umfangs blieb der Schilderung der gesellschaftlichen und kulturellen Veränderungen während der kommunistischen Alleinherrschaft vorbehalten. Ausgewiesene Sachkenner berichten dabei sowohl über die Bevölkerungs- und Sozialstruktur, die Stellung der Konfessionen, das Bildungswesen, die Massenmedien oder den Sport als auch über die Strömungen in der Literatur, im Theater, im Film, in der Bildenden Kunst und der Musik. Im Beitrag über die nationalen Minderheiten, die immerhin ein Sechstel der Gesamtbevölkerung ausmachen, wäre allerdings eine ausführlichere Ursachenforschung für die mehrfach schwere Auseinandersetzungen heraufbeschwörende intransigente Haltung der Bulgaren den muslimischen Türken gegenüber wünschenswert gewesen. Ein fast 100 Seiten einnehmender dokumentarischer Anhang, u. a. mit einer Zeittafel, Kurzbiographien herausragender Persönlichkeiten und einer erschöpfenden Bibliographie, schließt den erneut einem hohen wissenschaftlichen Standard verpflichteten Bulgarien-Band ab, an dem – im Gegensatz zu den bereits erschienenen Teilen – diesmal jedoch keine im Land selbst lebenden Autoren mitgearbeitet haben.

Die Leistung des Hrsg.s und des Verlags, pünktlich im vorgesehenen Dreijahresturnus jeweils einen weiteren Band des hervorragend ausgestatteten Südosteuropa-Handbuchs herauszubringen, verdient höchste Anerkennung. Mit dem Bulgarien-Band liegt erneut ein in sich geschlossenes, benutzerfreundliches sowie auf allen behandelten Gebieten korrekt und gründlich unterrichtendes Nachschlagewerk vor, das durch seine Themenvielfalt, die Fülle der enthaltenen Informationen und die Aktualität beeindruckt.

Saarbrücken *Jörg K. Hoensch*

YEHOSHUA FREUNDLICH (Ed.), Documents on the Foreign Policy of Israel. Vol 5: 1950. Jerusalem, Israel State Archives 1988. LVIII, 324 S.

Kontinuität der Qualität kennzeichnet auch den nun vorliegenden fünften Band der Dokumente zur Außenpolitik Israels. Die früheren Bände wurden bereits in der HZ gewürdigt. Auch im fünften Band finden Leser, die kein Hebräisch beherrschen, zahlreiche englischsprachige Dokumente. Eine Sprachbarriere, die eine intensive Analyse der Geschichte der israelischen Außenpolitik hinderte, gibt es also nicht; um so weniger als die hebräischen Texte des Hauptbandes wieder im Ergänzungsband zusammenfassend (und inhaltlich nicht verzerrend) ins Englische übersetzt wurden.

Besonders hervorzuheben ist nicht nur die editorische Leistung, sondern auch das Bemühen um zusätzliche Offenlegung der politischen Entscheidungskriterien. Kabinettsprotokolle dürfen in Israel nicht veröffentlicht werden. Sie sind der Forschung nicht zugänglich. Die Mitarbeiter des Staatsarchivs konnten allerdings aus den prinzipiell verschlossenen Unterlagen Basisinformationen in die einleitenden Anmerkungen zu den Quellen einbauen.

Folgende Themen werden in diesem Band vor allem dokumentiert:

– Das Problem der palästinensischen Flüchtlinge. 1949 hatte Israel 100000 Palästinensern ein Rückkehrangebot unterbreitet, das 1950 zurückgezogen wurde. Nicht mehr Voraussetzung, sondern Ergebnis von direkten israelisch-arabischen Verhandlungen sollte dieses Angebot sein.

– Die intensiven Friedensverhandlungen mit dem jordanischen König Abdallah können nachvollzogen werden. Ebenso die hinter den Kulissen geführten Gespräche mit Ägypten und Syrien. Hier wurden von allen Beteiligten Ungeschicklichkeiten begangen, Chancen für eine Friedenslösung verpaßt. Über deren mögliche Dauerhaftigkeit kann freilich nur spekuliert werden, denn der Druck der Bevölkerungen „von unten" war gegen eine vernünftige Lösung – und das hätte Kompromisse bedeutet – außerordentlich stark. Diese Skepsis äußerte sogar die „Super-Taube" im israelischen Kabinett, Außenminister Moshe Sharett.

– Statt der erwünschten Waffen erhielt Israel von Großbritannien die De-facto-Anerkennung.

– Frankreich blieb Israel gegenüber weiterhin freundlich gleichgültig.

– In den USA wurde man nach Ausbruch des Korea-Krieges offener, auch wirtschaftlich großzügiger, aber an Waffenlieferungen war nach wie vor nicht zu denken.

– Daß die sowjetische Israelpolitik weitgehend innenpolitisch bestimmt war (Nationalitätenfrage!), wird einmal mehr deutlich.

– Die Auswanderung aus Polen und Rumänien nahm 1950 trotz gesamtpolitischer Spannungen zu, für die Auswanderung ungarischer Juden konnte Israel nichts erreichen.

– Die großen Staaten Asiens, die VR China, Indien und Indonesien blieben auf Distanz.

– Die beginnende Pragmatisierung gegenüber der Bundesrepublik Deutschland zeichnete sich sehr langsam ab, doch sie ist unübersehbar, zumindest bei einigen Entscheidungsträgern.

– Francos Spanien begann man – durch den Einfluß Washingtons, das die strategische Bedeutung der Iberischen Halbinsel hoch einschätzte – erheblich nüchterner zu betrachten.

Dokumente, die weit über den Kreis der Israel-Spezialisten hinaus von Bedeutung sind.

München *Michael Wolffsohn*

ROBIN JAMES MOORE, Making the New Commonwealth. Oxford, Clarendon Press 1987. XI, 218 S., £ 25,–.

Im „Kalten Krieg" des Jahres 1948 war die Welt der Diplomatie nach einem Wort von Raymond Aron „wie eine Echokammer: die Geräusche von Menschen und Ereignissen werden bis ins Unendliche verstärkt und zurückgeworfen". Eine der wesentlichsten und dramatischsten „Geräuschquellen" damals war zweifellos der Indische Subkontinent. Von ihm breiteten sich die „Schallwellen" mit hoher Geschwindigkeit in alle Krisenzonen des Weltgeschehens aus, um von ihnen wieder reflektiert zu werden: nach London, Washington und an den Sitz der Vereinten Nationen in New York ebenso wie in den explosiven Vorderen Orient und in die Islamische Welt in der Geburtsstunde Israels gegen erbitterten arabischen Widerstand, in die Hauptstädte der weißen Dominien ebenso wie in die sowjetische Hauptstadt oder in die Zentren der sich formierenden farbigen Unabhängigkeits- und Dekolonisationsbewegungen in Südostasien und Afrika. Der Kriegslärm zwischen Indien und Pakistan in Kaschmir und im Pandschab sollte sich schnell untrennbar mit den schrillen Dissonanzen des weltweiten „Kalten Krieges" vermischen.

Es gehört erhebliches darstellerisches Geschick dazu, zwischen den beiden vorgegebenen Eckdaten – 15. August 1947: Unabhängigkeit für Indien und Pakistan zunächst noch mit Dominienstatus im „British Commonwealth of Nations" und 28. April 1949: Londoner Erklärung der Premierminister des Weltreiches über die Entstehung eines neuen „multiracial Commonwealth" – nicht nur das verwikkelte Geschehen auf dem Subkontinent transparent zu machen, sondern es zugleich einzubetten in den Ost-West-Gegensatz, in das komplizierte Kommunikationsgeflecht zwischen den einzelnen Dominien und der britischen Metropole und vor allem in die kontroversen Entscheidungsabläufe in Whitehall selbst in der Ära Attlee/Bevin. R. J. Moore ist dies in seinem faktenreichen, quellengesättigten und durchsichtig gearbeiteten Buch überzeugend gelungen. Seine Darstellung orientiert sich an einer zentralen Leitfrage: Wie gelang es der Londoner Regierung, ihrer kompetenten Administration und Diplomatie im vertrauensvollen Zusammenspiel mit den indischen Führungsfiguren um P. Nehru, den südasiatischen Subkontinent nach den schrecklichen Folgen seiner politischen Teilung 1947 – Völkermord im Pandschab und Konflikte um Kaschmir – am Ende doch so weit politisch wieder zu stabilisieren, daß sich *beide* Nachfolgestaaten, Pakistan und Indien, aus freien Stücken einem reformierten Commonwealth anschlossen und damit ihre traditionell engen politischen, wirtschaftlichen und geistig-kulturellen Bindungen an das Britische Weltreich auf der neuen Basis von Unabhängigkeit, gegenseitiger Achtung und Toleranz auch künftig sichtbar dokumentierten?

Der Autor zeichnet diesen schwierigen Weg einer Befriedung Stück für Stück mit großer Akribie nach: die Konflikte zwischen Delhi und Karatschi bis zur kriegerischen Eskalation, die innerindischen Diskussionen, die langwierigen Auseinandersetzungen im Kabinett zwischen Attlee und Bevin, die intensive und versierte britische Reisediplomatie nach Delhi, Karatschi und in alle Teile des Commonwealth vor dem Hintergrund der ständigen Furcht, ein Abfall Indiens würde Süd- und Südostasien schutzlos der kommunistischen Dampfwalze preisgeben, und schließlich das zähe monatelange Ringen um einen Kompromiß in der entscheidenden Frage der britischen Kronrechte, der auch einer auf ihre uneingeschränkte Unabhängigkeit pochenden indischen Republik ab 1950 die Vollmitgliedschaft in einem „new Commonwealth" ermöglichen würde. „The test now is", schrieb Malcolm MacDonald am 27. Juni 1947, „whether we can transform the ‚coloured' part of the Colonial Empire also into a commonwealth of free and equal nations." Die Neudefinition der Stellung des Königs im Commonwealth in der berühmten Londoner Deklaration vom 28. April 1949 „as the symbol of the free association of its independent member nations and as such the Head of the Commonwealth" brachte den Durchbruch. Damit war der entscheidende Schritt vom alten „White Man's Club" im „British Commonwealth of Nations" zur neuartigen Partnerschaft verschiedener Rassen und Staatsformen im „new Commonwealth" getan, der endgültige Übergang von der kolonialen zur nachkolonialen Ära vollzogen, der dann in den 60er Jahren auch den neuen Staaten in Afrika den Verbleib im internationalen Staatenverbund des Commonwealth möglich machen sollte. Das Lob des ersten indischen Staatspräsidenten, Prasad, für Nehru und seine Schrittmacherrolle auf dem Weg in die Zukunft sollte auf den Labour-Premier Attlee ausgedehnt werden; denn beide waren entscheidend daran beteiligt, „a club of white, Anglo-Saxon nations and a bulwark of British imperialism in various parts of the world ... into a multiracial and multinational grouping of nations working for the promotion of peace, freedom and racial equality in the world" umzuformen. Moore macht uns in seinem Buch zu Zeugen des sprichwörtlichen britischen Pragmatismus und der Anpassungsfähigkeit, wenn es darum geht, die globalen Interessen und Verbindungen einer einstigen Weltmacht auch unter den grundlegend veränderten internationalen Bedingungen von heute zu bewahren und zu pflegen.

Hamburg *Bernd-Jürgen Wendt*

PAUL R. BRASS, The Politics of India since Independence. (The New Cambridge History of India, Vol. 4/1.) Cambridge/ New York, Cambridge University Press 1990. XV, 357 S., £ 22,50.

Als größte Demokratie der Welt hat Indien erst kürzlich wieder einen Machtwechsel erlebt, der freilich in dem vorliegenden Buch, das im Februar 1989 abgeschlossen wurde, nicht mehr berücksichtigt werden konnte. Doch wer wissen will, wie das politische System Indiens funktioniert, welche Probleme es belasten und welche Zukunftsaufgaben ihm bevorstehen, hat in Brass einen kundigen Führer. Er ist Politologe und nicht Historiker, er präsentiert daher keine periodisierte Darstellung, sondern gliedert sein Buch in drei Hauptteile, die dem politischen Wandel, dem Problem der nationalen Integration und der politischen Ökonomie gewidmet sind. Im ersten Teil wird die Struktur des Staates und der Parteien behandelt und auch die Politik in den verschiedenen indischen Bundesländern eingehend dargestellt. Brass setzt sich für den Föderalismus ein und bedauert die Tendenz der Zentralregierung, zuviel Macht an sich zu reißen und mehr und mehr in die Politik der Bundesländer einzugreifen. Indira Gandhi wird in dieser Hinsicht von ihm besonders getadelt. Das Plädoyer für den Föderalismus spielt auch im zweiten Teil eine wichtige Rolle, in dem über die Probleme der Vielsprachigkeit und der ethnischen und religiösen Minderheiten berichtet wird. In diesem Zusammenhang geht Brass ausführlich auf die Sikhs und die Politik im Bundesland Panjab ein. Aber auch die Probleme der Einwanderung in Assam oder der Konflikt um die Reservierung von Posten für Unberührbare in Gujarat werden kenntnisreich analysiert. Es fehlt jedoch eine Auseinandersetzung mit den Problemen Kashmirs, obwohl gerade hier die destabilisierende Einmischung der Zentralregierung, die Brass in anderen Zusammenhängen kritisiert, exemplarisch dargestellt werden könnte.

Besonders interessant ist der letzte Teil, in dem sich Brass mit den Fragen der Bodenreform, der ländlichen Armut, den sozialen Folgen der „Grünen Revolution“ und dem Fehlen von ernstzunehmenden Bauernunruhen beschäftigt. Brass geht hart mit den marxistischen Kritikern der Entwicklung in Indien ins Gericht: Im industriellen Bereich könnten sie als Anhänger der Planwirtschaft nicht das Versagen des öffentlichen Sektors der Wirtschaft zugeben, und im ruralen Bereich sehen sie eine zunehmende Polarisierung von reichen „Kulaken“ und einem ländlichen Proletariat, die zu einem Klassenkampf um das Land führen muß. Brass betont dagegen das Ringen der mittleren Bauernschaft um bessere wirtschaftliche Bedingungen und sieht keine Anzeichen für einen ländlichen Klassenkampf. Er gesteht freilich ein, daß es hier und dort Klassenkonflikte gibt, bei denen es jedoch nicht um das Land, sondern um die Löhne für die Landarbeit geht. Auch er prangert freilich die Zunahme der ländlichen Armut und die Vernachlässigung der Bauern durch den Staat an. Er geht jedoch nicht darauf ein, daß die Landwirtschaft aus politischen Rücksichten kaum besteuert wird, die beachtliche Zunahme der bewässerten Anbaufläche aber doch staatlichen Maßnahmen zu verdanken ist, deren Nutznießer nicht zur Kasse, sondern nur an die Wahlurne gebeten werden. Ein weiteres Phänomen, das er nur kurz streift, ist das der regionalen Disparitäten in Indien. Er zitiert die Behauptung, daß diese zugenommen haben, sagt aber nicht, weshalb und wo dies zu verzeichnen ist. Insgesamt bietet dieses Buch jedoch einen hervorragenden Überblick über die politische Entwicklung Indiens seit 1947.

Heidelberg *Dietmar Rothermund*

ROBERT H. TAYLOR, The State in Burma. Honolulu, University of Hawaii Press 1987. XVI, 395 S., $ 32,–.

Der birmanischkundige Politikwissenschaftler erfaßt mehr bezüglich vorkolonialer Autoritätstraditionen als seine Vorgänger, wenn er sich auch auf unhaltbare Angaben von Michael Aung Thwin („Der König war der persönliche Erlöser“, S. 58) verlassen hat. T. mag der letzte unter dem jetzigen Regime in Birma arbeitende ausländische Sozialwissenschaftler gewesen sein.

Entsprechend wird die nachkoloniale und vordiktatorische Periode, die unter U Nu in den 1950er Jahren Birma seinen wirtschaftlichen und weltpolitischen Höhepunkt brachte, *nur* als Übergang von Monarchie zu Diktatur, nicht als alternative Staatlichkeit berücksichtigt. Die Stimmenverluste der frei gewählten Regierungen werden spezifiziert (S. 247 f.), die absolute Stimmenmehrheit für Birmas letzten frei gewählten Regierungschef U Nu (S. 248) nicht. Daß die letzten freien Wahlen gegen die Armee ausfielen, wird eingeräumt (S. 248, 289), aber nicht, daß sie gegen den Volkswillen die Macht ergriff: Hierzu werden propagandistische Schutzbehauptungen, die Föderalisierung des Nationalitätenstaates hätte die Nationalitäten vom „Sozialismus" weg- und außenpolitische Interventionen der Großmächte gebracht, als Tatsachen hingestellt (S. 292).

T. beteuert, das Militärregime habe „eine Vereinigung der ganzen Nation" erstrebt (S. 298), und räumt ein, auch nach 23 Jahren bleiben drei Millionen der Militärherrschaft entzogen (S. 334). Falsch ist, die Machtergreifung von 1962 habe Birma keine erhöhte Gewalttätigkeit gebracht (S. 333), Ne Win habe „Loyalität und Achtung wie keine andere Gestalt" (S. 307, 366) (dessen Auftragsbiograph Maung Maung hat ihm nicht mehr als Popularität *unter Soldaten* zugeschrieben), daß er Publizität über U Nu nicht zu fürchten braucht (S. 368): In Wirklichkeit wurde noch 1985 der Name von U Nu nicht einmal auf der Titelseite von dessen Tripitaka-Übersetzung gestattet. T. ignorierte U Nu's und U Ba Swe's Formulierungen von buddhistischem Sozialismus, den diktatorialen „birmanischen Weg zum Sozialismus" (S. 361) eingehend würdigend. Die „90% Volksstimmen" für die „Volksdemokratische" Verfassung von 1974 (S. 309) werden ernst genommen; ganz nebenbei erscheinen „Wahlen als Ritual" (S. 326) wie unter dem Partei-Zentralkomitee Chinas (S. 371). Auch Ne Win sei „repräsentativ für die bäuerliche Mehrheit" (S. 8, 300) – doch hatte er weder Agrarreformen durchgesetzt noch Landlosigkeit verhindert (S. 350): „Die Staatsmacht ... reichte zur Inhibierung von Initiative, nicht zum Vorantreiben ... ihrer Planung" (S. 353). Für Zwangsabgaben zum staatlichen Niedrigpreis kaufen Bauern sich Reis auf dem schwarzen Markt (S. 352). „Grundlegender Interessenwiderspruch zwischen ... Bauern und dem Staat bleibt."

„Man spart sich ... unabhängige Bauernvereinigungen ..." (S. 323), „unannehmbare oder undurchsetzbare Forderungen ..." (S. 315). Voreilig feiert T. die Machthaber so: „Vergangen ist politische Rhetorik, die Wählern alles ... versprach" (S. 365). Was sie zur Vergangenheit gemacht haben, ist Birmas Führungsrolle auf den Reis-Weltmärkten: Drei Jahre nach ihrer Machtergreifung fehlte in Birmas Dörfern bereits Reis (S. 349), gerade nachdem „der Neue

Staat" mit „Wohlstand für die Bevölkerung" sich legitimierte (S. 359). T. hält für „schwer zu wissen, in welchem Ausmaß der Staat sich [damit] in den Augen der Mehrheit ... legitimiert hat" (S. 372, 360). Tatsächlich ist es leicht. Die Folgerung, „wohl oder übel wird [dieser] Staat als unvermeidbar akzeptiert" (S. 372), wurde vom Geschehen widerlegt – samt Beteuerung, „verschwunden sind ... die Studentenpolitiker, eifrig bemüht, die Regierung durch Straßendemonstrationen zu stürzen" (S. 365).

Heidelberg *Emanuel Sarkisyanz*